普通高等教育"十五"国家级规划教材

新世纪高等学校教材

教育学专业系列教材

Deyu Yuanli

德育原理

（第三版）

檀传宝◎著

北京师范大学出版集团
BEIJING NORMAL UNIVERSITY PUBLISHING GROUP
北京师范大学出版社

图书在版编目（CIP）数据

德育原理/檀传宝著. —3 版. —北京：北京师范大学出版社，2017.11（2022.7 重印）

新世纪高等学校教材　教育学专业系列教材

ISBN 978-7-303-22746-4

Ⅰ.①德…　Ⅱ.①檀…　Ⅲ.①德育－高等学校－教材　Ⅳ.①G41

中国版本图书馆 CIP 数据核字（2017）第 216026 号

北师大出版社教师教育分社微信公众号　京师教师教育

出版发行：北京师范大学出版社　www.bnupg.com
　　　　　北京市西城区新街口外大街 12-3 号
　　　　　邮政编码：100088
印　　刷：天津中印联印务有限公司
经　　销：全国新华书店
开　　本：730 mm×980 mm　1/16
印　　张：23.5
字　　数：396 千字
版　　次：2017 年 11 月第 1 版
印　　次：2022 年 7 月第 9 次印刷
定　　价：55.00 元

策划编辑：郭兴举　　　　　责任编辑：马力敏　梁宏宇
美术编辑：王齐云　　　　　装帧设计：王齐云
责任校对：陈　民　　　　　责任印制：马　洁

前　言

　　这本《德育原理》①是普通高等教育"十五"国家级规划教材。

　　规划教材的立项申请获得批准，原因大概既有评审专家们对于本人长期专业努力的真诚肯定，也有大家对于优质《德育原理》教材的由衷期待，我想更重要的还是国家教育事业发展的迫切需要。正是由于这些压力，我终于下决心，改变了做"主编"的初衷，转为"独立著作者"。虽然累了很多，但是更心安理得。因为这样一来，本教材在思想的自由表达、编写意图的具体落实、逻辑与风格的内在统一等方面就不太可能出现很大的问题。

　　教育旳"专业化"是最近几年强调较多的一个词汇。我个人认为，在教育专业化方面问题最多、最大、最迫切的是德育。如何将现在已有的德育研究成果转化为现实的教育生产力，以克服德育的"粗放经营"局面是所有德育工作者的责任。希望这本教材是这一重要努力的一部分。故本教材服务的专业范围不仅是教育学、教育经济与管理、学前教育、特殊教育等狭义的"教育专业"的需要，而且（更主要的是）包括所有教师的职前教育、入职教育和教师的继续教育中有关德育专业能力提高的项目需求。增进广大教育工作者对于德育的专业性认识水平，提高学校德育实践的实际效能，是本教材的最高宗旨。

　　在坚持专业性、基础性的基础上，本教材的突出追求是尊重学习主体的主体性。这一点，有心的读者不难

---

　　①　和其他同类教材一样，这里所谓"德育原理"，实际上是"学校德育原理"。

发现：本教材每一章都附有"本章学习小结""本章习题""本章参考文献"和"本章推荐阅读文献"，目的是提供初步线索，鼓励进一步阅读，希望学习者能够通过广泛阅读与深入思考巩固自己的学习成果。此外，本教材在德育观念的变革、德育理论与实践的结合上也有明确的追求。主要标志是加大了介绍国外以及中国台湾、香港地区德育思想流派和最新研究成果的力度，同时更多考虑了理论学习的实际意义，强化了德育实践或操作层面知识的比重。

教材的写作实际上是对作者专业和文化涵养的全面挑战。本教材一定存在许多作者本人尚未发现或已经发现但当前尚无力克服的缺憾。因此最后，我想重复一下我在《学校道德教育原理》（教育科学出版社，2000、2003）一书中表述过的一个想法——本书作者的最大愿望是：通过本书为读者创设有关学校德育方面深入思考的独特空间，而不是仅仅提供某种千古不变的金科玉律。本书的观点、材料等都仅仅是读者的工具、出发点，而不是绝对真理和思维的终点。

作者由衷地期待与广大读者真诚对话！

檀传宝

记于京师园

目 录

第一章
德育与德育理论的发展

德育是我们时代的当务之急，但德育又是一个千古难题。德育是一个需要智慧也呼唤智慧的教育领域。

第一章，我们以德育概念、德育的历史形态、德育的理论发展为主要内容，以便在具体探索展开之前对德育及其研究有一个总体、概略的了解。

第一节　德育概念

· ·

对德育概念的界定，长期以来在中国大陆德育学界都存在论争。

什么是德育？简而言之，德育即培养学生品德的教育。但是，"品德"的内涵是什么？什么样的教育才算是"培养学生品德的教育"？对于德育范畴的具体理解与界定，从不同的角度出发往往可以得出非常不同的结论。不同的德育定义是不同德育观的反映，对德育实践也会产生不同的影响。人们对德育概念具体理解的不同之处主要集中在两个方面：一是德育的内容主要包括哪些；二是如何理解德育过程。

一、"德育"包括什么

德育——旨在形成受教育者一定思想品德的教育。在社会主义中国包括思想教育、政治教育、道德教育。在西方，一般指伦理道德教育以及有关价值观的教育。①

德育概念主要包括哪些内容？狭义的德育专指道德教育，亦即西方教育理论所讲的"moral education"。在中国，许多人并不赞成这一定义，而是认为德育必须包含更多的内容。一种广义的德育概念解释为：与伦理学体系中的德育概念（专指道德教育）不同，"教育学上的德育，则是相对于智育和美育来划分的。它的范围很广，包括培养学生的思想品质、政治品质和道德品质"②。另外还有更为广义的德育界定，即认为德育除思想、政治、道德方面的教育之外，还应当包括法制教育、心理教育、性教育、青春期教育，甚至还应包括环境教育、预防艾滋病教育等。以至于有人打趣说："'德育'是个筐，什么东西都可以往里头装！"③ 这就是所谓德育概念"泛化"的问题。

在中国大陆，德育概念的"泛化"主要有以下三个方面的原因。

第一，受传统思想影响。近代西方有过一个学科分化、意识形态概念的分化历程。道德同政治、法律、宗教等有一个区分的历史过程，道德教

---

① 顾明远：《教育大辞典》，249 页，上海，上海教育出版社，1998。
② 王道俊、王汉澜：《教育学》，330 页，北京，人民教育出版社，1989。
③ 然而"什么东西都可以往里头装"，这个"筐"也就只能是个垃圾箱。

育也同宗教教育、政治（公民）教育有明确的区别。因此，相关概念就不容易混为一谈。① 但是在中国，这一分化的过程并不明显。由于我们有道德与政治不分的传统（中国古代教育思想是一种整体思维，"德""道德"都是政治化的"大德"），加上中华人民共和国成立以来对政治教育的强调（毛泽东表述的教育方针只提"德、智、体几方面"，思想、政治教育等只能划到"德"育名下），德育是道德教育这样一个简单的命题就难以被广泛接受。

第二，受苏联教育学影响。笔者曾经考察了苏联教育学界对"德育"概念的理解。在 1953 年人民教育出版社出版的凯洛夫所著《教育学》（1947）第三编"教育理论"中，"共产主义道德教育"是与"辩证唯物主义世界观基础的形成"及"苏维埃爱国主义教育""劳动教育"等并列阐述的，并无统括的"德育"一词。及至 1956 年，人民教育出版社出版的凯洛夫等四人主编的《教育学》，在第十一章"德育"的总标题下，除道德教育内容外还包括了爱国主义和国际主义教育、科学无神论教育、劳动教育、纪律教育等内容，"德育"变成了与我国的"德育"相似的概念。但该社 1986 年出版的巴班斯基主编的《教育学》（1983）则又"恢复"了最早的提法，道德教育与思想政治教育、劳动教育等重新分离，并列成为"教育论"的组成部分，曾经被使用的"德育"又回到了"道德教育"这个狭义定义上来。所以从苏联教育学界的思考历程来看，他们也有一个德育概念是大还是小的问题。应该说，由于苏联教育学中有相当于我们德育概念（比之更广、大）的"教育"一词，所以在他们的教育学中，无论是分还是合，概念体系上都不会有太大的矛盾。反倒是学苏联的我们只学了合乎自己思维习惯的东西，于是形成了较为泛化的德育概念。

第三，中国政治革命的特殊历史轨迹使然。由于以小搏大的战争环境等原因，1949 年之前，红色根据地的中国共产党人的德育概念有两个明显的特征。一是德育概念泛化、政治化。德育包括思想政治和道德教育，且政治、思想教育大于一切，道德教育反而处于次要地位。二是不分党政干部和普通群众、成人和儿童，一律进行为战争服务的非常态（非国民教育）的"教育"（思想政治教育，或政治动员）。新中国成立后，这一战争思维的惯性并未得到及时的改变；相反，由于"左"的思维，尤其是"文化大

---

① 参见陈桂生：《"教育学视界"辨析》，195～197 页，上海，华东师范大学出版社，1997。

革命"的影响，思想、政治教育反而得到了更进一步的强化。德育概念始终没有与时俱进，回归到国民教育意义上的学校教育中来，学校道德教育的基础性也就无法得到真正的强调。

对概念解释的不同，实际上反映了对于德育范畴理解的角度和价值取向上的不同。狭义的德育概念反映了一部分学者和教育工作者对于道德教育的基础性质的强调。事实上，道德教育也的确是思想、政治教育的基础。一个在基本的道德品质上不合格的人，在思想、政治上亦很难有健康的追求，很难经得起人生的考验，更难担当社会、政治上的大任。中国古代教育强调从修身、齐家开始，追求治国、平天下的远大政治理想的教育之道的正确性，也在于此。不过，人类个体的一生不可以没有正确的世界观和思想方法；作为"政治动物"，人也不可以没有正确的政治观念。所以，道德教育只是个体社会化的基础和重要的组成部分，却不是唯一的维度。道德教育如果不与政治、思想、法制等方面的教育结合起来，在逻辑和实施上也都是不可思议的。但是，这丝毫不意味着德育概念没有外延上的边际。

过于广泛的德育界定有以下几大弊端。第一，将德育视为无所不包的范畴，实际上也就取消了这一概念本身。第二，目前教育学或德育原理方面的著述往往在下定义时，讲德育是"思想、政治、道德、心理健康教育"，但由于思想、政治、心理健康教育的心理机制并不等同于道德教育，可资借鉴的西方德育及其心理学主要讨论的又是道德教育，所以人们在论述德育过程或德育的心理机制时，又统统变成了对道德教育过程或心理机制的描述。这在理论体系上也存有致命的逻辑问题。第三，过于宽泛的德育概念在理论上往往使人无法在一个共同的语境下讨论德育的问题。世界上大多数国家的德育均指道德教育，英语中也只有"moral education"与之相对。我国德育的其他内容往往被他们称为公民教育、宪法课等。我们若一味坚持自己的"特色"，则难以与人对话，难以"同世界接轨"。第四，在实践中让德育承担其不能承担的任务，却忘却最根本的目标。第五，在德育实践中容易使道德与政治、思想、法制、心理及教育问题在性质上相混淆，采取错误的教育策略，误判而误诊。所以我们认为，必须对德育概念外延的界定做认真的清理，遵循"守一而望多"原则。

所谓"守一"，意即严格意义上的德育或德育的基本内涵只能指道德教育。

指责这一狭义概念的人往往在中国的"德"字的多义性上做文章，认为只要证明"德"的内容包括什么，德育作为"育德的教育"似乎就必须包括该项内容。其实这种论证方法本身就是错误的。一个语言文化系统中的任何词汇在具体应用上都只能是特定环境中的概念，不能将所有层面的词义累积起来一次使用。就中国传统教育及现代教育理论中的语境来看，学校德育指道德教育较为妥帖，相反则问题较多。所以，学校德育应该被予以严格的界定：德育即道德教育。至于将思想、政治、法制等方面的教育与道德教育加以概括后应当叫作什么，有人建议叫作"社会教育"①或"社会意识教育"②。我个人认为，为了同习惯中已经建立起来的社会教育概念相区别，可以称之为"社会性教育"。至于妥否，我们可以进一步研究。如果一定要坚持认为德育可以或应该是"大德育"，我们的态度则是：第一，"大"要大得有边界、有标准；第二，应该承认"大德育"的核心或基础是道德教育。

讲"德育即道德教育"，绝不是要否定思想、政治、法制、心理健康教育等。毫无疑问，中国思想、政治教育等本身有一个科学化的任务亟待完成。但是由于政治信仰等与道德人格之间的密切联系，用"道德教育＝德育"的概念界定去排斥思想、政治、心理教育的做法肯定是错误的。所以我们不仅要"守一"，而且也要"望多"。

"望多"的意思有两条：一是思想、政治、心理健康等本身是重要的，所以要"望多"，要进行思想、政治、心理健康教育；二是思想、政治、心理健康教育等与道德教育，即狭义的德育，有着千丝万缕的联系，需要"望多"，从而加强学校道德教育本身。

狭义德育与广义德育的定义问题还影响到人们对德育的研究。无所不包的德育无法与人对话，也不方便研究。因为，谁也无法研究一个无所不包的对象。我的主张是：德育如果指思想、政治、品德教育，则应当对思想、政治和品德教育做分门别类的专门研究。等专门研究有了相当大的成就，我们再做理论上的提升。相反，现在看到的是，我们常常主张较宽泛的德育定义，但是在对思想、政治教育等无具体研究的情况下，用道德教育的研究成果来以一当十地表述包括思想、政治、法制、心理等方面在内的所谓广义的德育。这就好比一个细瘦的小孩头顶一顶硕大的大人用的斗笠，样子十分滑稽，逻辑上更是不周全、不严肃。正是由于这一原因，本书在讨论德育时，坚持以"学校道德教育"为主线，适当兼顾相关话题。

---

① 陈桂生：《"教育学视界"辨析》，215 页。
② 黄向阳：《德育原理》，7 页，上海，华东师范大学出版社，2000。

二、德育过程理解在概念上的反映

对于德育过程理解上的不同也影响人们对德育概念的界定。

在我国，许多德育定义都认为德育只是一种由外而内向学生施加影响的过程，认为思想道德等纯粹是从外部"转化"进学生的头脑的。例如，《中国大百科全书·教育卷》（1985）就认为，德育是"教育者按照一定社会或阶级的要求，有目的、有计划、有组织地对受教育者施加系统的影响，把一定的社会思想和道德转化为个体的思想意识和道德品质的教育"。这一定义的优点是肯定了德育过程的社会性和目的性，认为德育影响依据"一定社会或阶级的要求"，同时认为德育是"有目的、有计划、有组织"的活动。道德规范作为一种客观存在的文化，是不以个体的主观意志为转移的。德育活动以一定的价值环境为背景，同一定社会的意识形态有较密切的联系，因而具有客观性、阶级性、历史性和社会性。这些都是没有问题的。同时，学校德育作为一种人类价值文化的传承和创生的系统，也的确是一种有意识、有计划的活动。但是这一定义显而易见的缺点是：对德育何以可能考虑不足。

在对德育过程的理解上，中国德育理论在较长时间内认可的是一种"转化理论"。所谓转化理论，是指将德育过程看作"把一定的社会思想和道德转化为个体的思想意识和道德品质"的过程。除了上述百科全书的解释外，胡守棻主编的《德育原理》（1989）也持相同的观点："德育即是将一定社会或阶级思想观点、政治准则、道德规范转化为个体思想品德的教育活动。"[1] 另有一种观点认为，德育是"教育者按照一定社会的要求，通过特定的教育活动，把特定社会的思想和道德规范内化为受教育者的思想意识和道德品质的过程"[2]。增加"内化"的解释比只讲外在的转化当然更趋合理。但是由于这种"内化说"仍然是主张教育者"对"受教育者的内化，与以道德个体自身为主体的自主建构的"内化"理论仍然有很大的区别，所以这种"内化说"仍然是"转化理论"的一种改良形式，并没有突破"转化理论"本身对德育对象考虑不够的根本缺陷。

我们认为，按照唯物辩证法的观点，事物发展的外因只是条件，内因才是根本，外因必须通过内因才能起作用。德育过程一方面固然是一种价

---

① 胡守棻：《德育原理》，20页，北京，北京师范大学出版社，1989。
② 孙喜亭：《教育原理》，290页，北京，北京师范大学出版社，1993。

值性的环境或影响，但这一环境或影响起作用的先决条件是德育对象接受这一影响的内因。德育过程实际上也是德育对象自身在道德等方面不断自主建构的过程。德育应该是环境与生长的统一，是价值引导与个体价值建构的统一。对德育对象考虑不足的德育既不符合现代教育所必须具备的民主精神，更不符合德育自身的规律，不会产生真正的德育功效，有时甚至是非德育或者是反德育的。德育过程对德育对象考虑不足，德育对象的主体性发挥不充分也正是迄今为止中国德育实践的主要问题之一。所以，德育范畴应当而且亟须反映这一对德育过程认识的成果。

综合考虑以上关于德育内涵和德育过程的讨论，我个人认为，不妨这样给德育下定义：德育是教育者组织适合德育对象品德成长的价值环境，促进他们在道德认知、情感和实践能力等方面不断建构和提升的教育活动。简言之，德育是促进个体道德自主建构的价值引导活动。

第二节 古代德育与现代德育

古代社会与现代社会、古代教育与现代教育、古代德育与现代德育的划分①不仅是一个知识性的课题，而且是一个攸关中国社会、教育和中国德育现代化的方法论问题。

什么是古代德育与现代德育？要回答这个问题，首先要区分什么是古代社会与现代社会、古代教育与现代教育。

一、现代社会与现代教育

社会科学界对社会发展阶段，尤其是古代社会与现代社会的划分，有很多不同的标准、方法和结论。马克思就有以下三段著名的论述。

> 随着生产力的获得，人们改变自己的生产方式。随着生产方式即保证自己生活的方式的改变，人们也就会改变自己的一切社会关系。手工磨产生的是封建主为首的社会，蒸汽磨产生的是工

---

① 关于古代社会与现代社会、古代教育与现代教育、古代德育与现代德育的划分，北京师范大学教育学科的学者在20世纪八九十年代做了大量的、杰出的研究。本书的许多论述是综合他们的研究而得出的结论。

业资本家为首的社会。①

　　劳动资料不仅是人类劳动力发展的测量器，而且是劳动借以进行的社会关系的指示器。②

　　人的依赖关系（起初完全是自然发生的），是最初的社会形态。在这种形态下，人的生产能力只能在狭窄的范围内和孤立的地点上发展着。以物的依赖性为基础的人的独立性，是第二大形态。在这种形态下，才形成普遍的社会物质交换，全面的关系，多方面的需求以及全面的能力的体系。建立在个人全面发展和他们共同的社会生产能力成为他们的社会财富这一基础上的自由个性，是第三阶段。第二个阶段为第三个阶段创造条件。因此，家长制的，古代的（以及封建的）状态随着商业、奢侈、货币、交换价值的发展而没落下去，现代社会则随着这些东西一道发展起来。③

　　依据马克思关于生产工具是生产力和社会关系发展的指示器，和人类社会依据人的发展水平可以划分为三个社会形态的原理，我们可以在古代与现代的对比中对现代社会和现代教育做出比较切中实质的界定。

　　古代社会以手工工具为其生产力的标志，现代社会则是一种以广义的机器为生产力标志的社会；古代社会的经济形态主要是自然经济，现代社会则是商品经济占统治地位的社会；古代社会广泛存在超经济剥削、特权和等级观念与制度，现代社会则是以等量劳动交换为基础，因而以平等为价值观念和社会关系的突出特征的社会；古代社会是一种广泛存在人身依附的社会，现代社会则是一个承认和保护人的独立人格的社会；古代社会是一种专制与人治的社会，现代社会是一个民主和法制的社会；古代社会较多地尊重经验和强调情感，现代社会则是一个崇尚科学和理性的社会；古代社会的特征是封闭和发展相对迟缓，现代社会则处在一个开放和变革的社会阶段。与此相关，与古代人格的专断、顺从、经验主义、感情用事、保守、狭隘、封闭等特征相反，现代人的本质特征是：崇尚人格独立，具有自由和平等的价值观，具有理性、自律、责任意识、创造精神和开放意

---

① 《马克思恩格斯全集》第 4 卷，144 页，北京，人民出版社，1958。

② 《马克思恩格斯全集》第 4 卷，204 页。

③ 《马克思恩格斯全集》第 46 卷上册，104 页，北京，人民出版社，1979。

识等。①

因此，以机器成为主要生产工具、市场经济比较充分发展的时代的来临为主要标志，迄今为止，人类社会大体上可以划分为古代与现代社会。广义的古代社会应当包括原始社会，但这里的古代社会（狭义概念）则主要指奴隶社会和封建社会。现代社会则是指机器成为主要生产工具、市场经济比较充分发展以后的资本主义和社会主义阶段。

与古代社会和现代社会的区分相联系，我们也可以将人类的教育，尤其是学校教育的历史形态做古代和现代的区分。现代教育的基本特征可以概括为商品性、生产性、民主性、科学性、发展性和革命性等。②

所谓现代教育的商品性，主要是指现代教育是为商品经济、市场经济的发展服务，其最后产品劳动力也具有商品性质。这一点在高等教育、职业教育和成人教育等领域尤为明显。所谓生产性，是指由于科学技术在生产中的广泛应用，教育尤其是学校教育已经从以培养官员和神职人员为主的教育，演变为培养有文化的劳动者的教育。现代教育的民主性的基本内涵，一是指教育机会均等程度的提高；二是指教育制度、教育过程本身的民主化程度的不断提高。现代教育的科学性除了因科技在生产中的应用，教育内容上科学教育的成分空前提高外，另外一大表现是教育科学迅速发展并成为教育实践的重要指导的特质。所谓发展性，指现代社会是一种本质特征为"以物的依赖性为基础的人的独立性"的社会。教育对人的发展极具推动作用，尤其是对学生个性发展的关注空前提升。革命性即不断变革的性质。现代社会是一个开放和变革的社会，现代教育要适应社会变革，就必须在教育的目标、内容、结构、形式等方面实现革新。因此，改革成为现代教育历史发展中最常出现的一个概念。

现代社会、现代人的本质特征应当是商品经济、市场经济发展所带来的人格平等、科学和理性精神等。现代教育是为现代社会服务的、培养现

---

① 参见成有信：《现代教育论集》，350～351 页，北京，人民教育出版社，2002。

② 参见成有信：《现代教育论集》，359～360 页。而王策三教授认为现代教育的特征为：1. 培养全面发展的个人的理想和理论走向现实实践；2. 教育与生产劳动相结合，意义日益扩大；3. 科学精神和人文精神统一；4. 教育民主化朝纵深发展；5. 拥有前所未有的新手段；6. 日益显示出整体性、开放性；7. 教育功能扩展和增强；8. 教育的社会地位逐步发生根本变化；9. 不断变革——现代教育的本性和存在形式；10. 理论的自觉性越来越高。可参见王策三：《教育论集》，330～356 页，北京，人民教育出版社，2002；黄济、王策三：《现代教育论》，第四章，北京，人民教育出版社，1996。

代人的教育。现代教育的商品性、生产性、民主性、科学性、发展性和革命性等基本特征中，最本质的特征应当是现代教育的民主性与科学性。故教育的现代化最本质的内涵，应当是教育民主化和科学化程度的逐步提高。

二、古代德育与现代德育

人类的德育历程在不同的民族或文化中演绎的轨迹并不完全相同。但如果做粗线条的描绘，我们也可以说，它大体上经历了习俗性德育、古代德育和现代德育几个阶段。

习俗性德育是指人类社会早期以习俗性道德为教育内容，并通过习俗与生活去实施的道德教育形态。

习俗性德育首先指的是学校教育产生以前，在原始社会中存在的德育形态。原始社会的道德教育的主要特点有二。第一，在原始社会，维护氏族、部落的团结或存在是整个社会的最重要的任务之一，道德教育成为维护社会存在的重要途径。因此当时的道德教育是教育的核心内容，同时具有人人参与的全民性。第二，由于劳动、生活、教育是一体的，因此道德教育是在习俗中存在，并且以习俗的传承为主要内容的。儿童通过日常生活，以及参加宗教或节庆的仪式、歌舞、竞赛等形式接受道德教育；德育以培养年青一代对神灵和首领的虔敬、对年长者的尊敬、对氏族与部落的责任的理解、对原始宗教仪式的掌握，以及形成其他社会习俗所鼓励的道德品质等为主要目标。例如，在史诗《伊利亚特》和《奥德赛》中，希腊人歌颂了诸如虔敬、孝顺、好客、勇敢、节欲、自制等品德，而其中最受重视的是虔敬和对父母的孝顺。

学校德育产生之后，习俗性的德育形态实际上也一直在人类生活中以另外一种方式延续。家庭和社会生活中一直存在与学校德育并行的另外一种道德教育，我们也许可以称之为生活德育。社会越往前发展，学校德育与生活德育之间的界限就会越来越模糊。

所谓古代德育，主要是指奴隶社会、封建社会的学校德育。这是一个具有等级性、神秘性和经验性的德育发展阶段。等级性的意思首先是指，在古代社会，道德教育从教育者、受教育者到整个教育目的、教育内容、教育过程，都受制于上流社会或统治阶级的利益需要。只有上流社会的子弟才有接受教育的权力；只有属于统治阶级的僧侣、官员或从属于统治者的知识分子才有施教的权力；教育目的就是培养神职人员和官员等"治才"，教育内容也是围绕这一目的去安排和组织的。由于等级性的统治秩序维护的需要，也由于个人德性（尤其是臣民德性）在统治效率上的作用，古代社会高度重视道德教育。可以这样说，古代的教育几乎等同于道德教育。例如，在基督教世界，教育的目的是皈依上帝和人性的救赎，读、写、算等只是修养以及与上帝沟通的工具。在中国，德性始终是学校教育的首要主题，在极端的时期还出现过"举孝廉"的例子。在印度，一个儿童能否被古儒接受，取决于孩子的德性——因为人们认为，只有品德优良的人才有资格学习《吠陀经》。

神秘性是指学校德育或多或少具有"宗教或类宗教特性"。所谓"宗教或类宗教特性"，首先是指包括德育在内的全部学校教育，在世界的许多地区完全从属于宗教组织。在欧洲，"随着基督教成为官方宗教，最终它拥有了这样的权力：可以使异教学校要么关闭，要么被纳入到教会系统中来"①。在印度，在伊斯兰世界，学校德育的情况基本相似。古代中国是一个例外。但是人们将孔孟之道神圣化，将儒学变为儒教，也有"类宗教"的一面。"宗教或类宗教特性"还指道德教育内容和方式上的宗教性。由于学校教育受制于教会等宗教势力，因此将信仰与道德联系起来，在信仰的目标下谈道德学习成为这一时期学校道德教育的特征。在欧洲，道德教育的目的是使人完善，为进入天堂做好准备。在中国，人们将道德规范的合理性归结于"天理"，道德教育最终成为一种"存天理，灭人欲"的事业。所以在道德教育的方式上，古代的道德教育具有某种神秘性质。一个有趣的例子是中国的大儒王阳明，他为了"明天理"，甚至到了格竹致病的程度。正是觉得格物的路子不对，王阳明后来才另辟蹊径走了心学的理路。但心学一样具有神秘的性质。

经验性则指两点。第一，从德育实践的角度看，这一时期的道德教育基本上是以不成规模的师徒授受方式进行的，道德教育的内容也是对宗教或圣贤经典思想的解释、理解与实践。第二，从教育思想的角度看，由于心理学、教育学时代尚未到来，道德教育的思想虽然很多，却是不分化、非专门的，理念、清想的成分很多，缺乏"科学"的证明。加上"第一是信仰，第二才是理性"②的特性，这一时期的学校德育有更多的专制色彩，而失去了习俗性德育原本存在的生动性。儿童往往被认为是"欺骗上帝的

---

① ［美］约翰·S. 布鲁柏克：《教育问题史》，304页，合肥，安徽教育出版社，1991。

② ［美］约翰·S. 布鲁柏克：《教育问题史》，305页。

小滑头",因此"为了不让孩子堕落,把他们的意志彻底粉碎吧!只要他刚刚能够说话——或者甚至在他还根本不能说话的时候——就要粉碎他的意志。一定要强迫他按命令行事,哪怕因此而不得不连续鞭打他十次"①。牺牲理解、强调记诵等是全部教育,也是这一时期德育的特征。

与现代社会和现代教育相对应,现代德育则是存在于现代社会,以培养现代人为目的的德育。所谓德育的现代化,首先是指 18 世纪西方世界资产阶级革命完成以后,直到 19 世纪末 20 世纪初的欧美学校德育基本完成的任务。与古代德育的等级性、神秘性和经验性相反,德育的现代化最主要特征有三条:第一,学校德育的民主化;第二,学校德育的世俗化;第三,学校德育的科学化。

学校德育的民主化与整个现代社会经济、政治和教育体制的民主化是联系在一起的。近代教育的重要特征之一是学校教育的普及,教育的培养目标主要不是上层阶级(如神职人员、管理人才等),而是民主社会的公民。参与教育活动的主体——教、学双方——都已经"平民化"。教育的依据不再是天命或者上帝,而是社会发展、个体成长的现实需要。从卢梭、裴斯泰洛齐、福禄培尔到赫尔巴特、杜威,许多教育思想家都为这一进程做出了杰出的贡献。人们最终认识到,民主政治应当比任何一种社会都更热心道德教育。这是因为:第一,一个民主的政府,除非选举人和被统治者都接受过良好的教育,否则民主政治将无从实现;第二,民主不仅是一种政府的组织形式,更是一种联合生活的、共同交流经验的生活方式。②"倘有一种社会,它的社会成员都能以同等条件,共同享受社会的利益,并通过各种形式的联合生活的相互影响,使社会各种制度得到灵活机动的调整,在这个范围内,这个社会就是民主主义社会。""这种社会必须有一种教育,使每个人都有对于社会关系和社会控制的个人兴趣,都有能促进社会的变化而不致引起社会混乱的心理习惯。"③ 所以民主化从世俗的方面,对学校道德教育的目标、内容、方法、途径等方面民主化提出了种种要求,也的确促成了这一目标的逐步实现。当然,逐步实现的意思是指,在近代德育中,民主化的程度并没有一下达到今天这样的高度。例如,在道德教育的方法方面,强制灌输在很长时间内仍然被认为是天经地义的。美国建

---

① [美]约翰·S.布鲁柏克:《教育问题史》,308 页。

② 参见[美]杜威:《民主主义与教育》,92 页,北京,人民教育出版社,1990。

③ [美]杜威:《民主主义与教育》,105 页。

国之初，像"让敬畏上帝的孩子愉快地听老师和家长的话"被印制在每一本儿童读本上①，对儿童的惩罚也被认为是理所当然的德育方法。当然，从 19 世纪末期起，"'浪漫的'道德教育方法不再诉诸外在斥责或物质处罚，而注重儿童的天然情操"②。

> 鞭笞直到 19 世纪的美国仍然是普遍的——根据赫拉斯·曼（Horace Mann）的一项调查，美国一个有 250 名学生的学校，在一周的 5 天中就有 328 次鞭打，即平均一天约 66 次。而"公众赞成这种教法，他们总是斜眼看待那些企图制止这种棍棒纪律的人"。③

学校德育的世俗化就是宗教教育与学校道德教育的分离。在中世纪或古代教育中，学校德育往往受制于宗教势力，道德教育的目标、内容、方法等都带有宗教性质。在近代社会，一方面由于资产阶级政治革命导致政教分离的产生，国家夺回了对于教育的控制权；另一方面的原因是宗教本身。欧洲国家和美国都存在基督教的不同流派，使宗教与学校教育分离的部分原因则源于不同教派的冲突。就像政治上的公民教育不允许偏向某一个政治团体一样，为了避免教派冲突对学校教育的干扰，欧美各国的公立学校在不同程度上实行了宗教与教育的分离——其实质性内容之一，就是宗教教育与道德教育的分离。道德教育与宗教教育的分离对学校德育具有划时代的意义。学校德育无须再到上帝那里去寻找根据，原罪说等宗教意识对德育的消极影响也有了削弱的可能性。这为学校德育的民主化与科学化提供了重要的基础。

学校德育科学化的内涵主要有三条。第一，由于学校德育的世俗化，德育的合理性、德育理论的依据避免了神学化的命运。道德教育成为人们关心的现实领域，不再具有古代社会的神秘性质。第二，指教育学、伦理学、心理学、社会学等近代科学的发展，为学校德育问题的解释与解决提供了崭新的思路与可能。德育成为科学事业的组成部分之一。这一点可以

---

① 参见［美］哈什等：《德育模式》，17～18 页，台北，五南图书出版有限公司，1993。

② ［美］哈什等：《德育模式》，16 页。

③ ［美］约翰·S.布鲁柏克：《教育问题史》，222 页。

说肇始于夸美纽斯，他将教育理论的依据奠定在自然论的基础之上。到了赫尔巴特，他已经明确主张将教育学奠定在实践哲学（伦理学）和心理学的基础之上。科学化是真正自觉德育时代的必然前提，对于德育来说，也具有划时代的意义。第三，德育的科学化还包括学校德育的组织化，主要是指以班级授课制为代表的近代教育体制的出现。以班级授课制为契机，学校德育不仅在效率上（因为可以批量生产）比过去的"学校"教育有了较大的提高，而且使学校成为一个与家庭和社会都不相同的学习集体生活的特殊场所。这对道德教育具有十分积极的意义。当然，组织化教育也带来了忽视个性、德育理性化过度而情感性下降的危险。所以近年来，国际和国内的班级规模又在缩小，出现"小班化"趋势。

需要说明的是，现代学校德育的民主化、世俗化、科学化之所以都带了一个"化"字，主要的原因在于它是一个动态的进程而不是一个静态的结果。这一动态的进程使现代学校德育的近代形态与现当代自然而然地联系起来。如果要概括地说明现代德育的特征，我们认为最主要的应当是现代德育的民主和科学特性。德育的现代化的本质当然是德育的民主化和科学性的增强。[①] 理解这一点，对于正在努力实现现代化的中国（大陆）社会和中国教育来说至关重要。

第三节　德育理论的形态及主要议题

一、德育理论的形态

德育理论的形态从历史演进的角度看，主要有四种：德育思想、德育论、德育学、德育科学或德育学科群（德育原理）。

德育思想首先是一种关于德育的价值性哲学思考。它主要反映人们对德育的应然与必需所产生的主观判断和选择。古代和现当代的许多思想家和政治家，往往都从价值判断和选择的角度对德育的理想与方式等提出了自己的见解，都属于德育思想的范畴。德育思想基本上是前德育理论形态。它主要存在于近代教育学产生以前，现当代虽然仍然存在，但已不再是主流的理论形态。中国的孔子、孟子、朱熹、王阳明等，西方的苏格拉底、

---

① 当然，这里的科学性不仅仅是自然科学（Science）的科学性。

柏拉图、亚里士多德、昆体良等思想家都为人类贡献了十分宝贵的德育思想。德育思想形态的特点是应然的、未分化（非专门）的、非体系的。在中国、西方和世界文明的其他部分，德育思想的遗产都是以后学校德育理论发展的基础。同时，现当代形态的德育思想（一直会存在下去）也是德育理论发展的源头活水。

德育论则是一个与德育经验、德育思想相对的范畴。有德育实践，即有德育经验、德育思想；但有德育经验、德育思想，却不一定有德育论。德育论是教育学产生之后，作为与教学论、课程论等并列的德育思想的理论化的形态。夸美纽斯的《大教学论》（1632）中就有"道德教育的方法"（23章）、"灌输虔信的方法"（24章）、"论学校的纪律"（26章）等专门论述学校德育的章节，可以视为德育论形态的起点。此后，洛克的《教育漫话》（1693）、卢梭的《爱弥儿》（1762）、裴斯泰洛齐的《林哈德与葛笃德》（1781—1787）、康德的《教育论》（1803）、赫尔巴特的《普通教育学》（1806）等都对学校德育有十分重要和专门的论述。例如，赫尔巴特认为："道德普遍地被认为是人类的最高目的，因此也是教育的最高目的。""我想不到有任何'无教学的教育'，正如相反方面，我不承认有任何'无教育的教学'。"① 这些论述对教育学理论体系的建立产生了重要的影响。德育论是作为教育学、伦理学的组成部分存在的。与作为前德育理论存在的德育思想相比，它具有一定的专门性、系统性。但是随着无所不包的教育学形态转变为教育学学科群，德育论也独立为德育学。

德育学是从教育学科群中分化出来的独立的教育理论形态，主要存在于19世纪末20世纪初。涂尔干的《道德教育》（1902，又译作《道德教育论》）②、杜威的《教育上的道德原理》（1909）、凯兴斯泰纳的《品格概念与品德教育》（1912）、马卡连柯的《论共产主义教育》③（1952）等都是德育学形态的代表。其中涂尔干的《道德教育》往往被视为独立的德育学产生的标志。这一著作的突出观点是，学校德育应当与宗教教育分离；德育的重要使命是培养纪律精神，努力实现个体的社会化。20世纪上半叶，我国也出现了一批德育学专著，如梁启超的《德育鉴》（1905）、蒋拙诚的

---

① 张焕庭：《西方资产阶级教育论著选》，257页，北京，人民教育出版社，1964。
② 这本书成书于1902—1909年，涂尔干任教于巴黎大学，并授教育学课程（含道德教育、学校道德教育等课）期间，但正式出版于1925年（中译版1929年）。
③ 这本书实际上是在讨论共产主义道德教育。

《道德教育论》（1919）、余家菊的《训育论》（1925）、李相勖的《训育论》
（1935）、吴俊升的《德育原理》（1935）、姜琦的《德育原理》（1944）和汪
少伦的《训育原理与实施》（1946）等。

涂尔干《道德教育》① 一书的目录

第一章　导言：世俗道德

第一部分　道德的要素

第二章　道德的首要要素：纪律精神

第三章　纪律精神（续）

第四章　纪律精神（结）；道德的次要要素：对社会群体的
依恋

第五章　对社会群体的依恋（续）

第六章　对社会群体的依恋（结）；对前两个要素的关联

第七章　道德前两个要素的结论；第三要素：自主或自决

第八章　自主或自决（结）

第二部分　怎样培养儿童的道德诸要素

第九章　纪律与儿童心理学

第十章　学校纪律

第十一章　惩罚在学校中的运用

第十二章　惩罚在学校中的运用（续）

第十三章　惩罚在学校中的运用（结）；奖赏的意义与用途

第十四章　对社会群体的依恋：儿童身上的利他主义

第十五章　学校环境的影响

第十六章　学校环境（结）；科学教学

第十七章　科学教学（结）

第十八章　审美教学与历史教学

不过，德育学也是一种过渡性的德育理论形态。由于对学校德育日益
专门、分化的研究和交叉学科研究的发展，德育学和教育学一样很快成为
"学科群"，即德育学已经演变成一种"复数"形式和广义性质的"德育科

---

① ［法］爱弥尔·涂尔干：《道德教育》，上海，上海人民出版社，2001。

学"①。作为"学科群","德育科学"至少包括：（1）作为分层次与分支学科的研究，德育科学有德育哲学、德育课程理论、德育方法理论与德育工艺学等；（2）作为交叉学科的研究，德育科学形态有德育社会学、德育心理学、德育人类学、德育文化学、德育美学等。

在众多的德育学科研究的基础上，我们需要一种整合各方面研究成果的一般理论形态；同时，在教育学专业的教学中，我们也需要一门综合性的"德育原理"课程。这就是教育学常常要着力关注的"德育原理"领域。它的重点在于说明德育的一般"规律"，回答德育面临的最基本的问题，以作为其分支学科和交叉学科研究的基础。总而言之，德育原理是作为整合诸多德育科学研究的一般理论形态而存在的。作为"原"德育之"理"的一个领域，它有研究学校德育领域一般理论问题的使命。德育原理又是教育专业的一门基础课程，因此它又具有引领教育专业的学习者全面了解道德教育理论的性质。从这两点出发，德育原理的特征主要是理论性、基础性、综合性。学习德育原理，应当注意把握以上特征。

二、学校德育理论的主要议题

从历史演进的角度看德育思想、德育论、德育学、德育原理诸形态，与从学科群的角度看作为复数形式的诸多德育科学，都有一些较为集中关注的主题。德育原理应当以此为主要的议题。

哈什等人在《德育模式》中，从一个道德行为的组成要素的角度，认为道德教育理论应当关注关怀（caring）、判断（judging）、行动（acting）三个方面。②应该说，这已经涉及道德教育的主要领域，但是主要集中在德育目标和内容上。道德哲学家弗兰克纳·威廉认为，道德教育理论至少应当关注四个方面的问题③：（1）道德教育要培养的人应当具有什么样的品质？换言之，什么样的人才能算是受过道德教育的人？（2）支持这些品质的理论基础，如哲学立场、理论前提和实验因素是什么？（3）在道德教育方法上有哪些建议？（4）支持这些德育方法的理论前提与依据有哪些？

---

① 这里的"科学"是学科的总称，而非自然科学意义上的"科学"（Science）。

② 参见［美］哈什等：《德育模式》，2～7 页。

③ 参见 Wiliam Frankena，"A Model for Analyzing a Philosophy of Education，" in *Reading in the Philosophy of Education*，ed. Jane Martin Boston，Allyn and Bacon，1970。

查赞·巴里则认为，当代德育理论共同关心如下九个问题①：（1）个人与社会；（2）道德原则；（3）伦理学中的理性；（4）德育内容和形式；（5）行动；（6）在道德上受过教育的人的概念；（7）灌输和道德教育；（8）教师的作用；（9）教学的方法、过程、材料等。这是一个比较全面的概括，但是道德教育范畴、道德教育的可能性等基本问题仍未得到全面的反映。

在当代中国德育理论界，我们比较了几本比较有影响的德育学专著，如胡守棻主编的《德育原理》（北京师范大学出版社，1988）、鲁洁、王逢贤主编的《德育新论》（江苏教育出版社，2000）、欧阳教著的《德育原理》（台湾文景出版社，1998）等。我们认为，德育原理至少应该包括以下几个主要课题：（1）德育与德育理论的发展；（2）现当代德育思想流派；（3）德育的本质与功能；（4）德育对象与德育主体；（5）德育目的与德育目标；（6）德育内容与德育课程；（7）德育过程与德育方法；（8）学校德育的社会环境。

这些课题，自然也就成为这本《德育原理》的主要议题。

本章学习小结

一、将你认为本章最重要的观点、事实或实践策略列举如下：

1.

2.

3.

4.

5.

6.

7.

8.

9.

10.

二、将你认为本章最需要质疑或讨论的观点、事实或实践策略列举如下，并努力在进一步的学习中形成自己的答案。

1.

---

① 参见 Barry Chazan, *Contemporary Approaches to Moral Education*, New York, Teachers College Press, 1985, p. 8。

2.

3.

4.

5.

6.

7.

8.

9.

10.

本章习题

1. 如何看待德育的内涵？

2. 试评价以下概念定义的合理性与可能存在的问题："德育是教育者根据一定社会和受教育者的需要，遵循品德形成的规律，采用言传、身教等有效手段，在受教育者的自觉积极参与的互动中，通过内化和外化，发展受教育者的思想、政治、法制和道德几方面素质的系统活动过程。"（鲁洁、王逢贤：《德育新论》，南京，江苏教育出版社，2000）

3. 如何理解古代德育与现代德育？中国德育现代化最重要的努力方向应当是什么？

4. 如何区别德育理论的几种形态？

5. 德育原理的主要议题有哪些？你认为还有哪些课题也应当属于德育原理范畴？

本章参考文献

1. 布鲁柏克. 教育问题史 ［M］. 吴元训，译. 合肥：安徽教育出版社，1991.

2. 哈什，等. 德育模式 ［M］. 台北：五南图书出版有限公司，1993.

3. 成有信. 现代教育论集 ［M］. 北京：人民教育出版社，2002.

4. 陈桂生. "教育学视界"辨析 ［M］. 上海：华东师范大学出版社，1997.

5. 陆有铨. 躁动的百年——二十世纪的教育历程 ［M］. 济南：山东教育出版社，1997.

6. 檀传宝. 信仰教育与道德教育 ［M］. 北京：教育科学出版

社，1999.

　　7. 戚万学. 冲突与整合——20世纪西方道德教育理论 [M]. 济南：山东教育出版社，1995.

　　8. 黄向阳. 德育原理 [M]. 上海：华东师范大学出版社，2000.

　　9. 王啸. 全球化与中国教育 [M]. 成都：四川人民出版社，2002.

本章推荐阅读文献

一、世界现代化研究的五大方向

　　（1）以亨廷顿、伊斯顿、阿尔蒙德、阿普特等为代表的现代化研究的政治学方向。该研究方向认为，政治现代化是国家现代化的核心，现代化最显著的特征是国家政治制度的现代化。国家的政治体制、民主制度的演化与变迁是该研究方向的支撑点。提出政治现代化的过程也是一个同质化、革命化、进步化、全球化和不可逆化的过程。主张政治民主化、自由化、分权化和秩序化，强调政府权威的合理性与政府能力的有效性。其代表作有伊斯顿的《政治体系》、阿尔蒙德的《发展中的政治经济》、亨廷顿的《变化社会中的政治秩序》和《第三波：20世纪后期民主化浪潮》、阿普特的《现代化的政治》等。

　　（2）以罗斯托、弗兰克、库兹涅茨、格尔申克隆等为代表的现代化研究的经济学方向。该研究方向主要从物质层面对现代化进行历史的考察，认为现代化的核心内容是经济现代化，而经济现代化的主体是工业化与城市化，保证经济持续增长是实现现代化的关键。该研究方向注重对经济增长与政治、文化、宗教和意识形态的变迁之间内在规律的研究；注重对不同类型经济现代化成长模式与动力机制的研究；注重对经济现代化成长阶段特征的研究，以及经济现代化成长不同阶段之间跃迁变化条件的研究。其代表作有罗斯托的《经济发展阶段：非共产党宣言》、库兹涅茨的《现代经济增长：发现与思考》、格尔申克隆的《对现代工业化"前提条件"概念的反思》和弗兰克的《世界体系中的危机与依附关系的转变》等。

　　（3）以帕森斯、列维、勒纳和穆尔等为代表的现代化研究的社会学方向。该研究方向以社会进化论思想为指导，以研究社会结构与功能的转换和变迁为着力点。认为工业化是现代化的始发原因，现代化是工业化的最终必然结果，现代化是一个从传统社会的传统性向现代社会的现代性转变过程，现代社会与传统社会的根本区别是社会结构的层次化与精细化、社会功能的专门化与多样化、社会运行机制的市场化与法制化、社会阶层的流动化与平权化、国家制度的理性化与权威化、政府能力的综合化与集约化。该研究方向的代表作有帕森斯的《现代社会体系》和《社会行动论》、列维的《现代化与社会结构》等。

（4）以英克尔斯、麦可勒兰德等为代表的现代化研究的人文学方向。该研究方向认为现代化的核心是人的现代化，人的现代化是实现由传统社会向现代社会转变的最根本保证，并指出人的现代化是现代化社会稳定、持续和健康发展的基石。一个国家现代化历史进程的演化就是人的价值观、心理素质、行为特征的转变与培育的过程。它尤其强调人的参与意识、开放意识、进取精神、创新精神、独立性和自主性。特别是英克尔斯等人提出的现代化十项标准，为传统工业时代现代化的实证研究与定量评价开拓了新思路，被国际社会广泛用于评判发展中国家的现代化水平。该研究方向的主要代表作有英克尔斯的《人的现代化》和《社会主义与非社会主义国家的人的现代化》、麦可勒兰德的《选贤社会》等。

（5）以布莱克和艾森斯塔特等为代表的（体制比较研究）制度学方向。该研究方向主要从人类历史发展演化的角度，对不同国家的现代化历程进行比较实证研究，提出现代化发展模式多样性的观点，并对多样化的模式进行深入诠释与剖析。在研究方法上，它开辟了定性研究与定量研究相结合的多变量分析方法，应用其基本思想构建指标体系，对现代发展水平进行评估。该研究方向的代表作有布莱克的《比较现代化》和《现代化的动力：比较历史的研究》、艾森斯塔特的《现代化：抗拒与变迁》等。

——［美］西里尔·E.布莱克：《比较现代化》，转引自中国科学院可持续发展研究组：《2001中国可持续发展战略报告》，9～10页，北京，科学出版社，2001。

二、现当代学校德育

现当代学校德育是指20世纪初以来的学校德育。在这一时期，学校德育除了继承、光大近代德育世俗化、科学化的传统之外，还产生了一些新的轨迹与特点。这主要表现在以下几个方面。

第一，理论与探索的时代。

所谓"理论与探索"，首先，指20世纪出现了与资本主义学校德育性质完全不同的社会主义德育。社会主义作为对资本主义理论与实践的批判，极大地推动了人类社会发展的历史进程。同样，社会主义的学校德育也在德育的目标、内容、方式上为整个人类的德育实践提供了宝贵的经验与贡献。

其次，20世纪初以来的这一历史时期也是一个德育理论不断涌现、德育的实验探索经历不同尝试的历史阶段。至于原因，一是德育面临的诸如社会变动剧烈、迅速等客观要求使然，德育必须在理论与实践上提供解释、解决的方案；二是德育自身的发展。德育研究的科学化进程是以加速度发展的，加上相关学科的迅速发展，德育理论与实践上的百花齐放、流派纷呈局面的形成就是自然而然的结果。在这一阶段，具有特别影响的学校德育理论有：苏联的社会主义集体教育思想、美国的进步主义德育理论，以及认知与发展学派、社会学习理论、价值澄清理论、关怀理论等。在中国，由于"文化大革命"的耽误，德育理论的进展不尽如人意，但是改革开放以来，以鲁洁教授的超越性德育理论为代表的中国德育理论也呈现出了日益活跃和百花齐放的局面。

第二，寻求平衡的时代。

学校德育在20世纪做出种种尝试的同时，也不断地探求矛盾的平衡。首先，是道德相对主义与绝对主义的平衡。现当代德育的民主化表现之一是对德育灌输的批判。最初对德育灌输的批判，只是要让学生有价值判断上的自由。但是当儿童中心主义、道德认知理论等发展到一定程度之后，许多学校德育的理论都倾向于德育内容上的相对主义。而相对主义运动的结果实际上会让教师无所事事，取消德育本身。所以经历了价值混乱、道德滑坡之后，西方国家，如美国，从20世纪八九十年代开始已经走向道德教育传统的复归（所谓"重建品德教育"阶段），重新讨论在学校德育中倡导主流社会认可的价值观念〔90年代初，美国许多公立学校都已实施了所谓"品德教育"（character education）教程〕。

其次，是宗教教育与道德教育的平衡。道德教育的世俗化当然是历史的进步，但是纯粹的规范授受往往解决不了个体存在的深层次的价值问题。所以在宗教教育道德化的同时，在西方，在巨变之后的俄罗斯、东欧诸国，宗教教育都存有同道德教育携手的取向。前者反映了西方社会对宗教问题的再认识，后者则是政治体制、社会体制变化的产物。但不管怎样，人们都在寻找道德教育与宗教教育的某种平衡。当然，这两点在中国这样保持社会主义体制的发展中国家的情况有所不同。

再次，是社会主义与资本主义德育体系的平衡。在20世纪80年代以后，社会主义国家锐减，社会主义运动遇到了一定的挫折。但是社会主义仍然是人类进步追求的重要组成部分。社会主义建设，包括社会主义的道德教育，并非如西方说的那样一无是处。社会主义与资本主义仍然是"对峙的双峰"。从历史的整体、从中国等社会主义国家的探索，以及从对待德育思想应有的理性态度出发，我们认为，现当代德育仍然具有寻求社会主义与资本主义德育体系与价值观平衡的特质。社会主义学校德育体系中的集体主义教育经验、对正确价值观的旗帜鲜明的倡导等，有值得资本主义世界的学校德育借鉴之处；同样，社会主义的中国等也应当努力学习发达资本主义国家在道德教育上的许多有益经验。

最后，是学校德育与家庭、社会德育的平衡。这一点在中国与西方也有较大的差异。中国的学校德育被普遍认为是德育的最重要的方式；西方社会则更多地将德育的责任定位在家庭、教堂。但是在 20 世纪的后半叶，西方的教育界开始重新认可学校德育及其使命的重要性，中国则不断强调家庭、社会与学校德育的配合。应该说，整个世界都在寻找学校德育与家庭、社会德育的合作与平衡的关系。

第三，全球化德育的时代。

德育的全球化源于经济、交通、通信等方面的全球化。德育的全球化主要表现在两个方面：一是影响的全球化，二是主题的全球化。

"影响的全球化"，是指德育思想与经验的全球化影响。杜威的进步主义德育思想在产生的同时就于 20 世纪初迅速影响了苏联、中国等国家的学校德育。20 世纪 20 年代，杜威甚至认为他的思想在苏联贯彻得比美国还要彻底。这与以前教育思想传播的速度相比，是大大加快了的。此后，道德认知与发展理论、价值澄清学说等德育思想的传播也具有迅速和普遍的影响特征。同理，由于信息化时代的到来，全球各国均已成为"地球村"的一小部分。在这样的情形之下，德育思想、理论与经验的全球化影响的趋势将越来越明显。世界各国的学校德育将因此而获益匪浅。

"主题的全球化"，是指世界各国学校德育关心的主题有趋同的趋势，也指学校德育日益关心诸如生态环境、人口与发展、个人权利、多元文化、世界和平等共同的主题。一些全球性问题的整体性、普遍性、复杂性和严重性，使道德教育的全球化成为时代的必然。20 世纪是生态伦理教育、性道德教育、和平教育等在全球范围得到空前重视并获得许多共识的世纪。

全球化与民族化是一对矛盾。离开前者，各民族的德育必将蒙受损失；而离开民族文化的根基，任何国家的德育都不可能取得理想的效果。而且，文化上的单一化又必将使整个世界全球化了的学校德育丧失应有的活力。对于中国的德育而言，在理论和实践上解决民族传统的继承和外国经验的学习之间的矛盾，始终是我们必须面对、解决的最重要的课题之一。

　　在谈到现当代学校德育的时候，我们不能不提及的是，尽管现当代学校德育已经取得了巨大的进展，但是学校道德教育至今仍然是世界级的难题。这里只以美国作为例证。《参考消息》1999 年 4 月 24、25 日报道，从1997 年 10 月 1 日密西西比州伯尔市的一名 16 岁少年杀害自己的母亲，并到校园向自己的同学射击开始，至 1999 年 4 月 20 日丹佛市郊一所中学的学生开枪杀 25（死 15）名同学，先后共发生 6 起校园枪击事件。这些事件的特征都是少年持枪杀害自己的老师或同学。美国教育界人士自己坦承这是美国道德教育不力的表现。最发达的国家尚且如此，应该说，学校德育及其效果的提高问题的确仍然是一个全球性的、亟须智慧投入的领域。

　　——檀传宝：《学校道德教育原理》（修订版），12～15 页，北京，教育科学出版社，2003。

第二章
现当代德育思想

"现当代德育思想"是一个很大的概念。本章所能实际介绍的，只能是几个重要的国外德育思想流派或者其代表人物。这既是在第一章关于德育理论发展逻辑上的一个延续，又是以后各章讨论相关问题的背景和基础。

第一节　苏霍姆林斯基

苏霍姆林斯基（В. А. Сухоминский）是苏联最伟大的教育家之一。他的教育思想、德育理论和马卡连柯一样，可以看作苏联社会主义教育，尤其是社会主义德育理论和实践探索的杰出代表。

苏霍姆林斯基是一个从实践走向理论的教育和德育思想家。他长期在帕夫雷什中学等中小学任教，完成了自己的"活教育学"。他还是俄罗斯和苏联教育科学院的通讯院士，一生写下了 41 部著作、600 多篇论文、1200 多篇文艺作品（童话故事等），代表作有《全面发展的人的培养问题》《帕夫雷什中学》等。①

苏霍姆林斯基的德育思想和德育理论的主要内容与特征可以概括为以下几个最主要的方面。

苏霍姆林斯基德育思想的第一个特征，是他和许多社会主义教育思想家一样，明确承认和主张教育的社会政治目的性，公开主张政治信仰与道德教育的统一。这一点反而使得他们的德育思想显得更为真诚。

苏霍姆林斯基曾经指出："忠于崇高的理想，是个人道德发展的顶峰。""道德教育的理想就在于使每个人去追求自己的顶峰，不要迷失通往顶峰的方向，更不要从旁而过。""我们号召自己的学生们，要为共产主义理想而生活、学习、奋斗。"② 以上论点除了社会政治环境的决定作用之外，与苏霍姆林斯基本人对共产主义的真诚信仰也是分不开的。苏霍姆林斯基曾经指出："共产主义教育伦理学的实质就在于教育者相信共产主义理想是存在的，是可以实现的，而且是可以达到的，教育者应当用理想的标尺去衡量自己的劳动。"③ 他认为所有的苏维埃教育工作者都应当对共产主义抱有坚定的政治信仰，这是共产主义教育伦理的起码要求。

苏霍姆林斯基之所以相信政治信仰的培养具有重要的德育意义，主要是基于自己对政治信仰与道德教育统一关系的正确认识。关于这两者的相

---

① 参见［苏联］阿·泽韦林：《苏联杰出的教育家》，见《苏霍姆林斯基选集》第1卷，3页，北京，教育科学出版社，2001。

② ［苏联］苏霍姆林斯基：《怎样培养真正的人》，140、106、35～36页，北京，教育科学出版社，1992。

③ ［苏联］苏霍姆林斯基：《怎样培养真正的人》，1页。

互关系，苏霍姆林斯基的认识包含两个大的方面：一是他认定政治信仰的确立对道德教育有重要的促进作用；二是在完整的精神人格的塑造中，这两个方面的存在与统一是不可或缺的。关于第一个方面，苏霍姆林斯基说："作为一种道德上的高尚的精神力量，始于对神圣的东西的一种信仰……没有任何信仰的人，不可能有精神的力量、道德上的纯洁，也不可能有英勇的精神……对我们的意识形态那种神圣的东西有信仰的人，定会有巨大的爱和恨的才华。""学生只有在拥有追求的时候，才会成为公民。""没有志向，就没有公民的觉悟"。① 关于第二个方面，苏霍姆林斯基的一个真诚愿望是培养"大写的人""真正的人"。而在《怎样培养真正的人》的第一页，他就这样描述了他称之为"真正的人"的人格形象的特点："对共产主义社会的真实性和完美性，对人与人之间那种视为人类理想发展顶峰的共产主义关系，要有明晰的概念、深刻的理解；对共产主义理想美的感受应当作为个人的执着追求；要善于珍惜祖国和共产主义社会那些神圣的东西，就像珍惜自己心上的个人爱物和神圣的东西那样。"因而，"对生活那种强烈的爱是作为了崇高目的的一种活动"。换言之，"对生活那种强烈的爱"这种道德人格特征，只是人格内核——政治信仰——的一种外显的特征。所以，在苏氏看来，政治信仰教育与道德教育在目标上是完全统一的。

苏霍姆林斯基在认识到上述统一后，在德育实践中坚定地实践着自己的教育理想。他一方面反对用年龄做挡箭牌而不对青少年进行信仰教育的错误倾向，另一方面又反对处处"用高射炮打蚊子"的道德教育政治化倾向。苏霍姆林斯基说："多年的教育经验使我深信，把孩子总看成是小孩子，这是学校教育，特别是家庭教育的一种不幸。"② "道德教育是从儿童有意识的生活刚刚一开始就进行的，也就是说，早在他们还理解不了共产主义理想是人类文明的顶峰这一真理前就开始了……不是简单地让他们知道什么是好什么是不好，而是让他们能为了祖国的繁荣昌盛，为了共产党的事业而积极行动。"③ 苏霍姆林斯基主张"要珍惜少年心灵中我们共产主义的神圣东西"，可是又坚决反对"用高射炮打蚊子"的做法："只要有的学生没有带笔记本，没有完成作业，上课迟到了，在课桌上乱画，就会听

① ［苏联］苏霍姆林斯基：《怎样培养真正的人》，15、141、142 页。
② ［苏联］苏霍姆林斯基：《怎样培养真正的人》，118～119 页。
③ ［苏联］苏霍姆林斯基：《帕夫雷什中学》，190 页，北京，教育科学出版社，1983。

到：你像少先队员吗？难道真正的列宁主义者能这样干吗……难道你配称真正的列宁主义者吗？"苏氏认为，这种轻率的态度，"与聪明地运用我们最细致的工具相差太远了"①。

苏霍姆林斯基德育思想的第二个重要特征，是关于学校德育环境的营造、学校德育与社会环境的关系的辩证处理的。

苏霍姆林斯基坚决主张政治信仰的确立和道德教育的进行都必须着眼于学生自身的成长，实现校园与社会生活的沟通。首先，苏霍姆林斯基主张教育者要努力创造学生的"接受教育性"，其要点在于让学生认识精神生活的幸福与美好。"小公民精神生活的本质，应当包含对人的美和思想美的惊讶、赞美和充满崇高精神，追求和渴望成为一个真正的爱国者、真正的战士。"② 其次，苏氏主张促成学生积极的行动。"信念就其本质来说，不可能是一种不劳而获的精神财富。只有通过积极的活动，信念才会起作用，才能得以巩固，才能变得更加坚定。"③ "共产主义的社会关系不是从书本里诞生的，而是从活生生的活动中和心灵的激奋之中产生的。"④ 最后，苏霍姆林斯基主张强化学校德育环境建设以及社会环境与学校教育的互动。他说："我认为有一条特别重要的教育原则，就是使每个人从童年起就在道德财富世界里，即在我们的思想意识、我们的祖国、我们的历史和人民的世界里充满精神地生活。"⑤ 因此，苏霍姆林斯基主张应当运用六种教育力量进行德育活动。这六种力量是教师、家庭、集体、学生本人、书籍及街头结交。⑥ 即使是在直接的学校德育活动中，苏霍姆林斯基也坚决反对那种直接和简单的道德说教。例如，在号召向英雄人物学习时，他主张努力激发少年心灵中对于道德美的赞颂，对于崇高道德表现的钦佩，但是认为："不要急于寻找在少年的举止行为和他心目中的理想人物举止行为之间可供比较对照的东西。这种做法可能导致与预期的完全相反的效果。"⑦ 苏氏的

---

① ［苏联］苏霍姆林斯基：《怎样培养真正的人》，271 页。

② ［苏联］苏霍姆林斯基：《怎样培养真正的人》，5、16 页。

③ ［苏联］苏霍姆林斯基：《让少年一代健康成长》，212 页，北京，教育科学出版社，1984。

④ ［苏联］苏霍姆林斯基：《怎样培养真正的人》，163 页。

⑤ ［苏联］苏霍姆林斯基：《怎样培养真正的人》，16 页。

⑥ 参见［苏联］苏霍姆林斯基：《给教师的一百条建议》，天津，天津人民出版社，1981。

⑦ ［苏联］苏霍姆林斯基：《让少年一代健康成长》，208 页。

众多著作中，有着大量的进行间接道德教育的成功范例。

苏霍姆林斯基在学校德育环境建设方面的最大探索，则在于其教育实践。首先，苏霍姆林斯基十分重视并努力从事建设学校教育环境的工作，认为有一条重要的教育准则：使每个人从童年起就在道德财富里生活。为此，他在他的帕夫雷什中学做过两方面卓有成效的工作。一是从努力促进学生身心的全面发展的目标出发，为学生创设了一个富有教育意义的物质环境。这个环境包括自然风光、校园美化、学校设备、室内陈设以及图书保障等。二是他努力为学生创设精神环境，促成其"丰富而多方面的精神生活"。为此，他为学生提供了充足的课余时间，让学生能够有自由思考的时空；建立了为数众多、有助于满足学生精神需要的课外活动小组，使学生集体成为个体成长的精神背景和重要支撑；突出鼓励学生拥有三项爱好，如最喜爱的课外读物、最喜爱的学科、最喜爱的劳动项目。

其次，苏霍姆林斯基在从事学校德育环境建设时，亦充分考虑到了与社会教育资源的连接及学生的主动参与这两个因素。苏氏一方面认为，"校园里应该充满鲜明的、有道德的气氛，而这种气氛使人相信，高尚的道德情操会成为主流。在有许多鲜明的道德行为的地方，善才会作为消灭恶的一种力量"①。为此，他不遗余力地开展学校教育环境的建设。另一方面他还积极将学校德育环境与社会教育资源相嫁接。比如，苏霍姆林斯基十分重视家庭的教育意义，也充分鼓励学生从亲人身上获得道德营养。他曾这样告诫学子们："要认识自己父亲身上的那些道德财富，这是任何东西都无法替代的荣誉课。"② 又如，苏霍姆林斯基特别重视英雄人物的教育意义。除了在学校课程中提供大量关于英雄人物的学习材料之外，他还常常邀请学校周围的卫国战争的英雄、劳动模范等先进人物走进帕夫雷什中学的孩子们中间。此外，苏霍姆林斯基的校园环境的建设主体是学生而不是教师。在帕夫雷什中学，学生用自己的劳动创造出属于自己的空间，诸如"休憩园"、"理想之角"、葡萄园等。学校的物质与精神环境"渗透了每个孩子的汗水，凝聚了每个学生的智慧，从而激发着每颗心灵对周围一切的无比关怀和爱护——这本身就是富有成效的德、智、体、美、劳的综合教育"。这一点与苏霍姆林斯基对于教育的深邃思考是分不开的。他曾对孩子们说："老一辈人可以把一切都传给你们，可谁也代替不了你们去造就人。这需要

---

①　［苏联］苏霍姆林斯基：《怎样培养真正的人》，202 页。
②　［苏联］苏霍姆林斯基：《怎样培养真正的人》，93 页。

劳动。这个世界仿佛是随着每个人的诞生而重新诞生。你们的世界会变成什么样，那就是你们的责任。"①

苏霍姆林斯基虽然也十分重视显性德育，但他更重视通过环境进行带有渗透性的隐性德育。或者说，在他的教育艺术中，显性德育更多地隐性化了。《让少年一代健康成长》一书记载了一个少先中队为保护自己辛勤建成的葡萄园和"休憩园"而与干旱做顽强斗争的故事。在斗争最艰苦的时候，苏霍姆林斯基写道："我给少年们讲了那些具有高尚道德美的人的故事，通过这些故事使他们灵感的火花永不熄灭。我不大敢采取直截了当的做法。因为我感到，在少年们所进行的那种精神斗争中，直截了当的做法是行不通的。假如我在每次紧张劳动之前，都要先讲个故事来鼓舞斗志，这就是贬低了他们崇高的思想，也就是对他们心灵的不信任。"② 苏霍姆林斯基还针对那种唠唠叨叨的道德与政治说教，指出："金玉良言不能再三重复，否则就会成为陈词滥调，变得像一个懒散匠人手中的工具那样拙钝。假如一遇困难就去动用这一脆弱而精细的工具，那将使伟大和神圣的事物庸俗化。""要努力使共产主义思想的鼓舞作用经常存在于每个人的心中，成为内在的和自己的道德力量，使最锋利的工具尽可能少用，只有这样，这些工具才能对青年产生影响。"③

苏霍姆林斯基德育思想的第三个特征就是特别强调德育活动的重要意义。苏霍姆林斯基认为，对学生来说，"老一辈人可以把一切都传给你们，可谁也代替不了你们去造就人。这需要劳动"。在对学生通过自身的积极活动不断成长的充分认识的基础上，苏霍姆林斯基的主要贡献在于他在教育实践中提供了许多有效的"活动"模式。这些活动模式包括观察、阅读、劳动、奉献等。

"教育者一个极为重要的任务，就是唤起孩子具有感情上的敏锐性、注意力和感觉上的精细。"④ 所以，苏霍姆林斯基特别强调学生要学会"观察"。这种观察既包括学生在"观察身边的人时，有亲身体会到他的欢乐与痛苦、不安和惊慌那种高度发达的能力"，从而培养其富于同情心的情感，努力做出合乎人性的道德选择，也包括更大范围的对世界政治与社会活动

① ［苏联］苏霍姆林斯基：《怎样培养真正的人》，167 页。
② ［苏联］苏霍姆林斯基：《让少年一代健康成长》，237 页。
③ ［苏联］苏霍姆林斯基：《给教师的一百条建议》，182 页。
④ ［苏联］苏霍姆林斯基：《怎样培养真正的人》，8 页。

的观察。这就是他所称谓的"公民观察世界课"。"在这些课上，孩子们特别敏锐地感觉到各种生活现象错综复杂、矛盾交叉……在人类为摆脱奴隶制残余、反抗压迫、摆脱一些人在经济上和精神上附属于另一些人的关系而进行斗争的背景下，在各国人民为反抗原子战争灾祸而进行斗争的背景下，我们的苏维埃祖国犹如善良、正义和光荣的实际体现者出现在孩子们的面前。"① 由观察到思考，由情感投入到道德判断，"观察课"显然不同于在中国，人们较为常见的干涩的"时事课"。

阅读，也是学生的重要活动形式。苏霍姆林斯基安排和鼓励两种阅读形式：一是"共产主义阅读课"，二是学生个人的自由阅读。关于前者，苏霍姆林斯基介绍说："共产主义阅读课既是读书，也是生动活泼、引人入胜的故事会……我们阅读和讲述关于杰出的共产主义战士的故事，如关于捷尔任斯基、斯维尔德洛夫、佐拉、台尔曼、季米特洛夫、伏契克、尼古拉·奥斯特洛夫斯基、尼科斯·别洛扬尼斯的故事。""在共产主义者的形象中，使孩子们受鼓舞和激励特别大的是他们对信仰的忠诚、坚贞不屈、对敌人和思想上的敌人毫不妥协的精神……孩子们眼睛里闪耀着钦佩的目光。这样的阅读课越多，共产主义的真理就越深入少年儿童的心灵。"② 关于个人阅读，苏霍姆林斯基曾说："我很高兴听到沃洛佳的母亲对我讲，这个十四岁的少年沉思地、聚精会神地埋头读书，好像有什么东西使他情绪激动。我劝他的母亲说：'不要破坏他的这种情绪，不要去对你儿子说去找同学解解闷吧！这是他在进行自我教育，是学校里获得的精神上的弹药在起作用。'所以我总是努力使少年们极大兴趣去阅读有关杰出人物的生活和斗争的书籍，因为在这样的人物身上，体现了道德威力和道德的美。我认为，阅读一本好书，一本激动人心的书，或者反复地阅读它，这是人的精神活动中一个最丰富的内容。"③

劳动或劳动课是苏霍姆林斯基投入最大热情研究和探索的德育活动形式。苏霍姆林斯基是从学生自身的经验成长和时代特点两个方面认识劳动这一活动形式的教育性的。首先，"劳动不只是铲子和犁，而是一种思维。让我们的学生们以亲身的经验去理解思维是一种艰巨的劳动是多么重要，

---

① ［苏联］苏霍姆林斯基：《让少年一代健康成长》，178 页。
② ［苏联］苏霍姆林斯基：《给教师的一百条建议》，175 页。
③ ［苏联］苏霍姆林斯基：《让少年一代健康成长》，211 页。

而恰恰是它的复杂性、艰巨性才给人带来巨大的欢乐"①。其次，"我们的时代是创造性劳动的时代。应该教育青年一代首先在劳动中成为英雄无畏的人。在我们这个时代，人的品格正是在为共产主义的胜利而进行的劳动中表现出来的"。所以，"劳动既可以成为沉重的、令人厌倦的负担，也可以成为一种使人精神高尚、为创造世界的美和自身的美而进行的斗争。依我看，共产主义战士的思想一致就在要走在时代的前面，充当未来的侦察兵，在自己的劳动中看到这一未来，在双手出力时感到这一未来"②。劳动作为一种德育活动不在于形式本身，而在于这一形式能否提供一个学生在活动中进行思考和精神探索的舞台，这是作为德育活动形式的劳动活动的本质。

苏霍姆林斯基特别重视"奉献"活动，因为所有的活动都要教会学生奉献，奉献"是培养人的崇高愿望的唯一学校"③。苏霍姆林斯基指出："青少年的精神必须一点一滴地加以积累，要从童年和少年时代就开始积累。一个十二三岁的人回想过去时就应该看到自己曾经为别人做了什么，并为自己的劳动成果而感到自豪。这种自豪就是青少年接受共产主义思想的表现和达到的思想一致的基础。"④ 所以，当有一个同学生病而且无人照顾时，苏霍姆林斯基就会让集合好准备出发旅行的少先队员们考虑能为这个不幸的伙伴奉献些什么；河水暴涨、暴风雪突然来临，他会启发高年级的同学思考能够为低年级的弟弟妹妹们提供什么样的帮助；孩子们会在他的启发下，把经过长期而艰苦的劳动而生产出来的第一批苹果和葡萄，送给村里的老人或其他需要帮助的人们……这就是苏霍姆林斯基所说的"热心课"。苏霍姆林斯基认为："热心课并不是孤立于周围世界之外的特殊的东西。"⑤ 恰恰相反，由于热情参与，学生们进入了道德与政治理想所实际存在的现实世界。学生会在实际人际网络中学会道德操作，领会人生的真谛。

在观察、阅读、劳动、奉献四种活动的开展方面，苏霍姆林斯基表现出两个突出的特点。一是四类活动都是生活化的。无论观察还是阅读、劳

---

①　［苏联］苏霍姆林斯基：《怎样培养真正的人》，134 页。

②　［苏联］苏霍姆林斯基：《帕夫雷什中学》，177、179 页。

③　［苏联］苏霍姆林斯基：《怎样培养真正的人》，35 页。

④　［苏联］苏霍姆林斯基：《帕夫雷什中学》，191 页。

⑤　［苏联］苏霍姆林斯基：《给教师的一百条建议》，196 页。

动、奉献，苏霍姆林斯基都十分强调从学生生活实际出发的教学艺术。观察的对象是父母、同学、邻居，是身边需要关怀和帮助的人们，其劳动与奉献亦由此展开。比如，"我们激励孩子关心人，首先是关心母亲、祖母、父亲和祖父"①。生活化既有利于学生的道德与政治情感的真实体验，也避免了德育过程中可能出现的"假大空"。从文献上看，这一特征曾给苏霍姆林斯基带来了丰硕的收获。二是四类活动的内部联系或一体化特征。事实上，苏霍姆林斯基探索过的学生德育活动形式远不止上述四类。所有这些类别的活动对于苏霍姆林斯基来说，都有两类联系。其一，它们都是学生整体精神生活的具体化。"人要有一种精神。在这一真谛之中，我看到的整个道德教育的一条红线。"② 正是这条红线联结起所有的学生活动。其二，活动模式之间有外显和直接的联系。例如，在旅行中，他发现雨水新冲出了一条沟壑，可能危及整片的农田。于是他会指引学生进行思考，从而展开疏通水路、保卫农田的劳动。他鼓励学生通过整学年、全部中学学段的劳动为路人栽种一小片乘凉的树林。他引导把用自己辛勤劳动生产出的第一串葡萄奉献给村里的老人们，等等。观察、劳动、奉献及与之相关的阅读，在外显的层面上也是有机地联系在一起的。有意和无意之中，活动与活动的串联带来了"1＋1＞2"式不断增殖的德育效应。

除了高度重视有效的德育活动的组织之外，苏霍姆林斯基在有效德育活动的探索上还有一个十分重要的特征，那就是对情感、美感及相关活动对于道德活动积极意义的认识与强调。

苏霍姆林斯基强调，"培养真正的人，就是用人的精神美使人变得精神高尚"。"美的世界的精神生活能使人成为有教养的人。进行道德教育，造就真正的人——就是在号召做一个美的人。"③ 苏霍姆林斯基同样认识到："一种理想，只有在与美感，与人的高尚情操牢牢地联系在一起的时候，才能成为个人最宝贵的东西，成为他心灵的财富。"④ "只有当一个人今天变得比昨天好，只有当他在同志们和自己身上发现了完全新的东西，并且想成为更好、更完美的人时，他才是有上进心的。"⑤ 苏霍姆林斯基在实践中

---

① ［苏联］苏霍姆林斯基：《帕夫雷什中学》，194 页。
② ［苏联］苏霍姆林斯基：《怎样培养真正的人》，15 页。
③ ［苏联］苏霍姆林斯基：《怎样培养真正的人》，13、14 页。
④ ［苏联］苏霍姆林斯基：《让少年一代健康成长》，244 页。
⑤ ［苏联］苏霍姆林斯基：《帕夫雷什中学》，185 页。

所做的探索有两个方面：一是由榜样人物的形象展示人格美，从而吸引学生模仿和学习；二是让学生欣赏自己的劳动成果。当学生看到自己打理的花园鲜花怒放时，他们会更富于热情地投入今后的物质与精神上的劳作。所以，苏霍姆林斯基把美称为"心灵的体操"①。

苏霍姆林斯基是一个伟大的教育思想家和实践者。除了以上主要思想之外，他还对人的全面发展、集体教育理论等许多社会主义德育思想家关注的问题有十分深入的思考。虽然苏联已经解体，苏联的社会主义德育思想体系也有许多局限性，但是作为 20 世纪人类社会与教育的最重要的探索之一，苏霍姆林斯基等社会主义德育思想家的智慧对全人类仍然具有重要的意义。

第二节　科尔伯格

科尔伯格（Lawrence Kohlberg）是美国著名的心理学家、教育学家，也是品德发展心理和道德教育领域认知主义流派的最重要的代表人物。

在芝加哥大学学习期间，科尔伯格在一个偶然的机会下阅读了瑞士著名心理学家皮亚杰（Jean Piaget）的名著《儿童的道德判断》，并对此产生了浓厚的兴趣。科尔伯格开始运用和改进皮亚杰的研究方法，对儿童、青少年道德判断的发展进行研究，并于 1958 年以论文《10 岁到 16 岁时期儿童思维与选择方式的发展》（*The Development of Models of Thinking and Choice in the Years 10 to 16*）获得博士学位。他先后在耶鲁大学、芝加哥大学等机构工作，1968 年被哈佛大学教育研究生院聘为教授，1974 年在哈佛大学创立了著名的"道德发展与道德教育研究中心"，领导他的同事和研究生从事大规模和卓有成效的道德发展与道德教育研究。1987 年 1 月 17 日，年仅 59 岁的科尔伯格于医院失踪，4 月 6 日，其遗体被发现于波士顿一个沼泽地。

"科尔伯格对道德发展的研究和对学校道德教育实践所做的贡献是无与伦比的。他数十年来在这一领域所取得的成就超过了与他同时代的所有人。"科尔伯格在短暂的一生中，为人们留下了数百篇论文、演讲和三卷本《道德发展文集》（*The Essays on Moral Development*）。他培养的大批研究

---

① ［苏联］苏霍姆林斯基：《怎样培养真正的人》，46 页。

生和其他研究人才，至今仍然对心理学、教育学等学科的发展产生着巨大的影响。①

科尔伯格最重要的贡献是他的道德发展和道德教育研究。在道德发展研究方面，他提出了著名的三种水平、六个阶段的道德发展阶段理论。道德教育方面的贡献则是基于对儿童、青少年道德发展阶段的认识而提出的"道德两难问题讨论法"（"新苏格拉底法"）和"公正团体法"（"新柏拉图法"）等。

科尔伯格认为，和一般认知发展一样，道德思维也具有结构的特质，是一种有组织的心理活动形式。个体道德发展处于不断的建构或结构的重建之中。科尔伯格认为，道德判断的发展就其"结构"特征而言，会出现以下三种水平、六个阶段②（第四章将具体介绍）。

水平Ⅰ——前习俗水平
阶段1：服从和惩罚的道德定向阶段
阶段2：朴素的享乐主义或功利主义定向阶段
水平Ⅱ——习俗水平
阶段3：好孩子定向阶段
阶段4：尊重权威和维护社会秩序定向阶段
水平Ⅲ——后习俗水平
阶段5：社会契约定向阶段
阶段6：良心或普遍原则定向阶段

科尔伯格强调道德决定是因人而异的，但我们都有一些共同的基本价值。虽然不同的文化和亚文化中存在不同的具体的价值与信念，但是各种文化也存在相同的基本道德价值和共同的道德发展阶段与顺序。道德产生于社会实践活动，产生于主体和客体之间的相互作用。基本道德价值在不同个体身上会有不同的表现，但主要基于个体所处的不同的道

---

① 参见［美］柯尔伯格：《道德教育的哲学》，238～241页，杭州，浙江教育出版社，2000。本书将科尔伯格译为柯尔伯格，下同。——编者注

② 参见 L. Kohlberg, *Essays on Moral Development Volume 1*, *The Psychology of Moral Development*, New York, Harper & Row, 1981, pp. 409-412; *Essays on Moral Development Volume 2*, *The Psychology of Moral Development*, New York, Harper & Row, 1984, p. 177。

德发展阶段和水平。如果我们看到高于自己的道德发展水平的判断，这将有助于我们自身道德水平的提高。据此，科尔伯格提出了道德教育的三个基本原则①。

第一，必须首先了解学生道德发展的水平、阶段。

第二，必须在儿童中引起真正的道德冲突和意见不一。这同传统的教育强调教给"对的答案"是完全不同的。

第三，要向儿童揭示出高于他已有发展程度一个阶段的道德思维方式。低于儿童的道德发展水平或远远高于儿童的发展阶段的道德教育，容易因遭到儿童的排斥而失去效果。

科尔伯格的上述建议是建立在道德发展阶段理论和相关实验的基础之上的。以下为两个典型的实验。

——杜里尔（E. Turiel）的实验。杜里尔在1966年曾经将处于不同发展阶段的儿童分为实验组，分别给予不同水平的"说理"。第一组接受高于儿童已有水平一个阶段的道德说理；第二组接受高于儿童已有水平两个阶段的道德说理；第三组接受低于儿童已有水平一个阶段的道德说理。经过一段时间的"教育"，实验测得的结果是：只有第一组表现出了明显的道德发展。科尔伯格因此得出结论："发展性道德教育的第一个心理学原则是，儿童只能同化在发展意义上合乎他们自身水平的那些道德说理。"而第二个原则则是："道德发展上的向前运动不仅依赖于向儿童揭示下一阶段的思维，而且要使儿童体会到运用他们自己当前的思维水平到道德问题情境中发生认知冲突的经验。如果体验不到足够多的认知冲突和不确定性，道德发展就不会发生"②。

——布莱特（M. Blatt）的实验。布莱特在杜里尔研究的基础上做了进一步的实验。他设计了10人一个实验组的六年级学生每周讨论道德两难问题2次，一共进行了3个月。同前期测量相比较，实验组大多数学生几乎都向前发展了一个阶段，而对照组没有明显的变化。这一道德发展的差异在一年后仍然得以保持。这一实验的结果使科尔伯格深受鼓舞，他将这一结果称为"布莱特效应"（the Blatt's effect）。布莱特在实验中运用的两难

---

① 参见［美］柯尔伯格：《道德教育的哲学》，395页。

② L. Kohlberg, "Cognitive-Developmental Theory and Practice of Collective Moral Education," in *Group Care：The Education Path of Youth Aliyah*，ed. M. Wolins & M. Gottesman, New York，Gorden & Breach，1971，p. 367.

讨论法既依赖于诱导学生的道德认知冲突，又依赖于向学生揭示比他们已有水平高一个阶段的道德问题讨论。讨论组通常由 3 个或 3 个以上相邻道德发展阶段的学生组成，以利于在讨论中进行不同的思维或推理水平的比较。教师首先帮助澄清和支持超过学生最低阶段的观点，比如说支持阶段 3 而不是阶段 2 的观点。当大多数学生理解和掌握阶段 3 的判断时，教师可以转而提出新的思维方式，向阶段 3 发出挑战，并支持新的超过阶段 3 的思维方式（如阶段 4）。依此类推，以促进儿童的道德发展。

此后，科尔伯格及其追随者不断对上述两难讨论法进行完善。他们主要是将讨论内容从最初的虚拟的两难故事（如海因兹偷药）扩展到日常生活中的道德问题（越战、堕胎等），讨论方式也从小组讨论扩展为结合各科教学、利用教学影片进行道德讨论等多种形式。

道德两难问题讨论法等旨在促进个体道德判断发展的德育方法（或"认知—发展的道德教育方法"），又被称为"道德教育的新苏格拉底法"。主要是因为这一方法吸收和发挥了苏格拉底教学法中诱发认知冲突、促进积极思维的精髓。

但是科尔伯格的这一方法也有片面强调道德认知和教育上的"过程主义"的倾向。20 世纪 70 年代，科尔伯格开始纠正他自己所说的从发展心理学的研究直接推论道德教育目的与方法的"心理学家的谬误"，从单纯强调道德认知转到认知与行为培养的兼顾，从假设的两难问题讨论转向真实的两难问题讨论，从着眼于个体内部道德思维转向对团体道德气氛的重视，从简单依据心理学研究确定教育目的与方法转向更多依据社会实际与教育实践，等等。① 在教育方法上，他开始由强调"道德教育的新苏格拉底法"，转向同时提倡"道德教育的新柏拉图法"或"公正团体法"。科尔伯格认识到："道德讨论和道德课程只是促进道德成长的诸条件中的一部分。当我们转而分析更广泛的社会生活环境时，我们就应考虑到家庭、学校和社会中的那种道德气氛。"

"公正团体法"是科尔伯格在对犹太人聚居区的教育考察和监狱德育实验中得到的启发。1969 年，科尔伯格和他的同事在访问以色列一个犹太人聚居区萨沙集体农庄（Kiboutz Sassa）的学校时，发现集体农庄学校的道德教育有效的原因之一是特别强调团体精神对于道德发展的决定作用。这一考察促使科尔伯格对于道德气氛、隐性课程等有了进一步的思考。于是

---

① 参见［美］柯尔伯格：《道德教育的哲学》，273 页。

科尔伯格开始改进其已经在监狱进行的德育实验，将两难讨论和道德气氛的建设结合起来，取得了很好的效果。1973年，科尔伯格领导的哈佛大学"道德发展与道德教育研究中心"开始在剑桥附属学校（The Cambridge Cluster School）等公立学校展开"公正团体学校"和"参与性民主"的教育实验，逐步形成了"道德教育的新柏拉图法"。其具体做法如下：（1）在社会研究和英语等课程中引入道德讨论；促进学生相互交流思想；通过参观教堂、监狱等社会机构获得道德经验。（2）每周举行由全体师生参加的团体会议，每个人都有就共同关心的道德问题做出选择的权利。（3）定期举行小组会议，讨论有关的道德问题。（4）每周举行由教师或导师指导的咨询或劝告会，解决学生的个别问题。（5）建立一个由小组代表轮流组成的纪律委员会，负责督促团体成员的行为，并对违反纪律者做出处理。

这一方法在提高学生自我管理和纪律自觉、提高学生的道德判断水平等方面取得了成功。因此，这一实验的成果后来在美国的许多中小学得到推广。[①]

英国心理学家辛格尔曾经这样评价科尔伯格的工作："科尔伯格的影响是巨大的。无论在哪里讨论道德发展，若不详细考虑他的工作，都将会是不全面的。"[②] 虽然科尔伯格的研究后来也受到了来自不同方面的批评，但是他在道德发展和道德教育上做出的以上探索仍然是卓有成效的。这些卓有成效的研究使他成为20世纪道德教育研究领域一颗最为耀眼的明星。

第三节　价值澄清理论[③]

价值澄清（Values Clarification）理论是美国20世纪六七十年代广为流行的德育理论。

价值澄清理论的最大特点是强调个人价值选择的自由，因而将价值教育的重点从价值内容转移到了澄清个人已有价值的过程上。也就是说，教师的任务在于帮助学生澄清他们自己的价值观，而非将教师认可的价值观传授给学生。

---

① 参见［美］柯尔伯格：《道德教育的哲学》，405页。

② M. Siegal, *Fairness in Children: A Social Cognitive Approach to the Study of Moral Education*, London, Academic Press Inc. Ltd., 1982, p.138.

③ 本节是在我的研究生黄亮的协助下完成的，谨致谢忱。

价值澄清理论诞生的标志是 1966 年拉思斯（Louis E. Raths）和他的学生哈明（Merrill Harmin）、西豪（Sidney Simon）合著的《价值与教学》的出版。凯钦鲍姆（H. Kirschenbaum）于 20 世纪 70 年代出版的《超越价值澄清》（1973）、《高级价值观澄清》（1977）等著作，也对价值澄清理论做出了重要贡献。

这一流派在 20 世纪六七十年代对美国的德育产生了巨大的影响。一个具体体现是，当时一本介绍价值澄清教学策略的手册竟然卖出了 60 万册之多。有专家评论说："这是（美国）在教育方法方面的著作从未有过的发行数目。"①

价值澄清理论的产生与发展有其特有的历史背景和时代要求。20 世纪六七十年代，通信、交通等手段的迅速发展导致信息空前丰富，美国社会面临着移民社会、工业化程度迅猛加快等因素带来的价值多元化的冲击。人们尤其是儿童在众多的价值选择面前无所适从，而当时美国的学校道德教育又形同虚设，从而导致儿童在价值观方面产生混乱。面对这种情况，拉思斯等人从杜威的经验主义价值论、人本主义心理学尊重儿童的角度出发，提出了价值澄清理论。

价值澄清理论关注的主要是价值观教育。他们认为个人的价值或价值观念是经验的产物，不同的经验会产生不同的价值（观），而价值本身并没有真伪与对错。价值的形成与发展完全是个人选择的结果，因而教育者不能也无法向儿童传授和灌输任何价值观。正如拉思斯等人在《价值与教学》中所说："生活随时空的不同而不同，我们无法确知某个人会有怎样的经验。我们因而不能确定什么样的价值观、什么样的生活方式最适合于某人。然而，我们的确多少懂得什么样的过程对于获得价值观最富有成效。"② 由此可见，尽管价值是相对的，是不能被传授和灌输的，但是作为成人，我们还是有能力也有义务帮助儿童形成他们自己的价值，也就是应该教会儿童价值澄清的过程。

价值澄清理论认为，有效的价值形成过程必需的七个步骤及其理由是：

---

① 袁桂林：《当代西方道德教育理论》，86～87 页，福州，福建教育出版社，1995；James S. Leming, "Research and Practice in Character Education: A Historical Perspective," in *The Construction of Children's Character*, ed. Alex Molnar, NSSE, Chicago, 1997, p. 36。

② Louis E. Raths, Merrill Harmin and Sidney B. Simon, *Values and Teaching*, Columbus, Charles E. Merrill Publishing Co., 1966, p. 26.

1. 自由地选择。如果有某些东西实际上在指导着一个人的生活，不管是否有权威的监督，这种东西必须是自由选择的结果。如果在选择过程中存在某种强制，个体就不可能长时间地坚持自己的选择结果，尤其当施加压力者鞭长莫及时。所以只有作为个体自由选择的结果，其价值才会被个体真正珍视。

2. 从各种可能的选择中选择。价值的定义是基于个体所做的选择。很显然，若无可供选择的对象，价值选择也就无从谈起。例如，说一个人珍视"吃"毫无意义，可以说个体选择吃何种食物，而不是"吃"本身。我们必须提供足够的食物，否则选择无从谈起。只有有一种以上的选择，选择才能成为可能，价值选择才会实现。

3. 认真思考每一种选择的后果再进行选择。凭冲动或轻率做出的选择并不能形成我们界定的价值。那些真正指导个体生活的东西一定是个体仔细权衡和理解的结果。只有仔细权衡和完全理解每一种选择的后果，个体才会做出明智的选择。只有在认真考虑每一种可供选择的后果后进行的选择，才会形成价值。

4. 赞同与珍视。当说起那些我们珍视的东西时，我们总是语气坚定。我们会赞同它，珍视它，尊重它，坚持它。我们会为我们所珍视的感到高兴。有的选择，即使是自由的和审慎的选择，我们也不一定会为之高兴。我们可能选择参战，但我们有时会对该选择的合理性产生不安。我们界定的价值必须是我们高兴地做出的选择结果。我们会赞同和珍视那些价值，并用以指导生活。

5. 确认。当我们在考虑各种可能选择的后果之后自由地做出选择并为之感到自豪时，被别人问及时我们愿意当众确认我们的选择，甚至愿意为之辩护。如果会为某一选择感到羞惭，被诘难时不敢表明自己的立场，那么我们选择的就不是价值而是别的什么。

6. 根据选择行动。我们所信奉的价值观体现在生活的诸多方面。为了使某种价值得以浮现，生活本身势必受到影响。事实上，不存在不对现实生活进行指引的价值观。

7. 重复。只要某一事物被提升至"价值"水平，它就很可能在个体生活的许多场合影响其行为。它会表现于不同的情境与场合。只在生活中出现过一次的事物不能被视为价值。价值观往往会以某种生活方式不断重复。①

而使用价值澄清方法的教师，可以提出的问题（举例）有②：

1. 自由地抉择

（1）你第一次获得这种观念，是在什么地方？

（2）你的这种感觉已经持续多久了？

（3）如果你没有实践你说过你必须做的，别人将会说什么？

（4）你得到别人的帮助了吗？你还需要帮助吗？我能帮助你吗？

（5）你是群众中唯一有这种感觉的人吗？

（6）你父母希望你从事什么职业？

（7）在做抉择时，你有没有矛盾冲突过？

（8）你适应它，将要花多少年？如果你现在不够满意，你将做什么？

（9）当你来到广场时，有成千上万的群众正欢呼着，你认为这情况会影响到你的抉择吗？

2. 从许多选项中选择

（1）在你决定这个选择之前，你考虑过其他选项吗？

（2）在做决定之前，你已考虑多久了呢？

（3）它是一项困难的决定吗？你凭什么因素考虑最后的决定？谁来帮助你？你需要更进一步的帮助吗？

（4）你考虑过其他可能的选项吗？

（5）你是否根据一些理由，才做抉择？

（6）在决定你现在的观念或行为之前，你拒绝过什么选择吗？

（7）你的这个抉择，对你有什么真正的好处呢？

3. 对各种不同途径的后果，三思后才做选择

（1）每一种选项的后果将会如何？

---

① 参见 Louis E. Raths, Merrill Harmin and Sidney B. Simon, *Values and Teaching*, pp. 28-29。

② 参见谢明昆：《道德教学法》，169～173 页，新北，心理出版社，1994。

（2）你仔细考虑过这件事吗？你想要怎么去做呢？

（3）这就是我对你的了解吗？

（4）你暗示的那件事是……（如果学生很清楚地矫正了一种曲解，我们就要来看看这曲解是怎么一回事）

（5）在你的抉择中，还有些什么因素？让我们一起来检查吧！

（6）界定你使用的名词。如果不用中学的毕业文凭，你能找到什么工作？请你举一个例子。

（7）如果你现在做了这件事，那以后将会发生什么呢？

（8）你是否会出尔反尔呢？

（9）这抉择好在哪里？

（10）它以后将如何发展？

（11）你做这件事，是受了谁的影响？

（12）将你的另外这些选项，依照其重要性等级排列。

（13）你还要做些什么？你的第一个步骤是什么？第二个步骤是什么？

（14）当时你还想跟谁谈谈？

（15）你真的完全考量过吗？

4. 重视和珍惜所做的选择

（1）这种感觉，令你高兴吗？

（2）你想得到它，有多久了？

（3）它有什么好？它要达到什么目的？为什么它对你很重要？

（4）每个人都应当依照你的方法做这件事吗？

（5）它真的是你所重视、珍爱的吗？

（6）没有了它，你的生活会有什么不同呢？

5. 公开表示自己的选择

（1）有时候，你想把你的感觉告诉你的同学吗？

（2）你愿意签一份陈情书，来支持你的观点吗？

（3）你把你相信的，都说出来了吗？

（4）你不打算把你所相信的说出来吗？

（5）一个人应该把自己所相信的说出来吗？

（6）别人知道了你所想的，或你所做的事吗？

（7）你愿意站出来，说出你的抉择，并觉得自己很重要吗？

6. 根据自己的选择采取行动

（1）我听过你的目的，现在你能为它做什么事吗？我能帮助你吗？

（2）你的第一个步骤、第二个步骤……是什么？

（3）你考虑过你的行为的后果吗？

（4）为某个共同的目标，人们是否建立了一个组织？你想加入这个组织吗？

（5）对这个论题，你读过许多有关的文献吗？有谁影响了你？

（6）你愿意将金钱的地位置于观念之下吗？

（7）你的计划是不是多于你的行动？

（8）你希望别人也知道你的感觉吗？如果他们有同感，你认为如何？

（9）这将影响你朝什么方向走？你愿意走多远呢？

（10）它如何影响了你的生活？将来又会有什么影响？

7. 重复实行

（1）你是否觉得这么做已经持续很久？

（2）你是否已经做过了？你经常做这种事吗？

（3）你实现这件事的计划在哪里？

（4）你是否应该召集一些志同道合的人来参加？

（5）为了这件事，花了这么多时间和金钱，你认为值得吗？

（6）还有一些你能做的类似的事吗？

（7）你认为你将会继续多长时间？

（8）当你做那件事时，你就不做除它以外的任何事了吗？这样做是对的吗？

（9）你如何决定哪一项该先做？

（10）你遇到困难了吗？

（11）你想再做一次吗？

上述价值澄清过程的七个步骤涉及的主要是三个方面的内容：选择、珍视、行动。这实际上就是价值澄清理论对价值的界定。只有建立在这一过程七个步骤基础上的事物，才能被称为"价值"。

表 2-1　价值澄清过程的七个步骤及所涉内容

选 择	珍 视	行 动
1. 自由地抉择	4. 重视和珍惜所做的选择	6. 根据自己的选择采取行动
2. 从许多选项中选择	5. 开公表示自己的选择	7. 重复实行
3. 对各种不同途径的后果，三思后才做选择		

　　"很显然，不是什么都可称为价值，也无须如此。我们还有许多目的、态度、信仰以及其他一些东西还没有达到上面澄清过程的七个标准。然而价值通常都蕴含其中。"[①] 价值澄清理论把这些指向价值但尚未达到价值水平的表达方式称为"价值指示器"（value indicator），即潜在的价值，也就是澄清过程的内容和主题。它包括以下几个方面的表达方式。

　　　　态度　　陈述态度的代表性关键词是：

　　　　　　　我喜欢……

　　　　　　　我不喜欢……

　　　　　　　我感觉……

　　　　　　　我认为如果……

　　　　　　　依我看……

　　　　　　　如果你问我……

　　　　　　　我的看法是……

　　　　　　　我的选择是……

　　　　　　　我做这件事的方式是……

　　　　　　　我深信……

　　　　　　　我相信……

　　　　抱负　　陈述抱负的代表性关键词是：

　　　　　　　将来……

　　　　　　　我长大后……

---

① Louis E. Raths，Merrill Harmin and Sidney B. Simon，*Values and Teaching*，p. 30.

总有一天，我将……

我的长远计划是……

大约再过 10 年，我将……

如果一切顺利的话……

最近某一天……

目的 陈述目的的代表性关键词是：

我们正在考虑做……

我打算 15 号……

在去商业区的路上，我们……

我已索函计划……

当我得到它时，我准备……

我们正等着他的信……

孩子，你就等不到星期六了？

我想要……

兴趣 陈述兴趣的代表性关键词是：

我喜欢做……

我的爱好是……

是的，我会订阅……

我确实喜欢读关于……的书。

如果可能选择的话，我会买票去……

大多数周末，我在……度过。

放学后，我每三晚上……

情感 陈述情感的关键词是：

如果……我会感到很歉疚。

当……的时候，我很生气。

我听说了关于……的好消息。

在……时，我经历了一段困苦的日子。

听，萨莉干了些什么……

活动 陈述活动的代表性关键词是：

放学后，我通常……

上个周末，我……

我在休息日去了……

万圣节前夕，我们做得最好的一件事是……

昨天整个下午……

我们就是喜欢玩……①

价值澄清理论认为，教师应当特别留意"价值指示器"在日常教育生活中的存在，并适时对学生进行必要的帮助，使价值观念得以澄清，并促进他们价值观念的形成。

实质上，价值澄清理论源于课堂对话。这一理论与其说是向学生传授价值观，倒不如说是教会学生如何运用价值澄清过程。为了教会学生熟练运用澄清过程，价值澄清理论提出了一系列操作性极强的价值澄清策略。其中，"澄清反应"（clarifying response）是最基本、最核心也是最重要的方法，亦称"澄清式问答""澄清式回应"。它是指教师通过与学生就其关注的某一问题的对话，帮助学生澄清其思想，以形成学生个人的价值观。比如，倘若有一名学生说他高中毕业后打算上大学，教师可能会回答"这对你有好处"，或"你打算上哪一所大学"，或"嗯，希望你能成功"。这种回答很可能使学生感到高兴，但没有起到帮助学生澄清价值的作用。但如果教师回答说"你考虑过其他的选择吗"，这就很可能促使该学生思考上大学和其他可能的选择及利弊得失。如果他最终决定上大学，这个决定就可能比先前的决定更接近某种价值。后一种反应即"澄清反应"。

拉思斯等人认为，有效的澄清反应应当注意以下几个基本要求。

（1）澄清反应要避免道德说教、批评、灌输价值或评估价值。在进行澄清式反应时，成人应排除一切关于"好的""对的"或"可接受的"等暗示。

（2）让学生自己负责检查自己的行为或思想，并独立地思考和确定自己的需要。

（3）澄清反应同样要考虑到学生不做检查、决定或思考的可能性。它是非强制的和使人兴奋的，但它不强人所难，不强求学生有问必答。

（4）并不期望一次小小的谈话就能取得显著效果。它更多地在于激发个体思考自己的言行，其目的在于形成一种氛围。每一

---

① 参见 Louis E. Plaths, Merrill Harmin and Sidney B. Simon, *Values and Teaching*, pp. 67-73。

个澄清反应都只不过是众多澄清反应之一,而且其效果是累积而成的。

(5)澄清反应的目的不在于盘问学生或收集资料,而是使学生在需要时澄清自己的思想和生活。

(6)澄清反应通常不是过于宽泛的对话。由于其目的在于促使学生进行思考,因而,在思考过程中若没有成人外诱的因素,让学生独自思考的话,效果会更好。教师最好只做两三句话的交谈,然后用一些不表态而诚恳的语句结束谈话。例如,"和你谈谈,蛮好的","现在我更了解你的意思了","这个问题下次再谈好吗"或者"真有意思,谢谢"。

(7)澄清反应通常是针对个人的。约翰需要澄清的话题,玛丽可能不会感兴趣。当然,教师也可能针对全班学生就大家普遍关注的问题进行澄清;但即使这样,也要求个体进行独立的思考。价值是个人的事情。虽然其他学生可以旁听,但教师常常是针对个人进行澄清式问答。

(8)在教室里,教师对每个学生所做的或所说的每一件事,不一定都要做出反应。教师还有其他责任。

(9)澄清反应通常只适用于那些没有"正确"答案的情境,诸如与情感、态度、信仰或目的等有关的情境,并不能把学生引向预定的答案。澄清式问答不能是那种教师在头脑中已有正确答案的问题。

(10)澄清反应不存在公式化的模式。教师应该富于创造性,并且有洞察力地使用澄清反应。教师在心中必须明白:澄清反应只在有助于学生澄清思想或行为时才能被认为是有成效的。[1]

价值澄清理论提供的澄清策略和德育方法十分丰富。[2] 但不管哪一种方法,它们都必须遵循价值澄清过程,遵循有效澄清反应的基本要求,其目的都在于帮助学生澄清自己的价值观,从而使其获得比较明晰的个人价值观,同时也教会他们掌握价值澄清的方法论。

---

[1] 参见 Louis E. Plaths, Merrill Harmin and Sidney B. Simon, *Values and Teaching*, pp. 53-54.

[2] 参见袁桂林:《当代西方道德教育理论》,100～120 页。

价值澄清理论提出的价值教学策略简单实用，很容易为广大的教师掌握并运用到价值教学实践中去。而且该理论所关注的主题都很贴近学生的现实生活，充分尊重学生的主体性选择与自由，因而受到广泛的好评。然而，该理论也存在明显的形式主义、过程主义、相对主义的局限与不足：它没有区分道德价值和非道德价值，只注重价值澄清的过程而不在乎学生到底获得了什么样的价值观，很容易导致基本的道德是非标准的缺失。因此，对于价值澄清理论的理论和实践的批评，几乎从这个流派产生之日开始就不绝于耳。

第四节　关怀理论[①]

关怀理论是当代德育理论中的重要流派之一，代表人物是美国当代著名的教育哲学家、德育学家尼尔·诺丁斯（Nel Noddings）。

诺丁斯是斯坦福大学教育学院教授，退休后在哥伦比亚大学教育学院任教。她于 20 世纪 80 年代提出的"关怀理论"受到了德育学界的广泛关注。

诺丁斯在道德教育方面的著作有《关怀：一种女性特点的德育方式》（*Caring：A Feminine Approach to Ethics and Moral Education*，1984）、《努力实现学校教育中的关怀》[②]（*The Challenge to Care in Schools*，1992）、《培育有道德的人》（*Educating Moral People*，2002）等。

诺丁斯特别强调道德情感在个体道德发展中的作用，主张以关怀（*Caring*）为核心组织教育，是在道德教育中重视情感因素的杰出代表。诺丁斯不仅是一个关怀理论的鼓吹者，还是一个关怀理论的忠实实践者。除了自己有 5 个子女，诺丁斯还收养过 6 个被遗弃的儿童。她对孩子们的爱心曾经在斯坦福大学被传为佳话。[③]

在诺丁斯之前，强调道德教育中情感因素的教育学家，主要有英国的麦克菲尔（Peter Mcphail）。他在 20 世纪六七十年代提出了著名的"体谅

[①]　本节是在我的研究生何艺的协助下完成的，谨致谢忱。

[②]　中文版译名为"学会关心：教育的另一种模式"，由教育科学出版社于 2003 年出版。

[③]　参见袁桂林：《当代西方道德教育理论》，267 页。

模式"。①

麦克菲尔是从经验中提炼出自己的理论假设的。他认为与其他人友好相处、爱与被爱是人的基本需要，因此帮助人们实现这一需要就是教育的首要职责。道德教育应当以"体谅"（consideration）为核心来组织，应当帮助学生摆脱恐惧和怀疑，应当以培养学生给予爱和接受爱的能力为核心目标。道德教育不仅要传授道德规则，更要培养态度，塑造行为，并提高学生解决问题的能力。接着他通过对青少年的三次大规模调查证实了自己的假设，并以此为基础设计了《起跑线》（Start Line）、《生命线》（Life Line）等系列教材。这些教材由贴近学生生活的情景构成，能够激发学生的兴趣，同时在教学上也非常灵活，可以和其他学科穿插融合，因此在实践中受到了广大师生的欢迎。

麦克菲尔的"体谅模式"是从实践的角度考虑德育问题的。他的理论假设来自实践经验，研究方法主要是实证调查，最后的落脚点则是建构一套具体可行的德育模式，因此走的是一条实践之路。但"体谅模式"不论是在理念上还是在方法上，都带有很浓的经验性，缺少系统牢固的理论基础，这也是人们对它批评最多的地方。

与麦克菲尔不同，诺丁斯是一位教育哲学家。② 她通过哲学的推理和论证，建构了道德教育的关怀理论。她以关怀为核心，根据对自我、对他人、对动植物、对器具以及对思想等各个不同的关怀，组织了一整套课程体系，并提出了四种道德教育应当特别关注的教育要素。

关怀伦理学和多元智力理论是关怀教育思想的重要理论基础。

诺丁斯认为，每个人在人生的各个时期都需要得到人们的理解、接纳、尊重和认同，因此关怀他人和被他人关怀都是人的基本需要。诺丁斯认为，关怀不仅是一种美德，更是一种关系。它的维持和巩固既需要关怀方对关怀对象的需要做出反应，也需要关怀对象认可和接受对方的关怀行为。这样，关怀双方在关怀关系中就是平等互惠的。由于道德生活源于"爱"和"联系"，因此我们应当建立、维持和增强关怀关系。同时，诺丁斯还认为，道德原则并不足以产生道德动机。她援引一些调查，证明人们的道德行为

---

① 参见［美］哈什等：《道德教育模式》，55～78 页，北京，学术期刊出版社，1989。

② 诺丁斯本人也是关怀伦理学的代表人物之一。

大多出于同情和关怀,是一种直觉的反应。① 因此,她主张道德教育首先应进行道德情感的培育。

诺丁斯还对当前的学校教育进行了强烈的批判。她认为,学校对今天社会发生的各种剧烈变化应对不足。受多元智力理论的影响,诺丁斯主张人的智力是多种多样的。除了语言智能和数理智能以外,运动、人际、空间、音乐以及自我知觉等都应算作人的智能。不仅人的智能是多元的,而且每个人的天赋、需要和兴趣也是各不相同的。当代学校教育出于"民主"的考虑,为每个儿童提供所谓一视同仁的"博雅教育"(liberal education)②。但现实中的博雅教育往往过分强调知识的学习,特别是语言能力和数学能力的培养,忽略了学生内心的感受和需要,也忽略了学生能力的多样性和个体差异。因此,很多学生反映教师和学校对自己漠不关心。③这不但使学校的教学效果大受影响,而且使学校不能有效地对学生发挥引导作用。

那么教育到底应该怎么组织呢?诺丁斯进行了一场"思想试验",以此建构自己的教育模式。假设我们要抚养一个大家庭,家庭里的每个孩子都各不相同。这时候,父母或教师都不能单方面决定教给孩子什么,而必须和所有人(包括孩子)"对话",要通过充分有效的交流和沟通来决定对孩子的教育。诺丁斯认为,学校教育的目标也应当是多元的,不能仅仅局限于学术能力的提高。既然关怀是人的普遍需要,那么我们可以以关怀为核心来组织整个教育。而关怀本身就包括很多不同的领域:对自我的关怀、对亲密的人的关怀、对有联系的人以及远方陌生人的关怀、对非人类的动植物的关怀、对人造的工具和物品的关怀以及对思想的关怀等。不同的关怀中心会涉及不同的态度、知识和能力,教育可以由此逻辑展开。诺丁斯

---

① 参见 Nel Noddings, *Educating Moral People*, New York, Teachers College Press, 2002, p. 9。其中,有 Oliner 关于大屠杀时期援救犹太人的非犹太人的调查。该调查表明,大多数救人者的救人行为都是出于把自己视为具有某种道德品质的人群("我们是富于同情心的人,是愿意帮助受难者的人"),或是出于直接的关怀和同情心;只有 10% 的人认为自己是受了道德原则的推动。

② 博雅教育的目的不是培养学生从事特定职业的能力,而是要发展人的一般能力,通常包括语言、文学、精细艺术、数学、科学以及历史等学科的教育。

③ 参见 Nel Noddings, *The Challenge to Care in Schools*, p. 1。其中,1989 年美国的一项研究表明,只有 1/3 的学生认为他们的老师关心自己,只有 7% 的学生说自己有问题能够去咨询老师。

强调，不同的关怀领域需要的态度、知识和能力是不同的。关怀身边的亲人、朋友和亲戚并不意味着愿意帮助素不相识的人。例如，有的罪犯会精心培育花草，但对自己的同胞麻木不仁。正是由于关怀的认识、态度和能力在不同的关怀领域之间不一定具有迁移性，我们有必要学习各个不同的关怀领域。

诺丁斯以关怀为核心，根据不同的关怀领域及其涉及的主题、知识、态度和技能等，设计了一套不同于现行教育的课程体系。这套课程并不是要反对发展学生的智力或反对学生获得学术成就；恰恰相反，它能够为二者提供坚实的基础。诺丁斯的课程体系包括六个方面[①]：

(1) 对自我的关怀；

(2) 对亲密的人的关怀；

(3) 对远方的人和陌生人的关怀；

(4) 对动物、植物和地球的关怀；

(5) 对人造世界的关怀；

(6) 对思想的关怀。

这里，我们可以身体教育为例进行说明。身体、精神、职业以及娱乐是对自我的关怀中的四个主要方面。目前，学校里的体育、生物、营养、卫生以及性教育等课程都会涉及身体方面，但彼此之间却相互独立。我们可以用身体教育把它们整合起来。与身体相关的问题很多，如健身、营养和药品、安全和外表、健康以及出生和死亡等。围绕着这些问题，学校可以做的不仅是让学生做运动，玩游戏，更应当提供一些相关信息，如为什么要健身以及如何健身，如何保存食物中的养分等；还应当给学生提供讨论的机会来思考相关的数学、经济、伦理、时事、社会学以及人际理解等问题。例如，在一些团队性的体育运动里，我们可以讨论竞争和合作的问题；如何合理安排时间来协调工作、家务劳动与锻炼；对运动广告进行分析，从而抵制盲目消费的刺激；讨论维持健康的成本和效益、税费和医药费等问题。获得医药资源也是保持健康所必需的，在这里会涉及少数民族、劳动阶层、失业人员等人获得这类资源的社会民主问题。因此技术和价值、做和想，以及学术性课程和非学术性课程在这里都会有所涉及，讨论的问

---

① 参见 Nel Noddings，*The Challenge to Care in Schools*，p. 47。

题也都兼有智力因素和人际因素，都能够检验我们的价值观、选择和承诺。①

诺丁斯强调，教师应当重视学生的问题，和学生平等交流。当学生提出自己的疑惑时，教师有责任帮助学生解决问题。例如，如果学生提问应该把收入的多少用在身体保健上时，教师就应该停下来和学生一起讨论、学习相关的数学技能，并尝试着解决问题。教师不能局限于自己所教的科目，而对学生提出的与自己所教科目无关的问题视而不见。关心学生才是教师的首要责任。这对教师的要求可能会比较高，因为学生的很多问题都来自生活实际，需要综合多方面的知识。但教师本身具有的生活常识和算术、物理、文学等基本技能是可以应付的，教师还可以组成团队进行合作，这样能发挥各自的长处，互相补充。

在诺丁斯看来，道德教育具有双重含义。第一层含义是指教育自身是道德的。诺丁斯强调道德情感对道德动机的发动作用，强调关系的相互性。她认为，每个人都要对与自己有关的人负起一定的责任。一个人的道德水平部分取决于别人对待他的方式。因此，培养道德的人首先要有道德的教育。教育只有道德地对待学生，关注学生的生活、情感和需要，才能培养出富有爱心和关怀的学生。教师也要为学生着想，关爱学生，只有这样，学生才会愿意接受教师的影响，进而以之为榜样。总之，教育在目的、内容和手段上都必须是道德的，整个教育都应当以建立关怀关系和培养关怀的综合能力为首要任务。诺丁斯在讨论关怀理论时，是从整个教育体系出发，首先建立起关怀理论的课程体系的。而她的道德教育的第二层含义才是我们平时所说的专门培养学生道德品质的教育。

在讨论专门的道德教育时，诺丁斯反对把道德等同于道德判断和道德知识，反对用教授数学推理的方式来进行道德教育。她强调道德动机的发动，强调从情感上对他人的需要做出反应，认为"真正的道德教育需要形成共同的意义感，而不仅仅是信息的传递"②。诺丁斯从关怀伦理学的角度提出了道德教育应当特别强调的四种主要成分或教育要素：榜样（modeling）、对话（dialogue）、实践（practice）和认可（confirmation）。

1. 榜样

在绝大多数道德教育体系中，榜样都是一个重要成分，但在关怀理论

---

① 参见 Nel Noddings, *The Challenge to Care in Schools*, pp. 74-81。

② Nel Noddings, *Educating Moral People*, p. 131.

中，它的地位更加重要。首先，道德教育不是教授学生道德的原则，以及如何按照数学推理的步骤利用这些原则解决实际问题；相反，教师必须以身作则地和学生建立关怀关系，在这种关系中通过自己的行动向学生展示如何去关怀。另外，能力的发展离不开一定的经验。教师对学生的关怀有助于学生积累被人关怀的经验，而这些经验正是发展关怀能力所必需的。因此，教师作为关怀者的角色要比作为榜样的角色更加重要。

2. 对话

很多道德教育模式都会用到"对话"，但一般对话的目的都是要证明某种道德决定的正确性，旨在得出结论或获得思维上的进步。例如，科尔伯格的道德两难故事就试图向学生表明有些思考方式更高级，代表了更高的道德发展水平。关怀理论希望的则是通过"对话"来建立和维持关怀关系，认为对话是我们了解他人的想法和需要，以及检验自己行为效果的途径。

诺丁斯所说的"对话"是一种开放性的对话。在这样的对话中，对话双方在一开始都不知道最终的结果和决定是什么。她认为，由一方阐述自己的主张而另一方只能偶尔提一个问题的"讲话"不是对话。如果家长或教师在对话前就已经做出了自己的决定，那就不可能和孩子进行对话了。在诺丁斯看来，对话的目的是寻求理解、同情或欣赏。对话允许人们阐述自己的意见，给人们提出疑问的机会。这就使对话双方能够获得充足而正确的信息，并在此基础上做出决定。另外，这样的对话还能够增进人与人之间的了解，加强相互间的联系，有利于维持关怀关系。

对话需要人们的全神贯注。在真正的对话中，关怀交谈的对象要比结论更为重要。处于关怀关系中的人不会把注意力完全放在智力性问题上，而会无条件地关注参与对话的各方。对话中的人会关心对方的感受，会考虑话题是否会对其他人造成伤害等。因此，对话本身就体现了一种关怀关系。

诺丁斯很重视对话的作用，她重点介绍了三种形式的对话。

1. 正式的对话（formal conversation）。这是一种带有哲学味道的、严肃的、受规则限制的对话。在讨论道德哲学问题时，人们会用到这种对话。这种对话可以帮助我们发现自己的立场有哪些优点和缺陷，还可以让学生学会如何进行理想的对话。

2. 不朽的对话（immortal conversation）。这种对话既有正式的，也有非正式的。它的特点是讨论的主题都是与存在有关的重要问题。

诺丁斯建议在这种对话上打破各学科之间的界限，引导学生在学科狭窄的技能和观念之外讨论更广泛的问题。

3. 日常的对话（ordinary conversation）。这种对话通常都有熟人和朋友参与其中。这是最重要，但也是最容易被人们忽视的一种对话。很多人认为日常对话随便而且琐碎，但在日常对话中，我们会更注意交谈的伙伴而不是话题。日常谈话的内容并不重要，人们交谈是因为喜欢彼此并且希望能够待在一起。因此，这种对话能够增进人与人之间的了解和联系。孩子很少有机会和成人交谈，成人常常也不把孩子的话当真。因此，我们更应该通过日常对话和孩子建立并维持关怀和信任的关系。通过这种对话，孩子可以学习各种各样的东西：生活实际、礼貌交谈的规则、行为方式和风格、信任和信心、如何倾听、如何做出反应而不造成伤害，以及其他人际交往的要素。①

3. 实践

实践可以为我们提供经验，而经验是形成态度和世界观，以及培养人际关怀能力的基础。关怀理论需要的实践是给予关怀的实践，如注意到客人的需要、照料老人和小孩、操持家务等。"我们越是接近与生活密切相关的自然需求，就越能理解生活的脆弱，越能感受到内在'必须'的冲击。这种心灵的冲击可以推动我们对他人做出反应。"② 因此，在学校里，教师应当鼓励学生相互合作和帮助，鼓励学生参与校内外的公益活动。这一方面可以提高学生的学业成绩，另一方面也可以培养学生关怀的能力。

4. 认可

认可是对他人道德行为的肯定和鼓励。即使有人做了不道德或不显关怀的事情，仍可能是无心之过，或者本意是好的。这时我们如果能认可这种意图，发现他身上最好的一面，就能为他指明一个更好的自我，并鼓励其发展。认可只有在了解某个人到能够看出他本人的意图以及他的理想人格的程度时，才能达到效果。因此，认可必须以联系和了解为基础。

如何在学校中进行以关怀为中心的教育？诺丁斯认为要做到以下几点。③

---

① 参见 Nel Noddings，*Educating Moral People*，pp. 118-130。

② Nel Noddings，*Educating Moral People*，p. 20.

③ Nel Noddings，*Educating Moral People*，pp. 99-101.

1. 教育的目的是明确的和毋庸置疑的。教育的主要目的应当是培养有能力的、关怀的、充满爱心并且受人喜爱的人。

2. 满足相关的需要。让学生和教师（在彼此的同意之下）共同生活几年，尽可能让学生相处在一起，努力让学生在一段时间内能生活在同一个地方。让学生视自己为学校的主人。最后还必须有专门的时间用于建立关怀关系和信任关系。

3. 减弱控制力。给教师和学生更多的职责去做自己的判断，取消竞争性的升级制度并减少考试等。

4. 取消等级制的教学计划，为所有学生提供卓越的教学计划。那些不以升入大学为基础的计划要和旨在升入大学的计划一样丰富、有吸引力和要求严格。

5. 每天至少有一部分时间用于关怀的主题。讨论和生存有关的问题，为学生提供与关怀有关的实践活动，帮助他们学习如何道德地对待别人等。

6. 告诉学生任何领域的关怀都需要一定的能力。关怀是人类生活坚韧的支柱。

此外，诺丁斯还提出了淡化教师的职业角色，跟班教学，增加教师人数以保证关怀的质量和数量，学校、家庭、社会教育应当相互配合等教育主张。①

诺丁斯在理论假设和教育实践上都贡献了许多有创造性的成果。这一理论的优势和弱点都与其人本主义和自由主义的特色密切相关。

第五节　品德教育

"品德教育"（Character Education）实际上更像是一种广泛的教育运动，而不仅仅是一个教育理论"流派"，因为许多专家都参与了这一运动。"品德教育"运动理论的代表人物主要有美国纽约州立大学科特兰校区的托马斯·里克纳、伊利诺伊大学的爱德华·怀因（Edward A. Wynne）、波士

---

① 参见袁桂林：《当代西方道德教育理论》，284～288 页。

顿大学的凯文·莱因（Keven Ryan）和美国前教育部长威廉·贝内特（William J. Bennett）等人。

20世纪六七十年代，美国大多数德育流派，尤其是价值澄清理论和认知发展理论都具有相对主义和过程主义的倾向。德育上的相对主义和过程主义给美国本来就存在的极端个人主义火上浇油，于是20世纪80年代有评论认为："现在的状况也许已经超过了美国历史上的任何时期，贪婪和欺诈被大家认为是极其平常的事情。"[①] 文化上回归传统伦理的"保守主义"势力日益强大，大量青少年问题也促使美国教育界开始重新反思并回归传统的道德教育模式。[②] 因此从20世纪80年代开始，不断有专家批评相对主义和过程主义的德育取向，呼吁加强品德教育。在此基础上，1988年，美国"课程发展监督协会"（Association for Supervision and Curriculum Pevelopment）邀请11位德育专家组成专家组，起草了一份题为《学校生活中的道德教育》（*Moral Education in the Life of the School*）的文件，公开呼吁学校应当正面帮助孩子养成6种基本的品德，并提出了8条教育上的建议。1992年3月，"课程发展监督协会"与普林斯顿55计划、约翰逊基金会等机构在威斯康星的瑞夏茵（Racine）联合发起了主题为"从幼儿园到高三年级如何进行有效的品德教育"的大型研讨会，吁请全国各教育协会组织对品德教育予以更多的关注，并呼吁建立全国性品德教育机构，以协助和推动学校实际开展品德教育。

1992年7月，28位专家参加了科罗拉多州阿斯彭的约瑟夫松学院主办的主题为"道德与品德教育：应当、能够和将要做些什么？"的研讨会。会议的结果是成立了"品德关注联盟"（Character Counts Coalition），号召并希望通过组织支持学校培养学生的6种基本品德。1993年2月，另外一个重要的、有基督教背景的组织"品德教育伙伴组织"（Character Education Partnership）成立。今天，"品德关注联盟"和"品德教育伙伴组织"分别以推广品德教育各种模式和鼓励品德教育并提供品德教育资源上的支持为各自的特色。其他与品德教育相关的组织还包括"儿童发展项目"（Child Development Project of Development Studies Centre）、"公正社区学校"

---

① "Ethics in the Boesky Era," *Yale Alumni Magazine* (winter, 1987), p. 37.

② 参见 Marvin W. Berkowitz, Esther F. Schaeffer and Melinda C. Bier, "Character Education in the United States," in *Education In The North*, *New Series*, Number 9, 2001, p. 53。

(Just Community School)、"完美解决冲突计划"（Resolving Conflict Crea-
tively Programme）、"责任心教室"（Responsive Classroom）等。不过在这
些组织中，对品德教育的强调往往包含在一个更综合的教育改革方案
之中。①

　　由于"品德关注联盟"和"品德教育伙伴组织"两大组织和其他方面
的努力，1994 年，美国众、参议院无异议通过了指定每年 12 月 16～22 日
为"全美品德关注周"（National Character Counts Week）的决定。此后通
过的《中小学教育法案》，则明确追加了对于品德教育资助的两个经费来源
的条款。仅国会批准的全国"品德教育先行者资助计划"（Partnership in
Character Education Pilot Project Grant Programme）的资助经费，迄今已
超过 3 000 万美元。② 白宫也分别于 1994 年、1995 年、1996 年、1997 年 4
次组织社会各方面的领袖研讨加强品德教育的有效对策，与会的议员和政
治家们都一致强调应当将品德教育置于国家发展的优先地位。③

　　进入 21 世纪，品德教育运动仍然保持着强劲的势头，并且得到了时任
总统布什的支持。乔治·布什本来就有道德保守主义的倾向，就任总统后
多次强调品德教育的重要，大幅度追加对"品德教育先行者资助计划"的
经费支持。2002 年 6 月 19 日，布什还在白宫专门召开题为"品德与社区"
的研讨会。布什在会议发言中强调：学校是美国的希望所在，加强品德教
育是家长和学校的重要责任。教育者不能羞于进行品德教育，应当教给孩
子什么是对的什么是错的，应当向孩子们传授普遍价值，应当通过社区服
务等形式，使孩子成为不仅能够谋生而且知道如何生活的、负责任的和有
爱心的公民。

　　由于品德教育工作者的努力，也由于政治上的支持，美国已经重新开
设品德教育课，目前已经有超过 2/3 的州要求学校开设品德教育课程，"品
德教育行动如雨后春笋般涌现"④。

---

①　参见 Marvin W. Berkowitz, Esther F. Schaeffer and Melinda C. Bier, "Char-
acter Education in the United States," pp. 53-54。

②　参见 Marvin W. Berkowitz, Esther F. Schaeffer and Melinda C. Bier, "Char-
acter Education in the United States," p. 53。

③　Madonna M. Murphy, *Character Education in America's Blue Ribbon Schools*,
Technomic Publishing Company, 1998, pp. 22-23.

④　［美］托马斯·利科纳：《培养品格——让孩子呈现最好的一面》，3 页，北京，
中国社会科学出版社，2005。本书将里克纳译为利科纳，下同。——编者注

从理论上说，品德教育是以批判道德上的相对主义和教育上的过程主义为主要诉求的。

托马斯·里克纳在他的名著《为品德而教育》(*Education for Character*：*How Our School Can Teach Respect and Responsibility*) 一书中，曾经尖锐地指出①：价值澄清理论流派的问题在于，将一些琐碎的生活问题与重要的价值观混为一谈；将肤浅的道德相对主义四处扩散；将"你想做什么"和"你应做什么"混为一谈，忽略了价值标准存在的必要性；同时将儿童当作大人看待，忘记儿童有一个需要成人帮助建立价值观的过程，而不是仅仅澄清已有的价值观。至于科尔伯格的认知发展模式，里克纳认为，尽管科尔伯格反对价值澄清理论所具有的道德相对主义，但是他仍然将德育的重点放在品德发展的过程而非价值内容上，注重发展的是儿童的道德思维，而非道德价值本身。另外，也有学者指出，尽管上述两个模式在具体方法上差异很大，但是"它们依据的理论基础是相似的。两者都避免以某种确定的品德为核心来进行德育"。"无论是价值澄清还是认知发展模式，它们都是以过程为中心去实施德育的，缺乏价值背景作为教育的基础。"②

所以，里克纳明确指出：即使在文明冲突价值多元的社会中，仍然存在人们普遍认同的价值。除非我们承认正义、诚实、文明、民主、追求真理等价值观，否则价值多元是不能成立的。民主社会尤其需要品德教育，因为公民需要承担作为民主公民的责任。没有无标准的道德教育，问题不应当是"要不要教价值观"，而应当是"教哪些价值观"和"怎样教这些价值观"。传授正确的价值观过去是，现在仍然是文明之举。在社会普遍忽视德育的情况下，学校德育尤为重要，否则对良好品德的敌视很快就会弥补道德教育的真空。③ 他的观点基本上代表了许多品德教育领袖人物的观点。

但是对于"什么是品德教育"这样的问题，由于参与这一全国性的运动的机构与个人太多，到目前为止可以说并没有形成一个统一的意见。所以，尽管品德教育早已是一个十分时尚的词汇，但是美国德育学术界的许

---

① 参见 Thomas Lickona, *Education for Character*：*How Our School Can Teach Respect and Responsibility*, pp. 11-12.

② Madonna M. Murphy, *Character Education in America's Blue Ribbon Schools*, pp. 20-21.

③ 参见 Thomas Lickona, *Education for Character*：*How Our School Can Teach Respect and Responsibility*, pp. 20-22。

多人都认为这一概念在内涵与外延上都是含混不清的。

许多专家，尤其是早期品德教育的倡导者们，往往是从社会和青少年存在的问题入手谈论品德教育的。托马斯·里克纳教授呼吁加强品德教育的主要原因在于：在美国的青年人中，暴力倾向、破坏财物、不诚实、蔑视权威、校园暴力、固执己见、粗话连篇、性早熟和性混乱、自我中心、无公民义务意识、自暴自弃等现象有愈演愈烈的趋势。① 凯文·莱因则直接强调，青少年和社会问题实际上都产生于品德塑造的缺失。② 因此他们都认为，学校教育应当通过加强价值教育的方式来促进好的品德与行为的养成。但问题是，他们对于品德教育的定义往往过于宽泛。有人认为品德教育应当包括学校纪律、学生着装，一直到包括参加民主游行和社会福利计划③。有人则认为，"门门课程都可以塑造品德"④。也有人认为，"品德教育的历史比文字的出现还要久远"⑤。品德教育运动中涌现出来的大量实践案例也各不相同。因此，我们很难找到一个大家都一致认同的定义。⑥ 而由于概念的不统一，人们发现，无论在理论还是实践上，德育都产生了诸多困难。例如：第一，在推行品德教育时，教师不知道品德教育到底要干什么；第二，在评估品德教育的功效时，没有特别肯定的尺度可以作为依据；第三，在品德教育的学术分析与对话上，概念的混乱无

---

① 参见 Thomas Lickona，*Education for Character：How Our School Can Teach Respect and Responsibility*，pp. 13-19。

② 参见 Kevin Ryan，"In Defence of Character Education," in *Moral Development and Character Education*，ed. Larry P. Nancci，Berkeley，McCutchan Publishing Corporation，1898，p. 24。

③ 参见 Jacques S Benninga，"School，Moral Development，and Citizenship," in *Reclaiming our Schools：A Handbook on Teaching Character，academics，and Discipline*，ed. Edward A. Wynne and Kevin Ryan，New York，Macmillan Publishing Company，1993，p. 88。

④ William H. Schubert，"Character Education from Four Curriculum Perspectives," in *Reclaiming our Schools：A Handbook on Teaching Character，acad- emics，and Discipline*，p. 17.

⑤ Edward A. Wynne，"For Character Education," in *Reclaiming our Schools：A Handbook on Teaching Character，academics，and Discipline*，p. 65.

⑥ 参见 Marvin W. Berkowitz，Esther F. Schaeffer and Melinda C. Bier，"Character Education in the United States，" p. 53。

疑也会带来许多困扰。①

但是，品德教育也绝非一个没有丝毫共性的运动。从运动的共性出发归纳出品德教育的定义仍然是可能的。威斯康星大学（麦迪逊校区）的阿兰·罗克伍德（Alan Lockwood）教授就曾给出一个较为清晰的概念界定："品德教育是指以学校为基础，并与社区机构合作进行的，通过直接、系统而非相对主义的价值影响去培养学生良好行为的一种教育。"阿兰认为，这一界定涵括了这样三个关键的，也一直被品德教育的倡导者们一再强调的品德教育的特性与内涵。第一，品德教育强调直接或正面的价值影响，而不仅仅是通过隐蔽课程的间接或潜在的价值影响实施道德教育，同时也强调社区对于学校价值教育的支持。第二，品德教育强调价值影响对行为养成的直接联系，强调培养良好行为的教育目标的实现。第三，品德教育强调青少年反社会的不良行为是品德缺失的结果，即青少年缺乏正确的道德观念与支持行为的价值标准，即强调价值与行为之间的关系。② 而"品德教育伙伴组织"1999 年也曾给出一个更加简明的定义："品德教育就是学校、家庭与社区在帮助孩子理解、关心和实践核心伦理价值的有意识的努力。"从这一简明的定义中，我们也不难看出，品德教育运动具有强调正面和直接的道德教育，要求学校与社区、家庭在德育上的配合，以及努力促进青少年学以致用、践行道德价值，以形成良好的品德等共同特征。

品德教育运动至今方兴未艾。但是这不等于说这一运动没有问题。上述概念的界定问题实际上就是品德教育运动目前面临的最大尴尬之一。除此以外，品德教育运动目前仍然难以回答的问题还有以下种种。③

美国的学校教育实际上一直存在价值观教育或道德教育，那么存在不存在需要"回归"品德教育的问题？既然直接的品德教学过去曾经被证明是效果不佳的，为什么今天又要走回头路？

当学校回归品德教育之后，如何能够有效防止过去有过的价值教育上的"灌输"？品德教育的许多做法是否违背教育的民主原则？

在确定所谓核心价值观念，并且在学校和一定的社区中达成"共识"

---

① 参见 Alan L. Lockwood, "What is Character Education," in *the Construction of Chil-dren's Character*, ed. Alex Molnar, Chicago, NSSE, 1997, p. 176。

② 参见 Alan L Lockwood, "What is Character Education," p. 179.

③ 参见 Nel Noddings, *Educating Moral Peopie*, pp. 1-10；David E. Purpel, "The Politics of Character Education," pp. 140-153。

时，如何确保这一核心价值的"共识"不是一部分人（多数人或者少数人，如新教徒）的价值观念，不是一部分人的意识形态？品德教育运动的倡导者们是否忽略了对于品德及其教育问题的社会的、经济的、政治的、文化的、意识形态的分析？

注重纪律和良好行为习惯的养成是正确的，但是在道德情感、认知、行为三者中，哪一个是第一位的要素，应当得到更多的强调？

品德教育运动对待这些问题的重要努力之一，也是目前品德教育运动的一个十分突出的课题，是将探索的重点从考虑"到底何为品德教育"等，转换到考虑"优质、高效的品德教育应当是什么"上来。也就是说，为了防止和反驳那些将一些的确肤浅的品德教育主张和做法概括为品德教育的总体特征，从而以偏概全、大加批判的批评者，一些品德教育工作者试图将低劣的品德教育与高质量的品德教育区别开来。① 例如，2000 年，"品德教育伙伴组织"就公布了"有效的品德教育的 11 条标准"，将其作为优质品德教育鉴别与评价的依据。

1. 提倡以核心伦理价值作为美德的基础。

2. 品德必须综合理解，包含思想、情感与行为。

3. 有效的品德教育要求有意识、积极和综合地提高学校生活所有层面核心价值的教育方法。

4. 学校应当是一个充满爱心和关怀的社区。

5. 学生要有机会参与道德行动以发展自己的品德。

6. 有效的品德教育要求有教育意义和有挑战性的学术课程，并鼓励和帮助所有学习者在这些课程学习上获得成功。

7. 品德教育必须激发和发展学生内在的学习动机。

8. 学校教职工应当共同承担德育的责任，努力保持与用以教育学生的核心价值的一致。

9. 有效的品德教育要求合乎道德的学校和学生管理。

10. 学校必须要求家长和学校所在的社区成为支持品德教育完全的伙伴。

---

① 参见 Marvin W. Berkowitz, Esther F. Schaeffer and Melinda C. Bier, "Character Education in the United States," p. 54。

11. 品德教育评价应当注意评估学校有无公认的品德标准、员工对品德教育的支持和学生对美德认可的程度。

品德教育专家、密苏里大学（圣路伊斯校区）教育学院的马文·博克维兹（Marvin W. Berkowitz）教授等人也在他们最近的研究中，在对品德教育大量文献分析的基础上归纳出了有效的品德教育的九大要素。[①] 这九大要素是：（1）学生得到了尊重和关怀的对待；（2）学校存在积极的角色榜样；（3）有自律与发挥影响力的机会；（4）提供反思、争论和合作的机会；（5）学校有明确的品德教育的目标与标准；（6）提供社会技巧的训练；（7）提供实施道德行动的机会；（8）家长和社区的积极参与；（9）有一个支持达到品德教育标准的（社会）大环境。

上述标准的提出当然是品德教育的倡导者们希望解决问题的努力之一。但是由这些标准的具体内容，我们又不难看出，品德教育的倡导者们与其说是试图解决问题，不如说是希望尽量在某些方面使一些问题得以改进。但是，公平地说，品德教育面临的许多问题，实际上是世界各国学校德育理论和实践的历史上一直面临而且难以彻底解决的问题。目前，品德教育运动及其思想仍然处在发展之中，尽管遇到了理论和实践上的一些挑战，但它仍然是美国道德教育的主流。

本章学习小结

一、将你认为本章最重要的观点、事实或实践策略列举如下：

1.

2.

3.

4.

5.

6.

7.

8.

① 参见 Marvin W. Berkowitz, Esther F. Schaeffer and Melinda C. Bier, "Character Education in the United States," pp. 55-58。

9.

10.

二、将你认为本章最需要质疑或讨论的观点、事实或实践策略列举如下，并努力在进一步的学习中形成自己的答案。

1.

2.

3.

4.

5.

6.

7.

8.

9.

10.

本章习题

1. 苏霍姆林斯基的德育思想和德育理论的主要内容与特征是什么？

2. 科尔伯格在德育理论方面的主要贡献有哪些？

3. 有效的价值形成所需的步骤有哪些？为什么？

4. 如何在学校中进行以关怀为中心的教育？

5. "品德教育运动"的三要代表人物有哪些？其主要观点是什么？

本章参考文献

1. 苏霍姆林斯基. 让少年一代健康成长 [M]. 黄之瑞，等译. 北京：教育科学出版社，1984.

2. 苏霍姆林斯基. 帕夫雷什中学 [M]. 越玮，等译. 北京：教育科学出版社，1983.

3. 皮亚杰. 儿童的道德判断 [M]. 傅统先，陆有铨，译. 济南：山东教育出版社，1984.

4. 柯尔伯格. 道德教育哲学 [M]. 魏贤超，柯森，等译. 杭州：浙江教育出版社，2000.

5. 郭本禹. 道德认知发展与道德教育理论 [M]. 福州：福建教育出版

社，1999.

6. 哈什，等. 德育模式［M］. 台北：五南图书出版有限公司，1993.

7. 袁桂林. 当代西方道德教育理论［M］. 福州：福建教育出版社，1995.

8. 吉利根. 不同的声音——心理学理论与妇女发展［M］. 肖巍，译. 北京：中央编译出版社，1999.

9. 里克纳. 美式课堂［M］. 刘冰，等译. 海口：海南出版社，2001.

10. 利科纳. 培养品格——让孩子呈现最好的一面［M］. 施利华，译. 北京：中国社会科学出版社，2005.

11. 檀传宝. 第三次浪潮——美国品德教育运动述评［J］. 北京大学教育评论，2003（2）.

12. 墨菲. 美国"蓝带学校"的品性教育——应对挑战的最佳实践［M］. 北京：中国轻工业出版社，2002.

本章推荐阅读文献

一、快乐的学校生活

帕夫雷什中学的课内外活动很多，如被称为"快乐学校"的学前班儿童独特的学习生活、在"绿色教室"里上课、果园里的暑期生活、"音乐室"和"故事室"中迷人的夜晚……这些活动给参观者留下了难忘的印象。但是，参观者如果不亲身经历一下这所学校的传统活动，那么对这所学校的概念将是不完整的。帕夫雷什学校保留的传统活动多达二三十项。

如果9月1日去学校，那么就有幸参加为一年级学生举办的"首次铃声"节：毕业班学生祝贺小同学加入学校大家庭，送给每位新同学一本题写了赠言的书；然后带小同学到校园里，把他们在十年前上学第一天亲手栽种的树移交给新同学照管；最后，毕业生和新同学共同栽一棵学校友谊树。

如果学期末去学校，那么就可能逢上"最后铃声"节：毕业生上完最后一节课，一年级学生给每位毕业生献上鲜花和题有赠言的一本书；然后，一个小同学走近铺着天蓝色台布的桌子，拿起一个系着天蓝色丝带的铃铛；当铃声响起时，一名毕业班的同学代表集体向老师们致简短的谢词。

母亲节是帕夫雷什中学一个重要的传统节日。3月7日晚，每个学生都要献给母亲一件自己亲手制作的手工制品。3月8日那天，孩子从学校温室中取回亲手培育的鲜花献给母亲．并把自己在学习或劳动中最高兴的一件事，如一篇高分的作文，一项课外活动中的成果等，告诉母亲。节前，每个孩子都为给母亲带来快乐，做了长时间辛勤细致的准备工作，亲身体验了给予的幸福和做好事的快乐。

新粮面包节是学校十分感人的一个传统节日。孩子们收获下自己种植的小麦，脱了粒，请磨坊磨成粉，请母亲烤成面包。当妈妈们被邀请到学校里来，眼见自己的孩子自豪地向她们献上一片片雪白、喷香的新麦面包（孩子们一年辛劳的果实）时，都深受感动。苏霍姆林斯基称这一天是"显示劳动与美的统一"的节日。

春季的"歌节""花节"和"鸟节"，通过歌咏活动、花展和爱鸟活动，可以培养学生道德和审美上的善良情感，加深同学间的友爱关系，使学生更加热爱和珍惜大自然。

帕夫雷什中学的传统节日代代相传，不断丰富。无论校长、教师，还是家长、学生，都十分尊重学校的传统。他们在节日之前都认真准备，在节日那天都积极参加。

这众多的、动人的传统节日构成了帕夫雷什中学独特的学校气氛。不仅是这所学校的毕业生，就是只参加过一次这类传统节日活动的人，也会在心中留下温暖和亲切的回忆。

——毕淑芝等：《苏霍姆林斯基的全面发展理论》，34～36 页，上海，上海教育出版社，1991。

二、"甜蜜之家学区"的价值教育（美国品德教育个案）

1988 年，纽约州阿姆赫斯特的"甜蜜之家教学区"总监詹姆斯·芬奇教授决定"使价值观教育摆脱空谈，并作为全区首要目标来抓"。他在写给他所有的教员的信中问道："谁认为这很重要并愿意置身其中？"共有 75 个人做出了回答。于是他组建了一个 19 人的价值教育委员会，沙伦·芭纳斯任主席，他号召每一所学校确定出自己的首要价值取向并拟定出实现策略。在甜蜜之家中学，学生们制作了大个的塑料旗子，上面写有"我为我的每一天负责"或"我需要尊重，我也表现出尊重"，并把它们张挂在学校各处的显眼地点。每日，有关尊重与责任的信息都会融入早晨的广播之中，并在咖啡厅的电子信息牌上重复出现。作为由校车司机玛丽·吉姆莫曼发起的"肯定性汽车计划"的一部分，该区的汽车司机也制定出尊重与责任规则，张贴在他们的汽车上。司机们还给学生们分发一些绿丝带，让他们给自己在一天中所发现的有良好举止表现的同学佩戴上。在赫里塔济小学，学生们每周有两次道德教育大会，而在高中部，作为对社区服务者的奖励，向大学写推荐信的建议已付诸实施。

"关于学校的价值观教育，还没有一位父母表示异议，"甜蜜之家学校的家长、教师联谊委员会主席帝·色里奥说，"父母们反映说，整个规划所提供的正是他们对他们的孩子所企盼的。"

　　——［美］托马斯·里克纳：《美式课堂》，24 页，海口，海南出版社，2001。

第三章
德育本质与德育功能

德育的本质与功能问题是德育理论的基本问题。对这两个问题的不同回答构成了不同德育观的内核。

第一节　德育的本质

一、何谓"本质"

在正式进入讨论之前，有必要进行一个方法论问题的研讨。这就是说，应当区分"本原"和"本质"这两个范畴。这一区分在教育理论界的意义非常大，在中国大陆尤其如此。

本原问题即从最根本意义上回答世界是一元还是多元、唯物还是唯心的问题。比如人的社会性，在马克思主义者看来，就是一个本原问题。离开物质资料生产，离开社会关系谈人的任何问题都会在本原上走向唯心主义。本质问题则是在本原问题的基础上反映事物特性或特殊矛盾的范畴。本质问题虽离不开本原问题，但却不可与之相混淆。比如关于人的本质，马克思曾有过两段十分著名的论述。一个是在《关于费尔巴哈的提纲》中说的："人的本质并不是单个人所固有的抽象物。在其现实性上，它是一切社会关系的总和。"另一个是在《1844年经济学—哲学手稿》中说的："一个种的全部特性、种的类特性就在于生命活动的性质，而人的类特性恰恰就是自由的、自觉的活动。"对比这两段话，不难看出，前者是从本原出发，后者是从本质出发的。人的自由或实践的本质存在于、落实于"社会关系总和"之中，与"人的类特性"（本质）本身在马克思那里本来就是作为两个问题展开论述的。只不过他的后继者们一度将其关于本原问题的论述取代了关于本质问题的论述而已。因此，本质问题既要与本原问题联系起来讨论，又不可混为一谈。①

在教育理论界，本质与本原问题的区分还是一个现实的任务。比如谈教育的主体性，有人就会反问教育是否受社会因素的制约；谈德育的享用性和超越性，有人就立即提出德育要不要讲功效性、适应性的问题。实质

---

① 檀传宝：《学校道德教育原理》（修订版），21页，北京，教育科学出版社，2003。

上，当然没有离开客体性的主体性，没有脱离功效性、适应性的享用性和超越性。但是人们提出主体性、超越性的命题，原本着眼于本质而非本原问题，所以人们亦不应该用本原问题的圭臬去苛求本质问题的讨论。同样，人们在讨论本质问题时也不可僭越到本原问题领域，否定本原问题的基本制约。

20 世纪 90 年代初，中国德育理论界展开过关于道德教育之"超越性"和"适应性"的争论。在笔者看来，道德及道德教育的"超越性"和"适应性"根本不应构成对立的双方。问题出在方法论的僭越上。持"适应论"者着眼于道德及德育的实用性功能、适应现实的性质并不错，然而这一功能和性质只能说明道德生活和教育的基础而不能说明其本质。"超越论"者本没有否认这一基础，只不过在承认此基础和前提的情况下将重心放在对道德生活和道德教育的本质的阐释上而已。所以，当时有人说"对话的语境还未形成"[①]，一语中的。

二、道德在生活中的"存在"与德育的本质

那么，如何理解人的本质属性，如何理解道德、德育的本质？

道德在生活中有两种存在状态。一是表现为道德主体的品质，可以称之为"德性"（品德）；二是表现为道德主体的行为，可称之为道德生活、道德实践或者"德性生活"。因此，道德在生活中的存在问题，就是德性在人性、德性生活在生活中的存在问题。

人性，在中国古代就有"性善""性恶""性无善无恶""性有善有恶""性三品"说等不同的解释。但是从总体上进行分析，矛盾的焦点仍然在于对"善"与"恶"两个端点的认识。西方人则另有一种解释，即人是"半神半兽"的动物。许多人从《圣经·创世记》中找到根据，认为人的始祖本可以吃生命之树上的果实从而与神等同，然而他们却错误地选择了善恶树上的果实，其结果是只获得了一半的神性，还被耶和华逐出伊甸园，来到尘世。人性善恶的区分与神性、兽性[②]的分析异曲同工，都指向了人性的二重性。一方面人有与一般动物相同的求生的本能，有原本是赤裸裸也无所谓善恶的本能的物质欲望；另一方面人又有在物欲追求和满足方式上

---

① 吴亚林：《漫议与鲁洁教授对话》，载《教育研究与实验》，1995（4）。

② 本书所谓神性、兽性，均系描述性概念，并无褒贬，分别指人的精神性和生物性。

不同于一般动物的特点，同时又有物欲满足后的超越物质需求的意义需求，这就是所谓的神性、精神性，马斯洛称之为"超越性需要"。"实存的"人性是前者和后者不同比例的组合。在这一组合中，联结神性（精神性）与兽性（生物性）二维，形成一定态势，保持一定张力而统一表现出的人格特性即现实的人性。实存的这一人性是一元的，即所谓的"德性"。德性即具体人的具体人性。不同的人表现出不同水平的德性。从社会的角度看，在于这个人的人格在多大程度上具有人的精神含量，其生物属性是否超出了一定社会所允许的限度；从个体自身看，就在于他在多大程度上领会了人之为人的精神实质，在多大程度上通过物质需求的满足而实现其价值目标。因此，德性既可以理解为人的精神性和生物性的综合，又可理解为基于生物性而求索精神性人格的中介环节。将上述两个方面结合起来考虑，德性就是在人的生物性存在中实存的精神性。精神性依赖于生物性而存活，而存活了的精神性又绝对走向对这一基础的无限超越。修养德性实质上是这一超越性的实现过程。

所以，存在三种人性：一种是与动物性相联系的人的自然属性，实际上是本原性的人性；一种是与兽性相对的人性，这是本质意义上的人性；还有一种现实存在的人的综合属性（现实性人性或者德性），它是前述两种人性综合与运动的结果。

人性表现于人的生活。人性中既有生物性和精神性的双重性质或冲动，人的生活亦可二分为物质生活和精神生活（意义生活）。一方面，人与动物一样寻食、筑巢、休养生息。所谓"饮食男女，食色性也"，讲的就是生物性的生活，即物质生活。虽然人的物质生活方式也具有文化性，因而与动物大不相同，但那只是在消费形式上有所差异，其在生化功能上却无本质的不同。另一方面，从物质生活方式上的"文明"或"文化"性开始，人又有不甘"物于物欲"的精神祈求。人生苦短。人不仅要活着，而且要有意义地生活，活得有质量。人不断地要求自己合理地解释世界、解释生活，人亦不断地要求自身有限性的突破，寻求、表现和实践生活的意义。人为活着而生活，同时人为更有质量或更有价值的生存而活着。这一点，正反映了人类及其生活的本质。因此人的生活也是二重的，即物质生活和意义生活二重性。与人性相似，生活的实存状态并不是二元分离的，而是一元统一的。物质生活和意义生活在不同人的生活中含量不同地实存着，彼此内在地对立统一，形成一定的张力并表现为统一的个体生活，即"德性生活"。当然，正如人性从一个角度看即德性，但人性并不完全等同于德性一样，德性生活是从道德维度对生活的观照，并不等于人的生活只有道德属性。人的德性生活也因其物质生活和意义生活的含量不同而水平不一。有偏重精神生活而表现为崇高的生活，有实现了物质和精神生活的中度（中和、中庸）的优雅的生活，也有重物质生活而忽视甚至放弃意义生活的卑劣乃至兽性的生存。由此可见，德性生活就是基于物质生活的精神生活。德性生活实际上是物质生活、意义生活的综合，也可以说是由物质生活到精神生活的中介环节。

说德性是神性、兽性的综合，德性生活是物质生活和精神生活的综合，意味着人格和人的生活二重性的二元存在与统一。而说德性是人格的中介，德性生活是物质生活到意义生活的中介，则意味着兽性、神性，物质生活、意义生活在人性和生活中并非完全对等的关系。可以这样来概括"中介"所表达的意味：人性中生物性（兽性）不足以使人区别于一般动物而表现出"类特性"或"类本质"，而神性和精神性则使人从动物界超越出来成为真正的"万物之灵"，因而精神性或"神性"更本质地表达了人性。同理，物质生活是起码的、必然的，是德性生活的基础。但人的生活的本质并不在于物质生活，人的物质生活永远服从于一定的生活目的（或意义），生活的本质并非人的肉体的存活，而在于活着的肉体实现自身认可的价值目标。因而人的生活是从物质生活走向精神生活，或者从物质生活跃向、升向意义生活的。因此，人性中兽性是基础，但只是人的工具性；生活中物质生活层面是前提，但也只是生活的出发点。而神性是人性的目的性，意义生活是生活的归宿。有意思的是，兽性、物质生活虽然应该有其目的和归宿，但其本身并不直接指向意义与归宿。所以一方面兽性与神性、物质生活与意义生活需要在人性、生活中保持各自的独立性，保持一定的张力；另一方面又必须通过现实化了的德性、德性生活去实现人及其生活的旨归。

德性、德性生活的综合和中介属性揭示了道德在生活中的综合和中介作用。道德作为一种价值体系和规范体系，既是兽性和神性、物质生活和精神生活的综合和平衡，具有调节人性与生活的实用功能，又是由兽性而神性、由物质生活而精神生活的中介，具有人性与生活的提升功能。道德的实用功能使人过着现实性的道德生活，而提升功能则使人的德性生活的实质得以实现。只强调实用功能或提升功能，或者只强调道德生活所中介的两个方面的任何一个方面，都会导致对道德生活和人类社会的破坏。故关于人性、道德生活、道德教育的本质，可以做这样的概括：人性固然是生物性与精神性的统一，但人的本质却是对于生命质量或意义等精神性的祈求。在物质生活的基础上，道德生活的本质应当是人类生活意义的求索和生存质量的提升；而道德教育的本质或本质功能，也就是对个体在社会生活中追求其属人的精神性和精神性生活的一种有意识的帮助。

三、对德育本质的解释及其意义

以上是笔者对德育本质的一孔之见。关于德育本质的研讨，一直是中外德育理论讨论的焦点之一，基本上每一位德育理论家或教育家都会有各自的观点。一些"后现代"的思想家则干脆将"本质"的讨论视为没有意义的"宏大叙事"。以下是其他几种关于德育本质的解释。

第一种是从社会与个人的关系角度讨论德育的本质。这是最传统的一种讨论。人是一种社会性的存在，而道德是维持社会性存在的重要基石。因此，道德教育的本质在于使个人完成道德上的社会化。柏拉图说："人若是接受了正确的教育，受幸运的资质的恩惠，就会成为至高无上的上帝的动物；倘若未接受充分的教育，未能完美地成长起来，就会成为地上最狂暴的动物。"① 康德也说："人只有靠教育才能成为人。"② 文化学派将教育的本质视为社会客观文化与个体文化之间的一种互动，因而道德教育也就是社会伦理与个体精神的相互影响。我国许多学者也较多地从社会及其发展对人的需要的角度去论述德育的本质。这一角度的讨论主要是对德育作用的本质性讨论，有利于我们正确认识德育在社会发展与个人生活中的意义。但是由于对德育的作用的讨论有可能陷入社会本位和个人本位的循环论争之中，许多讨论往往会因偏于社会或个人本位而误解德育的本质。

第二种是从本质的形成的角度讨论德育的本质。这是一种存在主义的研讨。存在主义的基本命题是"存在先于本质"。就是说本质不是当然存在的东西，而是人在实践中通过活动不断形成的东西。所以"教育是先存在了，然后同时逐渐形成其本质……教育本质探研的真正目的，应该不仅止于描述现况的本质，而且要构想其理想的本质"③。道德教育的本质如果从这一角度看，也是不断形成的、需要有所构想的。这一角度的讨论使我们避免了机械地讨论德育的本质，同时也使我们看到了德育本质与德育目标、内容与方法等在逻辑上的联系。当然，关于道德教育本质的讨论还是应该实现

---

① 钟启泉、黄志成：《西方德育原理》，5页，西安，陕西人民出版社，1998。
② ［德］康德：《康德教育论》，5页，上海，商务印书馆，1930。
③ 陈迺臣：《教育哲学》，218页，新北，心理出版社，1990。

"实然"与"应然"的统一,以免流于相对主义和唯心主义。

　　道德教育的本质讨论丞有一个在教育内部与其他教育形态相比较的本质探讨维度。这主要表现在德育目标、内容、方法与过程等与智育、体育、美育等方面的质的不同。例如,有的学者认为,"道德教育的本质,就是教导学生对于善与义务能知又能行"[①]。这一角度对学校德育在观念、措施上的正确抉择意义重大。不过这一点可以做"先在"的讨论,也可以通过德育过程的具体阐释去完成。本书采取后一种处理方式。

第二节　德育的功能

一、德育功能概念及其认识

　　对德育功能的理解影响到人们对德育存在的价值和意义的认识。正确地理解德育功能有助于我们理解德育的重要性,也有助于我们理解德育概念本身。

　　那么,什么是德育的功能?有人认为,德育功能即德育所要完成的任务、目标等,也有人将德育功能与德育的客观效果或发挥出来的能量等相混同,其实都不对。德育的目的、任务只是人们对德育活动的一种主观期待和设定,属于"想要德育干什么"的问题,与德育本来的功能分属两个范畴。德育的客观效果与能量虽然揭示了功能的"客观"性而具有一定的合理性,但是已然的效果和能力往往也并不等于事物本身所具有的全部能量。德育的效果有高有低,因具体的德育实践而定,但德育功能却有一定的稳定性。故客观效果和能量只是反映了"德育实际上干了什么"的问题,而德育功能则须反映这样一个问题——德育(本来)能够干些什么?

　　将德育功能与德育目标、任务以及德育的实效区别开来并不是一个纯粹的理论问题。德育功能与德育目标、任务以及德育的实效既有区别又有联系。这种相关性决定了对于德育功能的认识,亦即确立正确的德育功能观不能不具有重要的实践意义。

　　首先,正确的德育功能观有助于德育目标的确定。教育主管部门及学校德育系统都会在宏观和微观上设定德育工作的目标、任务等。离开了对

---

　　①　詹栋梁:《德育原理》,13 页,台北,五南图书出版有限公司,1997。

于德育功能的正确认识，这一设定就会出现十分明显的副作用：设定的目标或任务大大高于或低于德育功能所能允许的阈限。前者的结局是德育的"力不从心"（德育目标是虚妄的，实践当然会落空），后者则是对德育功能的潜力认识与发掘不够（德育的形象受损，德育实践亦将流于琐碎）。故正确的德育功能观的实践意义之一，就在于它有助于我们合理地确定具体德育实践的任务和目标体系。

其次，正确的德育功能观有助于适度、适当的德育评价的形成。"想要德育干什么"与"德育能够干什么"总是有差距的。在中国，人们普遍抱有一种对于学校德育系统的高期望。人们对学校德育的期望有：给学生以"好"的政治立场、世界观、人生观；给学生以良好的道德品质、心理品质、全面的人格；给学生以中国人的文化性、民族自豪感及作为世界公民的全球意识、正确的自然观（环保意识）……人们总是用"应是"的眼光去看德育，人为制造"德育神话"。由于常以"神话"的眼光去看德育现实，人们对德育的评价也多为"实效太低"。德育的健康发展，需要社会和教育系统本身用"实是"的眼光来看德育。因为只有有了正确的评价，才谈得上正确的理解和支持！

最后，正确的德育功能观有助于适当适度的德育实践。德育期望和评价问题不仅发生在德育系统外部，而且发生在每一个德育工作者身上。只有正确的功能观才能使德育工作者做他该做且能做的事情，既不盲目僭越，也不妄自菲薄。一些纯粹属于政府职能、社会行为、私生活范围的事应该让政府、社会和个人去完成，学校德育只能在其本来能够有所作为的领域恪尽职守。

德育功能认识对德育实际的上述影响（或意义）不仅是一种理论分析，而且已经成为中国德育理论和实践的当代历史线索之一。表 3-1 从史实的角度描述了这一历史线索。

表 3-1 德育功能与中国德育理论和实践的发展

时　间	德育功能观	德育实践	评　价
"昨天"	单一（政治）功能观	简单的政治宣传	政治功利主义；非德育
"今天"	多元（虚妄）功能观	无所适从和遵从惯性	功能观的无度、无序；泛德育
"明天"	现实（本来）功能观	扎实的德育实践	功能观的适度、分层与中介；落实的德育

"昨天"的极端形式指"文化大革命"时期。所谓单一功能观，指的是在认识上将德育等同于政治宣传，认为德育只有一个单一的政治甚或专政的功能，仅仅是阶级斗争的工具。"文化大革命"时期，这种政治功利主义导致的是一种"非德育"，甚至是一种"非教育""反教育"，其后果人所共知。"今天"指改革开放以来相当长的一段时间。这一时期，人们已克服了单一（政治）功能观的"左"的片面性，对德育的经济、文化、个体发展功能等都有了全面而深入的认识。但是新的片面性又产生了。王文元于1994年发表的《我国德育功能研究综述》一文列举了理论界说明过的德育功能，总数已达二十多项，从德育的政治功能、经济功能、文化功能到民族性格功能、性格优化功能、认知发展功能等，不一而足。面对这样一种混杂局面，人们不禁要问：德育当真有这么多的功能吗？这些功能之间有没有一定的层次或逻辑联系？所以，今天人们对于德育功能的认识有无度（无限罗列）和无序（无层次划分、无中介环节）的缺点。这种无边际的功能观显然是虚妄的。它给德育实践带来的影响之一是德育工作者无所适从，不知道应该干些什么。在这种情形之下，一些学校又回到"文化大革命"时期简单的做法上去了。这就是所谓的"遵从惯性"。无度、无序的德育功能观带来的是由于泛化而无力的德育实践。德育要做一切事，然而它又做不了一切事，其结果可能是一事无成。所以，"泛德育"亦是一种"非德育"。

"明天"即理想的，也是相对科学和全面的功能观的实现之日。它应是否定之否定的结果，应当使德育工作者了解德育功能的本来面目，从事扎实有效的德育实践。这一功能观的特征应当有：（1）适度，即不能无限罗列；（2）分层，即不能无序排列；（3）中介，即必须认识功能实现的中间环节。依据上述原则，我们接下来对德育的主要功能做一说明。

二、德育的主要功能

依据以上认识，我们认为可以将德育功能[①]概括为三个主要的方面。

（一）德育的社会性功能

德育的社会性功能指的是学校德育能够在何种程度上对社会发挥何种性质的作用，主要指德育对社会政治、经济、文化以及生态环境等方面发

---

① 功能应当有正有负。近年，中国德育理论界也探讨到了德育的"负功能"，但许多人仍将德育功能主要理解为德育对社会、个人发展的促进作用（正功能）等。

生影响的政治功能、经济功能、文化功能、生态功能等。

中国古代特别重视道德教化，德育一直是统治者"齐风俗，一民心"和"齐家治国平天下"的工具。所以在中国，人们较早也较多地关注了德育的社会性功能。不过，我们在理解德育的社会性功能时往往片面、直接，缺乏中间环节的说明。所以，今天我们对于这一功能的认识必须注意以下几点。

1. 必须树立全面的德育（社会性）功能观

何谓"全面"的功能观？其一指学校德育不仅为政治服务，而且对社会的经济、文化发展和生态平衡等均有重要的作用。政治功能须与经济功能、文化功能等一起构成德育社会性功能的完整构架。片面强调社会性功能的任一因素均有片面性，这不仅表现在片面强调德育的政治功能上。"文化大革命"结束后，随着国家工作重心的转移，理论界曾较多地关心德育促进生产力、商品经济、市场经济发展的经济功能。但是一时间，德育一下子从政治工具转为经济工具的看法同样对德育实践产生了片面的影响。"全面"的社会性功能观的第二个特征，是要求对每一项具体的德育功能必须有全面的理解。比如德育的政治功能，它不仅指在阶级社会中为阶级斗争服务，而且也有为国家的政治法律制度的民主化、完善与改革服务的一面。学校德育所要造就的德育对象，既应具有对现存政治体制的理解、协同的能力，也应具备理性思考与批判的能力，以期具有未来政体改造的智慧。对政治功能如此，我们对其他社会性功能的理解也应如此。

2. 要充分注意德育社会性功能实现的间接性

学校德育功能从其作用的形态上看，可分为显性功能和隐性功能；从其作用方式上看，则可分为直接功能和间接功能。我们在教育实践中往往关注较多的仍是显性和直接的一面，对间接和隐性的一面关心不够。其实政治、经济功能等绝不意味着学校德育对学校发展要起完全、直接参与的作用。社会性功能的实现，首要的中介环节在于学校德育通过系统本身，影响、塑造德育对象的品德或道德人格。学校主要通过德才兼备的"产品"影响社会。相反，那种实现直接和显性的社会性功能的活动不会也不宜在学校德育中占据过高的比重，强力为之，则会殃及正向德育社会性功能的有效实现。

3. 文化功能是学校德育功能的中介

德育文化功能指的是学校德育在社会文化发展历程中的作用（即对文化选择、文化传播、文化融合、文化变迁等方面的作用）和学校德育在不同文化形态中所起的作用（即教育在文化传统、文化构成中所起的作用）。前者为历时（过程）态功能，后者为共时（结构）态功能。学校德育本身也是一个文化的因子，而且是具有动力或"造血"机制的文化因子。学校德育的核心功能在于传播伦理文化，使德育对象完成伦理、政治等方面的社会化，同时使之具有伦理、政治文化等的创生能力。学校德育的政治、经济、生态诸功能均赖其文化功能的实现而实现。故所谓德育功能实现的中介，不仅要在德育之个体性功能实现中去寻找，而且在社会性功能体系之中，亦有这样一个层次。认清学校德育之文化功能对于全部社会性功能实现的中介性，有利于德育理论和实践克服急功近利的功利主义倾向。学校德育要追求社会性功能的真正实现，要有一个平和务实的心态，其中就包括通过文化功能的实现去达成其他社会性功能目标。

　　关于德育的社会性功能及其实现的思考，还有一个相关问题，就是所谓的"适应性"功能问题。我们经常说德育要"适应"四个现代化的需要，德育要"适应"发展社会主义商品经济、市场经济的需要等。这些提法都有一个共同的取向，那就是要求学校德育在立足于社会现实的同时，也对社会现实发挥积极的影响。这当然是完全正确的。但是"适应"的要求太多、太滥，德育似乎就仅仅是一种从属物了；而且，尽管德育理论与实践一直忙于"适应"这、"适应"那，但仍然免不了人们对学校德育脱离实际、不能"适应"现实发展的需要的诘难。这是什么原因呢？重要症结之一在于人们对"适应"二字的理解。

　　首先，"适应"并非一对一的"尾随"。学校德育对于现实在时间序列上的"适应"应是对社会现实既往的回顾、对未来的前瞻，并据此对当前现实的合乎实际的分析判断三者相统一的结果，任何只取一端的做法都是错误的。回顾、前瞻、当前分析，涉及德育系统与其要适应的现实两个方面。从德育的角度看，适应现实离不开自己民族传统的肩膀。否认伦理政治文化和德育的传统就会使学校德育失去现实文化的根基，无继承性的伦理规范亦将因失去相对稳定性而走向虚无。同样，谈德育对现实的适应性，也离不开对于现实的超越。德育只有传授与当前现实需要相一致的道德与文化，才会有生命力；但如果这种一致不考虑未来发展，则这一生命力就会很快枯萎。学校德育既要继承传统道德文化的精华，又必须前瞻、吸取未来道德文化的朝气，倡导属于未来但合乎历史潮流的伦理精神。只有在兼顾上述两个方面的前提下谈如何"适应"现实的需要，"适应"才是真实和有效的。

其次，学校德育对于社会现实的"适应"还有一个空间维，就是德育要适应"谁"的需要的问题。粗放地描述，学校德育起码要适应四种现实的需要：（1）适应作为类的一员的人的共同性需要；（2）适应特定社会发展的需要；（3）适应个体发展的特殊需要；（4）适应与学校教育其他平行子系统协同的需要。学校德育不可将适应只做一个层次上的思考，适应应是一种系统而全面的运作。我们常犯的错误在于，谈对社会发展适应性功能时不考虑类及个体发展的需要、学校教育自身特点及条件等。对于这种"适应"，学校德育系统是勉强的，而社会现实则是冷淡的。

总之，学校德育对于社会现实的适应，必须从时间和空间两大序列做全方位和系统的思考，现实性的适应之路在于学校德育对于自身和社会现实的双重审视，在于学校德育对于德育对象品德与人格的具体塑造。①

（二）德育的个体性功能

德育的社会性功能是指德育对社会发展所能发挥的客观作用，德育的个体性功能则是指德育对德育对象个体发展能够产生的实际影响。

德育的社会性功能和个体性功能分析起来是两个领域，但在德育的事实上看却是一体的。个体性功能的实现不能脱离社会性功能去空谈，社会性功能也需以个体性功能为其实现的中介。由于中国社会传统的社会本位的影响，也由于现代社会对人的个性发展的时代要求，中国教育应当对德育个体性功能的发挥予以高度关注。

德育的个体性功能内涵丰富，不同的理论有不同的界定。我们认为，德育的个体性功能可以描述为德育对个体生存、发展、享用发生影响的三个方面。其中，享用性功能是德育个体性功能的本质体现与最高境界。

人类个体要生存，首先要服从生存的原则。所有的生命个体要存活，就都要服从客观规律，遵循与环境交换的"经济原则"，即以最小的代价换取最大的报酬。经济原则实际上渗透于人类生活的所有领域。心理学证明，

---

① 檀传宝：《学校道德教育原理》（修订版），30～31页。

即使是在直觉、情感、潜意识活动之中，这种经济原则都是潜在地存在的。人固然要超越自然生命，但人又必须生活在自然生命的具体之中。这是人的现实之一，而德育必须直面这一现实。道德教育对于个体生存的贡献是什么呢？道德教育的核心任务是要赋予每一个个体以科学的价值观、道德原则和行为规范等。这些观念、原则、规范看起来似乎是约束个体的异己的东西，然而却正是这些异己的东西才能够使个体在社会性（即现实性）的生活中生存下去，同时也由于具有充分的社会性，个体才能禀赋社会所给予他的力量，才能最大限度地实现特定任务。伦理规范等其实是一代代人在人际关系调整方面智慧的积淀，是人类文明的宝贵遗产的一部分。拒绝它就是拒绝生存的经济原则。所以从类的角度看，伦理规范乃是人自己为自己立法，是内在而非外在的东西。只有使个体作为类的主体站在与类同一的角度，德育才能使其顽强的疏远性得以克服。讳言功利、只讲片面的牺牲与奉献是德育的病态。如果否定"德福一致"的总体原则，道德规范等如果被教授为牺牲，对个体的生存一无贡献，这种德育的内容就和整个德育模式一样是虚幻的。当然，讲德育促进个体生存的功能或"德福一致"的原则，并不是否定道德的超功利本质。道德就其本质而言，是对个体无限欲望及其可能导致的全面人际关系紧张的一种超越性的价值系统和规范体系。道德的本质是利他的。但是客观上、总概率上，伦理、政治智慧又的确是有利于个体的生存及其质量提高的。否定德育的超越性本质，德育将是非道德的；无视德育的生存价值，则既违背事实，也会扼杀德育的生动性，有背德育规律。

如果生存性功能是"德—得"关系的体现，则发展功能是德育对个体品德现状与发展（"静—动"关系）作用的体现。德育的个体生存价值或功能是一种德育效果的评价，仅仅或过分关注这一功能就会误入反道德、反德育的泥淖。道德教育的本质是对个体社会人格的塑造，或对个体道德人格发展的推动。因此，德育个体性功能的第二个方面是德育个体发展功能。

个体的社会人格是一个综合概念。一个成熟的人类个体的生成不仅要靠德育，而且要靠全社会文化资源的调动。在"文化化人"过程中，德育所要和所能做的是塑造社会人格中的品德结构这个核心。德育之个体发展功能主要指的是对个体品德结构的发展起作用的功能。个体品德是一个结构系统，首先包括品德内容、形式、能力三大维度，然后每一维度之中又包括若干因素：品德内容中含有价值真理、道德原则、行为规范等；品德形式指个体道德认知、情感、信念、理想等方面；品德能力指道德判断力、决策能力、践行策略等。由于人类总体社会实践的作用，实际上人类个体从最开始就已载负了社会性遗传所赋予的品德的"先验性"的心理"图式"。但是，这一图式在最初只是潜在的、原始的、简单的和开放的。道德的任务就是要依据这一潜能进行开发，创设道德学习的情境，从而使个体不仅在自然生命上成长，而且在品德图式（即结构）上不断同化、异化（指质变），形成更高质量、更具丰富性的个体道德人格。德育对个体人格的这种促进功能，就是所谓的德育之个体发展功能的实质。

个体发展功能的发挥应注意两个问题。第一，个体发展功能的发挥必须充分尊重道德学习个体的主体性，否则就会阻抑这一功能的正常发挥。第二，品德发展实质上是人的文明化或社会化。所以，必要的规范学习与价值、道德原则的学习结合形成社会理性，是个体发展功能发挥的重要内容。

规范往往表现为一种道德他律，社会理性则表现为一种自律。但是，他律、自律的道德仍然共具一种外在性。稍稍品味一下"义务""良心"这两个词，我们就会发现，前者是一种外在的责任，后者仍然有一个社会理性转化而来的超我（容体性的我）在命令道德主体。"凭良心做事"，良心的命令中主体仍然是不自由的。真正的道德应该是自由的，而自由的道德发自"本心"而非"良心"。何谓人的本心？孟子说的"人皆有恻隐之心"是也。人是社会动物。即使是婴儿，他也具有向善求善的本能，这就是道德的精神需求。当我们讲道德的生存价值时，侧重的是其客观效果的维度。一旦以偏概全，认为道德的功利效果就是它的本性，那就是对道德需求精神性的抹杀。正是这种道德需求的精神性才使得许多人在日常生活中感到做奉献就是一种幸福，而非"牺牲"。正是这种道德需求的精神性，才能使人把做人的价值放在自然生命的价值之上，做到"杀身成仁"而不"存身以害仁"。道德人格的崇高或壮美亦由是而生。"德育对每一个个体来说，除具发展的功能外，还具有一种享用功能。所谓德育的享用功能，就是说，可使每一个个体实现某种需要、愿望（主要是精神方面的），从中体验满足、快乐、幸福，获得一种精神上的享受。"[1] 如果德育的个体生存性功能是"德—得"关系的体现，发展功能是德育对个体品德"静—动"关系作用的体现，则德育享用性功能就是德育过程中个体"苦—乐"关系的体现。

个体享用性的实质是让个体在道德学习与生活中领会、体验道德人

---

[1]　鲁洁：《试论德育之个体享用性功能》，载《教育研究》，1994（6）。

生的幸福、崇高、人格尊严与优越，因而具有审美的性质；同时践行道德从这一角度看，亦可谓道德人生的立美创造。所以，个体享用性的发挥对德育的要求将是一种审美和立美的德育模式的建立。当个体享用性功能实现时，德育过程中教与学的双方的乐教与乐学实际上就实现了。所以，德育之个体享用性功能的实现是与最高的德育境界联系在一起的。

（三）德育的教育性功能

德育的教育性功能有两大含义：一是德育的"教育"或价值属性，二是指德育作为教育子系统对平行系统的作用。

何谓德育的教育性？赫尔巴特曾经指出："我不承认有任何'无教育的教学'"，"教学如果没有进行道德教育，只是一种没有目的的手段"。[①] 这里的教育和教学的区别十分明显。"教学"指的是传授具体的知识和技能等，着眼点在于帮助学生完成一定的学业；"教育"则主要指对于学生价值追求的引导。所谓德育的教育性，就是德育的价值教育属性。知识、技能固然重要，但是与做人的方向、价值观相比，显然具有工具的性质。现代教育的弊病之一就是赫尔巴特所指斥的"无教育的教学"。所以，德育的教育性功能的实现，实质上是整个教育活动精神本质的实现。直接德育还是间接德育，或者说专设德育课程体系还是将德育内容寓于所有课程之中，一直是教育史及世界各国不断探索和反复讨论的问题。包括中国在内的许多国家最终仍然选择了直接德育（即专设德育课），其道理就在于专门的德育课程能够在一定意义上保证教育所应具有的教育性。

陈迺臣在他的《教育哲学》中指出："教育应该包含教导和学习的因素在内，但反过来说并不一定为真。亦即有教有学的行为或活动，不见得就是教育。这是因为教育本身也是一种价值的活动。"[②] 故从教人做人的教育概念出发看，本无完全脱离教育价值的教学，更无没有德育任务的智育、体育和美育。德、智、体、美四育的划分，实际上是理论分析的需要和产物。在教育实践上也许有工作重点和分工的必要，但教育活动价值的全息性意味着德、智、体、美诸育本应是相互融通的一体。从这种一体性质再看工作分工之下的德育子系统和智、体、美育子系统的关系，我们就会明显地看出德育的第二种"教育性"功能——德育对智育、体育和美育的促进作用。这一功能是第一种教育性功能的体现和落实（中介）。

---

① 张焕庭：《西方资产阶级教育论著选》，257页。
② 陈迺臣：《教育哲学》，223～224页。

德育对智、体、美诸育的促进功能就其共性来看主要有三点：（1）动机作用；（2）方向作用；（3）习惯和方法上的支持。在动机方面，无论是智育、体育还是美育，都需要道德情感等启动和放大学习动机。学习动机也需要借助德育改进其方向性、强度和持久性等质量特征。马克思写《资本论》历 40 年之久，司马迁写《史记》也用了近 20 年时间，倘无持久的动机推动，这些伟业的成就是难以想象的。任何一种学习都需要高质量的动机，而动机的高质量与个人的社会责任感、品德素养直接关联。所谓方向作用，是指德育可以为个体提供价值的方向。科技的发展使人类的创造能力和毁灭能力都得到了空前提高。因此，科技的学习和掌握、体能的提高、艺术创造等都史无前例地面临十分严峻的课题：人类向何处去？个人的发展应以何种价值作为向导？德育虽然无法独立完成这一任务，但是是解决上述课题的有力武器之一。最后是习惯和方法问题。杜威说过："我们'在学习方法'的标题下讨论的关于心的种种特征，实质上无一不是道德的特征。例如，虚心、诚实、真心、远见卓识、一丝不苟、承担起赋予的社会使命——凡此种种，都是道德的特征。"[①] 这就说明良好的道德教育不仅可以对智育、体育、美育贡献动机、方向，而且可以提供良好的行为习惯和学习方式、方法上的直接支持。美国学者埃齐奥尼（Etzioni）等人（1984）曾经通过实证研究指出：学生在自律、价值学习方面得分高，其学业成就测验成绩的得分也会高。应该说，这一结果可以被视为德育的教育性功能之一的证明。

综上所述，所谓德育的教育性功能，实际上是指德育在完成教人做人的总目标和支持智、体、美诸育具体任务的完成这两个方面的实际作用。

德育的教育性功能与其社会性功能、个体性功能有密切的联系，但却不是从一个维度观照的结果。例如，我们讲德育为个体的学习提供方向与德育的政治功能等有一致处，但前者重在学习动机与目标，后者重在成品化之后的德育对象的实际政治作用。再如，讲德育个体发展功能时，我们自然会想到德对智、体、美诸方面发展的促进，但德育的教育性功能重在说明德育对智育、体育、美育的促进，重在育的效果而不在育的内容。因此，要完整地描述德育的功能，坚持社会、个体和教育性三大维度才是实事求是的。

---

① ［日］筑波大学教育学研究会：《现代教育学基础》，365 页，上海，上海教育出版社，1986。

德育的教育性功能要予以具体落实，必须注意两个方面的问题。

首先，是德育系统本身教育功能发挥的自觉意识的确立。德育者须以健全人格的塑造为己任，做扎实的工作，为教育对象奠定为人的根本，使之具有安身立命的前提。同时教师还应将道德动机和学习动机的激发，道德践行和实际能力的培养等环节联系起来，使"道"与"技"相互支持，相得益彰，避免"无事袖手谈心性，临危一死报君王"的片面和虚幻的道德人格的发生。

其次，是打破教育与教学、"人师"与"经师"的阻隔，使德育与其他各育的关系复归其统一的原本。由于没有无教育的教学，所以也就没有无德育的教育，没有不是德育教师的纯粹的教学人员（经师）。所有课程的教学活动都必须注意进行显性和隐性的道德教育，使德育的教育性功能发挥渗透在每一个教学活动的环节之中。而要实现这一目标，又有两个重要的问题必须解决。一是如何提高教师的人师性质。要为人师，就必须有可以做人格师表的起码的道德和精神品位。二是要完成对教育对象的完整塑造，要求其实现"经学"和"人学"的统一、学习目标和修养目标的统一。目前中国的情况是，"学而优则仕"的传统和"学而优则商"的现实决定着"经师易得，人师难逢"，这仍然是教育事业面临的一大现实问题。这一问题在社会和教师两个方面的努力下方能彻底解决。至于学习主体之学习目标和修养目标的统一的实现，除了教育者的人格垂范之外，在教育目的、教育内容、教育方法以及教育活动的设计上为这一目标的落实创造实现条件也是十分重要的。

本章学习小结

一、将你认为本章最重要的观点、事实或实践策略列举如下：

1.

2.

3.

4.

5.

6.

7.

8.

9.

10.

二、将你认为本章最需要质疑或讨论的观点、事实或实践策略列举如下，并努力在进一步的学习中形成自己的答案。

1.

2.

3.

4.

5.

6.

7.

8.

9.

10.

本章习题

1. 如何理解人的本质、道德生活与道德教育的本质？

2. 德育本质理解的角度和各自的利弊是什么？

3. 什么是德育的功能？正确理解德育功能的意义何在？

4. 如何理解德育的社会性功能、个体性功能和教育性功能？

5. 怎样理解德育个体享用性功能的内涵与意义？

本章参考文献

1. 胡守棻. 德育原理 ［M］. 北京：北京师范大学出版社，1989.

2. 鲁洁. 超越与创新 ［M］. 北京：人民教育出版社，2001.

3. 檀传宝. 信仰教育与道德教育 ［M］. 北京：教育科学出版社，1998.

4. 陈迺臣. 教育哲学 ［M］. 新北：心理出版社，1990.

5. 詹栋梁. 德育原理 ［M］. 台北：五南图书出版有限公司，1997.

6. 王文元. 我国德育功能研究综述 ［J］. 德育信息，1994（2）.

7. 成有信. 教育原理 ［M］. 广州：广东高等教育出版社，2000.

本章推荐阅读文献

一、民主社会与教育

我们以上所提出的标准的两个要素①都说明民主主义。第一个要素，不仅表明有着数量更大和种类更多的共同利益，而且更加依赖对作为社会控制的因素的共同利益的认识。第二个要素，不仅表示各社会群体之间更加自由的相互影响（这些社会群体由于要保持隔离状态，曾经是各自孤立的），而且改变社会习惯。通过应付由于多方面的交往所产生的新的情况，社会习惯得以不断地重新调整。这两个特征恰恰就是民主社会的特征。

在教育方面，我们首先注意到，由于民主社会实现了一种社会生活方式，在这种社会中，各种利益相互渗透，并特别注意进步或重新调整，这就使民主社会比其他各种社会更加关心审慎的和有系统的教育。民主政治热心教育，这是众所周知的事实。根据表面的解释，一个民主的政府，除非选举人和受统治的人都受过教育，否则这种政府是不能成功的。民主的社会既然否定外部权威的原则，就必须用自愿的倾向和兴趣来替代它；而自愿的倾向和兴趣只有通过教育才能形成。但是，还有一种更为深刻的解释：民主主义不仅是一种政府的形式；它首先是一种联合生活的方式，是一种共同交流经验的方式。人们参与一种有共同利益的事，每个人必须使自己的行动参照别人的行动，必须考虑别人的行动，使自己的行动有意义和有方向。这样的人在空间上大量地扩大范围，就等于打破阶级、种族和国家之间的屏障。这些屏障过去使人们看不到他们活动的全部意义。这些数量更大、种类更多的接触点表明，每个人必须对更加多样的刺激做出反应，从而助长每个人变换他的行动。这些接触点使个人的能力得以自由发展。只要行动的刺激是不完全的，这些能力就依然受到压制。因为这种刺激必须在一个团体里，而这个团体由于它的排外性排除了很多社会利益。

共同参与的事业的范围的不断扩大，和作为民主的特征的个人各种各样能力的解放，当然不是深谋远虑和有意识的努力的结果。相反，这是由于利用科学控制自然能量而出现的制造业、商业、旅游、移民和通信的发展所造成的。但是，在出现更大的个性化和更广泛的共同利益以后，要加以维持和推广，就是审慎努力的事了。很显然，对一个社会来说，划分成许多阶级将是致命的。一个社会必须给全体成员以平等和宽厚的条件求得知识的机会，

---

① 杜威这里讲的民主标准的两个要素是指："群体内成员有意识地参与的利益有多少？和其他团体的相互作用充分和自由到什么程度？"

一个划分成阶级的社会，只需特别注意统治者的教育。一个流动的社会，有许多渠道把任何地方发生的变化分布出去。这样的社会必须使教育成员发展个人的首创精神和适应能力。否则，他们将被突然遇到的种种变化所迷惑，看不出这些变化的意义或关联。结果将是一片混乱，人们盲目的、由外部势力指挥的活动的成果将为少数人滥用。

—— ［美］杜威：《民主主义与教育》，92～93页，北京，人民教育出版社，1990。

二、试论德育之个体享用性功能

德育对每一个个体来说，除具发展的功能以外，还具一种享用的功能。所谓德育的享用功能，即是说，可使每个个体实现其某种需要、愿望（主要是精神方面的），从中体验满足、快乐、幸福，获得一种精神上的享受。

通过德育，个体形成了一定的思想品德。这种凝聚于个体自身的品德，一方面，具有工具价值。它使个体与他人、群众、社会的各种关系能得到协调发展，为合理的人际关系、和谐的社会状态提供必要的条件，以满足社会、群体与他人发展之需要。另一方面，这种个体的思想品质还具有一种本体的价值，即各种德性本身就具有满足个体需要之价值。个体内在地把各种德性的形成、道德人格的发展作为自身的一种需求，通过德育使这种需求得到满足。这就是本体价值的体现。德育的享用功能就根植于它能够使德性的本体价值得以充分实现。

人把各种德性的获得作为一种内在的需要，这是具有社会学、历史学根据的。人是社会的动物，人必须与他人、群体、社会保持合理的关系才得以生存，才得以维持和发展正常的物质生产与生活。为此，用以调节这种关系的道德首先发轫于其生命价值，以及各种物质利益价值。尔后随着人类的进化，社会的进步，物质的丰富，人类精神的提升，人们对于道德的需要才开始从以生命价值、功利价值为主升华为以精神价值为主。人们逐渐把道德自身作为追求的目标，把道德作为获得自我肯定、自我完善、自我发展的对象物，从各种道德的追求和道德活动中得到精神上的满足与享受。道德教育即一种道德追求的活动。这种道德追求活动，不仅使人们能成为好公民、好工人、好农民……得以适应社会的存在，促进社会的生产与生活。它的内在、更深层的价值还表现于在不断发展和完善人的各种德性和道德人格的过程中，使人们得到一种自我肯定、自我完善的满足，得到一种精神上的享受。当代社会发展的实践已充分显示，人类的物质生活需要是有限的。如果道德、道德教育只以物质的功利价值为其最高准则，就必然会出现人们精神上的失落，道德上的危机。当代西方社会的现实已活生生地说明这一点。人们越来越需要从各种善行、善念中，从各种理想、信仰中，乃至从宗教中寻找精神的寄托，理念上的超脱，道德、道德教育也越来越具有精神的价值、自我享用价值，这是历史发展的必然趋势。

从个体发展史来看，道德教育的个体享用性价值之实现，也是个体发展之必然。

对一个儿童来说，接受道德教育，按某种道德规范行事，往往只在于获得他人的奖励或逃避一定的惩罚。这种奖励的追求和惩罚的逃避先是物质上的，以后才发展为精神上的（包括在群体中的归属感、安全感的满足等）。对这一时期的儿童、青少年来说，道德教育的价值还带有很大的功利性。儿童所追求的是从中得到满足而非道德自身。只有在一个较为充分发展的个体身上，他才开始具有对道德自身的需要，从而在不断获得的道德提高、人格完善中感到精神上的极大满足。至此，道德教育自我享用的精神价值才得以充分体现。古人云："杀身成仁，舍生取义。"对到达这一境界之人来讲，"仁"与"义"就成为他们的一种最高需要，并愿意为此舍弃其他一切需求。道德成为一种理想、一种信仰，这是道德的魅力之所在，也是道德教育之终极追求。

德育应在其全过程中逐步实现和不断发挥这种个体的享用功能。道德教育不仅要使人感受到掌握与遵循某种道德规范对自身来说是一种约束、一种限制、一种牺牲、一种奉献，而且应当使他们从内心体验到，从中可以得到愉快、幸福与满足，得到自我的充分发展与自由，得到唯独人才有的一种最高享受。这种对道德享用价值的内心体验，需要在德育过程中不断深化与提高，德育更使儿童从小就能因其道德的行为（亲社会行为）而得到赞许、表扬、肯定，从中产生积极、快乐的情绪。德育还要使儿童、少年从能使他人得到快乐与满足的道德行为中体验到自我满足与幸福。德育还要进一步使少年、儿童从有利于集体的思想行为中获得荣誉和尊重，产生自我肯定的深刻体验，满足其在群体中的归属感与安全感等需要。德育还要更进一步地使个体从自身道德的发展、道德人格的完善中，获得一种自我提升的满意感、满足感。在人的发展最高层次上，德育要使人们从其道德理想、道德信念的实现中，获得一种崇高感，体验到一种最大的幸福，感受到一种最高的享受。

只有使道德教育的自我享用功能不断得到提升与发挥，人们才能把各种道德规范的遵从逐渐从他律转变为自律；才能不把各种道德规范视为约束与限制，而当作自我肯定、自我发展的需要；才能不把道德、道德教育视为一种异己的力量，而是成为自身的主动追求的一种与自身不断完善化、理想化相一致的力量。

为此，德育的个体享用功能与发展功能是完全一致的。只有使个体在德育过程中不断发展，它的享用功能才得以产生与深化。同样，也只有在实现发展功能中不断使享用功能得以发挥，个体的道德发展、人格完善才能得到最内在、最根本的动力，并产生积极的效果，德育的最高发展性目标才得以实现。同时，也只有使两种功能密切结合，道德教育才有可能真正成为一种"愉快教育"，成为一种人们乐于接受的教育。这也可能是当前德育改革之核心所在！

——鲁洁：《超越与创新》，254～257 页，北京，人民教育出版社，2001。

第四章
德育对象与德育主体

德育对象是德育过程中所有因素作用的焦点。一切教育活动若是不从教育对象出发，一是不人道的，二是不科学的。不人道则丧失现代教育最根本的属性，不科学则丧失教育应有的效果。所以在研讨德育范畴、德育的本质与功能等课题之后，首先要关注的应当是学校德育的对象。同时，德育，尤其是学校德育，从一定意义上讲，首先是"教育工作者"的"工作"，讨论德育主体也就成为十分关键的环节。

第一节 道德教育的可能性

道德教育的可能性就是问"德育何以可能"。这实际上包含三个问题。第一，"道德"或"德性"是可教（可以通过教而学会）的吗？第二，如何理解"教"？第三，"道德"为何可以教给儿童？或者，德育对象为什么可能接受道德教育？道德教育是否具有"可教性"？

一、"道德"是可"教"的吗

"道德"是可以教的吗？众所周知，这是古希腊时期曼诺（Menon）向苏格拉底提出的问题。[①]

苏格拉底以"美德即知识"的命题而著名。在苏格拉底看来，没有人喜欢或追求恶，作恶的主要原因是对善的无知。科学的真知和道德的真知都是智慧或知识，道德的知识不过是知识的一部分。一个真正有知识的人，他的灵魂一定是智慧的。一个拥有真正智慧的人，他的灵魂就一定会将他引向正确的行动。有善的灵魂就不会做出不道德的事，相反则可能纯系偶然、伪善或好心办坏事。自然，苏格拉底的结论是：美德是可教的。

如果美德的确如苏格拉底所言，是一种"知识"或者知识体系，从学科教学的角度去看，它就是可以传授的。诸如正义、勇敢、节制等的德育知识，可以通过概念的界定使人们明了和学习。但是美德又不仅仅是知识，美德可以是"知识以外"的东西，是一种人们践行道德的"识见"。这样，美德就不可能仅仅通过德育的说教与学习而获得。因此，在《普罗塔哥拉斯篇》中，苏格拉底也曾提出"美德不可教"的命题。

"道德"是否可教的问题，从另外一个侧面就是如何理解"教"的问题。关于道德的不可教的结论，我们认为也可以修正为应当正确地理解道德教育之"教"的内涵——道德教育是有别于一般学科教学的复杂形态的"教育"。

道德不仅是知识，还是情感、意志与行动。所以单靠讲授与听讲是不能完成道德学习的全部任务的。杜威曾经提醒我们注意区别作为品性一部分的"道德观念"和作为纯粹道德知识的"关于道德的观念"："关于道德

---

① 参见苗力田：《古希腊哲学》，239 页，北京，中国人民大学出版社，1989。

的观念，关于诚实、纯洁或仁慈的见解，在性质上是不能自动地使这些观念变为好的品性或好的行为的。"① 但是，道德品性的个体生成又是在一定的价值情境或价值影响中完成的。事实上，即使是道德直觉之类的道德素质也不是一成不变，不受教育和环境的影响的。道德教育之"教"，如果理解为直接道德教育、间接道德教育及隐性课程的统一，教授、学习与实践的统一，道德之知、情、意学习的统一，则道德是可以"教"的。如果这样理解道德教育，我们就应当认为，道德是可以教的。

道德是可教的，这基本上是所有教育家的基本假定。中国德育对道德是否可教的问题也一直有肯定的回答。《大学》开宗明义地说："大学之道在明明德，在亲民，在止于至善。"王夫之在《周易外传》中则言："天无所不继，故善不穷；人有所不继，则恶兴焉。"他又在《续四书大全说》中称："教者皆性，而性必有教，体用不可得而分也。"这些都是我国德育坚持正面德育传统的重要依据。

道德可教，那么接下来的问题就是：从受教育者的角度来看，德育对象有接受道德教育的可能性吗？

二、"新性善论"是现代德育理念的基础

概括地讲，现代德育首先是讲主体性的德育。虽然"德育主体性"概念的内涵与"教育主体性"一样丰富多彩，因而难以予以完全、准确的界定，但主体教育思想在德育中落实的最根本的要求，是德育对象道德价值与规范学习之主体性的充分发挥。而德育对象主体性发挥的根本前提，是承认德育对象是道德生活与学习的主体。所以，我们不能不考虑德育对象有没有接受道德教育的可能的问题。关于德育主体性，我们需要回答的问题有两个。第一，学生是不是道德生活的主体，如果是，从什么时候开始才"成为"道德生活的主体？第二，德育对象与"外在"的道德价值、规范体系之间是一种什么样的关系？

有一种观点认为，德育对象一开始就没有主体性或没有太多主体性，主体性是其到一定年龄后才慢慢具有的。也就是说，儿童一开始并不是道德生活的主体，只是到了某一天才突然成了道德生活的主体。但是，这种观点有一个致命的逻辑问题：从零里是长不出任何东西的。此外，它也无法回答儿童什么时候才突然成为道德生活的主体这一问题。

---

① ［美］杜威：《杜威教育论著选》，97页，上海，华东师范大学出版社，1981。

事实上，道德生活的起点并不是零，儿童从一开始就是道德生活的主体。简而言之，由于人类整体社会实践的作用，祖先们无数次的道德操作实践会在文化心理的道德形式方面有所遗传，形成孟子所讲的不思而虑的"良知"和不学而能的"良能"或"善端"。这种先天的心理图式的存在，决定着即使是刚出生的婴儿也不等于道德上的"白板"。德育对象一直是道德生活的主体，一直以自己的方式生活在道德之中，并理解、掌握、运用着道德规范。所以，我们不能说儿童在什么时候突然变成了道德生活的主体。教育工作者必须承认儿童具有先天的道德禀赋，德育过程或价值引导情境中儿童道德的学习过程并不是由外而内，而主要是由内而外的过程。换言之，道德教育有表象或形态上的"转化"问题，但本质上却是内发、生长或建构的过程。道德教育的原点，或对于德育对象而言的道德教育的可能性，即对这一道德学习个体"生长""生成"或"建构"过程本质的承认。当然，我们应当同时说明的是，文化心理的遗传只解决了道德心理的形式方面。一个具体道德的学习过程必须使这一心理形式与特定的道德文化相结合，即实现道德学习主体对特定价值环境的操作，以完成其道德心理的真正"建构"。

何谓"新性善论"？

我所谓的新性善论就是用辩证唯物主义解释的性善论。孟子说："人皆有不忍人之心。""今人乍见孺子将入于井，皆有怵惕恻隐之心……无恻隐之心，非人也。"（《孟子·公孙丑上》）过去我们认为这是唯心主义、先验论。但是时代发展到了今天，儿童具有先天性道德禀赋的事实实际上已经得到了许多心理学理论的证实。认知学派说的图式、格式塔学派讲的格式塔、马斯洛讲的超越性需要都具有先天性。移情实验也证明儿童有先天的社会移情能力。所以我们可以也必须对"性善论"做出新的解释。我们认为，由于人类整体社会实际的作用，人类个体已经先天地拥有某种对个体来说是先验但对人类整体实践来说是后天的社会性心理文化结构的遗传存在。这一社会性遗传不是说道德教育不重要，而是说它提供了我们道德教育的可能性。正是由于先天的道德禀赋存在，道德教育才能有发掘、发扬光大这一禀赋的可能。当然这也是我们从一开始就必须尊重教育对象的重要理由之一。这就是我们所谓的"新性善论"。①

"新性善论"是德育主体性发挥的前提之一。因为我们一旦承认道德教育的对象一开始就是道德生活的主体，我们就可以比较轻松地回答第二个问题：德育对象与"外在"的道德价值与规范体系之间的关系，就只能是一个主宰与工具、生长着的主体与其生长环境之间的关系。德育所能做的事情其实很有限，它只能提供一种有利于道德生长的价值引导环境。

从表面上看，任何人都不会否定德育对象主体性发挥的重要性。但德育对象主体性发挥的前提是首先承认他是一个"主体"。所以，中国德育尚需在德育过程观上实现从"转化"理论到"生长"或"建构"理论的范式变革。在这一前提下，我们要做的主要工作有两个方面。第一，作为道德生活的主体，儿童的道德生活及其发展的具体内容是什么？我们对此必须有透彻的理解。从皮亚杰到科尔伯格，其主要贡献在于将道德教育的原则建立在儿童道德认知或道德判断的发展水平之上，贡献虽大但又远远不够。如果道德生活不只是认知，那么道德的教与学就不能止于道德认知。了解不同年龄段学生作为道德生活主体的生动特性，是因材施教、发挥其主体性的最大前提。第二，我们必须努力清除"转化"或宽泛意义上的"灌输"理论留下的障碍。这些障碍首先包括：内容上，必须对德育内容进行清理，清除那些没有任何证据的"教条"（doctrine），还德育对象一个开放因而可以自由选择的价值空间；方法上，摒弃强迫和反理性的教育方式，让德育对象依据自己的理性和情感做判断，而不是越俎代庖地代做结论和排斥学生的道德批判，以"消灭异端"为快。

为此，我们要特别关注德育对象道德发展的规律与实际。

第二节　德育对象的道德发展与道德教育

一、几种关于道德发展的理论

关于道德发展，西方心理学的研究很多。概括地讲，影响最大的主要有三大流派：情感发展方面的精神分析理论、行为发展方面的社会学习理

---

① 檀传宝：《学校道德教育原理》（修订版），41 页。

论和认知发展方面的道德认知发展理论。

（一）精神分析理论

精神分析理论的典型代表之一是弗洛伊德（Sigmund Freud）。弗洛伊德认为，人格中有本我（id）、自我（ego）和超我（superego）三个层面。新生儿只有本我。本我主要由无意识的性本能和攻击本能组成，按照快乐原则行事，其核心是即时性的个人满足。在个体生命的头两年，本我逐渐分离出自我。自我努力满足本我的需要，但是与本我不同的是，它行事时会把周围环境的现实情况纳入考虑范围，按照现实原则行动。超我大约发生在个体 5 岁时。超我合并了社会的价值观念与标准，这些标准通常由父母传达给儿童。超我由良心和自我理想两部分构成。它抑制本我的冲动，使自我采取较高的道德标准。人的一切行为都是三个层面之间的矛盾冲突的结果。道德是通过超我的发展而获得的，就是说，儿童是借助于父母、教师等力量，通过"自居作用""纳入"机制将社会伦理规范加以内化而形成的。在不道德的动机形成时，我们会由于超我，也就是良心的压力而产生情感上的不安。

弗洛伊德将人格发展分为口唇阶段（1 岁前）、肛门阶段（2～3 岁）、男性生殖器崇拜阶段（3～5 岁）、潜伏阶段（6～12 岁）、生殖阶段（成人阶段）。每一个阶段都有一个动欲区与之相联，解决方式的不同则会影响人格。例如，停留在口唇阶段的人会易于上当，因为他"吞咽"所有的东西；也可能形成挖苦、讽刺等特征。肛门阶段会使人或者慷慨大方，或者吝啬小气。男性生殖器崇拜阶段可能出现恋父情结和恋母情结等。停留在这一阶段的男性表现出父亲的特征，如鲁莽、男子气概等，女性则可能表现出乱交、勾引男性或使男性苦恼、伤害、欺骗男性的特征。潜伏阶段的儿童的性欲权利被移置为一些替代性活动，如学习、体育、同辈团体的活动等。生殖阶段儿童可能由一个自私的、追求快感的孩子转变为一个导向选择配偶、享受性爱、抚养子女的现实和社会化的成人，但条件是通过精神分析疏浚掉早期经验残余或解决所谓的固结（fixation）问题。口唇阶段、肛门阶段、男性生殖器崇拜阶段被弗洛伊德称为前生殖阶段（pregenital stages）。弗洛伊德认为，一个人的性格基本上是在这三个阶段结束时形成的。

新精神分析理论的代表人物艾里克森（Erik Erikson）后来将人格发展

解释为八个阶段。这八个阶段及各阶段对道德形成的影响如下①：

1. 信任对不信任（出生～1 岁）

如果这一阶段的危机成功地得到解决，就会形成希望的美德。

如果危机没有得到成功地解决，就会形成惧怕。

2. 自主对羞怯和疑虑（1～3 岁）

如果这一阶段的危机成功地得到解决，就会形成自我控制和意志力的美德。

如果危机不能成功地解决，就会形成自我疑虑。

3. 主动对内疚（4～5 岁）

如果这一阶段的危机成功地得到解决，就会形成方向和目的的美德。

如果危机不能成功地解决，就会形成自卑感。

4. 勤奋对自卑（6～11 岁）

如果这一阶段的危机成功地得到解决，就会形成能力的美德。

如果危机不能成功地解决，就会形成无能。

5. 同一性对角色混乱（12～20 岁）

如果这一阶段的危机成功地得到解决，就会形成忠诚的美德。

如果危机不能成功地解决，就会形成不确定性。

6. 亲密对孤立（21～24 岁）

如果这一阶段的危机成功地得到解决，就会形成爱的美德。

如果危机不能成功地解决，就会形成混乱的两性关系。

7. 繁殖对停滞（25～65 岁）

如果这一阶段的危机成功地得到解决，就会形成关心的美德。

如果危机得不到成功的解决，就会形成自私自利。

8. 自我完整对失望（66 岁～死亡）

如果这一阶段的危机得到成功的解决，就会形成智慧的美德。

如果危机得不到成功的解决，就会形成失望和无意义感。

精神分析理论的主要关注点在情感方面。这一理论的突出之处在于强

---

① 参见［美］赫根汉：《人格心理学》，169～171 页，海口，海南人民出版社，1986。

调父母对儿童的感情影响，而以父母为榜样意味着继承父母的道德情感。所以，幼时父母的行为方式、赏罚方式会极大地制约儿童的人格与道德发展。但是正如已有的对于精神分析理论，尤其是对弗洛伊德的批评所揭示的那样，精神分析理论对人格与道德发展的分析过于武断和简单——尽管它是有强烈的启发性的。

（二）社会学习理论

社会学习理论是一个受行为主义影响但又有所进展的心理学派，所以有人称他们为新行为主义学派。阿尔伯特·班杜拉（Albert Bandura）是他们的代表。

社会学习理论的主要观点是，儿童只需通过观察学习（observational learning）就可以获得大部分的新行为。这一过程实质上是一种"替代强化"（vicarious reinforcement）。儿童可以通过替代强化习得道德行为。环境、社会文化以及成人榜样，直接影响儿童的道德形成和发展。如果充分利用这些条件和方法，鼓励儿童的正确行为，抑制其不良习惯，将有利于学生的道德成长。

社会学习理论学派为了证实自己的理论，做过大量有说服力的实验。这里列举两个比较著名的实验。

一是班杜拉和麦克唐纳关于模仿学习的实验（1963～1968）。他们选择了一些道德判断故事，然后经过初测，选择三个等组的5～11岁的儿童进行实验。第一组，当儿童对故事所做的道德判断比初测时稍有进展时，就予以积极强化；第二组，在儿童做道德判断时，除了给予他们积极强化之外，还有一个成人做道德评价方面的榜样；第三组与第二组情况基本相同，但成人不给儿童判断以积极强化。经过一段时间的训练，这些儿童接受再测。结果初测时水平相等的儿童在判断上有显著的差异。第二、三组儿童的成绩远远超过第一组，第二组略高于第三组。这一实验证明，强化的作用远不如成人榜样对儿童的影响。研究者认为，儿童道德判断不像皮亚杰等人说的那样有那么多年龄差距，重要的是个体差异——来自不同的社会学习和不同的成人榜样的影响。

二是沃尔特斯等人所做的抗拒诱惑实验（1963），目的是证明抗拒诱惑的能力可以通过榜样学习而增强。实验组挑选了一些所谓下层阶级的5岁男孩进入一间放有玩具和字典的房间，提醒他们"这些玩具禁止玩，但可以翻看字典"。然后，儿童被分为三组。第一组儿童看一部短片，影片中男孩在玩一些被告知不准玩的玩具，不久男孩的妈妈进来，夸奖他并和他一起玩。第二组与第一组情况大体相同，但男孩的妈妈进来后严厉训斥儿童，男孩显出很害怕的样子。第三组是控制组，即不看电影。最后，实验者让儿童回到原来的房间单独待 15 分钟。通过单向显示屏观察，其结果是：第一组儿童很快就屈从于诱惑，在 80 秒后即开始玩玩具；第二组儿童抗拒诱惑的时间最长，男孩可以克制自己 7 分钟，最高的能坚持 15 分钟；第三组儿童则平均坚持了 5 分钟。研究者认为，榜样的"替代强化"作用在很大程度上影响了儿童对诱惑的抗拒。

社会学习理论的特点是从外在行为习得的角度，研究人格与道德发展。其有说服力的实验研究对于我们正确认识和改进家长、教师的行为，以及完善、优化德育环境等都有非常大的作用。社会学习理论的缺点是缺乏对儿童道德发展阶段性的必要关注，同时对儿童的认知结构在行为学习过程中的作用关注不够。

（三）道德认知发展理论

这一理论以皮亚杰、科尔伯格为代表。

皮亚杰是著名的瑞士心理学家，其一生最大的贡献是创立了发生认识论。他通过儿童心理学，尤其是儿童智慧心理学的研究，强调主体认知结构在认识形成中的重要作用，并以不同水平的认知结构作为划分儿童认知发展阶段的依据。皮亚杰认为，儿童心理发展的一个新水平是许多因素的新融合、新结构。在环境和教育的影响下，儿童的动作图式经过不断的同化、顺应、平衡，形成不同的心理结构，构成不同的心理发展阶段。[①]

皮亚杰认为，儿童认知发展的阶段包括感知运动阶段（0～2 岁）、前运算阶段（2～7 岁）、具体运算阶段（7～11 岁）和形式运算阶段（11～15岁）。在道德发展阶段理论方面，皮亚杰于 1930 年发表了《儿童的道德判断》一书，认为儿童的道德发展可以从其对规则的理解划分为四个阶段。第一阶段是 6 岁以前，儿童处于纯粹的"自我中心主义"阶段。儿童此时还不能将自己同外界区别开来，而是将自己与外界混为一谈。这时他即使能够接受规则，也不能真正理解规则的意义，不会按照规则行事。第二阶段是所谓的"权威阶段"或他律阶段（6～8 岁）。这时，儿童的道德判断具有强烈的尊重规则的倾向，但是这些规则又都被理解为由权威人物制定，因而只能服从，不能违背。儿童倾向于客观责

---

① 参见朱智贤：《心理学大词典》，467～468 页，北京，北京师范大学出版社，1989。

任、服从的公正、抵罪性的惩罚，只看结果不问动机。第三阶段是"可逆性阶段"（8～10岁）。由于已经在认知上进入具体运算阶段，思维具有可逆性、守恒性，这一阶段的儿童开始认识到，规则并非一成不变的东西，而是由伙伴约定的，因而是可以改变的。第四阶段是所谓的"公正"阶段，这要到10～12岁才能达到。这一阶段的儿童对规则的认识开始从可逆性转移到公正性，从权威性转移到平等性。儿童认为公正、平等应当符合个人的特殊情况，公正感成为道德情感领域的一个核心。皮亚杰认为，促使儿童由自我中心向他律道德和自律道德转变的关键是儿童的社会交往，儿童通过社会交往和社会合作形成真正意义上的道德观念。

科尔伯格认为，他律、自律阶段的划分过于简单，依据的范畴也不充分。他用两难故事法研究儿童在30个道德观念（维度）上的道德发展，提出了著名的三种水平、六个阶段的道德发展阶段理论。以下是科尔伯格对道德发展阶段的划分。

水平Ⅰ：前习俗水平（preconventional level）。

这一水平的道德观念是纯然外在的。儿童为了免受惩罚或赢得奖赏而服从权威和权威规定的规则。这一水平包括两个阶段。

阶段1：服从和惩罚的道德定向阶段。儿童只根据后果来判断行为的好坏。他们为了免遭惩罚而听从权威人物的命令，尚未具有真正意义上的准则概念。儿童"不参与"某种行动，不是因为他意识到这一行动是坏的，而是因为权威的作用；判断过错的标准不是行为本身的性质，而是遭受惩罚或造成破坏的程度。

阶段2：朴素的享乐主义或功利主义定向阶段。这一阶段的儿童为了获得奖赏或满足自己的需要而尊重规则。假如对自己有好处，为别人服务就是"对"的。"你对我好，我就对你好"是这一阶段的指导思想。这是一种低级的、实用主义的对等观念。但儿童对过错的严重与否的判断已经开始部分地根据行为者的意向来进行了。

水平Ⅱ：习俗水平（conventional level）。

这一水平的主要特点是个体着眼于社会及其希望考虑问题，认为道德的价值在于为他人和社会尽义务，以维持社会的传统秩序。它包括阶段3和阶段4两个阶段。

阶段3：好孩子定向阶段。处于这一阶段的儿童在进行道德评价时总是考虑到他人和社会对一个"好孩子"的期望和要求，并以此为标准展开思维和行动。

阶段4：尊重权威和维护社会秩序定向阶段。处于这一阶段的儿童更加广泛地注意到维护普遍的社会秩序的重要性，开始强调每个社会成员都应当严格遵守全社会共同约定的某些行为规则，即强调对法律和权威的服从。

水平Ⅲ：后习俗水平（postconventional level）。

这个水平的主要特点是个体不仅认识到尊重规则的重要，而且开始认识到法律、规则的人为和相对的性质，会在考虑到诸如全人类的正义、个人的尊严等问题时形成超越法律和规则的普遍原则。它包括阶段5、阶段6两个阶段。

阶段5：社会契约定向阶段。这一阶段的个体不再把规则、法律看成是死板的、一成不变的教条，而是认识到规则是人为的、灵活的，是一种民主的、"契约"性的东西。只有那些经过民主程序、符合公正原则的准则才是可以被接受的；强加于人的、不符合大多数人的利益的法则都是不公正因而应予以拒绝的。

阶段6：良心或普遍原则定向阶段。这一阶段个体已经认识到了社会秩序的重要性和维持社会秩序可能的弊端，因而看到了社会规则、法律的局限性。个体开始基于自己的良心或人类的普遍价值标准判断道德行为，逐渐形成自己的道德哲学。

表 4-1　不同道德发展阶段的学生对"海因兹两难"的具体回答①

水平	阶段	道德推理的特点	关于"海因兹两难"的道德推理	
			不该偷的理由	该偷的理由
前习俗水平	1	以惩罚与服从为定向	偷东西会被警察抓起来，受到惩罚	他事先请求过，又不是偷大东西，他不会受重罚
	2	以工具性的相对主义为定向	要是妻子一直对他不好，海因兹就没有必要自寻烦恼，冒险偷药	要是妻子一向对他好，海因兹就该关心妻子，为救她的命去偷药

---

① 黄向阳：《德育原理》，225 页。

续表

水平	阶段	道德推理的特点	关于"海因兹两难"的道德推理	
			不该偷的理由	该偷的理由
习俗水平	3	以人与人之间的和谐一致或好男孩—好女孩为定向	做贼会使自己的家庭名声扫地,给自己的家人(包括妻子)带来烦恼和耻辱	不管妻子过去对他好不好,他都得对妻子负责。为救妻子去偷药,只不过做了丈夫该做的事
	4	以法律与秩序为定向	采取非常措施救妻子的命合情合理,但偷别人的东西犯法	偷东西是不对,可不这么做的话,海因兹就没有尽到做丈夫的义务
后习俗水平	5	以法定的社会契约为定向	丈夫没有偷药救妻子的义务,这不是正常夫妻关系契约中的组成部分。海因兹已经为救妻子的命尽了全力,无论如何都不该采取偷的手段解决问题。但他还是去偷药了,这是一种超出职责之外的好的行为	法律禁止人偷窃,却没有考虑到为救人性命而偷东西这种情况。海因兹不得不偷药救命,如果有什么不对的话,需要改正的是现行的法律。稀有药品应当按照公平原则加以调控
	6	以普遍的伦理原则为定向	海因兹设法救自己妻子的性命无可非议,但他没有考虑所有人的生命的价值,别人也可能急需这种药。他这么做,对别人是不公平的	为救人性命去偷是值得的。对于任何一个有道德理性的人来说,人的生命都是最可宝贵的,生命的价值提供了唯一可能的无条件的道德义务的源泉

此外,科尔伯格通过上述研究还提出了以下几点结论。

第一,儿童道德判断力的发展在 10 岁前大多处于第一种水平;13 岁以后半数处于第二种水平,只有极少数人进入第三种水平;16 岁以上,30%的人进入第三种水平。

第二,儿童道德发展阶段的次序是固定不变的(与思维发展有关)。但对每个人来说,时间有早有迟(与文化背景、社会交往有关)。

第三,要促进儿童的道德发展,必须让他不断接触道德环境和道德两难问题,以利于讨论和展开道德推理方面的练习。

道德认知发展理论对道德认知能力的发展及其阶段性的研究,大大推进了我们对德育对象的道德发展实际的认识。但是认知只是道德发展的一个侧面，要真正了解德育对象的发展实际，我们需要具备更为全面的认识。

二、对道德发展理论的理解

对道德发展理论要有正确的理解，我们认为需要考虑以下几个方面的问题。

（一）道德发展应当被视为一个整体发展，做综合的理解

所谓整体的道德发展，就是我们应当吸收众家之长，将德育对象的道德发展的认知、情感、行为等方面作为活生生的整体的不同侧面去理解，不能迷信某一项研究结论。

比如对等认知发展理论，一般的批评有两种。第一，"公正"是唯一的道德取向吗？这是科尔伯格的博士生、心理学家吉利根（C. Gilligan）提出的疑问。吉利根通过研究证明，人类的道德取向不仅是公正的，而且也包括"关怀"；人在道德发展中不仅有客观性、逻辑性、理智性的成分，而且有主观、情感和直觉的成分，厚此薄彼是错误的。第二，许多人认为，通过两难故事进行道德判断的学习与在实际情境中解决道德冲突差别巨大。虽然科尔伯格对道德发展以及道德教育的贡献是划时代的，但是他始终回答不了的一个问题是："为什么惯偷明明知道偷东西不对，但他仍然行窃？"也正是由于上述一些批评的存在，科尔伯格在1973年以后进行了弥补小组道德讨论模式缺陷的"公正团体"模式的实验。

事实上，个体的道德发展虽然可以分为认知、情感、行为三个方面，但在现实的道德生活中并没有完全离开道德认知的情感或行为，也没有离开情感的认知或道德行为。在道德发展的心理学研究方面，实际上西方心理学家已经开始了纠偏的工作。其中的重要代表是美国心理学家雷斯特（J. Rest）。雷斯特提出了解释道德行为的四个环节（解释情境、做出判断、道德抉择、实施行动），但与他人不同的是，雷斯特对这些环节的解释不再仅仅是认知的，而是既有认知的，也有情感的、社会学习的分析。[1] 这一点在方法论上，对于我们正确认识道德发展应当有一定的启发。

（二）对道德发展的理解应与对道德发展"年龄歧视论"的批判理解相结合

在道德发展理论中，发展的年龄及阶段实际上是共同的问题。许多心理

---

[1] 参见李伯黍：《品德心理研究》，106～109页，上海，华东化工学院出版社，1992。

学家对此都有不同的贡献。但是对发展阶段的了解也只有相对的意义，所以对道德发展的理解应当与对道德发展"年龄主义"的批判理解相结合。

所谓道德发展上的"年龄歧视论"（也称"进步偏见""年龄主义"），主要是指这样一种假定：道德发展有一个逐步上升的等级性的顺序，会从一个水平向另一个水平不断进步，每一个高一级的阶段都代表一种较高的能力。这一假定实际上是说，在道德水平上，年长者可能高于或优越于年轻人。弗洛伊德、皮亚杰、科尔伯格等人的道德发展阶段理论实际上都是以这一道德发展的假定为前提的。虽然许多心理学家承认发展阶段在年龄上有一定的弹性，特征上也往往是多层次的特征的结合，他们中的一些人甚至会直接否定高一级阶段在道德价值水平上也比较高级的观点，但是他们仍然会认为高级阶段更"包容"、更"成熟"、更"丰富"等。所以，他们仍然是某种意义上的"年龄歧视论"者。"年龄歧视论"对道德发展解释的缺陷不仅在于它的不公正，而且在于它的简单化和宿命论倾向。这一缺陷可能导致的不良后果至少有两个。第一，优越感或居高临下的关系会恶化年长者和年轻人之间的关系，对教育来说，就是恶化师生之间、亲子之间的关系，从而影响德育的效果。第二，由于假定某一年龄段的儿童不能胜任某种道德义务，我们往往会非常主观地抑制或放弃某些重要的道德教育的机会。

西方学者中不少人意识到了年龄主义的问题，于是出现了反对"年龄歧视论"的观点。

反对"年龄歧视论"的早期代表是著名教育思想家卢梭。他认为儿童作为上帝的造物，天性是美好的，道德上的堕落则是社会环境的恶劣造成的。心理学家利文森（Daniel Levinson）认为，道德发展的阶段好比"季节"，因此"春天较之于冬天并不天然地是一个更好的季节。夏天较之于春天也不是"。"在每个时期或时代向下一个时期的转换过程中有收获，同样也有损失。"加拿大德育理论家克里夫·贝克（Clive Beck）也指出："在价值上不存在一种随年龄增长而出现的总体上的提高……我不想否定有些年长者比一般的年轻人更有道德。但是我要否定的是在价值上年长者总体上优于年轻人的主张。"① 贝克认为，年龄阶段上的变化类似于一个人从农村搬到了市区。生活方式随环境而变化，但并不意味着某一生活方式优于另一方式。人的一些能力可能随年龄增加而增长，但价值生活的能力却未必。

① ［加］克里夫·贝克：《学会过美好生活——人的价值世界》，93 页，北京，中央编译出版社，1997。

"人们（在西方社会）越来越总体地接近数学运算的顶峰，但是，人们并没有随年龄的增加而越来越总体地接近生活的顶峰。"①

我们的意见是，一方面，不能否定道德发展阶段理论的贡献与成果；另一方面，也不能不注意反对"年龄歧视论"的上述观点。总体上，我赞成这样的观点。首先，道德水平对个体来说可能有一个逐步提高或长大的过程，正像数学能力可以提高一样（逻辑能力的提高至少对道德判断能力的提高有帮助）。事实上美国学者斯托林（Stalling）等人（1978）也的确证实过：学生学业成绩的提高对他们的独立性、坚持性、合作精神等都有正向的影响。因此我们可以认为，随着相关能力的提高，学生的道德水平呈现阶段性上升的趋势是可能的。其次，我们的确不能绝对肯定儿童的道德水平一定比成人在道德生活的所有方面都要低。因为一个公认的事实是，在直觉、悟性等方面，成人往往不如儿童，成人反而应当向儿童学习。因此成人以救世主的身份出现，尤其是在对儿童生活一无所知，缺乏情感关怀的情况下进行居高临下的道德说教，肯定是错误和无效的德育活动。所以，对所有的道德发展的阶段理论都应当正确、全面地理解。同时另外一个基本结论是：不管你对某一派道德发展阶段理论赞同与否，德育对象的年龄实际仍然是我们要努力全面、具体研究的重大课题。

（三）对道德教育对象的道德发展阶段做更为概括性的说明

我国心理学家多从学校德育的阶段性出发总结学校德育对象的道德发展及其特点。例如，林崇德的《品德发展心理学》（上海教育出版社，1989）、章志光的《学生品德形成新探》（北京师范大学出版社，1993）都是这一模式。这些研究都为我们认识德育对象的道德发展提供了具体、细致的描绘。但是这些研究具有验证西方道德发展理论的借鉴性质，而且概括的项目、内容过多，缺乏概括性。我们的观点是，应当在心理学上述研究的基础上，有一个宏观或概括性的解释。我们认为，借鉴经典的解释，道德发展可以概括为"无律—他律—自律—自由"的过程。

所谓"无律"阶段，是指婴幼儿阶段儿童对许多道德规范尚无明确的认知和体验，所以其行为不具有严格的道德意义的阶段。许多教育家（如杜威）都告诫我们应当认识"不道德"（immoral）和"非道德"（nonmoral）的区别。实际上"无律"阶段的儿童的许多行为是"非道德"而非"不道德"的。这主要是儿童对世界的认识尚处在自我中心主义阶段，对事物尚

---

① ［加］克里夫·贝克：《学会过美好生活——人的价值世界》，94 页。

不能进行社会化判断的缘故。这里需要说明的是，我们前面说过儿童一开始就是道德生活和学习的主体，现在又说有一个"无律"阶段，命题之间是否有逻辑矛盾？我们认为，应当从两方面看待这一看似矛盾的现象。第一，儿童的"无律"道德阶段不等于其道德心理上的完全空白。儿童仍然会以自己的方式（如高兴、哭闹等）表达对事物的喜好、拒绝等，所以我们不妨把"无律"认为是一个道德发展的特殊形态，而不应该理解为道德生活与心理上的绝对的"无"。第二，"无律"阶段的儿童道德行为的确有不能做道德评判的成分，不过这一成分是与婴幼儿的朦胧的道德意识、情感和行为并存的。不承认前者，可能放弃道德教育的可能；不承认后者，则可能忽视道德教育的对象特性。这一阶段的德育任务，应当理解为家长等以恰当的方式引导儿童朝社会化的行为过渡。

所谓"他律"道德阶段，是指儿童借助成人的权威体认道德规范的发展阶段。在他律阶段，儿童以权威人士的标准为标准，认识、判断和实施道德行为。在情感上，由于对大人的依恋与畏惧，儿童自觉或不自觉地以听从大人的方式求得心理上的平衡。儿童倾向于客观责任、服从的公正、抵罪性的惩罚，只看结果不问动机，大体相当于科尔伯格的水平 Ⅰ 和水平 Ⅱ 两个阶段。他律道德发展阶段的德育任务应当是促进学生由对"基本道德"的掌握走向形成"真正的道德"。就是说，应当利用他律阶段对成人世界的尊重，让儿童学习基本的道德规范，体认道德价值的重要性；同时也应当努力促进其对道德生活的反省，认识道德规则的相对性和自主性等特征。

所谓"自律"道德阶段，是指儿童（青少年）能够借助自身的道德判断、情感等因素自觉体认道德价值与规范，进行道德行为的发展阶段。在这一阶段，儿童开始认识到：规则是共同约定的，因而不是绝对的东西。儿童在道德判断上开始注意主观责任、公道的公正和报应性惩罚。一句话，儿童开始认识真正意义而不是单纯意义上的规则。这一区别的实质是儿童有了真正的义务意识，或形成了所谓的"良心"。这一阶段由于"良心"的存在，在认知与情感上，个体自身已经建立了道德判断、选择、行为约束机制。但是自律阶段如果从严格意义上说，仍然有一定的不自由的特点。良心对人的约束实际上是前一阶段权威影响的内化。所谓按照良心办事，在一定情况下仍然具有勉强的特征。这一阶段德育的任务除了要巩固自律道德发展的成果——掌握真正的道德——之外，还应当努力提升儿童的道德境界，逐步消除其道德行为的勉强特性，朝"与天地同流"的"天地境界"（冯友兰语）过渡。

所谓道德发展的"自由"阶段，实际上是道德人生的最高境界。在这一阶段，道德主体对道德的认知已经达到了所谓的"化境"，对自我与世界、绝对与相对、道德判断与决策等的对立统一的认识都已达到炉火纯青的境界；道德情感也具有"悲天悯人"的特点，具有一种彻底的人道主义的情怀；在道德行为上，个体则是完全"从心所欲而不逾矩"的道德价值的"自然流泻"（就是具有中国古人所言的"圣贤气象"）。日本教育家小原国芳讲述过这样一个故事：一个叫山伏的人想要刺杀亲鸾上人，"山伏潜入禅室，一见亲鸾的温容慈颜，以前的怨气顿消，而且皈依了佛教"。所以，达到道德最高境界的人的道德行为就像广泽池中的月与水："月亮不是有意照水，水也不是有意映月。"[①] 道德自由阶段的个体及其行为具有审美的性质。应当说，每个人或多或少都可能具有自由阶段的特征，但彻底达到自由道德阶段的则往往是少数。不过，道德教育的最高和最终的追求却应当是努力朝此方向前进。中国古代思想家荀子在《劝学篇》中所说的"始乎为士，终乎为圣人"的圣贤教育策略的合理性，即在于此。

以上是我们对道德发展阶段的一种概括性的描述，这一理解应当与道德心理发展的具体研究成果的掌握结合起来理解。最后，我们需要强调的是：一般的道德发展阶段应当与每一个体的实际发展、个性等结合起来理解。一般的道德发展如不与每一个活生生的德育对象的个别特征联系，道德教育就会走向道德发展上的年龄主义和教育方式上的教条主义。

第三节 德育对象的个性实际与道德教育

一、个性与德育

所谓个性（personality），心理学解释为"一个人的整个精神面貌，即具有一定倾向性的心理特征的总和"[②]。它主要包括个体的意识倾向性和个性心理特征两个方面。

个体的意识倾向性在一定意义上是与"需要"密切联系的一种"动机性"的心理形态，包括个体的兴趣、爱好、动机、目的、理想、信念、自我意识、人生观、世界观等。以上个体意识倾向性因素有的与道德品质是交叉概念，甚至是道德品质的组成部分（如理想、信念、人生观等）；有的

---

① ［日］小原国芳：《小原国芳教育论著选》上卷，151页，北京，人民教育出版社，1993。

② 朱智贤：《心理学大词典》，225页。

与道德发展相平行，但关系密切（如兴趣、爱好、自我意识等）。在一定意义上说，个体倾向性因素的发展水平往往也可以理解为个体道德品质的水平指标之一。个体倾向性因素对道德活动的主要作用可以概括为唤起作用、定向与选择作用和强化作用等几个方面。所谓"唤起作用"，是指个体的意识倾向性具有唤醒个体道德判断、抉择、行动冲动的始动功能。"定向与选择作用"是指个体意识倾向性会使个体的行为具有一定的目的性，依据主观愿望实施行动，达到目标。"强化作用"指由于倾向性因素的动机作用，主体可能使道德行为具有某种情绪色彩，从而能够对自己的行动进行组织与强化，使活动能够顺利完成。当然，反过来，道德学习、道德品质的提高也会对个体意识的倾向性有一定的调节作用。

个体意识倾向性因素是持续发展和有阶段性的。心理学的相关研究已经提供了一些有关个性发展阶段性特征的成果。下面，我们会介绍几个与道德教育关系最为密切的方面。①

动机方面。婴幼儿是道德动机的萌芽期，幼儿晚期到小学阶段是道德动机的形成期，而到了青少年阶段，道德动机的水平与复杂性会逐步提高。总的说来，儿童与青少年的道德动机的发展趋势是：从生理性到心理性、从本能性到社会性、从缺失性到存在性、从外在到内在、从具体到抽象、从直接到长远。

理想方面。婴幼儿阶段理想、信念等尚处于朦胧期。少年期，儿童的理想大多是一些具体形象，只是在特定情境中道德理想才能与一定的生活现实相联系。到了青年初期才开始出现概括性的道德理想，与现实生活建立经常性联系。此外，少年期心理具有动荡性的特点，道德理想也较易发生变化；青年期个体的理想则往往与能力、兴趣、认知水平结合在一起，具有较大的稳定性，因而不易改变。

人生观方面。人生观萌芽于少年期，形成于青年初期。小学阶段，儿童开始关心人生的意义，但还不能形成真正意义上的人生观。中学阶段是个体人生观形成的关键时期。我国学者对七年级到高二年级学生人生观发展的研究表明：青少年对人生意义的理解和对某些正确人生观赞成的比率随年级升高而增高。② 但对命运是由天命还是实践决定之类问题的回答中，高二学生赞成由天命决定的比率（30%）比其他年级都高。这不仅说明高

---

① 参见林崇德：《品德发展心理学》，214～263 页，上海，上海教育出版社，1989。

② 参见林崇德：《品德发展心理学》，231～232 页。

年级人生观教育的必要，也证明人生观的复杂程度是随年级升高而提高的。

自我意识方面。幼儿自我评价主要依赖他人对自己外部行为的评价；社会情感的自我体验已经开始，但易受暗示；在行为上已经有一定的自控能力，但处于一个较低和逐步提高的水平。到了中小学阶段，学生的自我意识的发展大体有三个上升期，即小一至小三、小五至小六、九年级至高一。具体发展特点为：中小学生自我评价一直处于发展之中，速度较快；自我体验先快后慢；自我控制则因外部控制力与内部控制力的不同提高缓慢，呈现忽高忽低的特点。

个性心理特征是个性内容最重要的方面之一。个性心理特征主要包括能力、气质、性格三个方面的内容。个体的道德行为会因心理特征的不同而具有不同的特点。由于气质是遗传因素影响个体道德发展的中介因素，从因材施教的意义上说意义较大，因此我们对其予以集中讨论。

气质是一个反映心理活动强度、速度、灵活性和指向性等方面稳定性的概念。尽管现代关于气质的心理学研究很多，但是我们还是比较认可古希腊医生希波克拉底的四类型分类，即认为人的气质分为胆汁质、多血质、黏液质、抑郁质。不同气质的人表现出不同的心理特征。一般认为，胆汁质的人直率，热情，精力旺盛，情绪易于冲动，心境变化剧烈，具有外倾性。多血质者则活泼，好动，敏感，反应迅速，喜欢与人交往，注意力容易转移，兴趣容易变换，具有外倾性。黏液质者安静，稳重，反应缓慢，沉默寡言，情绪不易外露，注意力稳定并难以转移，善于忍耐，具有内倾性。抑郁质的人孤僻，行动迟缓，精神体验深刻，善于觉察别人不易觉察的细小事物，具有内倾性。

对于气质与道德品质和道德教育的关系，正确的理解至少应当包括以下几个方面。第一，不同气质都具有的优点和缺点，要用理解的态度对待不同气质的学生。第二，不同气质所具有的正面和负面发展的可能性与教育方式密切相关，道德教育应当注意扬长避短。第三，气质是遗传的，但气质也是可以锻炼和改造的。由于气质在儿童早期表现明显，所以及早开始对儿童进行锻炼与改造，为他们奠定形成良好品德的基础是十分必要的。

二、德育中的"因材施教"

从个性与德育的关系角度看，德育过程中的"因材施教"至少应当包括以下几点内容。

第一，应当根据个性实际进行道德教育。首先，我们知道，个体意识倾向性因素有一个逐步发展的过程。不同阶段的德育对象的个性特征可能具有阶段的共性，应当依据这些年龄阶段的个性实际开展不同阶段的道德教育。其次，由于每一个个体的个性心理特征各不相同，应当依据不同类型的能力、气质、性格特征进行教育策略上的调整。最后，每一个德育对象都是独一无二的，是不同阶段与类型的混合，应当依据对象的综合实际，而不是按照心理学、教育学规定好的类型或阶段实际按图索骥地开展德育活动。

第二，应当对道德任务的难度做适当的安排。因材施教原则的实质是合理安排教育内容或任务的难度。动机心理学上有所谓的耶尔克斯—道得逊（Yerkes-Dodson）定律，就是说任务容易，增强动机效果提高，而不断增强任务的难度，最佳动机水平就会减低。[①] 所以我们既不能过高估价也不能过低估价儿童的个性发展水平，而是应当在"最近发展区"理念的指导下创造儿童道德发展的最佳条件。

第三，应当做到德育与"心育"的统一。从个性与品德的关系可以看出，个体的意识倾向性会影响个体道德判断与行为的发生，个体的个性心理特征也制约着道德行为的表现形式。此外，从对道德问题的复杂性的分析也不难看出，许多道德问题往往与心理问题，尤其是个性及其发展的阶段性联系在一起。例如，青少年的吸烟、早恋等问题就与他们的心理发展阶段有关。这些问题的解决需要认识上的全面，也需要措施上心育与德育的结合。[②]

第四，应当根据个体特定情境的全部个性实际实施因材施教的德育。德育过程中的因材施教既应当包括个性发展的阶段实际，也应当包括个性心理特征方面的实际。但是需要说明的是，以上我们所讲的个性主要是指心理学意义上的个性，德育过程中的个性最好应理解为德育对象道德发展过程中的全部"个体性"。这样说是因为，我们认为后者可以包括更多的德育对象的实际。德育工作者应当对具体德育对象的具体的"个体性"实际有透彻的了解，并在这个基础上进行德育。

以上我们讨论的是德育对象的问题。然而康德说："人只有靠教育才能成人。人完全是教育的结果。更可注意的是，只有人才能教育人——换言之，即只有自身受过教育的才能教育人。"[③] 康德所言的这条原则对道德教

---

① 参见［美］布恩、埃克斯特兰德：《心理学原理和应用》，246 页，上海，知识出版社，1985。

② 参见胡守棻：《德育原理》，60～61 页。

③ ［德］康德：《康德教育论》，5 页。

育来说尤为重要。因为社会学习理论等早已揭示，教育者的人格是学生进行价值学习的关键性中介。离开作为德育主体的教师和其他教育工作者来谈学校道德教育，是不可思议的。

第四节　德育主体及其作用

一、德育主体的概念

（一）谁是德育的主体

谁是教育的主体？谁是德育的主体？这是教育和德育理论中争议极大的一个命题。20 世纪 80 年代以来，中国大陆关于教育主体问题存在"单一主体论"（教师主体或学生主体）、"双主体论"（教师和学生都是主体或互为主体）、主体转化（教师开始是主体，然后学生逐渐成为主体）等诸多论述与讨论。

不同主体理论之所以出现，最主要的是关注我国教育活动中忽视学生主体的理论和实践所带来的问题，从而怀疑和否定单一主体中教师主体的结果。其实质就是反对传统教育观念中的"教师中心论"，具有十分积极的意义。但是，对教师作为整体教育活动的单一主体的怀疑和否定也有一定的问题。例如，将学生视为单一主体，固然有尊重学生、符合教育规律的一面，但是由于学生只能被视为学习过程的主体，在全部教育过程中，学生作为主体的作用是建立在教师主体性发挥的基础之上的事实使这一结论难以成立。而双主体或主体转换理论表面上似乎更加全面，但实质上是回避而非解决了谁是教育过程（作为一个整体）的主体这样一个命题，逻辑上是有缺陷的。

本书所持的观点，可称之为教育主体认识上的"新保守主义"。

新保守主义的内涵是：虽然应当注意吸收学生主体、双主体及主体转换理论对学生主体的强调，即应当将学生主体性的发挥作为教师主体主体性发挥的核心或本质去看待，但是我们也应当坚持教师是整个教育或德育过程的主体。所谓"将学生主体性的发挥作为教师主体主体性发挥的核心或本质去看待"，至少有三种意味。第一，整个教育过程的特点之一是存在一个包含于其中的主体性的实践活动——学生的学习活动，因而必须承认教育对象本身也是（学习活动的）主体这样一个事实。第二，教师作为教育或德育主体的主体性需要以教育对象主体性的发挥为前提、为检验的尺度，即教育主体性发挥的有或无、多或少，均需在劳动对象的主体性发挥中才能得以证明。第三，教育、德育活动在劳动形态上的确是师生"主体间"的活动，因而教师的教育主体性发挥也应具有"主体间性"的特征。以上三点构成了对于教育主体特殊性的说明，但这一说明不能否定教师作为整个教育活动主体的基本结论。这样，我们就既能照顾到教育活动整体中教师主导作用的经验事实，也能够充分考虑学生在教育活动中的中心地位。这是一种教师主体论，所以是"保守主义"的；但是又由于这是否定之否定之后，充分考虑、吸纳了对学生主体性发挥的积极意义的结论，所以谓之"新"保守主义。

本书所论"德育主体"，实际上就是在德育过程中以充分注意道德学习主体性发挥为自己道德教育活动最大主体性目标的道德教育工作者——教师。

（二）德育主体的两种形态

从历史发展和现实存在两个方面看，德育主体有两种形态，即专门和非专门的"德育工作者"。在古代教育活动中，教育即德育，所以全部教育工作者都是德育主体，德育主体当然只有一种尚未分化的混沌形态。随着社会发展对智育的强调，加上社会分工、学科分化等因素的影响，教育系统中慢慢形成专门德育学科的教学人员、咨询辅导及专门的教育管理人员与其他非德育学科教学人员的相对分工。所以近代以来，尽管我们仍然认为"没有无（道德）教育的教学"，但仍然使德育主体有所分化，出现一部分"专门的德育工作者"，而另一部分似乎是"非专门的德育工作者"（往往被误解为"非德育工作者"）的德育主体。

德育主体的上述分化有着十分重要的意义。因为这一分化意味着德育工作有了值得专门关注和研究的必要。德育主体的分化实际上是对德育特殊性的认可，也是德育主体需要专门知识、专门训练的一大理由。但是这一分化也带来了一个不容忽视的消极后果，那就是人们往往将道德教育的责任不自觉地推到专门的德育主体身上，从而忽视了非专门的德育主体应担负的道德教育责任。同时，德育活动也就限定为某些教育工作者在某些特定时间、特定场合的专门的课程。这样的认识反而使德育效果有一种由于得不到全方位支撑而下降的趋势。德育主体及其作用范围在近代以来出现了逐渐萎缩的趋势。有学者指出，由于对德育主体形态认识的偏差，我国德育已经出现了一些不良后果。例如，由于分工不同而忽视德育责任，德育惯于集体性模式而忽视了个性化影响，等等。①

---

① 参见鲁洁、王逢贤：《德育新论》，337页，南京，江苏教育出版社，1994。

我们认为，第一，由于直接德育和间接德育都是德育的重要组成部分，隐性的德育课程和显性的德育课程一样重要，因此专门的德育工作者与非专门的德育工作者之间只有工作方式上或德育内容分工上的差别，而不能理解为教育责任的完全分离。所有教育主体都有德育的使命，都是德育主体。第二，由于道德教育专门的课程（如课堂教学）只能解决道德教育任务很小的一部分（如道德认知），所以课内、课外，集体性的教育和个别化的教育都是道德教育的途径。因此，德育主体存在的时空不仅不能萎缩，相反应当得到进一步的扩展。

二、对德育主体作用的认识

对德育主体在道德教育过程中的地位与作用的认识，也是德育理论不断研讨的一个命题。争论主要集中在两个方面：一是教师与学生的关系；二是在教育过程中，教师作为德育主体如何呈现自己的价值。归纳起来看，学界大体有以下三种不同的态度。

（一）权威主义

对教师在德育过程中地位与作用的权威主义态度，首先是古代德育观念的组成部分。在中国古代，最具代表性的观点是荀子的"贵师重傅"说。

荀子特别强调教师的地位与作用。他说："天地者，生之本也；先祖者，类之本也；君师者，治之本也。"（《荀子·礼论》）天地君亲师是礼之本，"礼者，所以正身也，师者，所以正礼也。无礼何以正身？无师，吾安知礼之为是也？"（《荀子·修身》）正是因为如此，所以"国将兴，必贵师而重傅……国将衰，必贱师而轻傅"（《荀子·大略》）。从教师的崇高地位出发，荀子特别强调教师在道德教育中的价值权威和主导作用。他说："人有师法而知，则速通"，故"言而不称师，谓之畔；教而不称师，谓之倍。倍畔之人，明君不内（纳），朝大夫遇诸途不与言"（《荀子·大略》）。"非礼是无法也，非师是无师也。"（《荀子·修身》）"天地君亲师"的师道尊严观念正是从荀子开始明确地建立起来的，并对中国的教育和道德教育传统产生了巨大的影响。

近现代，对教师在德育过程中的作用做权威主义理解的则以洛克和涂尔干为代表。洛克从"白板说"出发，认为"我们所有的知识都是建立在经验之上的，知识归根到底导源于经验"[①]。至于道德价值和规范，"做导

---

① 张焕庭：《西方资产阶级教育论著选》，56 页。

师的人应该随时灌输给他，应该用尽一切办法使他懂得，使得彻底信服"①。涂尔干认为，教师的权威地位主要是基于两个原因：第一，学生在教育过程中自然地处于被安排的被动状态；第二，教师拥有文化和经验上的优势，自然应当对儿童产生主导性的作用。涂尔干认为，道德教育是学生社会化的重要途径，教师是"社会与儿童之间的中介人，是社会强制儿童的代表者"②。"正像牧师是上帝的解释者一样，教师也是他所处的时代和国家的伟大道德观念的解释者。"③ 所以教师是道德权威，在教育过程中的主导地位是毋庸置疑的。

对德育主体的权威主义理解反映了道德教育外在形式上的部分事实，对增强德育主体的教育信心也有一定的积极意义。但是权威主义是以经验主义、行为主义以及社会本位为基本前提的，对传统道德教育中的灌输模式的形成有重要影响。所以，权威主义的教师观念应当得到扬弃。事实上，德育的现代化进程之一也正在于对权威主义的否定。

（二）中立主义

中立主义是指教师在道德教育过程中采取一种价值相对主义的立场，因而在师生关系上保持价值中立，并具有儿童中心主义倾向的一种德育主体观念。

中立主义的德育主体论是一种具有现代性的观念，但价值中立立场在古代德育理论中的鼻祖也许可以追溯到苏格拉底。苏格拉底总是以"无知"的态度出现在学生面前，然后引导学生积极思维，得出道德结论。在现当代，持中立主义立场的代表有价值澄清学派的一些代表人物和英国人本主义课程理论代表斯腾豪斯（Laurence Stenhouse）等人。

价值澄清理论认为：第一，在价值领域尽管可以接近绝对真理，"但是要绝对清晰地认识它是一个极有可能，但却从未达到的目的"④；第二，价值是纯粹个人的事情，因此价值观念的学习应当是学生个人审慎思考和选择的结果，而"如果我们希望学生对那些棘手的、丰富的价值问题进行反省，就必须避免站在任何立场阻碍学生公开地反省"⑤。拉思斯等人认为，道德教育的根本任务是通过价值澄清过程使学生掌握价值澄清的技巧，因

---

① ［英］洛克：《教育漫话》，95 页，北京，人民教育出版社，1985。

② ［法］迪尔凯姆：《社会学研究方法》，7 页，北京，华夏出版社，1988。本书将涂尔干译为迪尔凯姆，下同。——编者注

③ E. Durkheim, *Moral Education*, New York, Free Press, 1961, p. 155.

④ L. Raths, M. Harmin and S. Simon, *Values and Teaching*, p. 286.

⑤ L. Raths, M. Harmin and S. Simon, *Values and Teaching*, p. 40.

此教师个人的价值、信念和生活方式不能影响其教学活动，尤其不能将自己的价值观灌输给学生。

斯腾豪斯则认为，现代德育的一个重要任务是要实现教师从"权威角色"向"中立角色"的转变。而所谓中立角色，意味着"教师不发表自己的意见；对学生的观点和教材中所包含的价值不予评论；可以回答诸如词的意义等问题，但不能提供事实知识"①。斯腾豪斯认为，教师保持中立的价值立场不是要让教师放弃自己的立场，相反，价值中立本身意味着教师拥有一种更为重要的价值观。

中立主义的价值立场的确有充分尊重学生的价值学习主体性的一面，对克服道德教育过程中的强制灌输有十分积极的意义。但是绝对中立既难做到，也不利于进行真正的道德教育，因此许多德育理论家对此都有不同意见。例如，科尔伯格就说："相信价值相对的教师是不能真诚地向学生传授价值的。为了教育，教师不得不相信，某些道德价值是正确的，而不管学生是否接受。"这提醒我们，中立主义的德育主体观念必须经过改造才能成为对道德教育中教师的作用和地位的科学的界定。

（三）调和的立场

由于对德育主体的权威主义和中立主义观点都有各自的偏颇，所以很自然地出现了综合两者的"调和的立场"。这里的"调和"是一个中性或褒义的概念，不是一个贬义词汇。持这一立场的代表人物有杜威、威尔逊、贝克等人。

杜威的理论常常被人理解为"儿童中心主义"，价值澄清学派等往往也正是从这一理解出发得出价值相对因而教师应当保持价值中立的结论的。但是杜威本人却明确表示，他对传统教育的批评不是要否定教师的重要作用，而在于批评传统教育对儿童的忽视。他说："传统教育的问题，不在于教育者负起了安排环境的责任。问题在于他们没有考虑到创造经验的另外一个因素，即受教育者的能力和要求。"② "实际上，教师是一个社会团体的明智的领导者……认为自由原则使学生具有特权，而教师被划在圈外，必须放弃他所有的领导权力，这不过是一个愚蠢的念头。"③ 在教师问题

---

① M. Downey and A. V. Kelly, *Moral Education: Theory and Practice*, New York, Harper & Row, 1978, p 197.

② ［美］杜威：《杜威教育论著选》，362 页。

③ ［美］杜威：《我们怎样思维：经验与教育》，227~228 页，北京，人民教育出版社，1991。

上，杜威既反对"权威"模式，也反对"放任"模式。他的真实主张是："所需的信仰不能硬灌进去，所需的态度不能粘贴上去。但是个人生存的特定的生活条件引导他看到和感觉到一件东西，而不是另一件东西；它引导他制订一定的计划，以便和别人成功地共同行动；它强化某些信仰而弱化另一些信仰作为赢得他人赞同的一个条件。所以，生活条件在他身上逐渐产生某种行为系统，某种行动方向。"[①] 教师的责任在于组织、安排好这一"特定的生活条件"。"教师在学校中并不是要给儿童强加某种概念，或形成某种习惯，而是作为集体的一个成员来选择对于儿童起着作用的影响，并帮助儿童对这些影响做出适当的反应。"[②] 杜威认为："建立在个人经验的基础上的教育也许意味着比在传统学校任何时候曾经存在的成人和儿童之间的更复杂和更亲密的接触，结果是更多而不是更少地受别人指导。"[③] 杜威认为，在道德教育过程中，教师的主体作用表现在两个方面：第一，教师的工作应当以促进学生的生长为中心；第二，教师是学生的向导、指导者、领导者，也是道德价值的学习者和活动的组织者。作为德育主体的教师，应当具备的素养除了道德价值方面丰富的专业知识之外，还必须掌握有关环境条件形成经验的一般原理，懂得如何形成有利的环境促进儿童经验的生长。此外，教师还必须了解学生经验发展的连续性，了解学生的希望、兴趣与理想，从而能够更好地帮助学生进行价值反思与判断，提高价值水平和能力。

威尔逊是一个高度重视道德理性能力培养的德育理论家。一方面，他主张直接的道德教育，主张设置专门的道德教育课程。他认为："将道德教育作为一种附加的或边缘性课程来对待只会导致灾难。"与此相关的另一方面是，他坚决地赞同教师在道德教育中的主导作用。虽然他反对道德灌输，主张学习道德生活的方法论，但是他不反对在训练学生学习这一方法论时发挥教师的积极性，甚至也不反对教师保持自己的价值立场，以供学生参照。威尔逊明确指出："作为教育者，使学生确实清楚我们在道德教育上正在努力做什么，以及如何把道德教育作为一门学科来处理，是极其重要的。"[④] 威尔逊认为，在道德教育中，鼓励和帮助学生寻找答案和答案背后的理由是一回事，而暗示根本就没有正确答案是另外一回事。任何开放的道德教育都

---

① ［美］杜威：《民主主义与教育》，13 页。
② ［美］杜威：《杜威教育论著选》，5～6 页。
③ ［美］杜威：《杜威教育论著选》，384 页。
④ J. Wilson，*A New Introduction to Moral Education*，Cassell Educational Limited，1990，pp. 189-190.

应该承认这样一个事实：我们是为了发现真理而讨论的，也就是说，存在有待发现的价值真理。所以，诚实的教师应当向儿童证明某些值得依靠的方法论和价值选择。

克里夫·贝克是我们前面所说的"反年龄歧视论"的德育理论家。贝克认为，在真正的价值教育过程中，教师与学生一样都是学习者。理想的道德教育应当是师生之间的一种精神对话，是一个对双方都感兴趣的领域相互提出问题、共同解决问题的过程。"通过对话，学生的教师和教师的学生都将不复存在。取而代之的是一个新的术语：'教师—学生'和'学生—教师'。教师不再仅仅是施教者，在与学生的对话中，他也是受教者。反之，学生在受教的同时也在施教。他们对共同发展的过程负责。在这一过程中，基于'权威'的那些论点不再是天经地义的……这里没有向别人施教的人，也没有自己教自己的人。（人们）相互教。"① 贝克认为，在道德教育过程中，教师的职业角色犹如一个曲棍球的教练。他自己不一定打得比队员出色，但是他由于杰出的教练技巧而受到很高的评价。教师的职业价值主要体现在他有较好的职业技巧，更主要的是他能够提供建议，帮助制订、管理实施价值教育的计划——这一计划既是为学生制订的，也是为教师自己制订的。贝克指出："要完全避免权威主义是困难的，但是，使教学成为非权威和对话式的教学应当成为我们的理想。教师应当尽其所能地为他们的学生服务，与他们一起共同努力，以确保对话的实现。"② 贝克认为，一个合格的价值教育的教师应当具备的素质是：具有丰富的专业知识和合作探究的能力和品质；具有良好的政治意识并善于向学生实施政治影响；尊重学生的理智和人格，保持学校和课堂的民主气氛；不断改善自己的社会和道德品质；具有从事价值教学所必需的技能和技巧，等等。③ 为此，我们必须对从事价值教育的教师进行认真的职前和职后的培训。

我们认为，杜威、威尔逊和贝克的观点对我们辩证地看待教师作为德育主体的地位与作用富有启发性。对德育主体作用的正确认识，至少应当

---

① C. Beck，"A Model of Dialogue for Democratic Moral Education：Theory and Practice，"presented at the Annual Meeting of the A. M. E.，Athens，Georgia，November 8，1991，p. 6.

② C. Beck，"A Model of Dialogue for Democratic Moral Education：Theory and Practice，"presented at the Annual Meeting of the A. M. E.，Athens，Georgia，November 8，1991，p. 90.

③ 参见戚万学等：《现代德育论》，386 页，济南，山东教育出版社，1997。

包含以下几点。

第一，德育主体主体性发挥的核心是学习主体道德学习的主体性发挥。所以不仅要尊重学生的人格，而且应当像贝克说的那样，以一个"教师—学生"的身份出现在学生面前，作为探索者之一开始自己的工作。为此，教师应当做的首要工作是为学生创造一个相对自由的价值空间和心理氛围，以宽容、珍视的心情看待学生的价值探索。否则不仅不可能形成真正的道德，这一道德教育过程本身还会有沦为"反道德"过程的危险。

第二，德育主体的价值体现在对学生道德成长的引导上。教师、学校因素存在的必要，就在于能够使学习者少走弯路。教师与学生人格上的平等并不等同于地位上的对等，所以一个诚实和负责的教师不能放弃自己作为学生价值成长的引导者的使命。而所谓"引导者的使命"，意味着教师不仅是学生道德成长之路上的"同志""朋友"，而且应当是同学的"指导者""帮助者"。教师有责任将自己这一个体和整个人类社会的道德经验提供给学生参考。保持绝对的价值中立不仅不可能，对学生的道德成长也是有害的。

第三，德育主体的主体性发挥的关键之一是如何处理价值引导和尊重学生之间的关系。事实上，当代社会中，在师生关系上采取绝对立场的人并不多。在中国，中庸的传统使我们最易接纳的立场也正是辩证或"调和"的立场。但是，教育是一门需要高度智慧的艺术。在道德教育实践中如何根据具体情况形成民主型（既非权威也非放任）师生关系，对教师而言，取决于两个要素：一个是教师作为德育主体的素养，另一个是教师的教育智慧水平。智慧水平对特定个体来说是不可控的因素，而且与主体素养有一定的正相关，所以德育主体的主体性发挥的研究不能不与德育主体素养的研讨相联系。

第五节　德育主体的素养及其提升

一、德育主体的素养结构

一般说来，德育主体的素养结构应由三个基本维度构成，即道德素养、专业素养和教育素养。

教师的道德素养包括这样两个基本内容：个人道德修养和教师职业道德。所谓德育主体的个人道德修养，是指教师必须有垂范于学生的道德人格。教育劳动，尤其是道德教育活动的一个重要特点是劳动者与劳动工具的统一。就是说，劳动者本身就是劳动的工具，教师本身就是教育的手段。所以，道德教育的前提之一是：教师，尤其是那些从事道德教育工作的专门人士，必须具有坚定的道德信念、优良的德行。否则，道德教育只能变成难以使人信服的一般的知识教学。所谓教师的职业道德，实际上也可以说是个人道德修养的一部分。它的主要内涵是对道德教育事业的满腔热情，对道德教育责任的有力承担，以及在学校生活中表现出的教育公正、合作态度、仁爱精神等教师职业所要求的行业或专业道德修养。[①] 教师的职业道德表现实际上可能成为学生当前与未来道德生活的样板，是一种道德教育的隐性课程。

专业素养主要包括学科专业水平和一般文化涵养。"学科专业水平"是指德育主体必须具备一定的道德哲学和人文社会科学方面的专业修养，对道德生活的本质、规律有专门、具体和深入的认识。就像英国著名教育哲学家赫斯特（P. H. Hirst）所说的那样，专门从事道德教育工作的教师"应该对道德的本质有所研究，对道德的适当领域有必要的合理的理解，而且在道德教学上受过专门的训练"[②]。就像数学教师应当懂得数学，语文教师应当通晓语文一样，从事道德教学的教师应当懂得什么是"道德"和如何才能学会道德。我国心理学家林崇德等人则将这样一类知识称为教师的"本体性知识"[③]。除了"本体性知识"之外，林崇德教授还特别强调教师必须具有足够的"文化知识"，认为"知识渊博的教师往往赢得学生的信赖和爱戴，因为教师丰富的文化知识不仅能扩展学生的精神世界，而且能激发他们的求知欲"。"广博的（文化）知识对于其取得最佳的教育效果，具有与本体性知识同等重要的意义。"[④] 我们认为，由于道德教育是一个需要对情感、信念、态度等因素起作用的教育领域，更具有"陶冶"的性质，因此文化修养对道德教育效果的改善比其他领域的教育活动具有更大的意义。所以，一般文化水平在这里就成为"专业素养"的一部分。

---

① 1997 年全国教育工会重新颁发的《中小学教师职业道德规范》规定我国教师必须遵守的八个职业道德规范为：依法执教、爱岗敬业、热爱学生、严谨治学、团结协作、尊重家长、廉洁从教、为人师表。

② P. H. Hirst, *Moral Education in a Secular Society*, National Children's Inc., 1976，p. 112.

③ 林崇德：《教育的智慧——写给中小学教师》，38 页，北京，开明出版社，1999。

④ 林崇德：《教育的智慧——写给中小学教师》，39 页。

与"学科专业"相对应，教育素养是另外一个维度的"专业"素养。现代教师职业的"专业化"从某种意义上讲，更多是指"教育的专业性"水平及教育素养的提高。教育素养包括教育信念、教育观念和教育技能等。"教育信念"是指教师对教育事业和教育者个体教育能力与应有追求的确信。对教育事业和教师个人教育能力的确信，在心理学中被称为"教育效能感"。"我的学生一定能成材、能进步"或"我一定能教好学生"等一般和个人的教育效能感，成为教师进行教育和道德教育的动力与基本心理前提之一。教育信念还包括教师对教育应有的价值取向的坚定信念。道德教育主体必须确立"道德教育只能通过学习主体的自我建构才能实现"，"道德价值一定有相对真理"等基本的教育信念。没有这些信念，道德教育就极易事倍功半。"教育观念"实际上也可以把教育信念包括在内。与教育信念相并列的教育观念是指对具体教育活动规律性的基本认识，如教育目的观、教育过程观、课程观、教学观等。道德教育主体对于道德教育的目的、过程、课程、活动等问题的认识，也直接影响到道德教育的具体开展及其效果。"教育技能"是指具体的教育工作技巧。在道德教育中，教师在课堂教学中，在活动课程实施等方面都需要具备组织、交流、沟通、表达、示范等方面的技巧。道德教育技能的获得一方面要靠对有关德育的心理学、教育学等方面的理论研修去解决，另一方面要通过道德教育的实际训练去提高。

除了上述关于德育主体的三个维度的解释之外，我们还必须以"三个尺度"看待教师的德育素养。所谓"三个尺度"，是指真、善、美的尺度。

所谓"真"的尺度，是说教师具有合乎道德教育规律的"科学"的素养，这就包括上面提到的专业素养、教育素养等内容。同时，教师作为德育主体，也应当具备合目的性（即"善"）的素养。教师既应忠于职守，完成社会分工所决定的道德教育的使命，又应当注意以提高学生道德发展和生活质量水平为目标进行道德教育。简而言之，道德教育主体应有社会性和人道性的规定。这主要是指教师的道德素养。但是德育主体的素养还必须有一个较高的衡量标准——"美"的尺度。

以"美"的尺度要求教师作为德育主体的素养，主要包括三个方面。第一，教师应当善于挖掘道德教育内容中的审美因素，善于使学生以欣赏的心态观照人类的道德智慧和道德人格的美丽。第二，教师具备一定的艺术素养，能够充分利用艺术形式开展道德教育活动。第三，最主要的是，教师的道德教育活动本身应当具有"庖丁解牛"一样娴熟的技巧，使道德教育过程本身成为一种教育艺术，一种展现人类自由本质的活动，也就是具有成为审美对象的本质属性。

如何做一个合格的德育工作者？图 4-1 展示的这幅《"满点"教师形象图》[①] 就是一种十分形象、生动的解释。

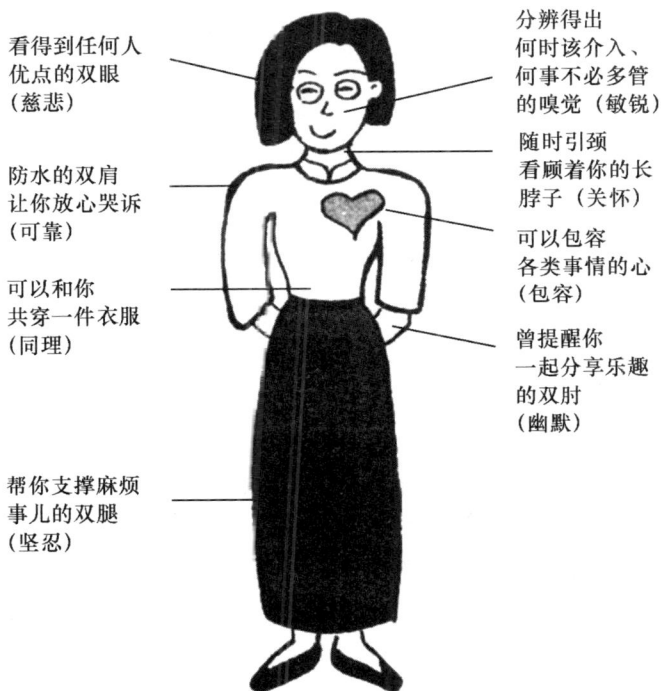

看得到任何人
优点的双眼
（慈悲）

防水的双肩
让你放心哭诉
（可靠）

可以和你
共穿一件衣服
（同理）

帮你支撑麻烦
事儿的双腿
（坚忍）

分辨得出
何时该介入、
何事不必多管
的嗅觉（敏锐）

随时引颈
看顾着你的长
脖子（关怀）

可以包容
各类事情的心
（包容）

曾提醒你
一起分享乐趣
的双肘
（幽默）

图 4-1 "满点"教师形象图

二、德育主体素养的提升

德育主体素养的提升主要应当通过培训和自修两大途径进行。由于德育主体分为专门的德育工作者和非专门的德育主体两个类型，德育主体素养的培训也应当分为两个部分。

（一）德育师资的培育

对于专门的德育工作者来说，应当对他们有较高的道德教育素养要求。这是由于专门的或直接的道德教育与其他学科的教学有本质上的区

---

① 刘之颖：《教师生涯起步走》，45 页，南宁，广西教育出版社，1999。

别。道德教育所要完成的任务中，认知、智慧上的进步只占很少的成分，态度的改变、信念的确立、行为的实施才是道德教育追求的根本目标。"并非所有经过固定学术课程训练并有娴熟的教学技巧的教师，都能知道道德问题的本质、解决道德问题的方法和实施道德教育的最有效的途径。"① 所以采取直接道德教育模式的国家，一般都十分重视对专门的德育师资进行特别的训练。中国号称礼仪之邦，历来重视道德教育，但是专门训练自己的道德教育师资的问题并没有得到高度重视。目前的主要问题是，我们将专门的德育师资培育基本上归入师范院校的政教专业，而政教专业的课程训练中占主导地位的课程一直是政治、经济和哲学理论，道德哲学、德育心理和道德教育理论与实践方面的训练基本没有。这是中国大陆道德教育政治化和效益低下的重要原因之一。所以，今后中国道德教育的师资培育应当换一个思路，即由大学教育院系培育德育师资，或者加大师范院校政教专业课程中德育专业训练的力度。

因为直接的道德教学需要间接的道德教育的配合才能取得真正的德育效果，非专门的道德教育工作者的德育使命应当得到高度重视，所以必须对非专门或一般的德育主体进行适当的训练。一般德育主体（非专门的德育工作者）也应当具备一定的道德教育素养。这就要求所有教师在取得任职资格时必须获得过一定的"道德教育学分"。日本是一个采取直接道德教育模式的国家，但是他们仍然规定"道德教育研究"的两个学分是教师任职资格的必要条件，并且建立了一套完整的道德教育培训系统②，其经验值得中国借鉴。

（二）德育主体的自修

除了职前和职后的培训之外，德育主体素养提升的另外一个重要方式是自修或修养。除了一般在道德、专业和教育上的修养方法之外，我们认为，特别应当注意的策略有以下三个。

1. 德育使命策略

德育使命策略的要义是加强职业道德建设，使所有教师认可道德教育的使命。以此为基点，教师应当摒弃将自己的角色矮化为不涉及道德教育义务的一般教书匠的意识，要既作"经师"，又作"人师"。只有有了德育使命的意识，教师才可能找到道德教育工作的最大意义，从而确立起德育

---

① P. H. Hirst，*Moral Education in a Secular Society*，p. 112.
② 参见戚万学等：《现代德育论》，390～391 页。

主体意识和进行自修的真实动机。所以，使命策略即意义寻找或动机发动的策略。

2. 科研带动策略

在中国大陆，许多中小学教师都认为，德育科研是专家的事情，自己的任务只是对道德教育成果的学习和应用。这种认识既不符合道德教育理论发展的事实，也不利于教师德育使命的高质量完成。实际上，只要教师有自己的科研意识，就会有学习德育理论、改进德育工作的冲动。德育科研意识肯定会带动教师整体素养的提升。当然，采取科研带动策略必须同教师科研能力的提高相结合。所以在职前和职后教师培训过程中，加强对教师教育科研能力的提高是一个十分重要的环节。

3. 实践与反思策略

作为道德教育实践工作者的德育主体的科研，不必追求专家性质的德育研究模式。教师的德育科研应当采取一种"实践—反思"模式。对目前的大多数教师而言，他们在战略上应当将自己的德育科研的重点放在对具体德育活动的经验性研究上。这样既能与教育理论专门人士有相对的分工，又能尽快进入研究的轨道。当教师能够真正对自己的德育实践做经常性的反思时，德育工作的改进就有了可能，德育主体素养的提高也就有了经常性的动力。

德育主体素养的提高并不仅仅涉及德育或教育系统本身。社会宏观环境的改善对德育主体素养的提升至关重要。我们可以想见，一个不从根本上重视教育和道德教育的社会，德育主体就得不到起码的尊重，德育主体素养提升的动力就会下降。所以德育主体素养的提升、道德教育事业的发展，都离不开整个社会对德育的高度重视。我们上面的讨论主要是从教育的角度出发的。对教育工作者而言，我们只能在吁请社会支持的同时，从自己做起。提倡从自己做起，一方面是因为在短时间内教师能够有所作为的首先是自身素养的改善；另一方面是因为自身素养与工作成绩的提高也会提升社会对德育的认可与支持水平。

本章学习小结

一、将你认为本章最重要的观点、事实或实践策略列举如下：

1.

2.

3.

4.

5.

6.

7.

8.

9.

10.

二、将你认为本章最需要质疑或讨论的观点、事实或实践策略列举如下，并努力在进一步的学习中形成自己的答案。

1.

2.

3.

4.

5.

6.

7.

8.

9.

10.

本章习题

1. 如何理解"德性可教"？

2. "新性善论"的内涵、解释与教育意义何在？

3. 三大主要的道德发展理论的重要贡献和缺陷何在？

4. 如何理解反"年龄歧视论"的积极意义？

5. 个性与德性关系如何？从个性角度出发，怎样才能在学校德育中做到因材施教？

6. 谁是德育的主体？如何理解"新保守主义"的德育主体观？

7. 德育主体的主要素质包括哪些内容？

8. 怎样用真、善、美三个尺度看待德育主体的素质结构？

9. 如何提高德育主体的德育素养？

本章参考文献

1. 赫根汉. 人格心理学导论［M］. 何瑾，冯增俊，译. 海口：海南人民出版社，1986.

2. 贝克. 学会过美好生活——人的价值世界［M］. 詹万生，等译. 北京：中央编译出版社，1997.

3. 林崇德. 品德发展心理学［M］. 上海：上海教育出版社，1989.

4. 李伯黍. 品德心理研究［M］. 上海：华东化工学院出版社，1992.

5. 李伯黍，燕国材. 教育心理学［M］. 上海：华东师范大学出版社，1993.

6. 黄向阳. 德育原理［M］. 上海：华东师范大学出版社，2000.

7. 杜威. 杜威教育论著选［M］. 赵祥麟，王承绪，译. 上海：华东师范大学出版社，1981.

8. 胡守棻. 德育原理［M］. 北京：北京师范大学出版社，1989.

9. 鲁洁，王逢贤. 德育新论［M］. 南京：江苏教育出版社，1994.

10. 林崇德. 教育的智慧——写给中小学教师［M］. 北京：开明出版社，1999.

11. 檀传宝. 德育美学观［M］. 太原：山西教育出版社，1996.

12. 檀传宝. 德育过程三要素的特点［J］. 北京师范大学学报（社会科学版），1992（3）.

13. 戚万学，杜时忠. 现代德育论［M］. 济南：山东教育出版社，1997.

本章推荐阅读文献

一、有道德的自然界

假如你认为我们是地球上唯一具有道德感的动物，那你会找到很多与你意见相合的人。行为专家大多认为，道德是人类独有的特征。没有道德，我们复杂的社会生活根本就不会出现。我不这样认为。我确信，很多动物能区分是非。几十年观察和捕获野生动物的经验让我相信，群居动物通常具有遵循规则游戏的观念。这种建立在合乎道德的行为准则基础之上的观念有助于巩固它们的社会关系。自然界并不总是喜好残忍和自私的竞争。

不仅如此，我推测这里还有我们人类道德的起源。生物学家要努力解释人类为何难于友善相处。以进化的观点讲不通，除非在我们表面的利他行动背后存在一些别有用心的动机。或许我们期望以后获得回报，或许我们的友善行为只是针对与我们拥有相同基因，因而具有相同遗传性的亲戚。没有人真正思考过，关心体贴你的邻居有时可能是生存的最佳途径。但是我开始发现，遵循规则游戏有助于非人类的动物活得更长、更成功。

共情

声言在动物中寻找道德的根源非常困难是一种不充分、不符合事实的说法，不过至少我们可以着手把问题拆分开来。要回答的第一个问题是，动物具有作为道德基础的共情和情感能力吗？我们知道，在人类中，这些情感的神经基础存在于脑灰质颞叶前部的扁桃核和丘脑下部，为它们充当介质的是多巴胺、复合胺和催产素等神经传递素。我们还知道，很多动物，特别是哺乳动物，具有和人类相同的神经结构和脑化学物质。诚然，这并不一定意味着它们具有和我们相同的情感，但是观察动物的活动，我们就会发现，至少有些动物和我们有相同的情感。

一些研究结果显示，动物中普遍存在共情，其存在之广超过科学家迄今乐于承认的程度。一些非人类的灵长类动物、海豚、鲸、象和河马，甚至还有一些啮齿动物的行为方式，支持共情具有深刻进化根源的说法。

在1964年发表的一项经典研究结果中，美国西北大学医学院的斯坦利·韦希林及其研究小组发现，一只饥饿的猕猴如果发现自己拿食物会让另一只猕猴遭到电击，就不会去拿。与此类似，老鼠在发现自己的行动会给同伴带来痛苦后也会停止行动。

旧金山州立大学的哈尔·马科维茨在20年前发布的一项研究结果中说，在训练黛安娜长尾猴把一块辅币塞入投币口以获取食物后，他发现一只公猴在帮助没有学会这一做法的最老的母猴。有3次，这只公猴拾起母猴失落的辅币，投进机器，然后让母猴获取食物。

观察动物的活动让很多研究人员（包括我自己）相信，它们具有道德感赖以存在的情感。例如，黑猩猩和猴子似乎会感到难堪，鲸和渡鸦会表现出坠入情网的迹象，就连鼍、蜥也会露出快乐的表情。

快乐打斗讲规则

我在研究中前进了一步，即寻找按规则行动的证据。我对社交游戏——在很多哺乳动物，尤其是在幼畜中普遍存在的快乐打斗——尤为感兴趣，因为这种打斗具有专门的交战规则，从而使参与者能够给一些举动以新的解释，否则这些举动看起来就可能是攻击行为或性行为。游戏很少升级为大打出手这一事实充分表明，动物确实遵守规则，而且它们希望其他动物也能这样。

我对小狗和小狼的观察结果显示，它们使用一种特殊的信号来防止对游戏行为的误解。它们在发起游戏，或者实施与咬等攻击性动作相关的动作前会做出一种"鞠躬"的动作，即蜷曲前肢，同时把屁股翘起来，以改变动作的含意。我还发现，游戏者在猛击身体和撕咬时，经常利用自我强加的障碍来限制自己与较弱的玩伴打斗时的力量。角色互换也很普遍。这样在游戏时，强者经常会让弱者占上风。这类行为减少了玩伴之间在体型、力量和优势方面的不平等，从而培养对开展游戏至关重要的合作和互惠。实际上，假如一只犬科动物说"我们做游戏吧"，然后攻击一只信以为真的动物，那么这个骗子通常会发现自己受到过去玩伴的排斥。

动物道德更纯洁？

我认为，按规则行动的观念为很多动物所共有。因为如果没有这种观念，那么就不会有社交游戏；没有社交游戏，动物个体和整个群体都会处于不利地位。假如我是正确的，那么道德发展的原因是它有适应性。道德有助于很多动物，包括人类的生存和在特定社会环境中繁衍生息。

遵守游戏规则看来有助于动物个体融入群体，从而获取群体生活的好处。不过道德感还可能发挥黏合剂的作用，从而建立强大和成功的群体，让整个群体受益。

所有这一切在人类道德方面能告知我们什么呢？首先，道德不是由我们创造的，其起源要比我们自身的起源久远得多。其次，我们应当放弃我们人类在道德上优于其他动物的观点。诚然，我们聪明的大脑赋予我们高度复杂的是非感，但同时也赋予我们更大的操纵他人的余地——作弊、欺骗、试图从不道德的行为中获利。从这个意义上说，动物的道德可能比我们自身的道德更"纯洁"。

——《兽有兽"德"》，载《参考消息》，2002-08-02。

二、三重主体及其教育意义

现代教育应当是一种"三体教育"。但是在有关"主体教育"的理论与实践中，始终存在这样一个前提性的问题：什么是"主体"？如何具体理解教育对象的主体性？在笔者看来，教育对象的主体性主要存在于以下三个维度。换言之，教育对象是"三重主体"，也就是说在三种意义上是我们所谓的"主体"，具有"主体性"。

第一，教育对象是"先验主体"。何谓"先验主体"？孟子所言的"不虑而知""不学而能"的"良知""良能"，如"恻隐之心"等是也。孟子的话过去我们作为唯心主义的先验论批判过。但是从辩证唯物主义的立场出发，我们也可以对先验主体做出新的解释。这是因为，人类祖先千百万年的总体社会实践是先于个体而存在的，社会性遗传等机制完全可以使每一个个体从诞生之日起就禀赋了祖先在道德、智慧和审美等方面的心理积淀。因此在这一意义上说，"恻隐之心，人皆有之"等猜想或结论是完全正确的。而这一点正是教育对象能够成为"可教育对象"的前提。显然，我们能够使我们的学生成为"四有新人"，却不可能将阿猫、阿狗也培养成为社会的栋梁。承认教育对象是一个"先验主体"意味着什么呢？意味着即使刚出生的婴儿，也是一个"主体"。换言之，我们没有任何理由不尊重任何年龄的儿童。

第二，教育对象是"前主体"。所谓"前主体"，是从现代哲学中的解释学、现代美学理论中的接受理论等相关理论中借鉴过来的一种对于主体的理解。解释学、接受理论认为，人们在阅读某一"文本"时，事先早已存在一个影响或产生文本的主体状态。西方人说"有一千个读者就有一千个哈姆莱特"，中国人则说"有一千个读者就有一千个林黛玉"。道理都是一样的：人们总是带着自己的经验、情感、价值和自己的理解等去与人交往、沟通或者阅读作品。教育活动又何尝不存在类似的情况？每一个学生在站到我们面前、接受我们的教育之前，都早已有了某种意义上只属于他个人的经验、情感、价值观念和知识结构等。亦即，他是一个"前主体"。教育对象是"前主体"，意味着在教育活动中彻底的尊重个性、因材施教的必要。忽视和压抑个性存在，不关切学生的具体生活境况的教师当然谈不上对学生主体性的真正尊重。

第三，教育对象是"创造主体"。"创造主体"意味着，首先，教育对象是"发现者"。这一点已经在"发现式学习"理论中得到了较多的阐释。学生的学习活动无疑是以学习人类的间接经验为主的。但是学习间接经验不见得就只采取"静听"的方式。只要我们能够创造合适的情境，学生对于间接经验的学习一样可以体验人类第一次发现时存在的愉悦。其次，教育对象是一个"建构者"。也就是说，任何教育对象都可以在局部的知识学习或者在整个人生的设计上是自主建构的。哲学家萨特有句名言："存在先于本质。"的确，一个人最后成为什么样的人，具有什么样的"本质"，在相当程度上是取决于他事先是怎样设计自己的。鼓励学生在考虑社会存在的基础上合理地设计、建构自己的未来，其本质显然是教育的应有之义。因此，教育对象是"创造主体"这样一个命题意义深远。它意味着尊重教育对象的主体性就代表着具体行动：必须使以居高临下的对学生的教育活动转变为学生对学问与人生的发现、欣赏与创造的过程。

教育对象在三种意义上是我们所谓的"主体"，也就意味着教育对象有着三重主体性。承认、理解教育对象的主体性的教育意义能促进主体教育理论的完善。在迄今为止的教育观念中，"师道尊严"的师生观之所以长期挥之不去，重要原因之一就在于实际上我们的观念中存在一种年龄上的歧视（"年龄歧视论"）。我们总是认为我们的教育对象与我们相比绝对存在一个不对等的关系。而彻底地尊重教育对象，需要我们彻底理解、承认和尊重学生的主体地位。对教育对象三重主体性的上述理解无疑有助于新的师生观念、教育观念的建立。

——檀传宝：《教育对象的三重主体性及其重要意义》，载《中国教育学刊》，2001（3）。

第五章
德育目的与德育目标

德育理论的基本问题之一是，什么样的人才能被称为在道德上受过教育的人。表面上看，这是对道德教育的结果的讨论，但是学校德育作为人类最重要的自觉实践活动之一，其结果应当是有预设性的，所以这一问题实际上可以归结为德育目的的讨论，即对道德教育所要培养的人应当具有什么样的品质的讨论。

第一节　德育目的及其功能

一、德育目的与教育目的

人是目的性动物。尽管近现代社会人的"机械化"使许多人自觉、不自觉地陷入了"机械论"（mechanism）的可悲境地，否认或忘却了人的目的性，但目的性仍然是人与动物的分水岭。有了目的，人类的活动就不再是一种无反省的动物性本能，而是一种追求理想和完美的创造性实践活动。有了目的，即有了活动的目标；有了目的，即有了反思活动得失成败并使之趋于完善的标准。作为人类自身的再生产的教育和德育活动当然也具有各自的目的。这就是我们要讲的教育目的与德育目的。

华盛顿大学教授约翰·吉莱德（John Goolad）认为，除非清晰确定学校教育的目标，否则为教育观念、技巧和价值所设计的具体细节便成了目的而不是手段，从而模糊了更大的目的。

那么，什么是德育目的？

一般认为，教育目的是教育活动预先设定的教育结果和教育活动追求的终极目标，具体说来，是教育活动所要培养的人才的质量规格与标准。那么我们也可以认为，德育目的就是德育活动预先设定的结果和德育活动追求的终极目标，是德育活动所要生成或培养的品德规格。

教育目的与德育目的之间有三重关系。第一，德育目的就是教育目的。例如，赫尔巴特认为："道德普遍地被认为是人类的最高目的，因此也是教育的最高目的。"[①] 赫尔巴特的观点至今仍被许多人认同。德育目的与教育目的的这层关系是由教育的价值属性所决定的。也就是说，离开德育就无法谈教育。第二，德育目的是教育目的的组成部分。教育目的具有整体性，需要分解为若干方面，德育目的是其中的一个重要方面。例如，我国的教育方针要求教育应当实现学生德、智、体、美全面发展的教育目的，其中

[①]　张焕庭：《西方资产阶级教育论著选》，250 页。

"德"的发展是教育的重要目的之一。[①] 因此，德育在完成培养健全人格的整体教育目的的过程中，地位举足轻重。第三，德育目的是教育目的的具体化。教育目的具有高度的概括性，需要予以具体化。道德发展在教育目的中只是一个概括性的项目，但在德育目的中它就必须予以较为具体的确认。这一点对于采用直接德育模式的教育来说更为明显。显然，讨论德育目的的重点在于具体、落实地讨论道德人格的培养。

三重关系具有不同的意义。在不同的情境中，人们往往会强调以上三重关系中的某一方面，但是实际上，以上三重关系是始终存在于学校教育之中的。

德育目的作为一种对活动结果的期望与预设，应当具有以下几个规定性。

第一，德育目的应具有价值性。德育活动当然要完成很多方面的任务，有许多与一般教育活动相同的目标。但是德育作为一种对于学生的品德成长有所帮助的活动，其价值属性特别突出。也就是说，价值态度的改变是最要害的目标。认知方面的任务仍然重要，但是相对于价值目标来说，是工具性的目标。行为的改变也只有以价值态度的真实改变为基础，才算是真正的"德行"。

第二，德育目的应具有预见性。作为德育活动结果的设定，德育目的在确定时应已对德育过程诸因素（如教师、学生、教育内容、教育手段）以及教育过程诸环节（如对道德价值与规范的认知与情感体验、道德内化、道德行为的改善等），有预先的设想，从而全面和有前瞻性地规划德育活动。

第三，德育目的应具有超越性。德育目的的超越性主要表现为两个方面：一是由于道德本身对生活的超越性，德育目的的要求应当适当高于德育对象的现实的道德水平；二是德育目的应当适当超越日常生活，在价值目标上具有适当的时代超前性。关于德育目的应当高于德育对象的现有水平，科尔伯格在《学校的道德环境》中有过卓越的论述。他说："不管是以

---

① 《中华人民共和国宪法》规定："国家培养青年、少年、儿童在品德、智力、体质等方面全面发展。"《中华人民共和国义务教育法》规定："义务教育必须贯彻国家的教育方针，实施素质教育，提高教育质量，使适龄儿童、少年在品德、智力、体质等方面全面发展，为培养有理想、有道德、有文化、有纪律的社会主义建设者和接班人奠定基础。"《中华人民共和国教育法》也把"培养德、智、体等方面全面发展的社会主义事业的建设者和接班人"，规定为我国的教育目的。以上教育目的中都有德育目的的内容。

阶段5还是以阶段6来规定学校道德教育应达到的水平，都不要紧。但可以肯定地说，不能以比这两个阶段低的阶段的道德概念去规定道德教育的目的。"① 对具体的教育对象（德育目标）而言，虽然科尔伯格认为，"儿童极少能理解超过其所属阶段一个以上的信息"，但是他仍然坚持："对于年幼的儿童，我们在传授道德信息时确实可能会犯水平过高或水平过低的错误，而犯水平过低的错误比犯水平过高的错误更糟糕。这是因为，在信息水平过低的情况下，儿童会失去对所传递的信息的尊重。"②

第四，德育目的应有可能性。也就是说，德育目的的制定不仅应具有超越和超前的特点，还应当考虑到社会发展及德育对象的道德发展两方面的实际，具有实现的可能。德育目的是一种对德育对象影响的预期。德育影响作为德育主体道德建构的价值环境能否有效实现，要害在于环境的设计能否与主体的接受状态联系起来。不进入主体接受的阈限，德育目的就是妄想。此外，长远或超越性的德育目的既要有现实性，又要有实现它的具体方式，比如将目的、目标进行分解、分层等。

此外，由于德育活动具有强烈的价值或意识形态色彩，德育目的也具有全人类的普遍性和历史性、民族性和阶级性。

教育目的是全部教育活动的主题和灵魂。英国教育学家约翰·怀特（John White）曾经指出："除非教育工作者对这些教育目的一清二楚，否则他们培养出来的人才的质量肯定会受损失。"③ 所以，教育目的对于具体教育活动意义重大。作为教育目的的一个主要组成部分，德育目的的意义当然也是十分重大的：一是因为德育目的在某种意义上就是教育目的，是教育目的的组成部分和具体化；二是因为下面我们要专门研究的德育目的对德育过程所具有的重要的功能。

二、德育目的的功能

德育目的有何功能？其功能主要表现在对教育过程的作用和对德育对象的品德成长的作用两个方面。我们可以称之为德育目的的教育功能和道德

---

① ［美］科尔伯格：《学校的道德环境》，转引自瞿葆奎：《教育学文集：德育》，540 页，北京，人民教育出版社，1989。

② ［美］科尔伯格：《学校的道德环境》，转引自瞿葆奎：《教育学文集：德育》，540～541 页。

③ ［英］约翰·怀特：《再论教育目的》，3 页，北京，教育科学出版社，1997。

功能。

具体说来，德育目的对教育过程的作用主要表现为以下三点。

第一，导向功能。德育目的规定了道德教育活动所应培养的人的道德品质，实际上就是规定了道德教育活动的最大方向，对具体德育活动具有引导和激励的功能。学校道德教育活动是一项系统工程。一方面，它表现为有关教育制度的建立，教育规划的确定，以及教育活动内容、形式及教育方法的选择等；另一方面，它又必须是各个年龄段教育的合成，是学校、家庭和社会教育的结合。无论在空间还是时间维度中，它都必须朝向道德教育目的所指明的方向。道德教育制度的建立，教育内容的确定，以及教育活动形式、教育方法的选择等，都必须以道德教育目的为最高准则。同时，学前、小学、中学、大学、大学后的道德教育，以及学校、家庭和社会教育等也都应互相配合，以整本道德教育目的的达成为最高目标。因此，作为这一整体活动方向的德育目的是全部德育活动的灵魂。

第二，调控功能。从宏观上说，德育目的对教育规划与教育结构的确立与调整等具有指导、协调的作用。从微观上说，德育目的对具体道德教育内容的安排，教育活动形式、教育手段、方法和技术的选择等有支配、协调的作用。在正确理解和掌握德育目的的条件下，德育主体（教师等）在制定教育规划与政策，以及设计和实施德育活动的大小方案时，都会自觉地按照道德教育目的的要求行事，以克服具体德育活动的盲目性；当教育政策或德育活动偏离德育目的所规定的方向时，教育工作者也会自觉地反思和予以纠正。

第三，评价功能。德育活动既然以德育目的为出发点和归宿，那么，检验德育活动成功与否的最根本标准，也应是德育目的（具体说来，就是德育目标）。评价教育规划与政策及道德教育过程是否有效，教师德育工作成绩的高低以及在道德教育活动中学生品德成长的状况如何，虽然可以也必须有非常细致的具体评价标准，但是所有细化的评价标准的最高价值预设都源于德育目的。德育目的是整合所有具体的道德教育评价标准的精神内核，也是德育评价的最高准则。当具体评价标准有违德育目的时，就需要对具体评价标准做出修正。

由于德育目的是道德教育所生成的道德人格的规格，所以它不仅对教师的道德教育，而且对学生的道德学习有一定的作用。其主要作用或功能有以下两点。

第一，引导性功能。德育目的对德育对象来说实际上就是一种人生的奋斗目标。德育目的所描绘的品德就是学生应当完成的理想人格，所以必然会对德育对象起引导、提升的作用。引导性功能的作用主要表现在两个方面：一是它具有意向性的作用，即诱发学习个体的道德动机；二是它具有意志性作用，即能够促进个体在实施道德行为时有明确的目标，因而具有克服困难的勇气与毅力。德育目的的引导性功能作为正面的道德教育功能，是十分重要的。它是道德教育理应追求的主要方向。

第二，规范性功能。所谓规范性功能，指的是德育目的可以对德育对象的道德行为起规范的作用。这一作用主要表现为两个方面：首先是预防，其次是禁止。德育目的有对个体品德的正面规定，当然也就提示受教育者拒绝道德错误的方向，有防患于未然的功用。道德机制的作用，一是惩恶，二是扬善，道德教育的目的实际上也含有禁止个体从事恶行的意味。认识德育目的对德育对象的规范性功能作用是非常重要的。这是因为：其一，防止错误与恶行本身属于德育目的的内容，也是个体终身道德修养的目标；其二，对于特定阶段的学校德育来说，意义更大。例如，在幼儿阶段，儿童对许多善恶的判断并不成熟，在其不明事理亦不能明事理的情况下，落实德育目的的规范性功能，告知一些对与错的概念，禁止他们做一些不好的事情等，是良好行为习惯培养的重要任务。在青少年阶段，规范性功能让学生远离道德污染的环境，对其道德成长也是十分有益的。

在讲德育目的的道德功能时，有一点需要特别说明：德育目的的上述功能主要是隐含性、观念性的，直接发挥的作用是非常有限的，更多的功能实现需要德育目的的落实，也就是具体的德育过程去完成。否则人们就会夸大德育目的的作用，陷于纸上谈兵的可笑境地。

德育目的的功能可以说是德育目的的意义构成的一部分。不过，德育目的的重要还在于德育目的的具体确认并不容易。第一，德育目的可以从不同角度理解，有不同的类型与层次，要全面正确地理解它，需要一定的智慧。第二，教育目的的确定涉及的因素很多，正确或科学的德育目的来之不易。

第二节　德育目的的类型与结构

一、德育目的的类型

由于德育目的是德育理念的根本，意义重大，所以几乎所有的德育家或教育家都会有自己的理解。同时德育目的的设定具有很大的价值色彩。不同的价值取向、理解会形成不同的德育目的观念。认真考察，我们就会发现德育目的实际上有不同的类型。综合来看，我们可以将形形色色的德育目的做以下三个不同角度的分类。

（一）社会本位的德育目的和个人本位的德育目的

社会本位的德育目的主要特征是从社会利益出发界定德育目的。古代社会出于对人身依附关系的维持，社会本位的德育目的观念一般占主导地位。在中国，修身的目的主要被导引到"齐家治国平天下"的宏大目标上，西方则多采取神学目的论的立场。虽然不同教育思想家的侧重点会有区别，但是从总体上看，神学目的论实际上是社会本位目的论的一种表现形式。

近现代教育史上持社会本位的德育理论很多，代表人物有法国教育家、社会学家涂尔干和德国教育家凯兴斯泰纳等人。涂尔干就说："道德的目的即社会的目的。合乎道德地行动就是为着集体的利益去行动……道德的出发点正是社会的出发点。"①"没有社会，道德就没有目的。"②涂尔干认为，道德既不是为自己也不是为他人的行为，道德生活的目的只能是社会利益。从这一观点出发，他认为学校是"国家的教会"，而教师相当于"社会的牧师"。道德教育的唯一目的就是使个体实现社会化。凯兴斯泰纳是以国民教育理论著称于世的，他认为："文明与法治国家从道德集体的含义来说，是最高的外在财富。为了我们个人的道德最切身的利益，即最高的内在财富，我们必须为之奋斗。"③"国家公立学校的目的——也就是一切教育的目的——是教育有用的国家公民。"④社会本位的德育目的理论的合理性，是确认了道德教育的重要使命之一是个体的道德社会化。但是很显然，社会本位目的论的缺陷是十分明显的。首先，社会本位论者对社会的看法过于浪漫、天真。其次，社会本位的德育目的论容易导致在道德教育过程中对个体的强制。

个人本位的德育目的论与社会本位的出发点是相反的。个人本位目的论认为，德育应当从受教育者的道德本性和需要出发，强调个人价值的重

---

①　M. Durkheim，*Moral Education：A Study in the Theory and Application of Sociology of Education*，pp. 59-62.

②　M. Durkheim，*Moral Education：A Study in the Theory and Appli-cation of Sociology of Education*，p. 52.

③　［德］乔治·凯兴斯泰纳：《凯兴斯泰纳教育论著选》，236页，北京，人民教育出版社，1993。

④　王天一等：《外国教育史》下卷，242页，北京，北京师范大学出版社，1984。

要，并认为道德教育的目的在于提升个体的生存价值和生命质量，使之成为自主、自由的道德主体。卢梭、裴斯泰洛齐、第斯多惠、杜威以及许多现当代教育家，都持个人本位的立场。卢梭认为："德育的目的在于使人成为自主自治的人。我的目的是：只要他处在社会生活的旋流中，不至于被种种欲念或人的偏见拖进旋涡里去就行了；只要他能够用他自己的眼睛去看，用他自己的心去想，而且，除了他自己的理智以外，不为其他的权威所控制就行了。"① 第斯多惠认为："教育的最高目标就是激发主动性，培养独立性。"② 杜威认为："进步教育强调学习者参加确立目的，用来指导他在学习中的活动。没有比这种观点更恰当的了。同样，传统教育不能使学生在确立其学习目的时具有积极的合作，也没有比这种缺点更大的了。"③ 存在主义教育理论认为，德育目的应该"为每一个具体的个人服务"，教育者"不应当违反学生的意愿而勉强他去参加任何俱乐部、小队或团体活动，因为自我实现远比社会适应要真实得多"④。个人本位的德育目的论具有反对道德教育上的强制灌输的积极意义。但是在德育目的上，对个人强调过多会引起德育中的相对主义，有降低甚至取消德育影响的可能。道德教育的目的应当反映个人价值的重要，但脱离社会谈个人，道德教育也无从谈起。

（二）外在的德育目的与内在的德育目的

内在的德育目的思想强调的是德性修养本身，外在的德育目的论往往强调道德教育的外在功利的结果。

《大学》说："自天子以至庶人，一是以修身为本。"蔡元培在《中国伦理学史》中说："圣人之道德，自其德之方面言之曰'仁'，自其行之方面言之曰'孝'，自其方法之方面言之曰'忠恕'。"上述观点认为，道德教育的目的在于培育"仁人"。这是从内在目的论立场出发的结论。但是，道德教育的目的不能仅仅局限于内在的目的。因为修身的最终目的在于正确处理人际关系，有其贡献社会与他人的一面。中国古代教育在强调修身的同时始终强调"治国平天下"的目标。一些教育家还特别注意到德育的生活目的。例如，清代教育思想家王筠就在《教童子法》中说："功名、学问、

---

① ［法］卢梭：《爱弥儿》，306 页，北京，商务印书馆，1978。

② ［德］第斯多惠：《德国教师培养指南》，85 页，北京，人民教育出版社，1990。

③ ［德］杜威：《我们怎样思维·经验与教育》，285 页。

④ 陈友松：《当代西方教育哲学》，103 页，北京，教育科学出版社，1982。

德行，本三事也。今人以功名为学问，几几并以为德行。教子者当别出手眼。应对进退事事教之，孝悌忠信，时时教之……设命中无功名，则所学无可以自娱，无可以教子，不能使乡里称善人，友士称博学。当此时而回想数十年之功，何学不就，何德不成？今虽悔恨而无及矣！"所谓"乡里称善人"，实际上是着眼于外在的评价。道德教育之外在目的论思想，实际上一直延续至今。许多国家的德育目的往往都是从国家对公民的道德要求出发确定的。从国家社会的立场出发似乎无可厚非，但是如果道德教育只有外在的目的，这一目的往往很难实现，而且有导致道德功利主义的危险。这一危险在中国的表现是许多人可以讲许多政治上的大道理，但是基本为人却为人所不齿。这显然体现出道德教育的病态。

（三）理想的德育目的和现实的德育目的

如前所述，所有的德育目的论都有超越的性质。但是，它们在超越的程度上是有区别的。这样，在德育目的的界定上就出现了理想的德育目的论和现实的德育目的论的相对分野。

日本教育学家小原国芳曾经指出："所谓善，就是要无保留地服从全人格的命令。造就服从统一命令的人必须成为道德教学的目的。"[1] 而他所谓的服从统一命令的全人格的人，"道德的纯洁性如雪一样白而又白"[2]。毫无疑问，正像他在整体上认为道德教育的终极是宗教一样，德育目的的最终指向也是趋近于神的理想人格。中国古代的道德教育一直以圣贤人格的养成为最终的目的。朱熹说："人须当以尧舜为法，如射之于的。箭箭皆欲其中，其不中者，其技艺未精也。"（《朱子语类》卷五十五）这也是一种理想的目的逻辑。理想的德育目的论往往具有人格提升的重要作用，但是如果不与具体、现实的德育目的结合，往往容易导致要求过高，从而无法在道德教育的实际中落实。

现实的目的论倾向于较为接近生活现实的德育目的。法国思想家爱尔维修认为："优秀的爱国者始终是很少的，始终正直的公民是很少的。"所以，"道德科学的根本原则"应当"归结到肉体的感受性这个简单的事实"。他主张德育目的就是要"给予青年人一些明确的、健全的道德观念"[3]。德

---

① ［日］小原国芳：《小原国芳教育论著选》下卷，183页，北京，人民教育出版社，1993。

② ［日］小原国芳：《小原国芳教育论著选》下卷，184页。

③ 张焕庭：《西方资产阶级教育论著选》，160～162页。

国教育家裴斯泰洛齐也认为，道德教育的目的在于养成独立、自主、善行、牺牲、慈爱等基本德性。当代德国教育学家鲍勒诺夫有感于第二次世界大战后德国社会的精神危机，将道德划分为"高尚道德"和"朴素道德"，主张从现实社会出发设定道德教育的目标，并在此基础上追求高尚的道德。现实目的论有利于纠正道德教育过高的要求所导致的弊端，一些教育家，如鲍勒诺夫，实际上也注意到理想目的与现实目的的辩证关系。但是如果我们过分强调德育目的的现实性，将会导致道德教育庸俗化的结果。

以上三类德育目的论的划分实际上是从价值取向上所做的逻辑的分析。也有人从德育发展史的角度，将德育目的分为神学目的论、社会本位目的论、个人本位目的论及实践目的论等。[①] 不过，从价值取向上的划分具有更大的教育目的认识上的反思意义。我们研究不同的德育目的论的目标，在于正确确定以及理解现实的学校德育目的，而具体德育目的确定的前提之一，是不同价值取向之间的平衡与张力的取得。

二、德育目的的结构

德育目的的结构就是德育目的的组成部分及其关系。德育目的的结构实际上有两类含义：首先是德育目的的组成，其次是德育目的的层次。

我们知道，道德教育的目的简单地说，就是对教育所要培养的人的品德的规定。但是，何谓"品德"？不同的教育理论对此往往有不同的解释。中国学界在这个问题上有两种影响较大的理论。一是班华教授关于品德的"三维结构说"[②]。班华认为，品德是由品德心理形式维（道德认知、情感、意志等），品德心理内容维（道德立场、观点等）和品德心理能力维（道德能力、策略等）构成。二是林崇德教授的"三子系统说"[③]。林崇德认为，人的品德结构主要包括三个子系统：一是品德的深层结构与表层结构系统，即道德动机和道德行为方式系统；二是品德的心理过程与行为活动的关系系统，即知、情、意、行品德心理特征系统；三是品德的心理活动和外部活动的关系及其组织形式系统，即品德的定向、操作和反馈系统。

应该说，以上对品德或德育目的的理解都有一定的合理性，但是从逻

① 参见戚万学等：《现代德育论》，233～247页。

② 班华：《思想品德结构与新时期德育任务》，载《华东师范大学学报（教育科学版）》，1986（2）。

③ 林崇德：《论品德的结构》，载《北京师范大学学报（哲学社会科学版）》，1988（1）。

辑上，它们又具有交叉的地方。我们认为，道德教育的目的组成不妨借鉴最古老的解释，即理解为道德的知、情、信、意、行五个方面。所谓"知"，即对道德价值与知识的认知；所谓"情"，即道德情感；所谓"信"，是指道德信念；所谓"意"，是指道德追求的执着、道德行为的意志力；所谓"行"，就是道德行为的策略、能力等。有了真正的道德的认知与情感，就有可能形成道德的信念；有了道德信念，就容易形成道德的意志；有了道德认知、情感、信念与意志，加上道德行为的策略与能力的培养，就可能形成一个完整的道德人格。因此，我们认为，道德教育的目的实际上就是要形成由知、情、信、意、行五个方面所构成的个体的品德或"德性"。当然，在知、情、信、意、行这五个要素之中，最基本的还是中外教育学家们强调最多的三个基本要素：知、情、行。① 图 5-1 为美国品德教育专家里克纳教授对"良好品德"要素的描绘。

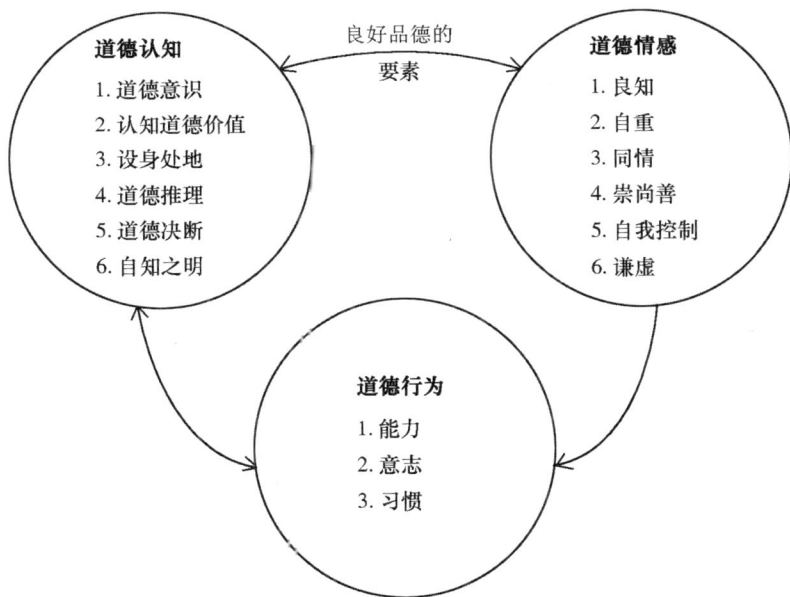

图 5-1 良好品德要素图②

---

① 参见 Thomas Lickona，*Education for Character*：*How Our School Can Teach Respect and Responsibility*，pp. 49-63；[美] 哈什等：《德育模式》，1～2 页。

② Thomas Lickona，*Education for Character*：*How Our School Can Teach Respect and Responsibility*，p. 53。

上述几种解释都要面对一个共同的课题，那就是要解决普遍的道德原则和具体的道德实践的关系问题。道德教育应当努力使学生掌握那些时间、空间上适应性强的道德原理与道德原则，这是所谓的"普遍的道德教育的目的"。但是，道德的普遍原则往往会与道德情境发生矛盾，于是产生"律法主义""反律法主义"和"境遇伦理学"（Situation Ethics）的观点。美国伦理学家约瑟夫·弗莱彻（Joseph Fletcher）认为，除了上帝之爱以外，"其他一切律法、准则、原则、典范和规范，毫无例外都是有条件的。只有它们在某一境遇下恰好符合爱时，它们才是正当的"①。虽然境遇伦理学有道德相对主义之嫌，但是它将境遇条件加在一般道德原则之上的思想对于道德教育是十分重要的。就德育目的的思考来说，我们所应考虑的是，应当依据具体的德育情境将道德教育的目的具体化、层次化，在一般的德育目的的指引之下形成具体的德育目标以及细化的德育目标的体系。这是"具体的德育目的"。从一般的德育目的到具体、细化的德育目标的存在，形成了德育目的的层次结构。

德育目的是各级各类教育培养人的品德的总的质量标准和规格要求，而德育目标则是不同性质、不同层次和不同专业学校教育所要完成的具体德育任务，甚至可以是每一个具体德育活动的具体目标。德育目的必须集中反映时代和社会的要求，是德育最高理想的体现，具有一定的终极性；德育目标则是教育活动的具体努力方向，因学校与专业性质的不同而不同，因教育阶段、对象的不同而不同，也因课程的不同而不同。也就是说，具体德育目标的制定既要考虑教育目的、德育目的的总要求，又要考虑具体学校教育的任务和特点，考虑具体的德育内容，考虑特定教育对象的身心特点和知识水平。任何终极性的德育目的都必须转化为一系列具体的德育目标才能避免流于空泛；而每一个具体的德育目标若不与其他平行的德育目标以及其上位德育目标联系起来，并且最终与德育目的、教育目的相联系，则会因失去整体性而流于琐碎，失去其意义和存在的价值。英国教育哲学家皮特思（Richard S. Peters）认为，教育理论上许多有关教育目的的论争其实不是目的本身的论争，而是程序原理（principles of procedure）之争。皮特思认为，细究起来，思想家们那些抽象的终极目的往往大同小异，不同之处实际上只在于实现这些目的的程序和方法。因此，教育家们真正

---

① ［美］约瑟夫·弗莱彻：《境遇伦理学》，21 页，北京，中国社会科学出版社，1989。

应当关切的是如何达成教育目的的程序原理。在这里，我们不妨认为，注意德育目的在德育目标上的落实是重要的"程序原理"之一。当然，这绝不意味着德育目标可以取代德育目的。

第三节　德育目的的决定

一、德育目的的决定

（一）德育目的的决定因素

德育目的具有强烈的主观性，德育目的的确定首先要反映一定的价值取向和教育理想。同时德育目的的主观性又以客观性为存在的前提，恰当的德育目的的制定又必须考虑到社会发展的现实和要求，尊重受教育者身心发展的规律。因此，确定德育目的的基本依据可以概括为主观和客观两个方面。

1. 确定德育目的的主观依据

人们在考虑德育目的时往往会非常直接地受到形而上的理念、人性假设和理想人格等观念和价值取向的影响。德育目的就其实质而言，首先是一种教育活动中人的价值选择。

人是一种天生的形而上的动物。一方面，人都有追问世界的根本的兴趣；另一方面，自觉或不自觉的形而上的理念会对人的一切活动产生影响。形而上的理念对于教育活动的影响，最重大的莫过于对教育目的、德育目的的设定的影响。例如，柏拉图认为，一切感官所得都属于现象，宇宙的根本是绝对理念。因此，个体如欲追求真理，就不能诉诸感官的体验而应当依赖理性，而理性能力与生俱来，不假外求。教育的目的不在灌输知识，而在启发理性，认识绝对理念。故理性之培养就不能不成为柏拉图教育和德育目的论的核心。相反，经验主义者洛克、爱尔维修等认为，先有外物的存在，后才有感觉经验。所以一切知识均源于后天，都要通过感觉经验。所以教育的目的应当是培养人对外在环境的兴趣，包括接受人与人之间的影响，所以他们特别强调"道德科学的根本原则"应当"归结到肉体的感受性这个简单的事实"。中国古代教育思想家们的教育目的论也往往建立在他们对宇宙之根本，如"天""道""理""性"等问题看法的基础上，认为德育的根本目的就在于教学生领悟宇宙和人生的根本，从而从根本上修身养性。因此，德育目的的确定肯定会受到不同世界观或形而上理念的影响。

　　教育目的的确定还要受到思想家们或制定教育目的者的人性假设的影响。中国古代的性善论者孟子认为，人皆有恻隐之心、羞恶之心、辞让之心和是非之心，这四心是仁、义、礼、智四种美德的发端。所以，"学问之道无他，求其放心而已"（《孟子·告子上》）。德育目的无非是要让人将失掉的善心找回来，恢复人的本性并且发扬光大。主张性恶论的荀子认为，"目好色，耳好声，口好味，心好利，骨体肤理好愉逸"（《荀子·性恶》），故人性皆恶，其善者"伪"。所以，道德教育应当使人去性而就伪，"积礼义而为君子"（《荀子·儒效》）。董仲舒和韩愈都将人性分为上、中、下三类，上智与下愚不移，德育所能和所要做到的是使"中民之性"或"中品"之性得到可能的改造，与圣贤趋齐。与此相似，古代基督教教育思想家们曾经由原罪说引申出必须对儿童采取严厉的态度，以祛除他们身上的"撒旦"的结论。相反，卢梭却认为，"出自造物主之手的东西都是好的，而一到人的手里，就全变坏了"，教育、德育的根本目的在于求得儿童顺其自然的发展。由此可知，德育目的的设定一定会受到教育主体对于人性的基本假定的影响。一般说来，性善论者往往相信人性的善良，更多倾向于内在的德育目的；性恶论者由于其对人性的悲观，往往以防范为德育之本，更倾向于外在的德育目的的。

　　人总是用理想提升自己，道德教育的要义之一是要用理想的道德人格塑造自身。德育目的既然是对培养对象品德规格的设计，就不能不与人格理想相联系。故德育目的的设定会受到教育主体有关理想人格之观念的影响，且这一影响具有最为直接的性质。中国古代思想史中，几乎所有的学派都有其对于理想人格的追求。从大的文化系统看，佛教倡导与世无争的佛陀人格，道教塑造了"长生久视"的神仙世界，儒家则大力倡导成仁取义的圣贤人格。以作为主流文化的儒家言之，一方面，儒家设计了一种非常完美的人格形象，认为"圣人之于民，出乎其类，拔乎其萃"（《孟子·公孙丑上》），"圣贤为人之精"[①]。另一方面，儒家又认为"圣人与众人一般，只是尽得众人的道理"[②]，"涂之百姓，积善而全尽，谓之圣人"（《荀子·儒效》）。所以，对于中国古代的学者而言，其修身或学问的总目标就只能是成圣、成贤。孟子说："乃所愿，则学孔子也。"荀子说，学者应"始乎为士，终乎为圣人"。所以，儒家以"圣贤人格"的培养为其道德教

---

① （明）薛瑄：《薛文清公读书录》（一），73页，上海，商务印书馆，1937。

② （明）吕坤：《呻吟语》，207页，长沙，岳麓书社，1991。

育的根本目的。在西方，卢梭所主张的自然发展的人，洛克所主张的"绅士"，杜威所谓的民主社会的公民等，也都寄托了他们对于理想人格的向往。这些理想人格自然也就成为他们所理解的教育与德育目的的重要组成部分。当然，也有人认为，"优秀的爱国者始终是很少的，始终正直的公民是很少的"。所以，理想人格实际上应当具有足够的现实性。从这样的立场出发，德育目的就会具有更大的现实色彩。

2. 确定德育目的的客观依据

确定德育目的的客观依据，首要指德育目的的制定必须考虑到一定的社会历史条件。与价值取向相比，社会历史条件对德育目的的制约更具有基础和决定的性质。德育目的的确定受一定社会历史条件的制约，主要是指受生产力与科技发展以及社会经济政治制度的制约，受历史发展进程和文化传统的制约。此外，教育对象的身心发展实际及规律也是制约德育目的制定的重要因素。

第一，德育目的的确定受社会生产力和科学技术发展水平的制约。生产力和科技发展的状况是确定一定历史时期德育目的的物质基础。生产力和科学技术的发展水平不同，社会对受教育者的品德质量标准和规格要求也就不同。在古代社会，由于生产力和科技水平的低下，因此不允许全体社会成员都接受学校教育，教育与受教育的权利都被控制在极少数统治阶级的手中。同时，由于社会生产的科技含量较低，劳动者也无须经过学校教育的专门培训。所以，古代学校德育目的只有一条，那就是培养有一定品德素养的统治者——神职人员和政治、军事与法律等方面的"治才"。机器大工业时代的到来，使社会生产对普通劳动者的科技文化素养提出了更高的要求。在现代社会，无论是在资本主义制度下还是社会主义社会里，如果劳动者不具备一定的科技、文化和品德素养，就无法适应现代化的社会生产。因此机器大工业出现之后，资本主义国家普遍实施了强制性的国民义务教育，学校德育开始具有全民性、民主性。由于信息时代和知识经济时代对全体社会成员的文化与科技素养提出更高的要求，而且随着信息资源的剧增，社会价值多元已成为现实，道德教育目的中必须加大培养道德价值的批判与选择能力的成分。

第二，德育目的的确定受一定社会经济和政治制度的制约。生产力对教育目的的影响还表现在对由生产力所决定的教育资源控制与分配方式对教育目的的制约上。这就必然与一定社会经济和政治制度相联系。马克思和恩格斯曾经指出："一个阶级是社会上占统治地位的物质力量，同时也是社会上占统治地位的精神力量。支配着物质生产资料的阶级，同时也支配着精神生产资料。因此，那些没有精神生产资料的人的思想，一般是隶属于这个阶级的。占统治地位的思想不过是统治地位的物质关系在观念上的表现，不过是以思想的形式表现出来的占统治地位的物质关系。"① 在阶级社会，统治阶级一方面会利用其经济和政治上的统治权制定符合本阶级需要的德育目的，为巩固这一统治服务；另一方面还会利用自己在经济、政治上的权力维护本阶级在教育资源占有上的特权，并保证这一德育目的的实现。所以，德育目的的制定会体现一定社会经济、政治的要求，在阶级社会中具有鲜明的阶级性。经济政治制度对德育目的的影响不仅表现为阶级性的影响，而且还表现为经济、政治制度的其他维度。例如，由于和平宪法等因素的制约，日本的学校德育就特别强调要培养"生存于国际社会的民主和平国家及社会的形成者所应有的公民资质"②。

第三，德育目的的确定必须考虑历史发展的进程。对德育目的的理解的一个重要的分歧，表现在社会发展和个性发展的关系上。如前所述，社会本位的教育家往往强调教育的使命在于为社会培养合格的成员，德育目的的核心是使教育对象社会化，形成一定的社会人格。个人本位的思想家往往强调个人价值，认为德育目的应当从人的本性出发，求得个性的自由发展与个人价值的充分实现。实际上，社会人格的培养和个性发展之间，也可以说是社会发展与个人发展之间，存在一种历史的辩证的关系。首先，社会发展与个人发展之间，在社会历史发展的总的进程上是统一的。一方面，社会进步是个人发展的先决条件，由于生产力、科技发展的制约，也由于一定社会经济政治制度的制约，一定历史阶段社会发展的程度决定了社会对个性发展需要或允许的幅度。因此不能脱离历史的发展抽象地谈论人的个性发展，也不能脱离对其社会性的培养片面地谈对个性的培育。另一方面，个人又是社会生活的主体，发展个性，实现个人价值对整个社会的进步具有重要意义。教育要促进社会的进步，这不仅是社会发展的需要，也是作为社会生活主体的人对其自身发展的一种主观愿望。所以，判断德育目的是否合理的重要依据，是看在一定的社会经济条件等许可的范围内，是否为个人提供了个性自由和全面发展的最大空间。现代社会与古代社会

① 《马克思恩格斯选集》第 1 卷，98 页，北京，人民出版社，1995。

② ［日］松尾正幸：《日本小学社会科教育的目的》，载《课程·教材·教法》，1999（2）。

的重要区别之一，是现代社会所要求的社会人格必须具有更多的个性特征；而现代教育与古代教育的重大区别也就在于，现代教育能够而且应该为个体的自由和全面发展提供前所未有的条件。其次，社会发展和个人发展、社会人格和个性发展之间又有矛盾的一面。社会发展对个人发展有规范和制约的一面，社会总是要求人的个性朝合乎社会发展需要的方向发展。在相当长的历史时期，不同个体在个性发展上机会并不均等。在阶级社会中，人的个性发展甚至会以阶级对抗的形式，即用牺牲一部分人发展的方式来求得另外一部分人的发展。就中国而言，人的个性发展应当受到前所未有的关注，教育活动应当注意教育对象的个性发展，充分发挥人的主体性。但是，个性发展与人格的社会性培养之间，实质上是个人发展与社会发展之间的矛盾依然存在。学校教育和德育应当引导教育对象的个性的自由发展朝社会发展需要的方向发展，努力实现个性发展与社会人格培养的统一，在全面提高学生的文化素养的同时，又使之具有一定的专业和实践技能，为国家的现代化建设事业服务。这是我国制定德育目的必须考虑的一个至关重要的方面。所以，人的个性发展应当在与社会进步的统一中被正确地理解。单纯的社会本位和个人本位的德育目的论，都是对这一历史的辩证关系的曲解。

第四，德育目的的制定还会受到文化传统的影响。例如，德国人认为"虔敬上帝，尊重人的尊严，唤起肩负社会使命的准备"① 是教育或德育的主要目的；而美国人往往强调要培养学生的民主精神，敢于开拓，以做美国人而自豪等品质。这种德育目的的区别很大程度上缘于两种文化传统的区别：德意志是一个传统与文化积累较为厚重的民族，其德育目的精神含量较高；而美国是一个移民的国家，且较年轻，所以其德育目的具有更多的实用主义色彩。

第五，德育目的的确定一定要遵循受教育者身心发展的规律。德育活动是一种对象性的活动。德育目的既然是教育主体对培养对象品德质量和规格的设计，就不能不遵循受教育者身心发展的规律。教育对象的身心特点及发展规律虽不对德育目的的社会性质和方向起决定作用，但仍然对德育目的的内容和程度有十分重要的制约作用。我们前面谈到的从转化理论到建构理论的转变，也要求我们在确定德育目的时，必须树立从德育对象的实际出发确定德育目的的基本观念。苏联心理学家鲁宾斯坦说："教育的

---

① ［日］筑波大学教育学研究会：《现代教育学基础》，135 页。

主要方面恰恰在于，使人同生活发生千丝万缕的联系，从各个方面向他提出对他有重大意义的、富有吸引力的任务，因而被他看作自己的、必须亲自解决的任务。"① 德育目的须以各级各类教育的品德培养目标为基础，集中概括各级各类德育的培养目标，同时还要通过具体的德育目标去落实。因此，德育目的需要反映不同学段教育对象的共同与特殊的道德发展的规律。完全不考虑受教育者的身心实际及发展规律的德育目的不仅是错误的，而且注定是无效的。

（二）德育目的的具体化

德育目的的具体化实际上就是以德育目的落实为德育目标，并实现德育目标的层次化、序列化，也就是实现目标分类的过程。

德育目的具体化的首要任务是要实现由德育目的向德育目标的转化。这是一个将德育目的层次化的过程。具体来说，就是由反映教育的一般本质和社会对教育的总需求的德育（总）目的，向各级各类学校教育的品德培养目标过渡。以日本的社会科②为例，其教育的目的为培养"民主和平国家及社会的形成者所应有的公民资质"，但是各个学段的德育目标都是有区别的。其社会科小学德育的目标是"谋求对社会生活的理解，教育学生理解和热爱我国的国土和历史，以育成作为生存于国际社会的民主和平国家及社会的形成者所应有的公民资质"。初中社会科的培养目标是"确立广阔的视野，加深对我国国土和历史的理解，培养公民的基础教养，以育成作为生存于国际社会的民主和平国家及社会的形成者所应有的公民资质的基础"。高中相关课程的德育目标则为："加深对我国及世界历史的形成过程，以及生活及文化的地域特色的理解和认识，培养公民的基础教养，以育成作为生存且能主动适应于国际社会的民主和平国家及社会的一分子所应有的公民资质的基础。"（地理历史科）"确立广阔的视野，既要加深对现代社会的理解，又要培养追求人类理想生活方式的自觉，以育成作为生存于国际社会的民主和平国家及社会的有为的形成者所应有的公民资质的基础。"③（公民科）实际上，中国的德育目的也有一个根据学段不同而具体

---

① ［苏联］C. Л. 鲁宾斯坦：《心理发展的原则与方法》，转引自［苏联］伊·斯·马里延科：《德育过程原理》，65 页，北京，人民教育出版社，1985。

② 日本的中小学道德教育单独设课，但道德教育也通过社会科等学科教学进行。

③ ［日］松尾正幸：《日本小学社会科教育的目的》，载《课程·教材·教法》，1999（2）。

化为不同德育目标的过程。这一点，我们会在下面专门谈到。除了学段的考虑之外，德育目标还应具体层次化到某一年级、学期、单元的德育目标。此外，上述例证主要是纵向（针对学段和年级）的，实际上教育的不同层次还应有横向（教育性质上）的考虑。例如，是普通教育还是职业教育，是基础教育还是成人教育等。德育目的转化必须注意这一性质的不同。例如，职业教育的德育目标中必然会有职业道德培养上的要求。

德育目标实际上有两个层次。一是上面谈到的某一类教育体系中的德育目标；二是依据这一目标进行进一步分解所形成的操作化的具体德育目标——布卢姆（Benjamin S. Bloom）等人所言的"教育目标分类"（Classification of Educational Goals）。目标分类的过程，实际上是德育目标的序列化过程。

布卢姆等人在《教育目标分类学》中讨论过教育目标分类的意义。他们认为，学校的时间和资源有限，"如果不想在不甚重要的事情上浪费时间和精力，如果要使学校工作受到某种计划的指导，那么明确地认定学校或教学单元的主要目标是至关重要的"[1]。所以，目标分类对课程安排和测评都有重要意义。此外，使用分类学"有助于人们对特定的教育计划所强调的某些行为有正确的看法。因此，当教师在对一个教学单元的目的进行分类时，也许会发现这些目的都局限在知识记忆或回忆这一分类学的类别之内。如果注意到分类学的类别，也许会给这位教师有所启示。譬如说，它可能包括一些有关知识运用的目的，同时也包括一些有关对知识运用的情境进行分析的目的"[2]。布卢姆等人还认为："教育目标如果要指导学习过程，并确定在评估学习经验的效果时所用的证据的性质，那就必须使用清晰而又有意义的术语。"[3]

德育目标的分类可以有不同的方式。有从德育内容的角度进行的分类，如美国全国教育协会教育政策委员会关于"自我实现"目标的分类，即把"人际关系"和"公民责任"分解为社会正义、社会活动、社会了解、审慎的判断、容忍、维护公共资源、科学的社会应用、世界公民、遵守法律、

---

① ［美］B. S. 布卢姆等：《教育目标分类学》第一分册，25～26 页，上海，华东师范大学出版社，1986。

② ［美］B. S. 布卢姆等：《教育目标分类学》第一分册，4 页。

③ ［美］D. R. 克拉斯沃尔、B. S. 布卢姆等：《教育目标分类学》第二分册，3 页，上海，华东师范大学出版社，1989。

经济知识、政治责任、笃信民主等 12 项具体目标。① 有的分类是从德育途径的角度划分，如将德育目标划分为教学中的德育目标、社会活动中的德育目标、劳动中的德育目标、课外活动中的德育目标等。也有从品德心理的角度进行的分类，如将德育目标划分为道德认知的目标、道德情感目标、道德意志目标和道德行为目标等。不同的分类方便我们从不同角度理解德育目标，有利于德育实效的提高。

克拉斯沃尔和布卢姆等人在《教育目标分类学》第二分册中，从受教育者将价值接受、认同到内化为自己的品德结构的过程出发进行的德育目标分类②，为我们提供了一个较好的德育目标分类的样板。

首先，德育目标分为这样五个大的步骤——接受、反应、价值的评价、组织、由价值或价值复合体形成的性格化。其次，每一大的步骤都进一步划分为若干较具体的目标。"接受"分为觉察、愿意接受、有控制或有选择的注意；"反应"分为默认的反应、愿意的反应和满意的反应；"价值的评价"分为价值的接受、对某一价值的偏好、信奉；"组织"分为价值的概念化、价值体系的组织；"由价值或价值复合体形成的性格化"分为泛化心向、性格化等。最后，某一具体目标再设计出若干检测目标与试题进行检测，以推断学生情感或道德学习的水平设定具体教育目标。

以上几种分类方式各有优势和问题。我们的任务应当是寻找切合中国德育实际的分类方式。在这一点上，我们还处在起步阶段。③

二、我国的德育目的

（一）我国（中国大陆地区）现行的德育目的

1988 年 12 月 25 日颁步的《中共中央关于改革和加强中小学德育工作的通知》指出："现在的中小学生是 21 世纪社会主义建设的主力军。他们的思想道德和科学文化素质状况，不仅是当前社会文明程度的重要体现之

---

① 参见瞿葆奎：《教育学文集：教育目的》，663 页，北京，人民教育出版社，1993；张秀雄：《各国公民教育》，155～156 页，台北，师大书苑有限公司，1996。

② 克拉斯沃尔、布卢姆等人所做的工作，实际上是情感领域的教育目标分类。但本人认为，这一分类基本上属于德育目标的分类。

③ 我国"六五"教育科研规划重点课题"我国学校政治思想道德教育大纲研究"北京师范大学课题组，曾经对幼儿园到大学的德育目标进行过序列研究。参见北京师范大学本大纲科研组：《学校政治思想道德教育大纲》，北京，北京师范大学出版社，1986。

一，而且对我国未来的社会风貌、民族精神有着决定性的影响。从现在起，就必须努力把他们培养成为有理想、有道德、有文化、有纪律的一代新人。"① 1999 年颁布的《中共中央国务院关于深化教育改革全面推进素质教育的决定》也指出：推进素质教育的根本目的是要"造就'有理想、有道德、有文化、有纪律'的、德智体美等全面发展的社会主义建设者和接班人"。其中，"有理想、有道德、有文化、有纪律的一代新人"等表述总体上反映了我国的德育目的。"有道德"的主要内涵包括中华民族的传统美德，社会公德，职业道德和社会主义、共产主义道德等内容；"有理想、有文化、有纪律"也兼有道德或价值性质。上述德育目的又是具体体现在中小学德育目标上的。下面以我国于 20 世纪 90 年代颁布的中小学德育目标为例②，对此加以说明。

我国《小学德育大纲》（1993）规定，小学德育的培养目标是："培养学生初步具有爱国家、爱劳动、爱科学、爱社会主义的思想情感和良好品德；遵守社会公德的意识和文明行为习惯；良好的意志、品格和活泼开朗的性格；自己管理自己、帮助别人、为集体服务和辨别是非的能力，为使他们成为德、智、体全面发展的社会主义建设者和接班人，打下初步的良好的思想品德基础。"③

《中学德育大纲》（1995）规定，中学德育的总目标是："把全体学生培养成为热爱社会主义祖国的具有社会公德、文明行为习惯的遵纪守法的公民。在这个基础上，引导他们逐步树立科学的人生观、世界观，并不断提高社会主义思想觉悟，使他们中的优秀分子将来能够成为共产主义者。"其中，初中阶段的德育目标为："热爱祖国，具有民族自尊心、自信心、自豪感，立志为祖国的社会主义现代化努力学习；初步树立公民的国家观念、道德观念、法制观念；具有良好的道德品质、劳动习惯和文明行为习惯；遵纪守法，懂得用法律保护自己；讲科学，不迷信；具有自尊自爱、诚实正直、积极进取、不怕苦难等心理品质和一定的分辨是非、抵制不良影响

_____

① 教育部基础教育司：《中小学德育工作文献规章要览》，20 页，北京，人民教育出版社，1998。

② 在中国，德育大纲是国家关于德育工作的指导性文件。它是学校实施德育的依据，是家庭和社会配合学校对学生进行思想品德教育的依据，也是各级教育行政部门对小学德育进行督导和评估的依据；会根据时代和环境的变化、德育观念的改变而不断调整。

③ 教育部基础教育司：《中小学德育工作文献规章要览》，63 页。

的能力。"高中阶段的德育目标是:"热爱祖国,具有报效祖国的精神,拥护党在社会主义初级阶段的基本路线;初步树立为建设有中国特色的社会主义现代化事业奋斗的理想志向和正确的人生观,具有公民的责任感;自觉遵守社会公德和宪法、法律;养成良好的劳动习惯、健康文明的生活方式和科学的思想方法,具有自尊自爱、自立自强、开拓进取、坚毅勇敢等心理品质和一定的道德评价能力、自我教育能力。"[①]

各学段的德育目标还需要进一步分解到具体课程、年级的具体教育目标之中。我们从以下由教育部制定的,我国小学《品德与生活》《品德与社会》课程标准(2002)的目标中,不难看出具体的目标分解过程。

《品德与生活》课程目标

一、总目标

培养具有良好品德和行为习惯、乐于探究、热爱生活的儿童。

二、分目标

(一)情感与态度

1. 爱亲敬长,爱集体,爱家乡,爱祖国。

2. 珍爱生命,热爱自然,热爱科学。

3. 自信、诚实、求上进。

(二)行为与习惯

1. 初步养成良好的生活、劳动习惯。

2. 养成基本的文明行为,遵守纪律。

3. 乐于参与有意义的活动。

4. 保护环境,爱惜资源。

(三)知识与技能

1. 掌握自己生活需要的基本知识和劳动技能。

2. 初步了解生活中的自然、社会常识。

3. 了解有关祖国的初步知识。

(四)过程与方法

1. 体验提出问题、探索问题的过程。

2. 尝试用不同的方法进行探究活动。

---

① 教育部基础教育司:《中小学德育工作文献规章要览》,76页。

《品德与社会》课程目标

一、总目标

《品德与社会》课程旨在促进学生良好品德形成和社会性发展，为学生认识社会、参与社会、适应社会，成为具有爱心、责任心、良好的行为习惯和个性品质的社会主义合格公民奠定基础。

二、分目标

（一）情感·态度·价值观

1. 珍爱生命，热爱生活。养成自尊自主、乐观向上、热爱科学、热爱劳动、勤俭节约的态度。

2. 在生活中养成文明礼貌、诚实守信、友爱宽容、公平公正、热爱集体、团结合作、有责任心的品质。

3. 初步形成民主、法制观念和规则意识。

4. 热爱祖国，珍视祖国的历史、文化传统。尊重不同国家和人民的文化差异，初步具有开放的国际意识。

5. 关爱自然，感激大自然对人类的哺育，初步形成保护生态环境的意识。

（二）能力

1. 能够初步认识自我，控制和调整自己的情绪和行为。初步掌握基本的自护自救的本领。养成良好的生活和行为习惯。

2. 能够清楚地表达自己的感受和见解，能够倾听他人的意见，能够与他人平等地交流与合作，学习民主地参与集体生活。

3. 学习从不同的角度观察、认识、分析社会事物和现象，尝试合理地、有创意地探究和解决生活中的问题。学习对生活中遇到的道德问题做出正确的判断和选择。

4. 学习搜集、整理、分析和运用社会信息，能够运用简单的学习工具探索和说明问题。

（三）知识

1. 初步了解儿童的基本权利和义务，初步理解个体与群体的互动关系。了解一些社会组织机构和社会规则，初步懂得规则、法律对于社会公共生活的重要意义。

2. 初步了解生产、消费活动与人们生活的关系。知道科学技术对人类生存与发展的重要影响。

3. 了解一些基本的地理知识，理解人与自然、环境的相互依存关系，简单了解当今人类社会面临的一些共同问题。

4. 知道在中国长期形成的民族精神和优良传统。初步知道影响中国发展的重大历史事件。初步了解新中国成立和祖国建设的伟大成就。

5. 知道世界历史发展的一些重要知识和不同文化背景下人们的生活方式、风俗习惯。知道社会生活中不同群体、民族、国家之间和睦相处的重要意义。

（二）对我国德育目的的正确理解

理解我国现行德育目的和德育目标是做好现阶段学校德育工作的重要前提之一。我们应当进行正反两个方面的思考。

首先，我国现行德育目的和德育目标是新中国成立以后德育目的和德育目标的延续。纵向比较，其进展主要表现为以下几点。第一，它较为充分地反映了我国社会主义国家体制以及改革开放的进程，对基础道德和文明习惯方面的教育有了比以前更多的强调。第二，注意到了德育的层次性，有了基本要求和较高要求两个层次，注意到了德育目标分类的必要。第三，注意到了社会要求与个人发展的统一，对个体道德观念、责任感和道德批判能力等的培养问题有了初步的强调。第四，注意到了德育目的和德育目标的相对稳定性，在继承以往德育目的、目标的基础上反映了改革开放的现实和未来社会发展对学校德育的新要求。

其次，与对德育目的和德育目标的科学化目标相比较，我们还必须思考和解决的问题包括以下几个方面。第一，德育目的是由谁决定的，与普通教师、学生有关吗？目前，我国的德育目的、德育目标基本上是以国家决定和颁布的方式确定的。虽然国家作为教育主体有决定和颁布德育目的、德育目标的权力和必要，但是如果国家的德育目的的制定没有具体德育工作者和学生的积极与实际的参与，可以想象，它的效果肯定会大打折扣。实际上正常的情形应当是，每一个德育工作者都应当拥有自己的德育目的——尽管与国家和其他类别的德育目的存在一定的关联。第二，目前的德育目的较多体现了国家主导的意识形态。但是过多地强调意识形态，会导致德育的政治化，其强调基础道德建设的目的的实现会受到一定的负面影响。第三，从总体上看，我国德育目的、德育目标对个人生活幸福与德育的关系强调不够，仍然是以社会本位为主的德育目的和目标体系。如果在道德教育的目标体系中完全没有个人存在，这一目标就很难讲是"现代"

的。第四，对独立的价值思考和批判能力的强调仍然不够。没有道德批判能力的个体，就只能是无反省的道德主体，同样不符合现代社会的基本要求。我们的任务是要在自由选择中求得真实的价值真理。目前的问题是，我们已经习惯于沿着固定的标准，培养类似于工业产品的"标准件"那样的机械划一的道德人格。对于一个日益开放、全球化，因而价值多元化色彩日益明显的世界来说，这一德育目的和德育目标的不适应性将日益明显。

对待德育目的和目标的正确态度除了理性思考，逐步参与改进我国的德育目的和德育目标体系的构建之外，在日常的德育工作中，教育工作者可以考虑的重要选择应当主要是树立正确的德育目的观，尽量在对现行的德育目的和德育目标的理解中加入符合教育规律和时代潮流的内涵，注意在德育工作中减少由德育目的、目标界定或片面理解可能导致的失误。

本章学习小结

一、将你认为本章最重要的观点、事实或实践策略列举如下：

1.

2.

3.

4.

5.

6.

7.

8.

9.

10.

二、将你认为本章最需要质疑或讨论的观点、事实或实践策略列举如下，并努力在进一步的学习中形成自己的答案。

1.

2.

3.

4.

5.

6.

7.

8.

9.

10.

本章习题

1. 什么是德育目的？德育目的与教育目的的关系如何？

2. 德育目的的特性与功能各有哪些？

3. 德育目标分类有何意义？你认为应当注意什么问题？

4. 尝试做一个年级的德育目标的分类工作。

5. 如何正确理解我国现行的德育目的？

6. 以我国现行中小学的直接德育课程目标及其分类为例，谈一谈如何实现德育目标分类的改进。

本章参考文献

1. 胡守棻. 德育原理 [M]. 北京：北京师范大学出版社，1989.

2. 怀特. 再论教育目的 [M]. 北京：教育科学出版社，1992.

3. 布鲁柏克. 教育问题史 [M]. 吴元训，等译. 合肥：安徽教育出版社，1991.

4. 克拉斯沃尔，布卢姆，等. 教育目标分类学（第二分册）[M]. 施良方，张云高，译. 上海：华东师范大学出版社，1989.

5. 教育部基础教育司. 中小学德育工作文献规章要览 [M]. 北京：人民教育出版社，1998.

6. 赫斯利普. 美国人的道德教育 [M]. 王邦虎，译. 北京：人民教育出版社，2003.

7. 欧阳教. 德育原理 [M]. 台北：文景出版社，1998.

8. 黄向阳. 德育原理 [M]. 上海：华东师范大学出版社，2000.

9. 王啸. 教育人学——当代教育学的人学路向 [M]. 南京：江苏教育出版社，2003.

本章推荐阅读文献

一、德育的规准

办理道德教育，应该合情、合理、可行。

我们已经在本章第二节引述过教育的三大规准，德育既是教育的次分概念，应可适用这三大规准。也就是说，首先，德育活动应该符合真理认知的意义，至少不能真假倒错。比如为了实行极端的爱国教育，有的国家会过分夸张民族的优越感，甚至于曲改历史或地理事实。其次，德育的活动，应当是有价值的活动，至少不能违反道德价值的活动。最后，德育的实施也应配合受教者身心发展的能力，尤其是道德判断能力的发展，一级一级发展分化，由无律而他律而自律，这样才有较佳的效果。

大概能符合教育三大规准的道德教育措施，一定不会太离谱，更不会有反德育的现象发生。因其教材教法，既合认知分析与价值判断的原则，当然合情合理，而且具有实践的适切性，也就是说可行性高。

以下引三个道德故事作为德育规准之分析的实际参考。

目前非常流行的图文并茂，并附有注音符号的"一百个好孩子故事"（文化图书公司印行，文化儿童故事丛书）第三册，曾取材自几个二十四孝及二十四孝以外的至孝故事，我们摘录三个故事如下。

故事一 扮鹿取奶的郯子

"郯子的母亲生病了，医生说只有吃鹿奶才能好。郯子捉不到鹿，就借了一张鹿皮披在身上，扮成小鹿，混在鹿群里，取奶给母亲吃。一天，他正在取奶，来了一群猎人。猎人一箭射中郯子身上的鹿皮，走近了一看，原来是一个小孩子。郯子说出实情，猎人很称赞他，就捉了一只母鹿送给他。"

这个故事很美，很有文学意味，很适合童话故事。但是如果作为道德教材，或教学的直接材料，恐怕不太合情理，也没有可行性。尤其是此时此地，更不可能有这种故事情境可重演。这个故事，作为德育教材，在今日只能师其意（rule-oriented），而无法重演其行为（actor-oriented）。借这种特例作为道德原则——如孝道——的解释，寓意上并无不对，因其并不背离道德。但是，如果一定要照此特例行为去重演一次，那就会因时因地因人之异，窒碍难行。所以，我们只能师其孝道的美意，择其类似可行的行为而为之。

故事二 投江寻父的曹娥

"父亲曹盱，有一天到江边祭神，不小心跌进江里。曹娥在家，听到父亲遭到不幸，就立刻跑到江边。她沿着江岸，一边走，一边哭，找寻父亲。她日夜不停地奔跑、寻找，最后绝望投江。三天以后，曹娥抱着父亲的尸骨从江中出现。地方上的人把他们的尸体安葬，并把这条江叫作曹娥江。"

这个故事（不属二十四孝）选为幼儿的模范读物——"好孩子故事"，

不知根据的是什么道德教育的标准。这个故事如果一定要作为教孝的道德故事，也是一个极不寻常的特例，既不合常理，也不合常情，当然也就没有普遍的可行性。也就是说，它的实践价值特别低。而且如果有个小孩，受本故事感动，有一天因父亲出海捕鱼失事，葬身海底，而效法"孝女"曹娥，也要跳海寻父骨，那不但未收到德育的效果，反而是反德育了。无谓的自杀，随便损毁受之于父母的发肤及宝贵有用的生命，比较不道德与不孝，或是找不到父尸较不孝？要借ㄅㄆㄇ等注音符号之助才能猜读课文的小孩，能分析辨明上述这个需要具有一点道德判断力才能下判断的问题吗？

这个故事有点神化了。据中华书局出版的《辞海》记载："曹娥，东汉孝女，上虞人，父盱五月五日溺死，不得尸；娥时年十四，昼夜沿江号哭，旬有七日，遂亦投江死，五日抱父尸而出。"

这个故事，既不可"师其意"也不可"师其行"，依笔者愚见，没有德育价值可言，反而有害，可算是反德育或非德育的故事。

故事三　卧冰得鲤的王祥

"王祥的母亲早死，后母常常折磨他。但是，他对后母仍旧很孝顺。有一次，后母病了，想要吃鱼，王祥就去河里找鱼。那时天下大雪，河水都结冰了，他就脱了衣服躺在冰上。冰受了体温的热，化开了，恰好出现一对鲤鱼。于是，他把鱼捉了回去，煮汤给后母吃。"

把这个神话似的故事当道德教材，既不合德育的科学认知常理，也不合德育的常情，当然没有德育的适切可行性。或许退一步说，我们可嘉许王祥之孝心，却不能仿效其愚行。

读了这个故事后，稍微会用脑筋的小孩子，一定会问："王祥有没有感冒？有没有生病？有没有冻僵了？"

如果不借道德之常理来教育小孩，使其道德判断力健全地分化成长，而硬要用不合理又不合情的故事来打动感化我们的下一代，使其有孝心与孝行，我想这种孝行与孝心，是极愚蠢的。至于其他二十四孝故事，像吴猛饲蚊、孟宗哭竹等都有这种不合情理的味道。而曾参孝亲、蔡顺采葚、黄香扇席温被等，就较合情合理。

不知有多少教师与家长，当真要求其学生或子弟，照上述这样的愚故事来重演一番，以示孝行与孝心。

我们实在极需重编一套新二十四孝的故事。故事内容最好不要有神话的意味，也不要用极端的特例做典范，因其神奇怪诞，且又不合大众的情与理，不易收到德育的效果。

总之，道德教育之推行，应该具有合认知性、合价值性及合自愿性（cognitiveness，worth-whileness，and voluntariness）的一般性教育标准。或用常识的语气来说，德育活动之进行，应合理、合情与可行。总括一句话，也就是道德地可欲的（morally desirable），至少不应该是"背离道德的"（morally objectionable）。这样，才是切切实实地在办德育；否则，可能是反德育，或非德育——虽然未必有反德育或非德育的本义。

——欧阳教：《德育原理》，23～30页，台北，文景出版社，1998。

二、日本《小学学习指导要领》节选

目　录

第一章　总　则
第二章　各学科
　　　　a）日语
　　　　b）社会
　　　　c）算术
　　　　d）理科
　　　　e）生活
　　　　f）音乐
　　　　g）图画工作
　　　　h）家庭
　　　　i）体育
第三章　道　德
第四章　特别活动

第一章　总　则

第一　制定教育课程的一般方针

第二　学校的道德教育

一方面是通过学校全部的教育活动来进行；另一方面是在道德课及各科、特别活动以及综合学习时间中，根据其特色进行适当的指导。

根据《教育基本法》和《学校教育法》的基本精神，在家庭、学校、社会具体的生活中，贯彻尊重人性的精神与敬畏生命的观念，为培养拥有丰富的心灵、能创造富有个性的文化与发展民主社会和国家、能够为和平的国际社会做贡献、能够开拓未来、具有主体性的日本人，而培养作为其基础的道德性。

在进行道德教育的过程中，在深化教师和儿童以及儿童自己相互关系的基础上，谋求和家庭、社区的合作，通过志愿者活动和自然体验活动等丰富的体验，培养儿童内在的道德性。

第三章 道 德

第一 目标

道德教育的目标，如第一章总则中第 1 部分的第 2 条所指出的那样，是通过学校全部的活动，培养学生道德情感、道德判断力、道德实践的意愿和态度等的道德性。

在道德实践里，根据以上的道德教育目标，在和各科教学、特别活动及综合实践的道德教育保持密切联系的同时，对学生进行有计划、有发展性的指导，从而补充、深化和统合其他的道德教育，使学生加深对道德的价值、人的生活方式的认识，培养学生的道德实践能力。

第二 内容

（一）1 年级和 2 年级

1. 有关自己的内容。

（1）注意健康和安全，珍惜东西和金钱。整理好自己的东西，不任性，生活起居有规律。

（2）在学习和生活中，认真地做自己必须做的事情。

（3）能够区别好的事情和坏的事情，认为是好的事情的，就好好地去做。

（4）不说谎，不敷衍了事，诚实、愉快地生活。

2. 有关与他人关系的内容。

（1）高高兴兴地与别人打招呼，注意自己的言行举止，待人接物愉快明朗。

（2）对周围比自己小的孩子及老人亲切、和善。

（3）对朋友友善，并互相帮助。

（4）感谢日常生活中照顾和帮助自己的人们。

3. 有关与自然及崇高事物关系的内容。

（1）喜欢周围的大自然，友善地对待动植物。

（2）对自己活在世界上感到高兴，并有珍重生命之心。

（3）接触美好的事物，心情愉快。

4. 有关自己与集体以及社会关系的内容。

（1）爱惜公物，遵守约定和规则。

（2）尊敬祖父母、外祖父母，主动帮助做家务，并为能为家里做事感到高兴。

（3）尊敬老师，和学校里的人们友好相处，喜欢参加学校和班级的活动。

（4）喜好家乡的文化和生活，对家乡有难分难舍的感情。

（二）3年级和4年级

1. 有关自己的内容。

（1）自己能做的事情自己做，生活有节制。

（2）认真考虑以后再行动；有了错误，能够坦率地承认并改正。

（3）认为是正确的事，能够有勇气地去做。

（4）正直、开朗、朝气蓬勃地生活。

2. 有关与他人关系的内容。

（1）懂得礼节的重要性，真心诚意地对待每一个人。

（2）体谅和关心别人，待人亲切。

（3）和朋友相互理解、相互信赖，并互相帮助。

（4）对给自己的生活带来便利的劳动者和老人怀有尊敬和感激之情。

3. 有关与自然及崇高事物关系的内容。

（1）感动于大自然的伟大和神秘，爱护大自然和动植物。

（2）懂得生命的宝贵，爱护一切有生命的东西。

（3）对美丽和高雅的事物具有感动之心。

4. 有关自己与集体以及社会关系的内容。

（1）遵守约定、社会规则和公共道德。

（2）懂得劳动的重要性，主动地参加劳动。

（3）尊敬父母、祖父母、外祖父母，和家里人合作，为建立快乐的家庭而努力。

（4）尊敬老师和学校里的人，和大家合作，为建立快乐的班集体而努力。

（5）热爱家乡，珍惜家乡的文化和传统。

（6）喜爱日本的文化和传统，在有爱国心的同时，对外国人和外国文化感兴趣。

（三）5 年级和 6 年级

1. 有关自己的内容。

（1）反省自己的生活，注意做事有节制、不过分。

（2）树立较高的目标，并怀着希望和勇气、坚定不移地为达到目标而努力。

（3）珍爱自由，行动有规律。

（4）诚实、开朗、愉快地生活。

（5）珍爱真理，主动求新，努力使自己的生活过得更好。

（6）了解自己的优缺点，发扬优点，改正缺点。

2. 有关与他人关系的内容。

（1）待人接物懂得分时间和场合，对人彬彬有礼、诚心诚意。

（2）体谅和关心别人，能设身处地为别人着想，与人为善。

（3）和朋友相互信赖，在互相学习中加深友情；男女同学友好相处，互相合作，互相帮助。

（4）谦虚谨慎，宽宏大量，尊重持有不同观点和立场的人。

（5）感谢日常生活中人们的帮助和支持，不辜负人们对自己的希望。

3. 有关与自然及崇高事物关系的内容。

（1）懂得大自然的伟大，爱护自然环境。

（2）懂得生命是最宝贵的东西，尊重自己以及他人的生命。

（3）对美好的事物有感动之心，对超越人类力量的事物有敬畏之念。

4. 有关自己与集体以及社会关系的内容。

（1）主动地参加周围的团体，自觉地发挥自己的作用，和别人同心合力，尽到自己的责任。

（2）遵守社会规则、公共道德，尊重自己和他人的权利，主动地尽自己的义务。

（3）对任何人都一视同仁，不带偏见，做到公正、公平，为实现正义而努力。

（4）理解劳动的意义，知道为社会服务的喜悦，愿意为公共的利益做好事。

（5）尊敬父母、祖父母、外祖父母，希望家庭幸福，并为家庭的幸福主动地发挥自己的作用。

（6）加深对老师和学校里的人的尊敬和热爱，和大家合作，为建立更好的校风而努力。

（7）珍惜家乡和日本的文化和传统，知道前人的成就，热爱家乡和祖国。

（8）尊重外国人和外国文化，具有作为日本人的觉悟，与世界人民友好亲善。

第三 指导教育计划和各年级教育内容的选择

1. 在学校内，从校长开始，所有的教师都要同心协力，促进道德教育的开展。学校道德教育的整体计划和道德时间的年度指导计划依据以下要点制订。

（1）在制定道德教育的整体计划时，需要整合学校全部的教育活动，同时也要考虑学生、学校、社区的实际情况，以制订学校道德教育的重点目标。在计划中，要注意将道德教育的内容和各科教学、特别活动和综合学习时间的指导内容联系起来，并阐述和家庭、社区建立联系的方法。

（2）在制订道德时间的年度教学计划时，应根据学校整个道德教育计划，考虑与各科教学、特别活动以及综合学习时间的关系，并力求有计划、有发展地安排教学。与此同时，要根据儿童和学校的实际情况，努力安排好各学年道德教育内容的重点，使各学年之间的内容不脱节。而且，必要时，在某学年中增加其他学年的内容。

（3）在各学校中，要根据儿童和学校的实际情况进行指导，特别要注意以下几个方面：在低年级中，注重培养儿童基本的生活习惯和善恶判断能力，促使他们掌握必要的社会生活的规则；在中年级中，注重培养儿童的自主性，合作和互相帮助的精神；在高年级中，培养儿童的自立性以及作为国家、社会的一员的自觉性等。此外，在高年级中，要针对儿童的烦恼、不安以及纠纷等问题，采取积极的措施，加强指导。

2. 上述"第2"的内容，是培养儿童道德性的内容。应该以道德时间为主，再结合各科教学、特别活动以及综合时间的特性进行适当的指导。儿童有了成长的实际感受后，有必要再寻找将来的课题和目标。

3. 在道德时间中，教师的指导要注意以下的问题。

（1）校长、教导主任和其他教师合作进行指导，并充实指导的体制。

（2）通过志愿者活动、自然体验等实际活动，通过开发和活用学生喜欢和感兴趣的教材，在考虑儿童身心发展阶段的基础上进行有创造性的指导。

4. 在道德教育的进行过程中，在创造学校和班级良好的人际关系和环境的同时，要考虑使学校道德教育的内容活用于儿童的日常生活。并且，还要加深家庭和社区对道德教育的理解，在实施道德教育、开发和活用社区教材时，争取家长和社区居民的积极参与和协作，并和他们建立起互相合作的关系。

5.要随时了解儿童道德性的发展状况，并根据其发展状况进行指导。但是，在道德时间中，不对儿童进行道德的量化评价。

——［日］文部省：《小学学习指导要领》，1、90～94页，大藏省印刷局，1998。（翻译：曹能秀，云南师范大学教育科学与管理学院教授）

三、日本《初中学习指导要领》

目　录

第一章　总　则

第二章　各学科

　　　　a）日语

　　　　b）社会

　　　　c）数学

　　　　d）理科

　　　　e）音乐

　　　　f）美术

　　　　g）保健体育

　　　　h）技术及家庭

　　　　i）外国语

　　　　j）其他必要的学科

第三章　道　德

第四章　特别活动

第一章　总　则

第一　制定教育课程的一般方针

第二　学校的道德教育

一方面是通过学校全部的教育活动来进行，另一方面是在道德时间及各科、特别活动以及综合学习时间中，根据其特色进行适当的指导。

根据《教育基本法》和《学校教育法》的基本精神，在家庭、学校、社会具体的生活中，贯彻尊重人性的精神与敬畏生命的观念，为培养拥有丰富的心灵、能创造富有个性的文化与发展民主社会和国家、能够为和平的国际社会做贡献、能够开拓未来、具有主体性的日本人，而培养作为其基础的道德性。

在进行道德教育的过程中，在深化教师和学生以及学生自己相互关系的基础上，加深学生作为人的觉悟，谋求和家庭、社区的合作，通过志愿者活动和自然体验活动等丰富的本验，培养学生内在的道德性。

第三章　道　德

第一　目标

道德教育的目标，如第一章总则中第 1 部分的第 2 条所指出的那样，是通过学校全部的活动，培养学生道德情感、道德判断力、道德实践的意愿和态度等的道德性。

在道德实践里，根据以上的道德教育目标，在和各科教学、特别活动及综合实践的道德教育保持密切联系的同时，对学生进行有计划、有发展性的指导，从而补充、深化和统合其他的道德教育，加深学生对道德的价值、人的生活方式的认识，培养学生的道德实践能力。

第二　内容

1. 有关自己的内容。

（1）培养良好的生活习惯，增进身心健康，生活协调、有节制。

（2）怀着希望和勇气，向着更高的目标，坚韧不拔、意志坚定地努力。

（3）重视自律精神，能够自主思考，并将自己的想法付诸实践，能对行为的结果负责。

（4）热爱真理，追求真实，为了实现自己的理想，开拓自己的人生。

（5）审视自己，不断提高，发挥个性，追求充实的生活方式。

2. 有关与他人关系的内容。

（1）理解礼仪的意义，懂得分时间和场合待人接物，行为举止恰当。

（2）加深对温暖的人类爱的理解，对别人怀有感激之心，能体谅和关心别人。

（3）在懂得友情珍贵的基础上结交真心信赖的朋友，和朋友相互鼓励，共同进步。

（4）加深对异性的正确理解，尊重异性的人格。

（5）尊重他人的个性和立场，理解各种各样不同的观点和立场，虚心地向他人学习，具有宽广的胸怀。

3. 有关与自然及崇高事物关系的内容。

（1）具有爱护大自然，为美好的事物所感动的丰富的心灵，加深对超人类力量的事物的敬畏之念。

（2）理解生命的珍贵，尊重自己以及他人最宝贵的生命。

（3）相信人类能够克服弱点和缺点的毅力和崇高的精神，努力去发现人活在世界上的快乐。

4.有关自己与集体以及社会关系的内容。

（1）加深对自己参加的各种团体存在意义的理解，认识到自己在团体中的作用和责任，努力把团体搞好。

（2）理解法律和规则的意义，在遵守法律和规则的同时，尊重自己和他人的权利，确实履行自己的义务，努力提高社会的秩序。

（3）遵守公共道德，提高社会各界团结、合作的自觉性，为实现更好的社会而努力。

（4）具有正义感，对人公正、公平，为实现无差别、无偏见的社会而努力。

（5）理解勤劳的重要性和意义，要有奉献精神，为公共福利和社会的发展而努力。

（6）加深对父母、祖父母、外祖父母的尊敬和热爱，具有把自己看作家庭一员的自觉性，为建立生活充实的家庭而努力。

（7）具有把自己看作班级和学校一员的自觉性，加深对老师和学校里的人的尊敬和热爱，和大家合作，为建立更好的校风而努力。

（8）具有把自己看作社区一员的自觉性，热爱家乡，尊敬和感谢为社会发展做出贡献的前人和老人，努力为家乡的发展做贡献。

（9）具有把自己看作日本人的自觉性，热爱祖国，为国家的发展尽心尽力，并为继承优良传统、创造新文化做出贡献。

（10）具有把自己看作世界中的日本的自觉性，放眼全球，努力为世界和平和人类的幸福做出贡献。

第三　指导教育计划和各年级教育内容的选择

1.在学校内，从校长开始，所有的教师都要同心协力，促进道德教育的开展。学校道德教育的整体计划和道德时间的年度指导计划依据以下要点制订。

（1）在制订道德教育的整体计划时，需要整合学校全部的教育活动，同时也要考虑学生、学校、社区的实际情况，以制订学校道德教育的重点目标。在计划中，要注意将道德教育的内容和各科教学、特别活动和综合学习时间的指导内容联系起来，并阐述和家庭、社区建立联系的方法。

（2）在制订道德时间的年度教学计划时，应根据学校整个道德教育计划，考虑与各科教学、特别活动以及综合学习时间的关系，并力求有计划、有发展的教学安排。与此同时，要根据儿童和学校的实际情况，努力安排好各学年道德教育内容的重点，使各学年之间的内容不脱节。而且，必要时，在某学年中增加其他学年的内容。

（3）在各学校中，要根据学生和学校的实际情况进行指导，特别要注意培养学生有规律的生活习惯，促使他们考虑自己的将来，为了把自己培养成国际社会中的日本人而不断努力。此外，要针对学生的烦恼、不安以及纠纷等问题，采取积极的措施，加强指导。

2. 上面"第二"的内容，是培养学生道德性的内容。应该以道德时间为主，再结合各科教学、特别活动以及综合时间的特性进行适当的指导。学生有了成长的实际感受后，有必要再寻找将来的课题和目标。

3. 在道德时间中教师的指导，要注意以下的问题。

（1）初中的道德教育原则上由班主任担任，校长、教导主任和其他教师合作进行指导，并充实指导的体制。

（2）通过志愿者活动、自然体验等实际活动、通过开发和活用学生喜欢和感兴趣的教材，在考虑学生身心发展阶段的基础上进行有创造性的指导。

4. 在道德教育的进行过程中，在创造学校和班级良好的人际关系和环境的同时，要考虑使学校道德教育的内容活用于学生的日常生活。并且，还要加深家庭和社区对道德教育的理解，在实施道德教育、开发和活用社区教材时，争取家长和社区居民的积极参与和协作，并和他们建立起互相合作的关系。

5. 要随时了解学生道德性的发展状况，并根据其发展状况进行指导。但是，在道德时间中，不对学生进行道德的量化评价。

——［日］文部省：《初中学习指导要领》，1、98～101页，大藏省印刷局，1998。（翻译：曹能秀，云南师范大学教育科学与管理学院教授）

第六章
德育内容与德育课程

　　德育目的需要通过一定德育内容的安排和德育课程的设置才能实现。所以，德育内容、课程问题是学校德育理论与实践必须认真面对的重要课题。

第一节　学校德育内容及其决定因素

一、学校德育的内容

德育内容，是指德育活动所要传授的具体道德价值、道德规范及其体系。由于历史与文化条件的不同，不同历史时期和不同国家、不同文化的德育内容是各不相同的。

从历史的角度看，原始社会、古代社会和现代社会的德育内容是有不同的特点的。在原始社会，道德教育内容的特点有以下三点。第一，由于人类生存的需要，以血缘关系为基础的（氏族、部落中的）原始的集体主义是道德教育内容的核心。维护氏族、部落存在所需要的忠诚、勇敢、勤劳、复仇等道德法则，成为德育内容的重点。第二，原始的集体主义、平等、民主等道德原则局限于一定的氏族、部落，有其狭隘的性质。第三，在学校德育产生之前，原始社会的德育内容与整个德育系统一样是与生活、劳动融为一体的，德育属于生活教育、民俗教育的范畴，这就决定了原始社会的德育内容在呈示形式上具有非专门、不自觉的特点。

而与当时社会发展和意识形态相关联，古代学校德育的内容的最主要的特点有三。第一，道德法则本身具有浓厚的等级色彩。比如战国时期，秦国的商鞅处罚歌颂变法的百姓，原因是他们没有议论朝政的资格。无独有偶，斯巴达的执政者也曾经下令屠杀了两千多个用自己的勇敢拯救了国家的奴隶，理由是他们违背了奴隶不得参加保卫国家的行动、具有勇敢精神的禁令。由于学校德育的从教者、受教者大都是统治阶级成员，德育目的也是培养"治才"，所以古代的学校德育中充斥着类似于君君、臣臣、父父、子子等等级制度及其维护方面的道德内容。第二，由于教育目的是培养"劳心者"，所以古代德育内容中存在鄙视体力劳动的倾向。《论语·子路》中就有弟子向孔子请教农事而遭到冷遇的故事。

> 樊迟请学稼。子曰："吾不如老农。"请学为圃。曰："吾不如老圃。"樊迟出。子曰："小人哉，樊须（须为樊迟之名）也。上好礼，则民莫敢不敬。上好义，则民莫敢不服。上好信，则民莫敢不用情。夫如是，则四方之民襁负其子而至矣。焉用稼！"

　　樊迟问稼遭冷遇的原因很简单：根据当时的社会制度，王公的职责是"坐而论道"，士大夫的责任是"作而行之"，只有百工、商旅、农夫等主要是进行体力劳动的，也就是所谓的"劳力者"、下等人。在孔子看来，接受教育的目的主要在于治国、平天下，当然无须学习生产劳动知识。第三，道德教育内容本身的等级性导致了内容呈示形式上的绝对灌输的特色。道德教育的内容就是宗教和古典文献的记诵和刻板的"规矩"（行为规范，如洒扫、应对、进退、衣服冠履、言语步趋等）的训练。与学校德育相平行的是生活德育形态。普通劳动者主要通过劳动与生活实践接受统治阶级意识形态的影响，同时也形成、养成符合自己阶级要求的一些道德内容，如中国古代农民阶级的平均主义、勤劳、节俭、善良、厚道等道德观念。

　　现代社会（资本主义，尤其是机器大工业产生以来）给学校德育内容带来的显著变化亦有三。第一，自由、平等、博爱等反映资产阶级反对等级制度要求的道德观念进入学校德育内容。尽管资本主义社会并未实现真正的平等，但是以"平等"、"公正"、个性自由为特色的道德教育内容成为近现代学校德育的特点仍然是事实。第二，由于商品经济、市场经济的需要，道德教育中出现了对自强、诚信、效率、开放与宽容等价值观念的强调。第三，随着学校德育由对强制灌输模式的批判，走向对自主道德、理性能力等的强调，德育内容的选择以及呈示形式方面开始出现许多尊重道德学习者主体性的努力。当然，现代德育实际上包含着资本主义和社会主义两种性质对立的学校德育形态。这两种形态在德育内容上也有巨大的差别，比如对集体主义的看法、对共产主义道德体系以及公民道德教育内容的看法等。不过如果我们将它们与古代社会的学校德育相比，其共同性还是很多的。在中国，我们曾经从极"左"的思想出发夸大它们的差异，无视它们的共同特征，其结果是远离了教育的现代性，强化了古代社会或封建社会的特征。这一教训值得我们认真汲取。

　　除了历史因素外，各国文化的不同也影响到学校德育内容的不同。这一不同主要表现在以下几个方面。第一，价值取向的差别。这一差别首先表现为体系上的不同。例如，受儒家影响较大的东方民族对家庭、集体、国家，一般采取的是集体主义的立场；而欧美诸国的个人主义传统决定着它们更强调个人的权利与自由。价值取向上的差别还表现在具体价值范畴的理解上。例如，在对"谦虚""节俭"等美德的理解上，传统的中国人与西方人的理解差异很大。道德价值体系和具体理解上的不同当然会直接影响学校德育内容。第二，存在方式的差别。许多宗教传统较为浓厚的国家，如亚洲的泰国、印度，欧洲的德国、英国等，其德育课往往就是宗教课，或者两者之间有较密切的联系，道德教育的内容与宗教教育的内容联系在一起；而中国、法国、日本等国家的学校德育虽然不能说与宗教无关，但至少在学校教育范围内没有直接的联系。第三，呈示形式的差别。我们注意到，东方国家较多采取直接道德教育模式，德育内容是直接呈示的；而西方国家较多采取间接德育模式，强调德育内容呈示的隐蔽性。出现这种差异的主要原因在于，受儒学影响较大的东方民族在观念上认为学校教育的主要责任之一是道德教育，向学生传授正面的价值观念是完全必要的；而西方人认为道德教育的主要责任不在学校，而是在教堂和家庭，道德教育也不能够采取灌输的方式。

在当代社会，尽管历史与文化的不同导致了世界各国德育内容的千差万别，但是德育内容在发展的趋势上仍然有一些趋同。

第一，对"全球伦理"（global ethic）的确认。所谓"全球伦理"，"指的是对一些有约束性的价值观、一些不可取消的标准和人格态度的一种基本共识。没有这样一种在伦理上的基本共识，社会或迟或早都会受到混乱或独裁的威胁，而个人或迟或早也会感到绝望"①。这一点是 21 世纪初以来，对学校教育内外广泛存在的价值相对主义加以批判、反思的结果，同时也是世界各国面临的许多道德问题（如生态伦理问题，人口、发展、人权、消灭贫困、战争与和平问题等）越来越具有全球性的联系的结果。目前，学校德育中如何看待生命、如何保护环境，以及如何使学生掌握人类生活所需的普遍和基本的价值规范等内容，已经成为全世界学校德育的时髦追求。香港教育署于 1996 年印行的《学校公民教育指引》，就已建议将人类的普遍价值（普效性价值）作为"核心价值"来设计其公民（道德）教育课程：

普效性核心概念和价值：个人

生命神圣	人性尊严	自由
真理	理性	情感
审美意识	创造力	个人独特性
真诚	勇气	

---

① ［瑞士］孔汉思、［德］库舍尔：《全球伦理——世界宗教会议宣言》，12 页，成都，四川人民出版社，1997。

普效性核心概念和价值：社会

平等　　　　　　　　自由　　　　　　　　公义

友爱　　　　　　　　共同福祉　　　　　　关心人类整体福祉

容忍　　　　　　　　守望相助

应当说明的是，"在传统上，道德教育是根据生活在同一国家的民族和共同体的准则进行组织的。向当代世界需求的开放是新近的现象"①。同时，与道德教育内容的全球化趋势并行的是对道德教育民族性的强调。世界各民族的学校德育都珍视本民族的优秀道德传统并视其为财富，在学校德育中对其加以强调。关于世界各国面临的许多道德问题，人们现在已经提出了"全球公民教育"（Global Citizenship Education）、"发展教育"（Development Education）等概念，并开始在世界范围内产生影响。以下是对"发展教育"概念的一种阐释。

☆ 我们为什么需要"发展教育"？

作为一个教育工作者或这个地球的一分子，我们会经常问自己：

＊ 究竟我们希望我们自己和下一代所生活的，是一个怎么样的社会和世界？

＊ 要改善我们现时生活的世界，并满足世界上成千上万贫穷人的需要，我们和我们的年轻人需要拥有怎样的知识、技术和价值观？

＊ 在处理和解决今天的课题之余，我们又需要什么才能保障下一代及将来会有足够的生活资源？

＊ 我们的教育应该和能够做些什么？

＊ 但是，最根本的问题：我们的教育是为了什么？

如果教育的主要目的是协助青年人抓紧现在的成长机会，装备自己去迎接挑战，以担当建设未来社会的角色的话，那么，"发展教育"就是一个重要而又适切的方法。

1975 年，联合国界定"发展教育"为"关注发展国家及发展

---

① ［伊朗］S. 拉塞克、［罗马尼亚］G. 维迪努：《从现在到 2000 年教育内容的全球展望》，156 页，北京，教育科学出版社，1996。

中国家的人权、尊严、自主及社会公义等问题的工作"。事实上，个中最重要的含义是"鼓励思想交流及汇集，并继而行动起来推动社会改变"，以塑造一个较合理和公正的社会和经济秩序。

撇开不断推陈出新的科技发展不谈，现今社会变得越来越不平等。世界经济把一些弱势国家（如非洲撒哈拉地区）摒诸门外，使贫国与富国之间的鸿沟越拉越阔。

其实，儿童及青少年也会体会到和关注到世界不平等的情况，"发展教育"能促进他们讨论这一重要课题并做出回应。"发展教育"为教师提供一个框架，协助教师们建立相关的知识、价值观及技巧，以帮助学生寻找答案。总而言之，"发展教育"能鼓励个人以批判的眼光认识世界，促进人们反思自己的能力和限制，并发掘自己可缔造改变的潜能。

☆"发展教育"的目的

1. 认识不同的世界观，培养和增进相互的了解、接纳和体谅。

2. 发展和培养我们的技能及态度，以带来有效的改变，达到一个更和平和公正的世界。

3. 为生活在一个越来越相互依存的世界做准备。

4. 发展我们独立思考、分析和批判能力，落实和贯彻有建设性的行动。

第二，对综合道德能力培养的共识。基于两个因素，现当代学校德育教育较为重视道德判断能力的提高：一是全球化导致的道德价值多元化需要个体的鉴别和选择能力；二是个体道德自由与对社会和集体的道德责任之间的平衡，也需要个体的辩证决断的能力。但是仅仅靠判断力的培养是难以解决道德教育的所有问题的，现当代德育内容中对实践及其他综合道德能力的强调亦已成为趋势。以雅克·德洛尔为主席的国际 21 世纪教育委员会向联合国教科文组织提交的报告（1996），在谈到公民教育时指出：公民教育"所追求的目的并不是以刻板的规约形式去教授一些戒律，而是使学校成为民主实践的典范，以便使孩子们结合具体问题了解自己有哪些权利和义务，以及自己的自由怎样受到他人行使权利和自由的限制。一整套经过实验的做法可以加强学校内的民主学习，如制定学校社区宪章、设立学生议会、开展民主制度运作的模拟游戏、办校刊和开展以非暴力方式解决冲突的练习活动"①。应当说，当代学校道德教育在内容安排上也具有与公民教育相同的特点。

第三，道德教育内容结构上的共同理解。从内容构成角度看，道德教育应当包括哪些内容，一直是现当代德育理论和实践探索的问题。1980年，16个国家国际道德教育会议的报告归纳出各国道德教育计划应当共同强调的内容，共有四类：（1）社会价值标准，如合作、正直、社会责任、人类尊严等；（2）有关个人的价值标准，如忠厚、诚实、宽容、守纪律等；（3）有关国家和世界的价值标准，如爱国主义、民族意识、国际理解、人类友爱等；（4）认识过程的价值标准，如追求真理等。② 英国莱斯特大学社会道德教育研究中心的莱特教授认为，学校德育应当通过六个关系的处理来安排道德教育的内容。这六个关系是：与最亲近的人的关系，与社会的关系，与人类的关系，与我们自己（同辈人及自己）的关系，与非人类（自然环境）的关系，与上帝的关系。③ 日本文部省颁布的《小学学习指导要领》和《初中学习指导要领》（1998），则强调要加强的德育内容包括"有关自己的内容""有关与他人关系的内容""有关与自然及崇高事物关系的内容""有关自己与集体以及社会关系的内容"四个主要的方面。

从以上三例可以看出，从构成角度看，现代德育内容的基本层次可以归纳为四个方面：文明习惯、基本道德（美德）、公民道德、信仰道德。

二、学校德育内容的决定因素

学校德育内容的最终决定因素应当归因到社会发展等宏观因素上去。生产力、生产关系、上层建筑等及其历史进程，科技发展，生活富裕，人口流动，城市化等对德育内容都产生了巨大的影响。但是，我们在这里只探索几个直接影响道德教育内容的教育性因素。我们认为，上述宏观的社会因素对德育内容的影响，实际上也是通过这些教育自身的因素的中介作用而决定或影响学校德育的内容的。

---

① 国际 21 世纪教育委员会：《教育——财富蕴藏其中》，47～48 页，北京，教育科学出版社，1996。

② 参见［伊朗］S. 拉塞克、［罗马尼亚］G. 维迪努：《从现在到 2000 年教育内容的全球展望》，158 页。

③ 参见冯增俊：《当代西方学校道德教育》，149 页，广州，广东教育出版社，1993。

（一）对道德可教性的理解

对道德可教性的理解与德育内容的性质、难度和容量的确定有密切的联系。哪些道德内容可以通过"教授"或认知学习的方式进行传授？哪些道德价值主要应当通过情感体验和道德实践去解决？这些都是德育内容安排必须考虑的问题。过去我们常常将道德教育等同于道德知识的教育，所以道德教育内容中逻辑推演与论证成为重点。考虑到道德情感、道德实践的关键作用，今后的德育内容可能应当安排更多的道德情感体验和道德策略学习的内容。当代德育对综合的道德能力培养的重视，决定了对道德教育内容的综合化设计。

（二）德育目的、目标及其序列化

德育内容就是德育活动所要传授的道德价值与道德规范，而这些价值与规范的选择与安排直接服务于德育目的、目标的达成。德育目标有一个层次化、序列化的过程，德育内容的安排也有相应的层次化、序列化过程。之所以要依据德育目标及其序列化实现德育内容的序列化，主要理由是学生道德发展的阶段性规律和德育内容本身所具有的层次性。[①] 此外，德育内容的层次化、序列化也有利于德育内容的全面布局，防止偏于一隅的内容安排。中国的德育实践很早就注意到了道德教育内容的层次化和序列化问题。例如，朱熹就说过："小学者，学其事；大学者学其所学之事之所以（即他说的'发明此事之理'）。"（《朱子语类》卷七）"君子教人有序，先传以小者近者，而后教以远者大者。"（《朱子语类》卷八）以朱熹之见，在"小学"阶段（大约 15 岁以前），德育内容主要应当是对具体规范的学习，如学习洒扫、应对、进退、衣服冠履、言语步趋等细杂事宜，而后在"大学"阶段再去"穷理"，建立自觉的纲常伦理。在当代社会，世界各国德育内容的安排大都遵循了层次化、序列化的要求。上海市实验学校曾在其整体性德育实验中进行"'爱'的系列教育"，具体内容和时间安排是：一年级"爱父母"教育；二年级"爱老师"教育；三年级"爱同学、爱集体"教育；四年级"爱学习"教育。每一个爱的主题都细化为若干具体内容项目，取得了很好的效果。[②]

---

① 参见胡守棻：《德育原理》，153～154 页。
② 参见恽昭世：《走向未来的学校——中小学教育模式探讨》，82～92 页，北京，人民教育出版社，1993。

（三）德育过程观

德育过程观对德育内容的影响主要表现在德育内容的处理方式（或呈现形式）上，这是德育课程领域着重研讨的问题。当我们将德育过程理解为对学生的价值灌输时，道德教育的内容可能表现为一种教条和教条的呈现形式；相反，当我们将道德教育过程理解为学生在教师的价值引导下进行道德自主建构的过程时，道德教育的内容就不过是一种价值环境的组成部分，是一种待操作和待开发的价值学习的材料。德育内容实际上就是价值引导的内容，价值引导不能离开德育对象主体建构的可能性。所以，德育内容的选择及其组织都不能不从德育对象的品德实际、心理特点等前提出发。

（四）偶发因素

除了一些常规的德育内容之外，学校德育中还可能会有一些受偶发因素制约的具体道德教育内容的安排。例如，社会巨变的突然发生，家庭破裂，父母离异，亲人死亡及本人的意外事件等。学校德育应当根据具体情况进行个别教育。由于偶发事件本身是不可控的，因此这一德育内容总体上只能因时、因地、因人制宜地进行。在西方，随着社会变化的速度加快和规模增大，一些学校已经将偶发事件问题的处理作为学校教育的内容，形成了"精神关照和个人与社会教育"（Pastoral Care and Personal-Social Education）[①] 等教育范畴。这些内容有的属于心理咨询，但也有一部分带有道德教育的成分。中国的德育内容除了因时、因地、因人制宜地进行相关教育之外，也可以考虑将上述内容列入正式的课程，使学生有备无患地面对突发事件的影响。在学校德育生活中，偶发因素的教育价值正在被越来越多的教育工作者所认可。

第二节　我国学校德育的主要内容

一、我国政府对学校德育内容的规定

我国政府对中小学（大陆地区）的德育内容有统一的规定。这一规定目前主要体现在分别于 1993 年和 1995 年由原国家教育委员会正式颁布的

---

①　参见 Ron Best，Peter Lang，Caroline Lodge and Chris Watkins，*Pastoral Care and Personal-Social Education*，Lodon，Cassell，1995。

《小学德育纲要》《中学德育大纲》，小学的品德与生活、品德与社会，以及中学的思想品德、思想政治等课程的课程标准等规章上。

《小学德育纲要》规定德育内容主要有以下十条：（1）热爱祖国的教育；（2）热爱中国共产党的教育；（3）热爱人民的教育；（4）热爱集体的教育；（5）热爱劳动、艰苦奋斗的教育；（6）努力学习、热爱科学的教育；（7）文明礼貌、遵守纪律的教育；（8）民主与法制观念的启蒙教育；（9）良好的意志、品格教育；（10）辩证唯物主义观点的启蒙教育。

《小学德育纲要》规定的十条内容中，最后一条属于思想教育的内容，第二条和第八属于政治教育的内容，其余七条基本上属于道德教育。这样的内容安排基本体现了道德教育的基础教育作用，但是一些较为抽象的教育内容如何在教育过程中找到适合小学生具体和形象思维为主的心理实际的教育方式尚需进一步探究。

《中学德育大纲》对中学德育内容的规定是分学段进行的。但初、高中的内容要点大致相同。主要内容如下：（1）爱国主义教育；（2）集体主义教育；（3）社会主义教育（高中是"马克思主义常识和社会主义教育"）；（4）理想教育；（5）道德教育；（6）劳动教育（高中是"劳动和社会实践教育"）；（7）社会主义民主和遵纪守法教育；（8）良好的个性心理品质教育。

《中学德育大纲》对中学德育内容的规定遵循了循序渐进的教育原则，注意到了初中和高中学段学生的不同特点及与各科学习内容的实际配合。这不仅体现在一些提法上的差异上，而且也反映在具体内容的说明上。

同其他先进国家相比，目前在我国对中学德育内容的规定中也有不足之处。主要表现在：第一，对道德教育的内容仍然强调不够；第二，对教育对象的批判和省思能力的培养没有引起足够的重视；第三，对学生品德发展的规律性把握和尊重不够。其中，第二点最令人忧虑。我国的教育内容基本上是以绝对真理的形式呈现出来的，这无疑会对学生的价值批判能力和创造性人格的培养起相当大的抑制作用。这一点需要引起教育部门和教育工作者们的关注，在教育实践中尽可能予以补救。

令人欣慰的是，近年颁布的小学的品德与生活（2002）、品德与社会（2002），中学的思想品德（2003）、思想政治（2004）等课程的课程标准，在强化基本道德教育以及在德育内容的生活化、对于学生品德发展的规律性把握和尊重等方面都已经有了长足的进步。

二、对我国学校德育内容及其重点课题的思考

依据现当代德育内容结构的一般趋势，从最基本的道德教育开始，学校德育内容应当包括四个主要层次：（1）基本文明习惯和行为规范的教育；（2）基本道德品质的教育；（3）公民道德或政治道德品质的教育；（4）较高层次的道德理想教育，即"信仰道德"（信德）的教育。依据这四个层次，我们认为，从道德教育的角度出发，我国学校德育工作的重点应当包括或强调以下几个方面。

（一）基本文明习惯和行为规范的教育

对学生进行文明行为和行为规范的教育，培养学生文明行为习惯，是中小学教育的经常的重要的内容之一。学生无论在学校、家庭和公共场所，都应遵守文明行为规范。"文明行为习惯"的内容广泛，涉及人们生活的各个方面，看起来似乎全是日常小事，但却是一个有教养的人的文化修养和精神内涵的标志或体现。一方面，习惯和规范培养是"从小到大"，建设更高道德品质的基础；另一方面，基本文明习惯的养成还可以是"下学上达"（朱熹语）、由"事"到"理"或"以小见大"，在规范掌握的基础上为进一步体认道德价值创造必要的条件。

文明行为教育的具体内容是很多的。例如，在社会公共生活中，礼貌待人，保护儿童，尊重妇女，尊敬老人，关心帮助残疾人，维护公共秩序，爱护公共财物，保护环境和资源，讲卫生，爱清洁（如不随地吐痰，不随地乱扔纸屑果皮）等。在学校，则应尊敬师长，爱护同学，遵守纪律，维护秩序等。在家庭中，则表现为乐于承担家庭责任，赡养、孝敬老人，爱护和平等地对待家庭成员等。

中小学的"学生守则"和"日常行为规范"①是中小学生必须遵守的

---

① 教育部曾经于1981年、1991年、1994年发布《小学生守则》《中学生守则》和《小学生日常行为规范》《中学生日常行为规范》。2004年，根据《中共中央国务院关于进一步加强和改进未成年人思想道德建设的若干意见》《公民道德建设实施纲要》的要求，教育部对上述守则和规范进行了修订，将《小学生守则》和《中学生守则》合并为《中小学生守则》，对《小学生日常行为规范》《中学生日常行为规范》的内容进行了必要的调整和补充，形成新的《小学生日常行为规范（修订）》、《中学生日常行为规范（修订）》，于2004年3月25日发布。除对部分内容进行修改和调整外，新的《守则》和《规范》根据社会发展对人才培养提出的新要求，分别增加了符合时代特征的内容，如诚实守信、加强实践、合作意识、创新意识、网络文明、安全自护、远离毒品等。

基本行为准则。扎实地实施"学生守则"和"日常行为规范",对中小学生养成良好道德风尚具有重要意义。中小学应当教育学生坚持不懈地遵照执行,当然,学校也可以根据实际情况制定各学校和班级自己的学生守则、行为规范。

文明行为不只是一个人的行为的外部表现,重要的是这些外部行为应反映出一个人的心灵或性格的特征。否则,一些人即使做到了衣着考究、"彬彬有礼",给人一种很有"教养"的印象,但实际上他们仍可能是虚伪、狭隘、自私而粗鲁的人。所以,文明行为教育应当同对个体的精神培育结合起来。此外,还需要特别注意的是:所有行为规范均是人为的准则,都有一定的相对性,应当让学生积极主动地参与到有关规范的制定、修改和执行当中,让学生做规范的主人而不是奴隶。

(二)基本道德品质的教育

基本道德是个体生活的基础性道德要求。基本道德往往是历史上传承下来而为人类社会广泛接受的道德规范。美国教育学者阿迪斯·瓦特曼说,不管时代如何变化,我们总将有着和我们祖先同样的需要。那就是,愉快、勇敢地度过我们的一生,和周围的人友好相处,保持那些指导我们更好成长的品质。这些品质是欢乐、爱、诚实、勇敢、信心等。[①] 美国当代教育家厄内斯特·波伊尔(E. L. Boyer)也建议"基础学校"的道德教育应当教会学生诚实、尊重、负责、同情、自律、坚忍、奉献七项美德。[②] 在亚洲,以联合国教科文组织和日本国立教育研究所为后援的"亚洲国家道德教育研究会"于1987年成立,其宗旨也是寻找"普遍的道德价值",用于改进参与国的道德教育。[③]

德育的基础正是要教会学生做人的基本价值。所以,诸如公平、正直、诚实、勤劳、勇敢、仁爱等品质应当成为中小学德育的奠基性内容。在基本道德教育方面,中国大陆曾经有过极"左"的思想,用道德的时代性、阶级性、民族性等完全否定道德的历史继承性和全人类的共性,其结果是基本道德情感的消失和起码的道德规范的丧失。极端的例子是"文化大革命"时期,打、砸、抢反而成为合乎道德的"正义"行动。这一历史教训

---

① 参见商继宗:《中小学比较教育》,195~196页,北京,人民教育出版社,1989。

② 参见〔美〕厄内斯特·波伊尔:《基础学校——一个学习化的社区大家庭》,151~152页,北京,人民教育出版社,1998。

③ 参见钟启泉、黄志成:《西方德育原理》,461页。

在今天的道德教育中绝不可以被轻易忘记。

关于基础道德教育的内容，一般认为是世界上大多数人认可的基本道德法则。但是英国德育学家威尔逊（J. B. Wilson）曾经指出，除非我们能够搞清包括洞穴人在内的所有人的道德价值，否则"大多数人"永远都是"某些人"。此外，即使我们能够确认大多数人的选择，但是大多数人的选择未必正确——历史上"大多数人"曾经赞同过奴隶制，对妇女的歧视和宗教、种族的迫害等。所以，即使是进行最基本的道德品质培育，我们仍然不能忘记道德批判和道德批判能力的培养。

（三）家庭美德教育

如何处理家庭道德关系始终是个体人生的第一议题。家庭伦理方面的道德教育既关系个人的幸福，也关系到社会的稳定与风尚。从教育学意义上说，家庭美德教育实际上是学生实现完全的道德社会化的起点和前提。苏霍姆林斯基就曾明确指出："爱国主义的神圣情感来自母亲。"① 所以，家庭美德教育应当得到较大的强调。

目前，我国政府颁布的中小学生的日常行为规范，对学生承担家务，勤劳节俭，尊重和体贴父母，关心照顾长辈等均做出了较详细的规定。但是，我国学校德育实际的教育内容中对家庭美德教育的重视程度仍然不够，这从直接德育课程的教科书中家庭道德教育所占比例可以看出。

中国是一个十分注重家庭伦理的国度。从传统意义上说，中国文化是一种伦理文化，而中国传统伦理体系的核心是家庭伦理。中国人始终相信"齐家"是"治国平天下"的基础。家庭美德教育曾经也应当继续成为中国德育理论和实践奉献给世界的特殊文化财富，应当从这一高度去看待和加强家庭美德的教育。同时，随着改革开放的深入，我国传统的家庭价值观念正受到越来越大的挑战。从这一意义上说，我们也应当未雨绸缪，在学校德育中加强家庭美德教育。

（四）集体主义教育

集体主义教育是社会主义道德教育的最重要的内容之一。在社会主义社会里，集体主义是人们相互关系的基本原则，也是人们对集体、对国家的基本行为准则。以集体主义精神教育青年一代，就是培养他们具有为人民服务的思想感情，培养他们善于在集体中生活和工作的习惯，而在集体中努力实现个人的价值正是学校德育的重要使命。

---

① ［苏联］苏霍姆林斯基：《给教师的一百条建议》，157 页。

集体主义教育是社会主义道德教育对世界德育的一大贡献。但是，片面的集体主义教育也曾经导致了妨碍个性自由、窒息个人创造性的弊端。在市场经济和改革开放的形势下，集体主义教育应当被加以严格的界定，使之建立在理性的基础之上。集体主义教育需要有历史和现实的反思。

从历史的角度来看，人类的"集体"大体会经历三种历史形态。第一种形态是古代形态。它包括原始社会中的人对氏族、部落的归属，也包括在奴隶社会、封建社会中存在的"人的依附关系"基础上建立的人的群体关系。在这种形态的集体中，个人完全隶属于群体，毫无独立性可言，产生了中国古代社会所说的愚忠、愚孝的道德关系。现代社会的集体也容易走向泯灭个性的极端，从而形成古代的集体主义。这是一种虚假的集体和集体主义。第二种形态是指未来社会。例如，在共产主义社会中，个人利益与集体利益完全统一，人与人的关系是在个性自由和个人创造性得到完全发挥情况下形成的"自由人的联合体"。这一形态是一种理想化的集体形态。我们今天所言的集体主义之"集体"，实际上是介于二者之间的一种形态，即第三种历史形态。一方面，由于历史的发展，我们已经扬弃了泯灭个性的虚假集体的存在；另一方面，由于社会条件的制约，我们的集体利益并不能做到个人与集体的完全统一。在这一情况下，集体主义意味着常常会出现要求个体牺牲局部利益，求得与个人长远利益和集体、国家、社会整体利益相一致的决断。这就是所谓的集体主义的现实形态。所以，我们今天的集体主义道德教育应当建立在现实的集体主义原则基础之上。

从现实的角度来看，集体主义教育意味着这样两个基本要求。第一，集体主义意味着适当的个人权益的承认。这一要求主要是因为真实的集体需要有活力的个人参与，同时也是市场经济承认个人权利的一种落实。过去我们常常用集体主义"消灭"个人的合理权益、合理需求，导致集体活力的丧失，更有甚者，甚至导致个别人假借集体名义满足自己的一己之私。对个人权益的承认，是今天的集体主义有别于古代社会在"人的依附关系"的基础上建立的人的群体关系的集中表现。第二，集体主义意味着在上述基础上，个人利益对集体利益的服从。在个人权益得到适当肯定的条件下，集体利益具有至上性。这一要求的理由是在现实条件之下，社会完全满足个人的利益需求仍然有很大的困难。在许多情况下，只有牺牲个人利益才能求得集体利益的最优化发展；同时集体利益也在某种程度上与个人利益具有趋同的关系。实际上，正是在集体与个人既有可能实现整体上的一致，又存在某种矛盾时，集体主义道德原则才是必需的。

学校道德教育中集体主义教育的开展必须建立在上述理性思考的基础之上。为此，学校德育应当注意以下两点。第一，教会学生采取一种积极的集体主义立场。所谓积极的立场，指的是个人要怀着积极关心、参与建设的立场，为创造一个真实的集体、实现真正的集体利益而积极奉献个人的积极性、创造性。在集体主义教育中，要特别注意的一个问题是防止用片面理解的集体主义扼杀个性，侵害个人的合法权利。集体主义教育应当与对个性、个人的尊重辩证有机地结合起来。第二，应当注意在个人利益与集体利益矛盾时采取集体至上的原则。在学校环境之中，要注意养成学生善于在集体中生活的习惯，使学生能够关心集体，关心同学，愿为集体和同学服务；学生对集体要有责任感与荣誉感；发展同学间的友谊，促进同学间的团结。此外，进行集体主义教育与批判个人利己主义是一致的。应当反对一切损人利己、损公肥私的思想和行为，要教育学生唾弃只关心自己而不顾别人的利己主义选择，并能与损害集体利益的极端个人主义行为做斗争。

（五）爱国主义教育

爱国主义是历经千百年而巩固起来的人们对祖国的一种最深厚的情感，也是对祖国在历史和现实中所起的进步作用的正确理解，即力图使祖国更富强、更强大，为世界和平与人类进步做出更大贡献。但是，爱国主义以及爱国主义教育都应该建立在理性思考的基础之上。具体说来，我们应当注意处理以下几种关系。

第一，爱"祖国"与爱"国家"。爱国之爱首先是祖国之爱。人们对自己的祖国之爱是一种朴素的、无条件（或"绝对"）的道德义务，因为祖国是人们生存的时间和空间的根本。"祖国"是一个文化和历史的概念，而"国家"则是一个政治概念。具体讲，它可以指某一政权形式。国家可以与祖国发展以及人民的福祉相一致，也有可能不一致。所以，"爱国家"并不是一个绝对的、无条件的法则。爱国家与爱祖国相统一只能建立在对国家民主、法制建设的反思和参与改革、建设的基础之上。

所以，爱国主义教育既有一般的对于祖国的向往、爱恋之情，也有对于具体的祖国的热爱与奉献的冲动。在我国现阶段，爱国主义教育应当同爱社会主义、积极准备为国家建设贡献力量结合起来。爱国主义应当与爱社会主义制度相一致，同时爱国也应当同积极投身反对腐败，反对落后的体制，使国家朝健康方向发展结合起来。"既要强调民族的自豪感、荣誉感，也要强调责任感、危机感。"①

第二，"爱国"与"爱人类"。爱国主义不是一个狭隘的民族主义的概念。哲学家罗素曾经指出："把爱国主义作为一种宗教是不能令人满意的，因为它缺乏普遍性。它所注重的利益不过是本民族的利益。"② 日本历史学家池田大作也说："在国家主义的影响下，不知有多少青年的纯真的爱国心被歪曲、被利用、被蹂躏——因此，本来对自己生存社会的纯真的爱，却变成了对其他国家国民的深恶痛绝。"③ 这一点，只要看一看两次世界大战中军国主义给全人类，包括战争发起国人民带来的深重灾难，就可以得到佐证。所以爱国主义一定要与"爱人类"的情感结合起来，爱国主义应当同爱护世界和平、维护全人类的福祉相结合。在改革开放的今天，我们已经越来越清楚地看到，整个世界已经变成了一个"地球村"，中国的发展进步成为世界发展进步的一部分。当今，世界的许多问题也只有从全球的大局出发才有可能解决。加强各民族之间的理解与合作，是世界进步和国家发展的重要条件。所以，今天的爱国主义教育应当与培育学生"爱人类"的情感紧密结合起来。

在社会主义道德体系中，这一结合就是爱国主义与国际主义的统一。马克思主义认为，国际主义是全世界无产阶级和劳动人民，不分民族和国家，在为共产主义理想而斗争时所表现出来的团结一致、互相支持的精神。因此，各国无产者在处理彼此之间的关系时，形成了彼此都应该遵守的行为准则。其中包括在帝国主义发动战争时，每个国家的无产阶级都要使民族利益服从阶级利益，反对民族利己主义和大国沙文主义；在国家之间，要一律平等，反对以大欺小、以强凌弱的霸权主义行为；在共产主义的兄弟党派之间，也要相互支持、相互尊重、反对干涉别党的内部事务；在整个国际事务中，加强无产阶级的团结，为全人类的解放和社会的进步而共同奋斗。在国际共产主义运动的历史中，错误理解爱国主义与国际主义的关系曾经多次给这一运动带来了非常负面的影响，这一教训值得社会主义社会永远记取。

目前，随着国力的逐步增强，中国国内产生了一些非理性的民族主义

---

① 戚万学等：《现代德育论》，273 页。

② ［英］罗素：《社会改造的原理》，87 页，上海，上海人民出版社，1959。

③ ［英］A. J. 汤因比、［日］池田大作：《展望二十一世纪——汤因比与池田大作对话录》，226～227 页，北京，国际文化出版公司，1985。

情绪，值得广大教育工作者密切关注。

第三，爱国与改革开放。爱国不等于爱国家传统和现实中的糟粕。对当代中国来说，爱国主义还必须同改革开放的选择结合起来。爱国主义与虚心学习外国先进文化是一致的。近代世界各国和中国历史表明，拒绝接受外国的先进的科学文化，任何国家、任何民族都是不可能发展进步的。闭关自守只能停滞落后。我们应当教育学生具有民族自尊与自信，摒弃资本主义的丑恶腐朽的东西，但是我们也必须下决心，用大力气把当代世界各国包括资本主义发达国家的先进的科学技术，具有普遍适用性的经济的、政治的管理经验和其他有益文化学到手，并在实践中加以检验和发展。不这样做就是愚昧，就不能实现中国的现代化。对外开放作为一项基本国策，不仅适用于经济建设，而且也适用于精神文明等建设。

第四，爱国情感与爱国行动。爱国主义首先表现为一种爱国的情感。有学者指出："忘记了培养民族主义（爱国主义）感情去教授'公民'科，其教育只能是枯燥乏味的。"[1] 但是，爱国又不能止于情感的培育，应当引导学生将爱国之情变为爱国的行动。这就要求爱国主义教育要从小事、身边的事情做起。有人曾经将爱国主义教育的内容划分为对三种实体的热爱[2]，值得我们注意。其一，自然实体维度：从爱自己的出生地、居住地，到爱祖国的自然环境、国土资源等祖国的自然实体。其二，人文实体维度：从爱父母、爱老师、爱同学开始，到爱祖国的传统文化，最后达到对祖国现代文明的理性思考。其三，政治、经济实体维度：从爱国家的标志（国旗、国歌、国徽等），到对祖国政治制度的热爱，以及对国家制度的理性思考和积极建设。爱国主义教育应当是依据上述三个维度的一项经常性的德育任务，有一定的形式，但又应反对形式主义的爱国"运动"。爱国主义教育的关键是要让学生以参与的精神，以合适形式加入国家建设的行动，"在做中学"。所谓"在做中学"，主要的含义包括两个方面：一是建立适当的服务国家的制度，如一些国家实行的兵役制；二是通过社区服务等日常活动形式，培养学生对国家主动关心和参与建设的态度。

中华人民共和国在建立初期，十分重视爱国主义教育，并卓有成效。在这个时期，爱国主义教育家喻户晓，深入人心。后来，由于我们的德育内容片面强调政治教育，特别是在"阶级斗争为纲"思想的指导下，爱国

---

① 钟启泉、黄志成：《西方德育原理》，452 页。

② 参见詹万生：《注意爱国主义的层次性》，载《教育研究》，1995（4）。

主义教育被忽视和歪曲，甚至带上了现代迷信的色彩。改革开放以来，情况发生了根本的变化，"爱我中华""振兴中华"的精神深入人心。但由于中国与发达国家在发展上存在的客观差距，随着国际交往的频繁，崇洋媚外、丧失民族自信心的不良倾向也出现了，一些人甚至不顾国格而走入歧途。爱国主义教育已经成为十分迫切的任务。当前，向学生进行爱国主义教育，要特别注意增强民族自信心、自尊心和民族自豪感，批判崇洋媚外的不健康倾向，教育学生以对祖国的热爱为动力奋发学习，掌握建设祖国的本领。

（六）民主与法制教育

爱国主义在政治生活中的重要表现是积极参与国家的民主与法制建设，自觉维护国家的民主与法制。中国近年来正在加快社会主义政治文明建设的步伐，学校教育如何与这一时代的要求相适应是一个特别重要的课题。

从道德教育的立场出发，积极参与国家的民主与法制建设是公民道德的重要要求之一。原因主要有两点。第一，民主与法制往往是最基本的道德关系的反映。没有民主和法制，就意味着社会道德最后防线的溃散。所以，建设民主和法制从这一意义上讲也是道德生活建设的一部分。第二，在现代社会，公民参与国家政治生活的道德方式只能是民主与法制的方式。否则，公民善良的爱国主义极易走向其反面，导致国家政治和社会生活的混乱。

民主制度、关于民主的教育是现代社会及现代教育的突出特征之一。人民当家做主、享有现实和充分的民主权利的制度是社会主义现代化建设的伟大目标之一，也是社会主义政治文明建设的重要内容。没有人民民主，就没有社会主义现代化。由于中国是一个封建专制社会历史特别长的国家，封建专制的影响至今仍然十分强大，如何培养学生成为具有当家做主、参与国家政治生活的民主意识与能力的合格公民，是我国学校教育的重要任务。与此同时，民主必须制度化、法律化，这样才能巩固和发展社会主义制度。向学生进行民主教育的重要任务之一，是努力促进学生划清民主与极端民主化的界限，反对极端民主化和无政府主义。在中国，我们必须大力加强"公民道德"教育。公民道德教育的重要内涵之一，就是民主与法制教育。

加强民主与法制教育，对于学校德育来说，主要是应当做好两方面的工作。首先，是民主与法制教育本身。学校德育应当努力培养和增强学生作为未来公民的公民意识、公民的权利和义务意识，懂得民主的真正内涵和参与国家政治生活的程序。在中国公民的民主意识不强的现实条件之下，强调公民的主人意识，培养公民的权利和捍卫权利的意识是十分重要和紧迫的任务。与此同时，学校德育应当努力使学生认识到，依法治国已经成为我国的基本国策，不要社会主义民主的法制，绝不是社会主义的法制；不要社会主义法制的民主，也不是社会主义的民主。应教育学生认识法制对保护人民利益，维护安定团结，保障社会主义现代化建设的重大意义。要在学生中深入地普及法律常识，教育学生严格遵守国家的法律和政策，养成遵纪守法、敢于向各种违法乱纪的现象做斗争的良好品德。

其次，是与民主与法制教育相关的学校纪律和制度教育。培养学生自觉遵守纪律、维护制度的品质，也是对学生进行道德教育的一项重要内容。在学校环境中，纪律和制度教育实际上是未来民主和法制生活延续的必要基础。同时，纪律、制度教育不仅对培养学生的纪律品质有重要作用，而且也是学校顺利进行教学和教育的必要条件。如果学生不履行自己的学习义务，不遵守学生守则和学校的各项规定，学校就不可能进行正常的教育与教学。纪律和制度既是教育的目的，也是教育的手段。对学生进行自觉的纪律和制度教育，就是要他们懂得、理解遵守纪律和制度的必要性，培养他们遵守纪律和制度的行为习惯。同时，我们所需要的纪律和制度，不仅表现在服从上，表现在表面上的遵守规矩上，而且还应当表现在遵守纪律和制度的主动性和创造性上。纪律和制度教育应当同个体的自主性、能动性发挥有机地结合起来。为此，学校纪律和制度教育应当以建设民主和纪律并存的学校生活环境为最重要的手段，让纪律和制度建设成为学生主动建构自己成长环境的主动行为。

（七）信仰道德教育

"信仰道德"是一个源于宗教道德理论的概念。在宗教理论中，"信德"的意思有两重：一是表示人对神的信仰关系，二是表示因信神而按照神的意志去践行道德。例如，在基督教中，信德首先是对上帝的绝对忠诚，其次是"因信称义"，求得世俗生活中道德上的完善。我们认为，如果剔去宗教唯心主义的成分，将信仰视为对终极价值体系的笃信，以及在这一基础上建立道德生活的最终依据而去践行道德的活动，这一道德形态就可以被称为"信仰道德"。所谓"信仰道德教育"，是指以终极价值体系建立为目标的教育活动。在中国文化和体制之中，其主要内涵是：第一，要进行世界观、人生观教育；第二，要进行理想教育。儿童、少年处在世界观、人生观和理想的形成、发展的关键时期，世界观、人生观和理想教育应当成为学校德育的中心内容和根本任务。

世界观是人对世界总体的看法，包括人对自身在世界整体中的地位和作用的看法。它是人的自然观、社会历史观、伦理观、审美观、科学观等的总和。哲学是它的理论形式。人对认识世界、改造世界所持的态度和采用的方法，最终是由世界观决定的，而一定的世界观是确定人实践活动方向的重要的精神力量。世界观教育对学生的学习、未来的生活都有十分重要的意义。人生观也称人生价值观，是世界观在人生方面的表现，是关于人生目的、人生态度、人生理想等方面的基本观点，主要回答怎么对待人生、度过人生和在实践中实现人生的价值问题。通俗地说，就是人为什么活着，怎样做人、怎样活着才有意义等问题。人生观具体表现为苦乐观、荣辱观、幸福观、生死观等。由于人们在社会生活中所处的地位不同，所从事的社会实践的不同，生活环境不同，受教育水平不同，文化素养不同，人们对人生的目的和意义的看法和态度也就不同，于是出现了不同的人生观。人生观具有历史性、社会性、阶级性，但是人人都有人生的追求和目的，人人都在按照自己的价值观度过自己的人生，对待自己的生活。世界观和人生观教育实际上所要完成的，是个体终极价值体系的建立。只有建立了这一体系，道德生活才可能有最后的依托。从道德认知、道德情感到道德行为的关键环节就是道德信念的建立，而道德信念的建立的重要前提是个体终极价值体系的建立。这样看，世界观、人生观问题实际是道德教育和道德生活的核心问题，也是道德教育必备的理性基础。

理想问题是人生价值的一个重要侧面。理想是人奋斗的目标，是人们对未来的憧憬向往与追求。人的理想包括生活理想、事业（职业）理想、社会理想等。一个人应对自己的人生价值有充分的认识。陶行知先生说，人生天地间，各有所禀赋，为一大事来，为一大事去。天降我材必有用，也是说一个人应有抱负，不应虚度一生。理想是人们奋发向上的源泉，而青少年是充满着理想的时期，向青少年进行理想教育，始终是德育的重要内容之一。同时，理想是人的精神内核之一，道德理想的培育是德育的最高目标，也是德育工作的基础。只有确立了正确的人生理想，学生才可能有健康、自觉的价值生活，才可能有真正合乎道德的行为，形成真正的文明行为习惯。

在学校德育中，理想教育的主要包括生活理想、事业（职业）理想、社会理想三个方面。生活理想是对理想生活和理想人格的一种设定和追求，后者也称人格理想。我们认为，个体的道德生活和道德人格需要一种提升机制，由此才能不断提高，道德教育才具有可能性。学校德育应当努力促进学生摒弃"猪栏理想"，追求成为"一个高尚的人，一个纯粹的人，一个有道德的人，一个脱离了低级趣味的人，一个有益于人民的人"①。事业理想是个体对理想职业的憧憬和追求。有了职业理想，职业才可能转化为对于个体生命有神圣意义的"事业"，个人也才可能真正具有敬业精神、职业道德。由于职业理想比较切近学生的真实需要，职业理想教育往往能够成为理想教育中的重要切入点。北京一些学校将职业理想教育作为理想教育的突破点，取得了较好的成效，原因即在此处。由于个人生活和事业发展离不开社会发展，社会理想教育就成为理想教育的另外一个重要组成部分。社会理想教育应当分为两个层次进行，一是对未来社会最美好或终极状态的追求，二是对近期社会目标的追求。在中国社会，前者指共产主义理想，后者指"有中国特色的社会主义"。在现阶段，中国人民的共同理想是建设富强、民主、文明的社会主义强国，理想教育应当特别强调这一共同理想的教育。

进行理想教育的一个重要原理是要注意求得三大理想及其教育的统一，原因主要有两点。② 第一，生活理想、事业理想、社会理想本来就是不可分离的。生活理想是理想结构中的基础；职业理想建立在生活理想的基础之上，是生活理想和社会理想实现的中介；社会理想则是生活与职业理想的方向指导。因此，离开统一的关系，我们就无法讨论理想教育。第二，由于三者的统一关系，我们在进行理想教育时，如果孤立地进行某项理想教育，就肯定会导致教育上的偏颇。例如，我们脱离社会理想去进行生活理想、职业理想的教育，就容易导致极端个人主义的道德抉择；相反，我们脱离职业理想去进行社会理想或人生理想教育，就会形成"坐而论道"的空谈状态。

以上，我们讨论了我国学校德育内容重点的四个层次、七个方面的问题。实际上，每一个方面都是需要我们认真研究和探索的重大课题。我们应当努力吸取先进国家的德育经验，依据国情，将学校道德教育的内容进行不断的优化和落实。

---

① 《毛泽东选集》第 2 卷，660 页，北京，人民出版社，1991。
② 参见李锡槐：《学生的理想结构与共产主义理想教育》，载《华南师范大学学报（社会科学版）》，1983（4）。

第三节　课程与德育课程

一、课程概念

课程（curriculum）一词，源于拉丁文，原意是"跑道"，教育学研究将之引申为"学科学习的进程"。《中国大百科全书》教育卷称，课程即"课业及其进程"。尽管人们使用课程概念的历史非常久远，但是，人们对课程的概念定义至今没有统一的意见。

胡森（T. Husen）等人主编的《国际教育百科全书》曾经列举过以下九种课程定义。[1]

1. 在学校建立一系列具有潜力的经验，目的是训练儿童和青年以群体方式思考和行动。这类经验就叫课程。

2. 学习者在学校指导下学生学得的全部经验。

3. 学校传授给学生的、意在使他有资格获得毕业证书从而进入专业或职业领域的一种教学内容和具体教材的总计划。

4. 我们认为，课程是一种对教师、学生、学科、环境等组成部分的范围的方法论的探究。

5. 课程是学校的生活和计划……是一项指导生活的事业，是构成一代又一代人生活的生气勃勃的活动流。

6. 课程是一种学习计划。

7. 课程通过有组织地重建知识和经验而得到系统阐述的有计划、有指导的学习经验和预期的学习成果，在学校的指导下推动学习者个人的社会能力不断地、有目的地向前发展。

8. 课程必须基本上由五大方面的学科学习构成：a. 掌握母语，系统地学习语法、文学和写作；b. 数学；c. 科学；d. 历史；e. 外语。

9. 课程被看作关于人类经验而不是结论的可能思维模式的不断扩大的范畴。但这种可以从中得出结论的模式，在那些结论和

---

① 参见江山野：《简明国际教育百科全书·课程》，65页，北京，教育科学出版社，1991。

所谓真理的背景中是站得住脚的。

所以，从一定意义上说，课程"还没有一个得到广泛接受的定义。课程定义因研究者或实践者在其课程思考和工作中对概念的使用而有所不同，因此没有超出特定的研究、论文、看法或值得讨论的政策文件等背景之外的特殊地给课程下定义的方式"①。

从课程理论的发展角度看，对课程以及课程理论的认识已是一个相当复杂的过程。近代教育史上，课程论思想的代表人物有三个。一是捷克教育家夸美纽斯。他从"泛智论"的观点出发，提出了"百科全书式"的课程观。在《大教学论》中，他为"最初的学校"（母育学校）所列的课程就有玄学、物理学、光学、天文学、地理、年代学、历史、算术、几何、静力学、机械学、辩证法、文法、修辞、文学、音乐、经济学、政治学、道德学、宗教共二十门。② 二是英国教育家斯宾塞。他从"生活准备说"和"知识价值说"的立场出发，论述了个人功利主义的课程观。他批判"装饰性"的知识，提倡实用的科学知识，主张"为我们的完满生活做准备是教育应尽的职责，而评判一门教学科目的唯一合理的办法就是看它对这个职责尽到什么程度"③。三是美国民主主义教育家杜威。他从经验主义、实用主义的立场出发，对"活动课程"的设置做出了具有划时代意义的论证。杜威认为："学校科目相互联系的真正中心，不是科学，不是文学，不是历史，不是地理，而是儿童的社会活动。"④

现当代课程及其设计理论经历了三个重要的阶段。第一阶段以"泰勒模式"为代表。美国教育学家拉尔夫·泰勒（Ralph W. Tyler）被视为"现代课程之父"。他在《课程与教学的基本原理》（1949）一书中，将课程理解为一个从"目标选定"到"课程选择"，再到"课程组织""课程评价"的过程。"泰勒模式"是一种"工学模式"，其优点是注意到了课程设计的流程，缺点是将课程设计视为一个"直线型"的运动。它对课程目标行为化的强调也有很大的局限性。20世纪50年代，以布鲁纳（J. S. Bruner）为

---

① 江山野：《简明国际教育百科全书·课程》，64～65页。

② 参见［捷克］夸美纽斯：《大教学论》，224～228页，北京，人民教育出版社，1984。

③ ［英］斯宾塞：《斯宾塞教育论著选》，58页，北京，人民教育出版社，1997。

④ ［美］杜威：《杜威教育论著选》，6页。

代表的"结构主义课程模式"是第二个阶段的代表。"结构主义课程模式"主要注重四个因素：影响学生有效学习的因素，理想的知识结构，理想的学习顺序和学习中的奖惩与学业失败的本质。布鲁纳的理论注意到了学科知识的完整性，也注意到了课程应包含更广泛的内容（包括一些社会性因素），注意到了学生直觉能力等方面发展的重要性。但是，这一模式同样没有充分注意到课程中实际存在的内容与形式的潜在影响因素及其功能。所以这一模式很快就被超越，课程研究从20世纪60年代开始转向对"隐性课程"或"潜在课程"的研究。这一研究可以以利比特（L. K. Lippit）和怀特（R. K. White）等人对团体行为的研究为代表。利比特和怀特等人通过对不同状态下学生的手工制作活动的研究，发现学习者的成就与态度的养成，往往不完全由正规课程决定，"隐性课程"所包含的教育性因素对学业成就和学习态度的影响有时比显性课程还要大。这一研究具有较为浓厚的人文主义色彩，所以人们称之为与"第一势力"（泰勒模式），"第二势力"（结构主义课程模式）相抗衡的"第三势力"。

20世纪七八十年代以后，课程理论又有了急剧的变革。著名的美国课程论专家威廉·派纳（William F. Pinar）在《理解课程》中认为，当代课程理论在这一阶段已经发生了从"开发"（Development）到"理解"（Understanding）的范式转变。《理解课程》还列举称，20世纪80年代以后，人们将课程理解为政治文本、种族文本、性别文本、现象学文本、后现代文本、传记文本、美学文本、神学文本、制度文本、国际文本十种"当代课程话语"。[1] 应当说，派纳的解释对于我们理解当代课程理论的丰富性与发展趋势是有积极意义的。

综合上述简单和片断性的描述，我们可以大致得出一些对课程概念的一般理解。首先，关于课程的定义。我们认为，课程是教育内容或教育影响的形式方面，或者说，课程是学校教育内容与学习经验的组织形式。之所以这样定义，原因有二。第一，课程是教育内容的安排，但不是教育内容本身。所以，我们称之为教育内容、教育影响或学习经验的"形式方面"。第二，我们称之为课程的东西虽然是教育影响的总和，但是这一影响基本上是在学校环境中有意识安排的，或者是这一安排的非预期结果（指隐性课程），所以我们称之为教育内容或学习经验的"组织"。课程可以分

---

① 参见［美］威廉·派纳等：《理解课程——历史与当代课程话语研究导论》，3～6页，北京，教育科学出版社，2003。

为正规或显性课程、非正规或隐性课程两类。正规或显性课程又可以划分为学科课程与综合课程、理论课程与活动课程等。

其次，关于课程的主要构成要素。我们认为，"课程"大体上由三个主要内容构成：教育目标和对教育目标的反映；教育内容和教育内容的计划与安排；教育活动，尤其是学习活动的方式。

二、德育课程的问题与特点

从以上课程定义出发，我们可以认为，德育课程是道德教育内容或教育影响的形式方面，是学校道德教育内容与学习经验的组织形式。一般说来，德育课程包括直接的德育课程、间接的德育课程和隐性德育课程三个方面。

道德教育课程从历史的角度来看是源远流长的。古代学校的课程基本上是一种以道德教育内容为主的课程形式。近代意义上的德育课程设置，应当以 1882 年法国以道德教育取代宗教教育课程为起点。[①] 世界范围内对道德教育课程的集中和广泛的探讨是在 20 世纪六七十年代。20 世纪 80 年代以来，学界对道德教育课程的探讨进入一个空前活跃的阶段。从"六五"规划起，中国全国教育科学规划也曾经将直接德育的课程问题作为规划重点课题加以研究。但是到目前为止，关于道德教育学科的性质、内容、师资，以及存在的合理性等仍然在研讨之中。所以，德育课程问题仍然是一个需要大力研究的领域。

德育课程建设面临的主要问题有下面这些。

第一，道德教育可否作为一门专门学科（课程）而开设？

传统的德育课程理论实际上存在这样的假定，即学生的心灵是一块白板，道德价值及规范体系可以通过教师的宣讲传达给学生，使之形成所谓的品德。但是道德教育作为一门学科存在的合理性，在近代以来不断受到怀疑。20 世纪 20 年代，美国心理学家哈桑（H. Hartshorne）和梅（M. A. May）等人历时 5 年，对 11 000 多名 8～16 岁的青少年被试的研究证明：传统的道德学科教育所进行的道德规范教授与儿童的实际行为几乎无关。[②] 有的教育学家甚至认为，"正是道德教学把孩子教坏了"，"当我去

---

① 1881 年法兰西第三共和国颁布的《费里法案》即已规定设置公民道德教育课取代宗教课。

② 参见李伯黍：《品德心理研究》，5 页。

191

掉一个坏孩子业已接受的道德教学时，他自动地变成了一个好孩子"。① 此后，道德教育经历了一个否定直接的学科教学和强调道德反思能力培养的阶段。经历一个反思和反复阶段之后，人们开始冷静地思考道德教育的课程问题。最终的结论是："在我们这个多元的社会里，尽管这种直接的灌输方法是无效的，然而，任何道德上放任的企图也没有取得更好的结果。""道德教育所面临的问题和挑战是要寻找一条中间路线。它既不强迫年轻人接受一套道德规则，也不给他们这样一种印象，即做出决定完全是一件个人的主张或想入非非的事情。"② "我们必须反对价值教育中纯粹的'过程'或'技能'的方法。为了成功地对价值进行反省，学生必须通过与他人的反省对话获得在一定意义上是合理的价值观点。""学校必须既教技能又教内容。"③ 有专家调查比较过 90 个国家三个时期的德育课程的开设情况，结果也与德育课程理论上的上述变化基本一致。课程课时占总课时比率的平均值（括弧内为案例数）具体见表 6-1④。

表 6-1　课程课时占总课时比率的平均值

课程 \ 时期	1920—1944 年	1945—1974 年	1975 年
道德	0.78 （41）	1.05 （138）	0.96 （86）
宗教	5.07 （49）	3.66 （125）	4.15 （82）
公民	0.92 （43）	0.94 （135）	0.25 （86）
社会科	0.19 （57）	1.77 （119）	4.96 （66）

第二，如果可以作为一门专门学科（课程）去开设，它的主要内容与方式是什么？

德育课程作为一种教育内容的安排，同样经历了一个反复的过程。如前所述，人们曾经认为作为一种价值性的教育，为了避免思想专制和道德灌输，它不可以有固定的内容。但是随着道德教育中相对主义导致的价值混乱，20 世纪后半叶以来，德育理论界开始了价值教育的复归，即开始认

---

① A. S. Neil, *The Problem Child*, New York, Robert Mcbride, 1927, p. 17.

② R. T. Hall, *Moral Education：A Handbook for Teachers*, Winston Press, 1979, p. 12, 14.

③ C. Beck, et al, *The Moral Education Project*, *Year* 3, Toronto, Ontario Ministry of Education, 1976, p. 3.

④ 参见钟启泉、黄志成：《西方德育原理》，434 页。

可人类普遍的道德价值进入课程的必要性，形成了从道德规范、基础道德到公民道德、信仰道德教育的基本内容结构。关于道德教育的方式、方法，人们也有一个思索、探究的过程。人们曾经认为，道德教育不可以采用直接讲授的形式，道德讨论、价值澄清、道德实践曾经被视为最理想的道德教育方式。但是人们很快认识到，会不会形成强制灌输的关键不在于使用什么样的方法，而在于如何使用这些方法、在什么情况下使用这些方法。因此，在现在的德育学科教学中，人们也倾向于采取"折中主义"的方法。

第三，德育课程与其他学科的课程相比，特点何在？

在理论上说，没有谁会否定德育课程应当具有自己的特点。但是从将德育作为一种纯粹的"学科"（或文化课）去讲授的实践来看，实际上又似乎存在这样一种假设：德育课程与其他学科没有什么区别。我们则认为，从课程的基本构成与影响要素的角度来讨论，德育课程仍然有不同于其他学科的特点。

首先，在教育目标和对教育目标的反映方面。道德教育课程的目的不是简单地传授某一方面的知识或知识体系，而在于价值观念的确立、态度的改变以及正确的道德信念和行为方式的形成。由于德育目的、目标的较高要求，也由于情感、态度、信念等目标因素本身的复杂性，德育课程的设计就自然成为整个课程设计中难度最大、挑战性最强的领域。

其次，在对学习主体的尊重方面。正如杜威在他的《民主主义与教育》中所说，你可以将一匹马牵到河边，但你绝不可以按着马头让它饮水。学校德育的价值和主观色彩使学习主体的积极性之于教育过程的重要性被提高到了无与伦比的高度。在一般的知识或技能的学习方面，一定的强制或压力也许会有一定的效果，但是在德育课程的组织与实施方面，如果没有对学习主体的了解与尊重，就不可能取得应有的效果。应该说，这是德育课程最根本的特色之一。

再次，在教育内容和教育内容的计划与安排方面。道德教育虽然也可以有一套类似于其他学科的道德知识体系，形成直接的道德教育的教材，但是德育课程既要诉诸认知的因素，更要通过情感、行动的经验去实现。所以，综合课程、活动课程、隐性课程、学校课程与社会、家庭生活的连接等在道德教育课程体系及其研究中占有十分重要的地位。此外，由于道德教育过程本身所具有的复杂性、反复性，德育课程能否、如何进行所谓的"螺旋式"设计；道德教育教材是采取教科书的形式，还是采用一般读物的方式设计，等等，也都是道德教育课程面临的问题。

最后，在教育活动，尤其是学习活动的方式方面。道德教育绝非仅靠直接的讲授就能奏效，道德教育课程应当认同更多的道德学习的方式和途径。在中国的道德教育实践中，最大的问题在于，在道德学科的直接讲授中，教师没有足够重视对学生道德批判能力的培育，课堂也缺乏应有的讨论；即使有所谓的讨论，其目的也不是通过讨论求得道德认知、反省能力的提高，而是着眼于得出既定的道德结论。在道德实践能力的培养上，也存在类似的缺陷：一是缺乏实践的机会；二是即使有所谓的"实践"活动，也都是以既定任务的完成为目标，学生没有选择的余地，其结果是道德实践活动实质上的形式主义，完全没有达到预期的效果。所以，如何增进学生的参与程度，是中国道德教育按照德育课程特点合理开展的关键问题。

三、当代德育课程案例介绍

为了更方便地对德育课程概念及其具体理论问题的分析、理解，下面我们介绍四个较有代表性的当代德育课程模式。

（一）威尔逊的"符号"课程模式

威尔逊（John Wilson）是英国牛津大学教育学系的教授、"法明顿道德教育研究所"的主任。他与他的同事威廉姆斯（N. Williams）和舒格曼（B. Sugarman）等人以"道德符号理论"为依据，设计了一套别具风格的德育课程。他们编写了德育教材丛书《道德第一步》（*First Steps in Morality*）和《道德第二步》（*Second Steps in Morality*）。

威尔逊是一位道德哲学家，他的课程理论是建立在自己对道德概念和道德教育的哲学理解之上的。威尔逊认为，道德观点与道德过程是可以分离的。所谓"道德"，不是具体的观点，而是处理问题的一般方式或方法论。道德过程中的方法论适用于广泛的情境，远比具体的道德内容重要。所以，威尔逊认为："我们主要的不是力图传授任何特定的内容，而是教他们一种熟练的方法。"[①] 学校德育应当向学生提供道德生活的方法论，而不是特定的道德价值内容。为了提供上述方法论训练，他们将道德问题分解为一系列的"道德构件"，再用古希腊文字中一些单词的特定缩写作为"符号"去解释道德问题，进行道德教育。威尔逊认为，一个道德上受过教育的人在道德行为在逻辑上分析必然符合以下公式：

---

① J. Wilson，N. Williams and B. Sugarman，*An Introduction to Moral Education*，London，Penguin，1968，p. 27.

$$\left.\begin{array}{l} \text{PHIL} \\ \text{EMP} \\ \text{GIG} \end{array}\right| +\text{KRAT}① = \text{DIK 与 PHRON}$$

$$\text{DIK 与 PHRON} + \text{KRAT}② = \text{正确的行为}$$

公式中的 PHIL 表示"关心他人""同情""公正""尊重他人"等意义；EMP 表示"体验别人的情感""敏感""移情"等内容；GIG 表示感知相关的情境、事实或具有相应的道德知识；KRAT 表示实施上述道德构件，在特定情况下做出抉择，采取行动。其中，KRAT① 表示对道德问题或情境进行认真思考，并与已有的 PHIL、EMP、GIG 建立联系；KRAT② 表示当决定太危险或受到禁止时，有必要将决定转向不同的行为。此外，DIK 是指能够形成关心他人的信念；PHRON 表示个人经过审慎思考做出坚定的道德抉择的过程。在上述道德构件中，威尔逊特别强调 PHIL 和 KRAT，即一个人是否道德的关键是看他能否具有关心他人的倾向，并具有道德抉择和行为能力。总的说来，威尔逊的意思是：一个受过道德教育的人应当关心他人利益，体察他人情感，具备合乎逻辑的道德事实知识，并能将这些知识转化为道德技能，具有迁移能力与道德信念。威尔逊建议教师运用上述符号、公式，结合日常生活的实际案例进行讲解，从而使学生掌握道德公式，具备道德生活过程的方法论，锻炼实际的道德能力。

威尔逊等人除了对道德理性能力培养的高度重视之外，还有一些特别的主张。第一，他主张直接的道德教育和专门的道德教育课程设置。他认为："将道德教育作为一种附加的或边缘性课程来对待只会导致灾难。"[1]为此，他还对直接的道德教学做出了充分的论证。第二，他坚决地赞同教师在道德教育中的主导作用。虽然他反对道德灌输，主张学习道德生活的方法论，但是他不反对在训练学生学习这一方法论时发挥教师的积极性，甚至也不反对教师保持自己的价值立场，以供学生参照。第三，他主张建立在学校组织结构上形成的"传统的家庭模式"。在学校管理上，他也认为应当让学生民主参与。总的说来，他主张要形成有利于道德教育的家庭气氛，从而使学生既具有安全感，又具有义务感和责任感。

---

① M. Downey & A. V. Keuy, *Moral Education：Theory and Practice*，转引自袁桂林：《当代西方道德教育理论》，148 页。

威尔逊的符号课程模式重视道德教育的形式方面，用符号和公式对道德概念和道德教育做出了很好的说明，对培养学生理性的道德能力具有重要意义。他自己也倾向于将道德教育课称为"道德思维"课。但是这一课程与教育模式过于"学究化"，同时道德观念与过程分离的命题及其推演出的教育结论都是有缺陷的，因而受到了人们的批评。

（二）麦克费尔的"体谅"课程模式

麦克费尔（Peter Mcphail）是英国教育家。他和英国"学校道德教育课程设计委员会"的同事们设计了一整套道德教育的课程。由于麦克费尔等人是从学生的需要出发，以"体谅"为核心目标范畴设计德育课程的，所以，他的德育课程模式也被称为"体谅"（consideration）模式。

1966—1968 年，麦克费尔等人分三次对 1 500 余名 13～18 岁的中学生被试进行了一系列的调查，试图查明学生的道德生活实际与需求。结果表明，学生所期望的成人行为是允许自由、帮助解决困难、理解、倾听意见、有幽默感。他们认为最好的成人与同伴行为是体谅别人、关心他人。相反，限制过多、不合理的要求、不公正的处罚，以及不体谅别人的行为是他们所不期望的。在这一研究的基础上，麦克费尔等人认为，儿童大多能够分清什么是自由与放任、坚定与固执、真理与教条。道德教育的任务不应主要是学习道德判断，而应当在让学生学会体谅和关心别人，并因别人的幸福而感到幸福。为了帮助学生形成体谅和关心他人的生活方式，他们先编制了道德教育的教材《起跑线》，此后，又在此书的基础上编写了《生命线》丛书作为道德教育的基本教材。

《生命线》由三部分构成。第一部分是"设身处地"（in other people's shoes），包含的是家庭或邻居发生的事情，涉及两三个人，目的是提供生活中常常遇到的现实问题，引发关心他人的情感体验。这一部分又由《感受性》《后果》和《观点》三组图片组成。每一组含有几十张彩色图片，描绘了一定的生活情境，并设计了一些发人深省的问题，供课堂讨论。第二部分是"检验规则"（proving the rule），提供的是未来特别是小团体会遇到的问题，并考虑如何相互关心的情境。这一部分由《个人和原则》《你期望什么》《你认为我是哪类人》《为了谁的利益》《为什么要这样做》等五个单元小册子组成。每一个小册子都由图文并茂的故事以及供学生讨论的思考题和练习题组成。第三部分是"你应该做些什么"（what would you have done），包括种族冲突、种族歧视、吸毒等主题，以便使学生在更广阔的背景之下考虑道德问题。这一部分包括的小册子有《生日——1904 年的南非》《单独的监禁——1917 年的英国林肯郡》《追捕——1944 年的阿姆斯特丹》《街景——1965 年的洛杉矶》《悲剧故事——1966 年的南越》《盖尔住院——1969 年的伦敦》。这些小册子仍然采用插图故事形式，目的在于引导学习者做出正确的选择。麦克费尔建议这一教材应当融合到各科教学中使用，不一定非得设置单独的道德教育课。同时他还强调，教材的顺序及安排是为了适应学生的需要和理解水平的，应当随着儿童经验的增加，提供更广泛的经验背景和教育内容。各部分材料可以单独使用，也可以交叉使用。

在道德教育的方法上，麦克费尔认为，讨论、角色扮演、对话、讲故事等是最有效的方法。道德教育应当摒弃说教和权威主义，让学生有选择的自由，但是教师应当提供自己的立场，供学生参照。此外，麦克费尔等人还特别强调班级、教师团体、俱乐部、兴趣小组等方式的作用，认为学校必须建立一种鼓励学生实际道德和民主的机制和氛围。

麦克费尔课程模式是建立在了解学生道德发展状况与需要的基础之上的，优点是切合学生的发展实际，有道德教育的针对性。但是，这一课程模式的不足之处也在于此。因为道德教育课程与教学毕竟有其价值引导、提升道德水平的使命，仅仅依据儿童的需要或以大多数学生的回答作为道德教育的标准与原则，难免有一种将道德教育与道德发展相等同的教育上的"成熟论"和伦理上的"自然主义"的倾向。

（三）纽曼的"社会行动"课程模式

"社会行动"模式（The Social Action Model）是美国教育学家威斯康星大学（麦迪逊校区）教授纽曼（Fred Newmann）于 20 世纪 70 年代中期发展起来的一个道德教育课程模式，其课程理论主要反映在纽曼的代表作《公民行动教育》（1975）、《公民行动技巧》（1977）中。纽曼等人编写的《公民行动技巧：中学英语学习计划》（1977），曾经产生了一定的影响。

纽曼认为，以往的道德教育对道德知识、社会体制、社会问题、思维过程等因素较为强调，但是对道德行动及其能力培养关心不够，造成了公民道德的被动性。同时，由于学生没有较多机会感到自己拥有影响或作用于环境的能力，对道德问题也会失去兴趣。从正面去理解，在一个民主的社会中，"被管理者的同意"（consent of governed）亦即每一个公民参与政策制定的权利十分重要，需要每一个体具有行动的能力。此外，纽曼认为，在道德冲突中，个体往往需要成为一个"道德主体"（moral agent）自主行动。而作为一个"道德主体"，个体也就必须有影响环境的能力。所以他特别强调培养学生的"环境能力"（environmental competencies，包括实质性的能力，如画画、建房等影响具体事物的能力；人际关系能力，即影响他人的能力；公民行动能力，即影响公众事务的能力）。在影响环境的能力中，纽曼特别强调影响公众事务的"公民行动"能力。纽曼认为这一能力依据一个能够达成实际的政策结果的"公民行动"的过程，可以分为三个方面：制定政策目标，集结支持目标的资源，解决心理哲学上的问题。①

为了培养学生的社会行动能力，纽曼在威斯康星州的麦迪逊市实验了一套课程方案，叫作"社区问题计划"（the Community Issues Program）。整个课程的学习时间为 1 年，可以获得英语和社会学习各 2 学分，也可以结合其他课程进行。这套课程包括第一学期的政治法律课、交际课、社会服务实习课和第二学期的公民行动、文学研习、公共交流，总共六门，主要培养学生的交际能力、搜集资料的能力、陈述能力、做出决定的能力、合作能力、探究问题的能力、施加影响的能力等七项能力。为了这一课程的开设，纽曼还强调学校应当建设较好条件的公民实验室，处理好责任问题，成立公民行动咨询委员会，让学生参与课程决策等辅助条件的重要性。

"社会行动"模式的最大特点和优势在于，它关注了一般道德教育课程中注意不够的"行动"问题，课程内容具有较为显著的实用、实践色彩。但是，这套课程所要求的条件是较高的，涉及不同学科，涉及学校以及社区。除了大量的经费投入之外，该课程所需的时间也非常多。比如第一学期，政治法律课是每周 3 个上午，共 14 周；交际课每周 4 个下午，共 16 周；社会服务实习课每周 2 个上午，共 14 周。学生几乎要花整天时间去学习该课程。除了投入太多之外，它还有可能带来学校秩序上的"混乱"。此外，纽曼的"被管理者的同意"等理论与条件假设也需更深入的论证。②

（四）美国品德教育课程模式③

这是美国品德教育学院研究和编制的一套道德教育课程。这一课程于

---

① 参见 Fred W. Newmannn, *Education for Citizen Action：Challenge for Secondary Curriculum*，Berkeley，Mccutchan，1975，p.77。

② 本书作者曾经于 2002 年底在麦迪逊访问过纽曼教授。他认为这只是一个已经过去了很多年的研究项目，项目完成以后，他没有再对这一课题做更进一步的研究，同时他对于许多人对他的理论模式的关注表示惊讶，他甚至不知道那本将"社会行动"理论作为美国六大德育模式之一介绍给读者的哈什的《德育模式》。不过，至今有许多人仍然对这一在道德行动方面做出探索的德育模式保持浓厚的兴趣。

③ 这一部分主要参考了冯增俊《当代西方学校道德教育》一书的相关内容。

20 世纪 70 年代中期开始设计，并在美国的 5 个大城市做过历时 10 年的实验。它在 1986 年基本定稿，正式使用。至 1990 年，美国许多公立学校都开设了此类课程。

按照制定者们的思想，美国品德教育的目的是：（1）提高学生的自尊心；（2）加强学生的自律和自我修养；（3）提高学生进行决策，解决道德问题的能力；（4）向学生传授积极态度和价值观。依据这些目的，教育家们编写了从幼儿园到小学、中学的品德教育课程的教材。整套教材在内容上一致强调了经过反复测试得出的一些基本的价值观念——诚实、勇敢、信念、公正、宽容、善良、助人、言论自由、选择自由、经济保障、公民的权利和义务、个人尊严、时间分配、个人才能的发挥等。幼儿园到小学、中学的品德教育课程设置的具体情况如下。

1. 幼儿园的品德教育

幼儿园每天都安排一小段时间进行品德教育。教材是《幸福生活》和《你与我》。《幸福生活》是 6 本动物故事集，《你与我》则是儿童熟悉的周围人物（如父母、兄弟姐妹、老师家长、警察、医生、朋友、邻居）的故事。每本书都是通过动物或人际故事反映是非、善恶，以及正直、公正、善良等价值观念。教师往往采用插图、幻灯片、编讲故事、做游戏等方式进行教学，使道德教育的开展比较形象生动。

2. 小学的品德教育

小学品德教育一般每周一到两节，教材是《公民的品德》。《公民的品德》分 10 个单元，每一单元都提出几种行为目的，每种行为目的再通过几节课来实施。教学时间安排因学习材料的多少灵活安排（15～30 分钟不等），教学形式也根据不同年级的实际决定，比如低年级以活动性内容为主。小学的品德教育特别强调利他意识、个人权利、责任意识与自律意识的培养。

3. 中学的品德教育

中学品德课的容量加大、加深，每周 3～4 节，教材为《自我决定》。《自我决定》共有 100 多篇课文，强调的价值观与小学相同，但水平上有较大差别，主要针对中学生的心理特点，希望帮助他们提高分析问题、负责地做出道德抉择的能力。教材具体内容分为"社会学习""健康生活""职业教育"三个单元，涉及烟酒、吸毒的危害，责任及其意义，强有力领导人的品质，影响个人声誉的因素等。教学采取讲授、实践等多种形式。

品德教育课程模式是道德教育在课程与教学上向传统复归的产物。它具有将道德知识讲授和品德能力培养相结合，道德教育系统化、科学化等特点，为道德教育的课堂教学形式提供了当代经验。但是，这一模式很容易"复辟"一些旧的课程与教学思想。一些教师往往驾轻就熟，积习难改，又回到将道德知识和道德训诫作为德育工作的重点的老路上去了。

第四节　德育的学科课程

一、学科课程

学科课程（discipline curriculum）是以学科为中心来编制的课程。对道德教育来说，学科课程问题有两类：第一是专门的德育学科课程，即直接的德育课程；第二是以学科课程方式存在的其他学科课程中包含的道德内容，及其构成对道德教育的影响，即间接的德育课程。所谓专门的道德教育学科课程，就是指以专门介绍道德价值、规则的原理与知识体系，提高学生道德认知与判断能力等为主要内容的课程。如前所述，道德教育是否可以作为一个专门的学科课程而存在，是德育课程理论反复争论的一大课题。从中国的现实来说，我们采取的是正面肯定学科课程的立场。从世界现当代德育发展的趋势来说，肯定回答的声音也越来越强烈。

综合起来看，反对将道德教育作为专门课程去开设的理由一般有三条。第一，道德教育作为专门的学科课程容易导致道德灌输，容易忽视道德理性、道德情感、行为能力的培养等。开设专门的德育学科进行德育，效果不如利用其他学科进行的间接的德育。第二，德育课程如作为专门学科课程去开设，就会出现一些与一般课程概念相抵触的东西。例如，道德教育不像一般课程那样以知识教学或思维训练为目标，而是以态度和行为的改变为主要目的的。又比如，列入学科课程的科目一般都应当也可以进行课业成绩评定，但道德教育课的成绩却很难评定。第三，特定学科课程一旦设置，就应当有专门的教师，可真正合格的进行道德教育的教师很难找到。同时，即使这一问题能够得以解决，也会有淡化其他学科教师道德教育义务的危险。

赞成将道德教育作为专门的学科课程予以设置的理由亦有三。第一，道德教育有自身特定的教育目的、教育内容、教育程序，所以应当作为一门专门的学科看待。专门设置道德教育课并不会必然导致道德灌输以及对道德理性、道德情感、行为能力培养的忽视，相反，教授必要的道德知识，让学生掌握必要的道德观念，是培养学生道德理性、道德情感、道德行为的必要前提。直接和专门的道德教学是"专业"和"诚实"的做法。第二，道德教育的特殊性不能作为其不能独立存在的理由，而只能被看作道德教育课程设置应当更多考虑的问题。第三，如果不专门开设相关学科，道德教育可能成为一种"边缘性学科"。由于各科教学都有自己特定的任务，没有专门的德育课程就意味着学校放弃或部分放弃了道德教育的责任。

我们的意见是：道德教育可以也应当作为一个专门的学科课程去设置，但同时，道德教育课程的设置应当与各科教学结合起来进行；道德课程教与学的方式必须符合道德教育的特殊实际；必须充分注意研究和处理好它与间接道德教育和隐性课程建设的关系。我国另有学者从总结道德教育学科课程建设的世界经验角度出发，认为中国德育学科课程建设应当特别注意三个方面的问题：第一，注意课程的心理学基础；第二，注意提高价值判断力；第三，强化情感因素。[①] 这些意见也是十分中肯的。

二、各科教学与德育

所有的学科课程都必须处理好本课程与其他课程的关系。道德教育对这一关系的处理则更为重要。道德学科与其他学科的关系的实质就是一个"直接的德育和间接的德育"的关系问题。例如，杜威对间接德育的重要性就大为强调。

> 如果我们将品德发展作为一种终极的教育目标，同时又将知识的获得和理解力的发展——这些在学校教育生活中占用大部分时间的工作——视为与德育无关的话，学校德育实际上就会是毫无希望的事情。[②]

许多国家都有德育计划、大纲、方案，但并没有专门的德育学科。道德教育一般采取间接的方式进行，即通过人文学科等非专门的道德教育学科进行。在中国和许多东方国家，道德教育则多以专门的学科进行直接的道德教学。在后一种方式中，专门德育学科与其他学科的关系问题就显得

---

① 戚万学等：《现代德育论》，334～336 页。

② John Dewey，*Democraly and Education*：*An Introduction to the Phylosophy of Education*，New York，Macmillan，1958，p. 411.

十分重要。

各科教学对道德教育的直接作用主要表现在两个方面。第一，系统的文化知识的学习是提高学生理性能力的重要途径，可以为道德教育提供必要的工具性前提。列宁说，没有文化的人成不了真正的共产主义者。苏霍姆林斯基说，学生在学校学习的自然、社会、思维方面的知识是世界观和正确道德行为的基础。他们说的都是这个道理。第二，各科教学本身包含着许多重要的价值或道德教育的因素。美国当代德育学家托马斯·里克纳认为，各科教学对道德教育来说是一个"沉睡的巨人"，潜力极大。所以，不利用各科教学进行价值与道德教育就是一个重大损失。里克纳还列举了各科教学中可以利用的一些价值因素。例如，数学和科学课中科学家的生平业绩、生活和治学态度；语文课中文学上榜样人物的道德作用；历史课中历史伟人的德行与自律精神；在体育与健康课中展示适度的自我控制对个人健康和品行的重要，等等。① 如果我们考虑后面要讨论的隐性课程的话，各科教学课程中形成的教师与学生的人际关系、教师对学生的人格示范作用等隐性课程，也是各科课程对专门德育课程的重要影响因素。

各科课程教学与专门德育课程的配合问题是学校德育课程建设的一个重要议题。在各科课程教学与专门德育课程的配合上，主要处理的应当是各科知识教学与道德教育之间的张力。首先，道德教育应当成为各科教学最重要的教学目标之一，成为教师不能忘记的重要教育法则。换言之，虽然不是直接或专门的德育课程的承担者，但人人都是德育工作者，都有德育的义务。所以，应当充分挖掘各科教学中的道德教育资源。其次，各科课程在实施中又要避免片面的"德化"倾向，避免将各科教学都变成直接的道德教学，失去间接德育的优势，忘记各科教学的"本职"任务。除了一些必须进行直接的道德评价的内容之外，最好的做法应当是在直接传授各科知识体系的同时采取"不经意"、自然延伸的方式影响学生。

三、中国专门德育学科课程的问题与对策

目前，中国专门道德教育学科课程的主要问题表现在以下几个方面。

1. 课程内容的安排与教学处理问题

上一章我们已经涉及德育课程的内容问题，这里我们谈两个方面：一是德育内容的科学性问题，二是课程内容的安排或教育呈现形式问题。我

---

① 参见袁桂林：《当代西方道德教育理论》，254 页。

国德育课程的内容一直注意联系国家政治生活现实。这可能是一种优点，但是伴随这一优点的是课程内容很多属于一时一地的政策性问题，缺乏科学性的筛选，相当程度上影响了课程质量。另外，我国德育课程从编制到教学，很少有教育对象的参与，对教育对象的品德实际、需要以及发展的逻辑考虑不够。其结果是，教育内容教条化和学习方式的"静听"式。

对上述问题的解决，只能采取两个方法。第一，承认德育学科的科学性，从而对目前的德育内容进行一定的清理，形成具有科学性、时代性的课程内容体系。第二，对课程安排和教学形式进行改造，形成新的德育课程形式。关于后一点，浙江大学魏贤超教授有过一个很好的设想。魏贤超认为，可以将现行的思想品德课、思想政治课等改造成为一种"认知性课程"。"这种认知性课程指的是，在教育、教学的整体性原则的指导下，以发展性原则为基础，在具有特定性质的体制与气氛中，在活动性课程的配合下，每一个学生都作为德育活动与过程的主体，在教师的启发、引导下，直接地、民主地参与遵循前述原则编制而成的德育内容的'讨论'（包括通常运用的辩论、谈话、阅读、说理以及讲授等形式），从而学会、理解或掌握真正的道德知识或道德观念，进而形成道德认知、道德信念直至道德理想、道德情感、道德意志与道德行为习惯。"① 不管我们如何评价这一设想，在德育课程设计与教学中充分考虑学生的主体参与，适当吸收现当代德育理论与实践的优秀成果，都是完全正确的。

2. 教材内容的稳定性问题

由于许多复杂的原因，我国直接德育课程教材的变动频率是最高的。以中学"思想政治课"为例，北京市中学政治课的设置在 1949—1990 年，变动次数总计 32 次。② 过多的变动是思想品德、思想政治等课程效果较差的重要原因之一。针对目前我国德育课教材的现状，笔者曾经提出"思想政治课教材双轨制"的设想。③ 具体设想为：对目前德育课程教材内容进行清理，将教材中相对稳定的内容依据学生道德发展的实际编写成为一套"硬教材"，若干年相对不变；为了照顾到联系实际的需要，将目前教材中

① 魏贤超：《现代德育原理》，103 页，杭州，浙江大学出版社，1993。

② 参见张志建：《中学思想政治课教学论》，78～83 页，北京，北京师范大学出版社，1993。

③ 参见《思想政治课教材可否双轨制？》，载《光明日报》，1992-11-04；《思想政治课教材过频变动的分析及对策》，载《课程·教材·教法》，1996（12），等等。

稳定性较差的时事、政策性内容按年级编写成为常变常新的"软教材"（可采取活页形式）。这样既可以保证教材的科学性和稳定性，也可以保证学校德育理论联系实际目标的实现。

3. 课程结构与设计的问题

这里的"课程结构与设计的问题"，主要指两个方面的问题。第一是螺旋式课程（spiral curriculum）问题，第二是综合课程（integrated curriculum）问题。

"螺旋式"是一种课程设计方法，可以使学科内容在整个学习过程中循序渐进，从而使学生逐步深入地接触学科内容的不同方面。采取学习经验连贯性的螺旋式课程设计可以在小学起即向学生传授特定学科内容的某些方面，并为他们对在今后若干年内的相同领域内的复杂内容的学习做好准备。螺旋式课程安排有两种基本方式：一是基本相同的内容在不同学段反复安排，只不过后期内容在程度上有所加深；二是采用螺旋式方法安排不同的课题内容，只是"课程在其发展中应该回顾那些以它们为基础的基本概念，直到学生全面掌握了课程的参考资料"[①]。

我国德育课程基本上采用的是螺旋式结构。这一结构的确有利于学生对一些抽象的伦理、哲学概念的掌握，但是也带来了一个十分突出的消极后果——德育课程的教育内容重复严重，既浪费时间，也削弱了学生学习的积极性。近年，我国德育课程设计已经注意了这一弊端，但是这一问题远未得到解决。今后，我们仍然需要在课程编制上做更多的科学化努力。

综合课程与单一的分科课程（subject centered curriculum）相对，是学科课程的一种，是将有关学科合并起来编订的课程形式。综合课程能够防止学科课程将学科分科过细的弊端，有利于课程"生活化"目标的实现。但是综合课程设计也有缺点，那就是它的综合性不利于一些学科开展系统和深入的教学。所以，综合课程应当主要用在较低学段。

目前，许多国家的中小学德育课程都采用了综合课程形式。其优点主要有两条：其一是有益于学生在复杂的生活背景之下理解真实的道德理论与实践中的问题；其二是整合起若干学科之后，有利于节约教学时间，节省学生的学习精力。但是由于这一课程形式本身的缺陷，一般认为，学校德育只宜在小学或初中采用综合课程形式，中学高年级还是应当采取以分科课程为主的课程形式。实际上，我国已经开始在小学和初中阶段设计和

---

① 江山野：《简明国际教育百科全书·课程》，55 页。

设置具有综合课程性质的德育课程（如品德与生活、品德与社会、思想品德），这一努力是值得肯定的。

第五节 德育的活动课程

一、活动课程概念

活动课程（activity curriculum）又称经验课程、儿童中心课程等，是指以儿童从事某种活动的动机与经验为中心组织的课程。活动课程的思想发源很早，现代意义上的活动课程之首倡者当是美国教育家杜威。杜威说过："细心考察一下学校教育中永远成功的教学方法，无论是算术、阅读、地理或外国语的教学，将会表明这种教学方法之所以有效，全靠它们返回到校外日常生活中引起思维的情境。它给学生一些事情去做，不是给他们一些东西去学；而做事又是属于这样的性质，要求进行思维或者有意识地注意事物的联系，结果是他们学到了东西。"[①] 活动课程是以对学科课程的否定者的面貌出现的。杜威反对以学科为中心，将学科分得过细，忽视儿童兴趣与经验，也同实际生活严重脱节的传统课程，主张使课程满足儿童当前的兴趣和需要，以儿童为中心组织课程。杜威提倡和实验过的活动课程模式产生了世界性的影响。杜威的活动课程理论主张以儿童的社会动机、建设动机、探索动机和表演动机为基础组织教学，目的在于帮助学习者解决他们当前认为重要的问题，扩大、加深他们的已有兴趣和生活经验。教师只是学生学习活动的顾问，教材只不过是为学生解决疑难问题、满足当前兴趣而提供的参考材料。活动课程由于不能使学生很好掌握系统的科学文化知识，按部就班地学习，曾经受到过广泛的批评，其发展势头在 20 世纪 50 年代以后一度受到抑制。但是 20 世纪 70 年代以来，由于社会发展的新的需要（对人的创造性的需要），也由于哲学、心理学的发展为其提供了更扎实的价值与科学的基础，活动课程的理论和实践又重新活跃起来了。

活动课程与传统的学科课程的对立，实质上就是直接经验和间接经验在课程上的不同强调的产物。因为人类的学习离不开直接经验，也离不开间接经验，所以活动课程与学科课程如果不是对立，而是互补关系，则活

---

① ［美］杜威：《杜威教育论著选》，182 页。

动课程就会得到很好的界定。有学者认为，在现代社会，"无论课程结构怎样调整，期望单一的课程类型满足社会对于教育的需求或受教育者的发展需求都是不可能的"①。所以，活动课程作为课程类型的一种，与其他课程在相互配合的关系中存在的合理性是毋庸置疑的。实际上，当代的活动课程也的确已经完成了"中性化"（即不与学科课程对立而是互补、相互渗透的关系）的过程，即今天的活动课程已经成为一种与学科课程并列的课程类型。我国教育部（原国家教育委员会）在1992年颁布的《九年义务教育全日制小学、初级中学课程计划（试行）》中就已经将课程明确划分为"学科"和"活动"，并指出："活动在实施全面发展教育中同学科相辅相成。"② 德育课程在"学科"课程上有思想品德课、思想政治课、劳动、社会等，在"活动"课程上有晨（夕）会、班团队活动、社会实践活动、学校传统活动等。最新的德育课程标准（2002、2003）则对活动课程的比重提出了更高的要求。在德育改革过程中，许多人在学科教学中也已经开始采用活动课程的组织形式。我们这里所研究的德育活动课程，就是指与学科课程并列、互补、相互渗透的一种以"活动"为重要内容的课程形式。

活动课程对道德教育十分重要。从某种意义上说，与其他学科相比较，活动课程实际上是道德教育最关键、最重要的课程形式。活动课程对德育的意义可以从以下两个方面加以说明。

第一，德性的本质是德行。亚里士多德说过："我们做公正的事情才能成为公正的人；进行节制，才能成为节制的人；有勇敢的表现，才能成为勇敢的人。"③ 总之，只有在德行或道德实践中才能修养德性。正是因为这一点，伦理学才被称为"实践哲学"（practical philosophy）。虽然伦理学从历史形态上已经经历过规范伦理学、实证伦理学和元伦理学几个阶段，但是至今为止的伦理学仍然是一个以规范伦理学为主流的实践学科，原因就是"它研究实践或行为"④。所以，离开道德实践活动，我们就无法在真实

---

① 高峡等：《活动课程的理论与实践》，116页，上海，上海科技教育出版社，1997。

② 国家教育委员会政策法规司：《中华人民共和国现行教育法规汇编（1990—1995）》上卷，316页，北京，人民教育出版社，1998。

③ ［古希腊］亚里士多德：《尼各马科伦理学》，26页，北京，中国社会科学出版社，1990。

④ ［美］弗兰克·梯利：《伦理学概论》，4页，北京，中国人民大学出版社，1987。

意义上讨论或学习道德问题。

道德教育从以上前提出发，也只能将道德活动作为实现教育目标的最重要的手段，因为道德教育的最终目的是使学生实践道德。杜威十分正确地指出："从别人那里听来的知识也许能使人产生某种行动……这种知识不能培养个人的主动性和使他忠于他人的信念"，而"在一个有目的而且需要和别人合作的作业中所学到和应用的知识，乃是道德知识，不管有意把它视为道德知识，还是无意把它视为道德知识"。① 我们可以这样认为：如果说活动课程在其他学科教学中有一定局限的话，那么在道德教育这样一个特别需要实践活动的学科中则具有较大的优势——尤其是在我们不把它绝对化的条件下。有人认为，"在整个学校的大德育课程中，其主要部分与主要性质或主要的德育课程是实践性的"，所以应当"是活动性课程或实践性课程"②。

第二，活动的德育意义。活动的德育意义或功能主要体现在三个方面。

首先，道德活动可以使道德知识"活化"。道德教育有认知性的教育成分，所以德育学科课程的存在是合理的。但是德育学科课程所传授的道德知识本身是一种实践智慧，来自道德生活，道德教育的效果只能在将个体的道德生活的直接经验与这一社会文化中的道德智慧相结合的形式中才能取得。道德教育的另外一个重要维度，是道德实践的策略传授。就实践策略而言，离开道德活动是不可思议的事情。就像离开游泳实践不可能学会游泳一样，道德实践能力提高的唯一途径也只能是道德实践活动，即只能使学生回到活生生的道德生活，在交往中学会交往，在责任承担中建立真正的责任意识。

其次，道德活动可以使道德学习的动机得以增强。动机固然是行为的起点，但倒过来，行为也可以增强活动的动机。道德学习的动机可以说有两个方面：一是作为整体的人类的动机，二是个体道德行为的具体动机。从发生学意义上说，道德规则之所以必要，在于其对人类社会发展的必要性。个体只有在道德活动中才能发现这一必要，从而寻找到道德生活的现实与历史的根据，建立真正的道德信念。同时，道德生活对个体道德情感的调动，对个体不同行为的奖惩都会影响动机的强度。所以，每一个具体的道德动机也只能通过具体的道德生活来发现、增强。生活体验是道德动

---

① ［美］杜威：《民主主义与教育》，372～373 页。
② 魏贤超：《现代德育原理》，105 页。

机增强的有效策略，所以活动课程是道德价值与规范教育避免"教育异化"的出路之一。

最后，道德活动可以增进道德的自我教育。最高形态的道德教育应当是一种"无教之教"，而形成"无教之教"的唯一途径是形成学生的自我教育机制。如果道德教育只限于课堂讲授，则学生学习道德知识可能限于一般的思辨。而道德自我教育的重要要求之一是要学生能够将自己作为一个"对象"去时时反省、改进和提高。在道德教育中安排适当的活动，可以使学生在道德实践中获得自我反思、评价和学习的机会。因此，活动对于自我教育的意义也是十分重大的。

二、活动课程的实施

活动课程的意义在道德教育的历史上实际上已经得到过不同程度的强调，所以道德教育对活动课程的探讨的具体努力，主要应当在于道德教育活动课程的实施。北京师范大学教育学院丛立新教授提出，活动课程的主要原则是：自主性原则、实践性原则、综合性原则、过程性原则、开放性原则、互动性原则。① 结合中国德育的实际，我们认为，德育活动课程实施中最为关键的一些问题应当包括以下几点。

1. 活动课程应当贯彻主体性原则

德育活动课程的提出，在相当程度上可以说，就是一个在课程方面如何反映德育对象道德学习主体性发挥的问题。这里主要探讨正反两个方面的问题。

从正面角度看，所谓主体性原则，主要是说在活动课程实施中要充分考虑学生道德学习的兴趣和需要。杜威说过："兴趣就是自我和某一对象的主动认同。"② 皮亚杰也说："如果儿童对他做的事情是有兴趣的，他就能够努力做到他的耐心的极限。"③ 此外，课程理论之所以强调活动课程的重要，重要的原因就在于以学科逻辑和成人经验为重心的学科课程不能引发儿童的兴趣。所以，活动能否吸引学生是活动课程成败的关键。但是，并不是所有兴趣都是德育活动课程应当照顾的东西。道德教育应当考虑兴趣，

---

① 参见高峡等：《活动课程的理论与实践》，96～115 页。

② ［美］杜威：《民主主义与教育》，368 页。

③ J. Piaget，*The Moral Judgment of Child*，New York，The Free Press，1965，p. 165.

也应当考虑教育本身应有的价值引导的特点。道德教育应当从肯定学生积极的社会需要和道德动机，并鼓励这一动机水平的巩固和提升的角度去考虑道德学习的需要与兴趣，应当通过一些合乎学生道德发展实际的活动，使那些学生不感兴趣的教育内容也能够慢慢成为学生感兴趣的内容。

从反面的角度看，主体性原则要求的是杜绝那种缺乏学生主动参与的形式主义的活动。在我国的日常德育活动中，许多活动都是"有组织"的，而有组织意味着是教师安排、策划和指挥的。因此，即使表面上十分热闹的活动也是"招之即来，来之即做，做之即散"① 的，形式主义和强制的成分很多，与活动课程的精神实质背道而驰。真正的活动课程应当是"一种发自主体内部的、自内向外的、主动积极的参与活动，是一种真正的自我教育活动"②。活动课程的确应当贯彻自主性、实践性、过程性、开放性和互动性等原则。

2. 活动课程应当与其他课程相配合

活动课程本身是有局限性的。这一点应当引起德育工作者的高度重视。注意德育活动的局限，扬长避短，就是要努力使活动课程与学科课程形成相互支持的互补关系。一方面，应当在活动中鼓励将学科德育课程中所学习的判断、分析能力和解决问题的策略运用于道德实践活动；另一方面，应当注意引导学生体悟活动中蕴藏着的德育意义，否则纯粹自发的活动的德育意义将大打折扣。苏霍姆林斯基说过一个故事：一队小学生在做"好事"（帮一个老奶奶浇白菜）时，将一桶水泼在路上，然后看着一位盲人老大爷走进水洼里而哈哈大笑。③ 这一事例证明，学生往往不能将做"好事"的行为与"好事"的价值内涵统一起来。因此德育的活动课程必须与认知性、情感性的培养结合起来，而要做到这一点，就需要与其他课程的配合。所以，必须有专门进行道德学习、讨论、反思等训练的学科课程存在。

德育的活动课程与学科课程的统一还包括与其他学科的学科课程相结合，这是因为活动课程本身具有综合性质。没有一种只涉及道德而不关涉其他领域的活动。此外，活动如果要有吸引力，也必须杜绝过于直接的道德教育意味。所以，德育活动课程必须与其他学科的学科课程紧密结合。

---

① 咸万学等：《现代德育论》，353 页。

② 魏贤超：《现代德育原理》，106～107 页。

③ 参见［苏联］苏霍姆林斯基：《让少年一代健康成长》，205 页。

3. 活动课程应当与社会生活相统一

活动课程的优点之一是使道德生活成为教育手段。因此应当注意德育的活动课程与社会生活的统一。

一般来说，为了保证德育过程的引导性和德育内容的正面性，学校德育环境应当是一种相对"净化"的环境。杜威说过："成人有意识地控制未成熟者所受教育的唯一方法是控制他们的环境。"而"任何环境，除非它已被按照它的教育效果深思熟虑地进行了调节，否则就它的教育影响而论，仍是一个偶然的环境。一个明智的家庭和一个不明智的家庭的区别，主要在于家庭中盛行的生活和交往习惯是不是根据它们对儿童发展的关系的思想进行选择的，或者至少带有这种自相的色彩的。但是学校当然总是明确根据影响其成员的智力和道德倾向而塑造的环境典型"①。杜威认为，有效的学校环境必须具备三重特征。第一，学校环境是一个简化的环境。人类文明的复杂决定学校必须选择其中最基本的并能为青少年接受的部分，引导其分层次、循序渐进地吸收。第二，学校环境必须是一种净化的环境。学校必须剔除旧时代遗留下来的邪恶和阻碍进步的影响因素，选择文明中最优秀的成果，并强化其影响力，使之得以传递、保存、发扬光大。第三，学校环境必须是一个整合的环境。学生从属于不同的社会共同体，学校教育必须平衡社会环境各成分的影响，避免学生受制于某个特定团体的狭隘思想的禁锢，而是和更广阔的环境建立联系，从而走向平衡、理性的道德与价值的选择。上述三个方面是防止学校成为"偶然的环境"、实现相对"净化"的必要条件。

但是，"净化"只能是一个相对的概念。如果我们试图将学校变成道德上的世外桃源，对学生的道德成长反而是有害的。因为，我们教会学生的是一些在现实中并不具有现实性的道德观念；即使这一观念有某种合理性，由于无法获得应有的社会支持，其教育效果也会大打折扣。杜威的解决方式是既强调学校环境的相对净化，又强调将学校建设成为一种小型社会。杜威指出："教育既然是一种社会过程，学校便是社会生活的一种形式。""道德教育集中在把学校作为一种社会生活的方式这个概念上，最好的和最深刻的道德训练，恰恰是在人们在工作和思想的统一中跟别人发生适当关系而得来的。""在现在的情况下，由于忽视了把学校作为社会生活的一种方式这个概念，来自教师的刺激和控制太多了"，这样就"使得达到任何真

---

① 〔美〕杜威：《民主主义与教育》，21 页。

正的、正常的道德训练变得困难或者不可能"。① 实际上，杜威正是从这些思考中得出结论，认为学校应该办成一个雏形社会，并且"学校即社会"，"教育即生活"。所以在考虑德育活动课程与社会生活的关系时，借鉴杜威的观点，我们应当考虑的是如何做到保持相对净化与社会生活实际之间的必要的张力。两者的统一，需要较理想的社会生活模式在学校的实现。

德育的活动课程与社会生活的统一除了上述内涵之外，还有一个重要的方面，即活动课程开展本身需要社会有形的或制度上的支持。因此，学校与社区、政府等的关系是许多"活动"开展的前提。换言之，学校必须尽量拆除有形和无形的"围墙"。

第六节　德育与隐性课程

一、隐性课程概念

隐性课程（hidden curriculum）"是指这样一些教育实践及成果，它们在学校政策、课程计划上并没有明确规定，然而又是学校经验中常规的、有效的一部分"，它"也许被看作泛泛而随意的，隐含的或根本不被承认的"。"这一术语是描述那些构成学生进行非学术性的，无法评定的学习活动的各种影响。"② 与隐性课程概念相近或相等的概念还有非正规课程（informal curriculum）、未期待课程（unexpected curriculum）、隐藏或潜在课程（covert/implicit curriculum）、辅助或附带课程（subsidiary/concomitant curriculum）、未研究课程或自然课程（unstudied curriculum）等。

关于隐性课程的概念界定，不同的研究者有不同的看法。结构功能论者认为，隐性课程是学生在学校及班级环境里，有意或无意中经由团体活动和社会关系习得的"显性课程"所未包含的，或者不同甚至相反的认识、规范、价值和态度。现象诠释学者认为，隐性课程是学生在学校或班级的"生活世界"中，不断与教师或同侪团体产生存在经验的对话，使其对教育环境主动产生价值或意义上的解析，并进而扩展其存在经验的非限定和创造性的无意学习。社会批判论者认为，隐性课程是将影响或决定"正式课程"内涵和特性的价值、规范、态度内化于教学过程（无论有意或无意），

———————————

① ［美］杜威：《杜威教育论著选》，4～5 页。
② 江山野：《简明国际教育百科全书·课程》，92 页。

使学生习得这些经验，借以完成其社会化，或将这些经验转化为自我意识的反省、批判，进而产生对现状进行改进的实践活动的经验。①

虽然学界关于隐性课程的概念界定还有许多不同的意见，但是关于隐性课程的描述还是存在相对共性的东西的。第一，从影响结果上看，隐性课程是指学业成绩之外的非学术的影响，更多体现在对学生的价值、情感和意志等方面的影响上。第二，从影响环境上说，它是一种潜存于班级、学校和社会中的隐含性、自然性的影响。第三，从影响的计划性角度看，隐性课程是非计划、无意识和不明确的影响。第四，从影响的效果上看，由于隐性课程具有潜移默化性，所以它的影响虽不是立竿见影的，但却具有"累积性""迟效性""稳定性或持久性"。② 总的说来，隐性课程是学生在学校学习生活中完整经验的一个有机的组成部分。但是，这一部分与显性课程的影响有着显著的区别。我国有学者将隐性课程概括地界定为"学校情境中以间接的、内隐的方式呈现的课程"③。

隐性课程的思想可以追溯到杜威等早期的现代教育学家。但一般认为，这一概念是菲利普·W. 杰克逊在 1968 年出版的《课堂生活》④ 中明确提出的。隐性课程概念和理论的提出实际上是当代教育理论对 20 世纪六七十年代教育研究强调实证化、科学化，追求教育活动的可控性和价值中立倾向的一种反动。实际上，"一个时期应该既产生努力实现教育变化定量化的学者，同时也产生一些渴望承认学校中以某种独特方式而发生的教育现象的学者"⑤。隐性课程理论实际上已经证明：教育活动是一种复杂性很强的实践类型，完全的"工学模式"肯定是错误的；教育活动也是一种价值性的实践，企图做到完全的"价值中立"是不可能的。所以，隐性课程理论实际上已经为教育理论与实践开辟了一个十分广阔的研究领域和实践探索的空间。

隐性课程概念本身有着与道德教育的天然联系。这是因为隐性课程在本质上是一种价值性的影响。

---

① 参见鲁洁：《德育社会学》，280 页，福州，福建教育出版社，1998。

② 戚万学等：《现代德育论》，362 页。

③ 施良方：《课程理论——课程的基础、原理与问题》，273 页，北京，教育科学出版社，1996。

④ P. W. Jackson, *Life in Classroom*, Holt, Rinchart & Winston, 1968.

⑤ 江山野：《简明国际教育百科全书·课程》，93 页。

二、德育的隐性课程与道德教育实践

如前所述，隐性课程与道德教育有着天然的联系。这一联系的意义有二：第一，要正确理解隐性课程，就必须理解其中德育影响的核心地位；第二，"道德教育如不关心隐蔽课程，期望得到满意效果是不可能的"①。所以，必须讨论隐性课程、德育的隐性课程与德育实践的关系。

对道德教育来说，隐性德育课程的作用非常之大，这主要是由隐性课程和德育过程两个方面的特点所决定的。从隐性课程角度看，其最大的优势在于它的作用方式是间接和潜在的，可以避免直接、显著的德育课程可能导致的逆反心理。隐性课程具有真正的"诱导"特性。从德育过程角度言之，德育过程面临的最大问题莫过于学生的道德认知与道德情感联系的断裂。有人就我国学生的高考政治课成绩与他们的平时品德等第之间的关系做过调查，发现某校 1987、1988 年参加高考的学生的政治成绩与品德等第的相关度为 0，在校学生情况也一样。② 从德育过程本身去分析这类现象，我们认为，主要原因之一在于道德认知与情感之间没有建立起码的联系。而道德认知与情感之间联系的建立，除了要在德育的显性课程改造上想办法之外，注意德育隐性课程的建设也是一个十分重要的方面。

隐性课程对德育的重要性，决定着道德教育必须以主动或积极的态度去处理德育的隐性课程的改造或优化问题。但是，隐性课程是可以改造的吗？在什么程度上可以谈德育隐性课程改造？这在隐性课程理论中是有争议的。隐性课程本来是从实际影响结果的角度提出的，所以从影响结果的角度言之，永远都会存在隐性课程。但是隐性课程又是作为一种教育实践而存在的，所以隐性课程又是包括道德教育在内的全部教育活动都要有所作为的一个领域。因此，曾经有人提出"开设"隐性课程的主张。我们的理解是：当我们"开设"或规划隐性课程时，"隐性课程"就已经变成了"显性课程"，这时又会有新的隐性课程领域有待我们去研究，同时隐性课程拥有的优势也会随之消失。所以，我们只能说：德育应当注意并处理、改造好隐性课程，而不能说"开设"德育的隐性课程。在以前的隐性课程理论分析中，我们已经能够看到，社会功能论和社会批判理论的不同，反映出隐性课程中价值影响的正面与负面两个不同维度的存在。现象诠释学者则

---

① 鲁洁：《德育社会学》，314 页。
② 调查来自南京师范大学教育图书馆的《华夏教育图书通讯》1989 年的第 1 期。

揭示了隐性课程中学生主动性存在及其影响的重要。因此，我们认为，隐性课程研究已经向德育理论提出的隐性课程优化改造，要注意的主要问题是：第一，如何在教育实践中避免负面影响而求得正面影响的加强；第二，在隐性课程中，如何注意受动方面学生主动性的发挥。所以，我们认为，德育的隐性课程改造的重点或方向是隐性课程的优化而不是它的"显性化"。

那么，德育应当如何注意改造隐性课程中的德育影响，并且优化这一影响呢？这应当从隐性课程存在的具体领域谈起。

从德育课程概念本身的发展可以看出，实际上显性的德育和隐性的德育，或者说学校德育课程中的显性课程与隐性课程是联系在一起的。有直接和显性德育的地方，就有隐性德育课程存在。德育直接影响存在的领域主要是学校课程、学校制度、校园文化，因此德育的隐性课程也就主要存在于上述三大领域。下面，我们逐一谈谈对这三类道德教育隐性课程的"改造"。

"学校课程"方面的道德教育隐性课程有三种。第一种是作为专门学科存在的德育课程与教学中存在的非预期的德育影响，第二种是各科课程及教学存在的不自觉和非预期的德育影响，第三种是德育的活动课程中隐含的与显在目标不一致的德育影响。在显性的德育课程中，无论是学科课程、各科教学和活动课程，都有一个对德育目标的设定。在上述三个方面存在的隐性课程可能与这一目标一致、协同，也可能产生相反的影响。例如，我们用一种由教师决定的方式让学生体会"民主"，就会导致显性课程与隐性课程的对立。德育工作者所要努力做到的是，尽量求得两类影响在德育目标上的一致。为了这种统一，我们可以调整显性课程，也可以调整隐性课程。

"学校制度"方面的隐性课程是指班级、学校教育中领导体制、规章制度、领导风格、管理模式、教学组织形式等存在的非预期的德育影响。如前所述，利比特和怀特等人通过对不同领导方式下学生的手工制作活动的研究，发现不同领导方式等隐性课程因素对学业成就和学习态度的影响非常显著。具体结果见表6-2、表6-3[①]。

1. 领导方式

表 6-2 不同领导方式的具体体现

范　畴	专制的领导方式	民主的领导方式
策略	领导决定	群体讨论

---

① 参见魏贤超：《现代德育原理》，111 页。

续表

范　畴	专制的领导方式	民主的领导方式
工作方法	领导确立	在比较中选择
伙伴	领导选择	成员选择
领导	态度冷淡，远离群体	参与，亲近
群体结构	分裂化	亚群化

2. 作为结果而发生的行为

表6-3　不同领导方式对学业成就和学习态度的影响

范　畴	专制的领导方式下学生的表现	民主的领导方式下学生的表现
对工作的态度	攻击或冷淡	有兴趣
对成员的态度	竞争/寻找替罪羊	合作/友爱
对领导的态度	顺从	友好
领导离开房间时	停止工作	继续工作
群体精神气氛	团结程度低，紧张	团结程度高，轻松
工作标准	高	中等
对问题的反应	逃避责任	有组织地解决问题

　　与上述问题相关的班级、学校制度上的隐性课程，对学生价值观念、道德品质的影响还很多。例如，我国学校机构组成烦琐，学生参与程度较低等管理上的弊端，容易导致学生消极和被动的道德人格特征。再者，一些管理人员素养甚低，但又握有相当大的管理权力，容易导致学生产生"读书无用论"思想等。所以要养成学生积极、主动的道德人格，必须在学校制度建设、管理方式上狠下功夫。在一些发达国家和地区，"道德领导"（Moral Leadership）已经成为一个被许多专家高度重视的研究领域。美国教育管理学专家萨乔万尼曾分析了五种学校领导权威的来源、策略和给学校带来的结果等，对于我们理解制度或管理方面的隐性课程也有一定帮助。

表 6-4 为其中两个权威的分析。①

表 6-4　领导/管理政策与实践的权威来源

来　源	假　设	策　略	结　果
科层权威： • 等级制度 • 规则与规章 • 指令 • 角色期待（教师或遵守章则，或面对不利的后果）	• 教师是等级排列体系中的部属 • 管理人员值得信赖，而部属不可信赖 • 管理者与教师的目标、利益不同，管理者必须保持警觉 • 层级高低等于专业知识多少，管理者比教师高明 • 外控的考核最为有效	• 要求和检查是贯穿始终的规则 • 教师的工作必须符合既定的标准 • 鉴别出教师的需要，让其接受在职培训 • 直接、严密监控教师的工作，以保证其遵守章则 • 解决如何驱动教师并改变教师的问题	在一定监控之下，教师作为执行既定政策的技师做出回应，其用武之地受到局限
道德领导： 责任感和义务感来自宽广而共享的共同价值观、理念和理想（教师对共同的承诺和相互依赖感做出回应）	• 学校是专业的学习共同体 • 共同体由共享的价值观、信念和承诺的核心界定 • 在共同体内，什么是对、什么是好，与什么可行、什么有效是同等重要的；情感和信念与自利对人有同样大的激励作用；团队精神是一种专业美德	• 甄别并澄清价值观，将学校的核心价值定义为共同体的价值观和信念 • 把价值观和信念转化为驾取行为的不成文规范 • 将团队精神作为内化的感受和受道德驱动的相互依赖关系来推进 • 领先共同体成员的能力去回应责任和义务 • 依靠共同体的非正式规范去强化专业及共同体的价值体系	教师因道德原因而对共同体的价值观做出响应；他们的工作变成集体性的活动，他们的表现舞台得以延展，并且是稳固持久的

“校园文化”方面的隐性课程，主要是指学校的物质与精神环境等方面

---

① ［美］托马斯·J. 萨乔万尼：《道德领导：抵及学校改善的核心》，41～42 页，上海，上海教育出版社，2002。

潜在的道德影响。① 作为校园文化的学校物质环境，主要包括两个维度。一是学校物质条件的建设。一个设施齐备、环境优越的学校易于鼓舞学生的士气，培养学生积极向上的态度；相反，则容易使学生产生失败感，自暴自弃。二是空间关系。一个办公楼占据耀眼的位置，教学空间相对被冷落的学校，实际上无时无刻不在进行权力至上的价值观教育。班级教学中的师生距离、讲台与课桌的空间关系，也都无时无刻不在进行民主或专制的教育。校园文化的精神层面主要是指渗透在学校的精神氛围，包括校风、班风、人际关系、心理气氛等。一个学校的精神文化环境既是有形的，也是无形的。在一个精神氛围较好的班级或学校中，学生容易耳濡目染一些健康的价值观念，自觉遵守必要的规范；相反，诸如不良的同辈群体等反面的示范作用，则易于导致学生精神操守水平的下降。所以，校园文化建设，尤其是精神文化建设，是学校德育隐性课程建设的一个重要方面。

本章学习小结

一、将你认为本章最重要的观点、事实或实践策略列举如下：

1.

2.

3.

4.

5.

6.

7.

8.

9.

10.

二、将你认为本章最需要质疑或讨论的观点、事实或实践策略列举如下，并努力在进一步的学习中形成自己的答案。

1.

2.

_____

① "校园文化"方面的隐性课程，在逻辑上还应该包括学校的制度文化方面的潜在道德影响。为了不与前面论及的"学校制度"方面的隐性课程内容重复，这里没有论及。

3.

4.

5.

6.

7.

8.

9.

10.

本章习题

1. 古代与现代学校德育内容的区别在哪里？

2. 现当代各国在道德教育内容上有何趋同？

3. 制约学校德育内容的教育性因素主要有哪些？

4. 我国现行中小学德育大纲对德育内容的规定的特点和不足有哪些？

5. 如何处理规范教育与德育主体性发挥之间的矛盾关系？

6. 试述集体主义、爱国主义、理想教育应注意的主要问题。

7. 德育可否作为一门课程去开设？德育学科课程的特点有哪些？

8. 简要介绍和评价四个德育课程模式中的某一个模式，尝试描述一个你认为最理想的德育课程设计。

9. 什么是德育的学科课程？中国德育学科课程有哪些问题？如何解决？

10. 什么是德育的活动课程？为什么活动课程对德育意义重大？

11. 德育活动课程实施的主要原则应有哪些？

12. 什么是隐性课程？为什么隐性课程与德育有着天然的联系？应当在哪些方面优化学校德育的隐性课程？

13. 研读中华人民共和国教育部制定的《全日制义务教育品德与生活课程标准》、《全日制义务教育品德与社会课程标准》（2002）、《全日制义务教育思想品德课程标准》（2003）、《全日制义务教育思想政治课程标准》（2004），比较它们与过去的大纲或标准的异同，分析各标准之间在课程理念、内容编排上可能存在的差异。

本章参考文献

1. 瞿葆奎. 教育学文集：德育 [M]. 北京：人民教育出版社，1989.

2. 商继宗. 中小学比较教育学 [M]. 北京：人民教育出版社，1989.

3. 鲁洁. 德育社会学 [M]. 福州：福建教育出版社，1998.

4. 波伊尔. 基础学校——一个学习化的社区大家庭 [M]. 王晓平，等译. 北京：人民教育出版社，1998.

5. 拉塞克，维迪努. 从现在到 2000 年教育内容的全球展望 [M]. 马胜利，等译. 北京：教育科学出版社，1996.

6. 怀特. 公民品德与公共教育 [M]. 朱红文，译. 北京：教育科学出版社，1998.

7. 赫斯利普. 美国人的道德教育 [M]. 王邦虎，译. 北京：人民教育出版社，2003.

8. 钟启泉，黄志成. 西方德育原理 [M]. 西安：陕西人民出版社，1998.

9. 戚万学，杜时忠. 现代德育论 [M]. 济南：山东教育出版社，1997.

10. 魏贤超. 现代德育原理 [M]. 杭州：浙江大学出版社，1993.

11. 冯增俊. 当代西方学校道德教育 [M]. 广州：广东教育出版社，1993.

12. 黄向阳. 德育原理 [M]. 上海：华东师范大学出版社，2000.

13. 高峡，等. 活动课程的理论与实践 [M]. 上海：上海科技教育出版社，1997.

14. 檀传宝，郝森生. 思想政治课教材过频变动的分析及对策 [J]. 课程教材教法，1996（12）.

15. 施良方. 课程理论——课程的基础原理和问题 [M]. 北京：教育科学出版社，1996.

16. 课程教材研究所. 20 世纪中国中小学课程标准·教学大纲汇编（思想政治卷）[M]. 北京：人民教育出版社，2001.

17. 张秀雄. 各国公民教育 [M]. 台北：师大书苑有限公司，1996.

18. 香港课程发展议会. 学校公民教育指引 [M]. 香港：香港教育署，1996.

19. 教育部基础教育司. 中小学德育工作文献规章要览 [M]. 北京：人民教育出版社，1998.

本章推荐阅读文献

全球伦理普世宣言

列奥纳德·斯威德勒①

一、总则

我们这些来自不同的伦理和宗教传统的男人和妇女，谨承诺遵行下列"全球伦理普世宣言"。我们在此所言者，并非包含十分详尽细节的各项道德标准，而是单一总体的伦理，即对待善恶的基本态度，以及将其付诸行动所需的基础原则和中程原则。

我们做出这一承诺，并非无视我们之间的差别，恰是出于我们各自的观点，因为我们在各种各样的伦理和宗教传统中，毕竟看出有共同的信念。这些信念使我们可以宣言，要在我们对待自己、对待彼此、对待周围的世界之时，反对一切形式的非人道而赞成人道。我们在我们的每种传统中都发现有：

（1）支持普遍人权的理由；

（2）为公正与和平而工作的召唤；

（3）以及对保护地球的关切。

我们肯定并赞成这些正面的人类价值——自由、平等、民主、对相互依存的承认、对公正和人权的承诺。它们在我们的世界上，尽管有时缓慢得令人痛苦，但仍然在越来越多地得到接受和拥护。我们还相信，我们的世界上的种种状况在激励我们，甚至在要求我们，超越那些使我们分裂的东西，要在对于保存和尊重地球至关紧要的事务方面作为一个整体来说话。因此，我们支持走向一种反映我们多种多样传统中的最佳价值的全球秩序。

我们确信，一种公正的全球秩序，只能建立在一种清楚明了普遍承认的规范和原则的全球伦理之上，而且，对这样一种伦理推定，人们有公正行动的准备的意愿——这是心灵的趋势。此外，一种全球伦理要求精心表达那些得到支持的原则，以求得到公正的考察和批评——这是头脑的趋势。

我们的传统中的每一种，都坚持一些超出在此所表达的东西的崇奉。但是我们发现，在我们的伦理和宗教传统之内，世界共同体正在逐渐揭示出一种基本的、最低限度的道德方面的一致意见之种种成分。这种一致意见对于一切有善良意愿的人，不论是男是女，不论是否信教，都是有说服力的，而且它将为我们提供一个道德结构。在其中，我们可以在同自己之间、同彼此之间、同世界之间相互关联时采取公正和尊重的方式。

---

① 美国天普大学教授。

为了确立一种全人类范围的一致意见，我们发现有必要发展并使用一种奠基于全人类的语言，尽管每一种宗教和伦理传统都有其自身的语言来表达本宣言的内容。

除此之外，我们的每一种伦理或宗教传统，都不会满足于最低标准，虽然这些标准至关重要；恰恰相反，由于人类总在永不休止地超越自身，我们的诸传统还提供了可供努力争取的最高标准。因此，本宣言也提供了最高标准。但是，这些最高标准显然只是可供争取的理想，因而不能就它们提出要求，以免一些人的某些基本的自由和权利因而受到侵犯。

二、前提

作为一份我们相信必能巩固对人权之肯定和对地球之尊重的"全球伦理普世宣言"，本文件肯定并支持1948年联合国"世界人权宣言"所列举的各项权利和相应的责任。与联合国的该次宣言一致，我们认为有五项一般前提是全球伦理不可或缺的。

（1）每一个人均拥有不可剥夺和不可侵犯的尊严，个人、国家和其他社会实体均有责任尊重并保护每一个人的尊严。

（2）没有一个人或社会实体存在于道德范围之外，每一个人——所有个人和社会组织——都应该做好事而避免做坏事。

（3）人人具有理性和良知——做人的重大要求是按良知行事，各种社团、国家和其他社会组织均有责任保护并培养这种内在能力。

（4）各种有助于人类和世界福利的社团、国家和其他社会组织都有权利存在和发展，这种权利应该受到一切人的尊重。

（5）人类是自然的一部分，不是与自然相分离的；伦理上的关切应该超出人类而扩及地球的其他部分以至宇宙。简言之，本宣言要反映实在，它不是纯粹人类中心的，而是宇宙人类中心的。

三、基本规则

我们提议，以数千年来在诸多宗教和伦理传统中一直得到肯定的"金规则"，作为据以奠定全球伦理的基本原则："你不愿意别人怎样对待你，你就不该怎样对待别人。"或用正面措辞来说："你愿意别人怎样对待你，你就应该怎样对待别人。"这条原则应该不仅对人们自己的家庭、朋友、社团和民族有效，而且针对一切其他的个人、家庭、社团、民族、全世界以及整个宇宙。

四、基础原则

1. 因为自由属于做人的本质，所以，只要不侵犯他人的权利或表现出对有生物或无生物适当的尊重，每一个人都有自由行使和发展每一种能力。

此外，行使人的自由的方式应该促进一切人的自由，促进对一切生物和无生物的适当的尊重。

2. 因为一切人都具有同等的尊严，所以，一切人都应该被作为目的而不仅仅是手段来对待。此外，所有的人在同别人的每一种交往中，都应该努力最大限度地增进所有相关的人之内在尊严。

3. 虽然人类比非人类具有较大的内在价值，但是所有的事物，生物和无生物，都由于它们的存在而确实拥有内在的价值，因此对待它们应该有适当的尊重。此外，所有的人在同非人的生物和无生物的每一种交往中，都应该努力最大限度地尊重其内在的价值。

4. 随着人类必然地不断追求更多的知识和真理，人们也要追求使自己认为好的即自己所爱的东西同自我相结合。通常，这种自我被扩张或超越，而包含自己的家庭和朋友，人们乃为自己的家庭和朋友追求好处。此外，由于有上述"金规则"，这种能爱和被爱的"自我"需要继续其自然的扩张或超越，而包括社团、民族、世界和宇宙。

5. 所以，真正的人类之家，是本真的自爱和他爱，二者相依相成地以这样一种方式相联结，以致最终趋向于成为包容一切的爱。爱的这种扩张与包容性，应该被承认为个人交往与全球交往中的一个积极的原则。

6. 那些对别人负有责任的人，应该帮助其对之负责的人。此外，"金规则"还意味着：假如我们陷于不能自助的严重困境，我们会想要能帮助我们的人来帮助我们，即使他们对我们未负有任何责任。因此，我们应该帮助不能自助的陷于严重困境的他人，即使我们对他们未负有任何责任。

7. 因为一切人都有同等的权利认为自己的宗教或信仰——自己对生活的终极意义和相应地该如何生活的解释——是真实的，所以每种人类宗教或信仰都应该被给予适当的自由和尊重。

8. 此外，对话——主要目的在于向别人学习的交谈——是一种必要的手段，人们通过它而不断扩充和深化自己对生活意义的解释，并且发展出一种不断拓宽的一致意见。凭着对话，男人和妇女们就能够以真正富于人性的方式，共同生活在这个星球上。

五、中程原则

1. 法律责任。

因为一切人都拥有固有而平等的尊重，所以，一切个人和社团都应该在法律面前平等对待每一个人，为一切人提供同等的保护。

与此同时，一切个人和社团都应该遵守一切公正的法律，不仅要服从其文字，尤其要服从其精神。

2. 关于良心和宗教或信仰的责任。

因为人类是思考着的并因而在本质上是自由抉择着的存在物，所以，一切个人和社团都应该尊重人性的这个方面，允许一切人拥有思想自由、言论自由、良心自由、宗教或信仰自由之权利。

与此同时，一切人行使其思想自由、言论自由、良心自由、宗教或信仰自由之权利的方式，应该显示出对其自身和别的所有人的尊重，并争取为自己和人类同胞创造最大限度的广义理解的利益。

3. 关于言论和信息的责任。

因为人类是思考着的存在物，具有感知实在并表达对实在的感受的能力，所以，一切个人和社团拥有尽可能多地了解真相和诚实地表达真相的权利的责任。

与此同时，每一个人都应该避免种种掩盖、歪曲、对他人的操纵以及对个人隐私的不适当的侵犯。这种自由与责任尤其适用于大众传播媒体、艺术家、科学家、政治家和宗教领袖。

4. 关于参与一切影响自己或自己对之负责者的决策的责任。

因为人类是自由抉择着的存在物，所以，一切个人和社团都应该尊重人性的这个方面，允许一切人有权在一切影响自己的决策中直接或间接地公开提出意见，包括有意义地参与挑选自己的领导人并使之有责任说明决策，还应该允许一切人有同等的权利担任一切自己能力可以胜任的领导职务。

与此同时，一切人都应该努力以这样一种方式行使其参与自治的权利责任，以便为自己和人类同胞创造最大限度的广义理解上的福利。

5. 关于男女关系的责任。

因为妇女与男人是天生平等的，又因为他们常常相互吸引，所以，一切个人和社团都应该尊重人性的这些方面，允许一切人，妇女和男人，拥有同等的权利去自由结婚。而且，一切妇女和男人在婚姻生活或者解除婚姻方面都应有同等的权利。

与此同时，所有的男人和女人在婚姻之外和婚姻之内彼此对待的方式，都应该尊重自身和别人的内在尊严、平等、自由和各项责任。

6. 关于财产的责任。

因为人类在本性上是自由的、有肉体的和社会性的，所以，一切个人和社团都应该尊重人性的这些方面，允许一切个人和社团有权拥有各种不同种类的财产。

与此同时，应该以这样一种方式组织社会，以使财产之处置带有尊重，努力不仅仅为财产所有者，而且也为其人类同胞，以及一般地为整个世界创造最大限度的福利。

7. 关于工作与闲暇的责任。

因为一切人要过真正的人的生活，通常就应既有有意义的工作，又有消遣性的闲暇。所以，一切个人和社团都应该尊重人性的这些方面，并努力这样来组织社会，以便为自己也为其社团的所有成员提供真正的人的生活的这两个方面。

与此同时，一切个人都有责任适当地工作以获取报酬，并且同一切社团一起，努力为自己、为自己的社团、为其他的个人和社团，争取更有创造性的工作和娱乐性的闲暇。

8. 关于儿童与教育的责任。

首先，儿童对自己的生存、对自己的社会化和教育，不能负任何责任；能负责任的是他们的父母。当他们不论因何缘由而不能负责之时，范围较大的社团、亲属亲戚和公民社会就有责任为孩子们提供尽可能最亲切的照顾——物质方面、心理方面、道德或精神方面以及社会方面的照顾。

因为人类只有通过宽泛意义上的教育，在现在越来越多地还要加上严格意义上的教育，才能成为真正富有人性的人。所以，一切个人和社团都应该尊重人的发展的这个方面，并且应该努力为所有的儿童和成年男女提供这样一种教育。这种教育旨在充分发展人的人格，以及对各项人权和基本自由的尊重，促进一切人（不论其种族、民族、宗教、信仰、性别和其他方面有何差别）之间的理解、对话和友谊，以及对地球的尊重。

与此同时，一切个人和社团都有责任在为自己和自己的社团的这种教育提供必要手段方面做出适当的贡献。此外，还应努力争取为一切人提供这种教育必需的手段。

9. 关于和平的责任。

因为对一切人来说，作为暴力之消失和正义之呈现的和平，是所有人的充分人性分别地和共同地完全发展之必要条件，所以，一切个人和社团都应该尊重这项人类需要，并持续地努力促进和平在所有层面上，在个人的、人际的、本地的、地区的、民族的和国际的层面上之发展，同时承认：

（1）和平的必要基础，是对一切人的公正；

（2）暴力应予避免，只在无暴力则会导致更坏结果时才采用；

（3）当和平破裂之时，应该把一切努力都集中于迅速恢复和平——在对一切人公正这一必要基础之上恢复和平。

与此同时，应该认识到和平像自由一样，是一种应当不断加以培育的正面价值。因此，一切个人和社团都应该做出必要的事先努力，以求不仅避免和平被破坏，而且加强和平的稳定发展和增长。

10. 关于环境保护的责任。

因为万物不论有无生命，都只因其存在便具有一种内在的价值，又因为假如环境被严重破坏则人类就不能作为人类充分发展甚至生存下去，所以，一切个人和社团都应该尊重在其中"我们大家生活、活动并拥有我们的存在"的生态圈，并且应该这样行动，从而：

（1）除非是用于某种更大的善（如用植物或动物果腹），否则不毁灭任何自然形态的生物或无生物；

（2）只要可能办到，就仅仅消耗可替换或可再生的自然形态物质。

与此同时，一切人和社团都应该不断地保持警戒，以保护我们脆弱的宇宙，尤其是保护它免遭正在爆炸的人口和正在增加的技术可能性日益扩大的威胁。

1993 年 12 月 3 日修订

——［瑞士］孔汉思、［德］库舍尔：《全球伦理：世界宗教会议宣言》，成都，四川人民出版社，1997.

第七章
德育过程与德育方法

德育过程即德育活动的客观顺序或工作流程。德育过程理论是对德育活动程序及其规律性的认识，也是一个关系德育全局的领域。对于德育过程的理解往往会影响德育方法的选择。关于德育过程的阶段，有人从学段的角度考虑，认为德育过程是不同学段德育过程的总和；也有人从单个德育任务自开始到完成的历程角度加以界定。我们认为，前者属于广义的德育过程，后者属于狭义的德育过程，而我们在德育原理中重点研究的应当是后者。

第一节 德育过程的特点

∙∙
∙∙

每一个教育家关于德育过程特点的认识都不可能完全一致。但是，德育过程仍然有一些共识性的特点。我们认为，德育过程的特点可以从德育过程与社会影响、其他教育过程和个体品德发展过程三个角度予以界定。德育过程的特点至少有以下几个方面的内容。

一、计划性与正面性

德育过程与一般社会影响的区别主要表现在计划性和正面性两个方面。

所谓"计划性"，是指学校道德教育不像一般社会影响那样处于自然、无序状态，难以控制。学校德育作为人的最具教育自觉的一部分活动，往往是有目的、有计划、有组织的影响过程。学校德育的使命在于精心组织最有利于学生品德成长的影响内容、环境，去自觉地影响学生，所以它更具有可控性、针对性，也更有效率。当然，学校德育的计划性是以尊重道德学习主体的需要、品德发展的实际等道德学习主体性为前提的。同时为了实现这一尊重，计划性应当与灵活性、生活性相结合。

所谓"正面性"，是与计划性密切相关的。这是因为我们所计划的德育影响，在价值选择上不可能不考虑选择积极的价值内容和最有利于德育对象品德发展的教育方式。因此，德育过程的正面特征的内涵主要有二：第一，德育价值的正面性；第二，德育方式的正面性。

关于道德价值的正面选择，应该说是有一定的困难的。因为价值真理具有相对性，道德教育中所谓"正面的"价值往往有相当大的成人主观特征，因而强调"正面的"价值极易导致道德教育上的"灌输"。但是如果从价值真理的相对与绝对相统一的立场出发，我们仍然可以发现，在道德教育内容上存在既有利于社会发展又有利于个人生活幸福的积极体系。美国当代教育家托马斯·里克纳曾经这样表述美国爱国主义教育应当注意的问题：

> 如果我们试图忽略我们国家的过失和失败之处，譬如转移和杀死印第安人，对黑人的奴役和后来的隔离……那么我们将得不到真理。但是如果我们过于强调反面，对我们国家的美德和成就不予重视，那么我们仍然无法获得真理。实际上，爱国主义被定义

为对国家高尚之物的热爱。这一美德要求我们不仅仅认识到我们国家的缺点，更应该认识到我们国家民主主义的理想，这个理想一直在激励道德的进步——至少在某些领域——并且正在缩小我们的言行之间的差距。[①]

我们认为，像里克纳那样寻找全面、"平衡"且积极、正面的道德价值开展道德教育是可能的，而且迄今为止的很多道德教育事实上也一直在这样做。

所谓教育方式上的正面性，首先，是指教育方式本身应有正面教育意义，是一种优质的隐性课程。其次，是指在一定条件下，道德教育宜采用的正面教育的方式。关于道德教育方式上的正面性，苏联教育学家有许多卓越的论述。伊·斯·马里延科就在讨论如何对"难教的学生"进行道德教育时指出：

> 在某些教育理论著作中，不知为什么认为道德教育问题，只要研究儿童不道德行为产生的原因就够了。要知道儿童不道德行为的现状和动向，不仅取决于产生与滋长这种行为的原因，而且取决于与之相对抗和敌对的原因。
>
> 有时候，革除旧的观念，并不一定从阐明什么不好，为什么不好开始，而是从安排另一种生活实践开始，让学生接触另一些人们的行为。[②]

苏联和中国的教育家一直强调进行正面道德教育，这应该说是具有一定的真理性的。当然，正如德育过程的计划性应当与灵活性、生活性相结合一样，德育过程的正面性理解当然也应当包括培养学生对负面的道德影响的分析、批判和抵制能力。

20 世纪 20 年代，苏联教育家舒里金曾认为，社会生活对学生的影响远

---

① ［美］托马斯·里科纳：《培养品格——让孩子呈现最好的一面》，110 页。

② ［苏联］伊·斯·马里延科：《德育过程原理》，56、58 页，北京，人民教育出版社，1985。

远大于学校教育，因此提出了所谓的"学校消亡论"①。舒里金的理论，曾经导致苏联一段时间内教育认识和实践的混乱。我们认为，就其对社会影响的强调来说，舒里金的一些观点意义重大。但是从以上分析不难看出，"学校消亡论"忽视了一般社会影响与学校教育的差别。在现代社会，教育与社会在道德价值上的影响已经比过去更为复杂地交织在一起。我们既要对这一影响的复杂关系有清醒的认识，寻求学校德育与社会影响的协同，又绝对不能因忽视学校德育过程与社会影响的质的不同而重蹈覆辙。

二、复杂性与多端性

许多德育著作在讲德育过程特点时，常常将"德育过程"与"教学过程"相比较，以此讨论德育过程的特点。但是由于教学本来也是道德教育的具体途径，这一对比在逻辑上就有巨大的漏洞。我们认为，如果要讨论德育过程与平行的教育过程相区别的特点的话，只能是将德育过程与智育、体育、美育等教育过程进行对比。

与智育、体育、美育等教育过程相比较，德育过程的首要特征是它的相对复杂性。相对说来，智育、体育、美育过程较为单纯，而德育过程较为复杂。这主要是因为，道德法则的本质是要求人以利他或者超越的方式处理好利益关系；道德教育所要完成的任务往往是对个体利益的调整、态度的改变和行为的约束。

苏联教育学家曾经列举了决定教育过程复杂性的因素，这些因素是："对儿童各种各样影响的汇合（学校、家庭、街道以及各种非正式组织的影响）；儿童的某些已形成的观点、志向、习惯、爱好；揭示学生内心状况的困难（学生常常自己也不知道造成自己状况的原因）；同一教育活动所得到的不同的结果；儿童个性的好动性。"② 应当说，这一描述基本上表现了德育过程中影响因素、影响过程、影响结果的复杂性。由于德育过程复杂性的存在，道德教育不可能是一蹴而就的。它需要包括教育者和受教育者在多方面的协同，需要实现教育与再教育、自我教育的统一。

复杂性的另外一个重要表现是道德教育过程的多端性。所谓"多端

---

① 20世纪五六十年代，西方学者伊利奇等人也有类似理论，称"非学校论"。参见顾明远：《教育大辞典》，1835页；[美]伊万·伊利奇：《非学校化社会》，台北，桂冠图书公司，1994。

② [苏联]巴拉诺夫等：《教育学》，195页，北京，人民教育出版社，1983。

性"，是指道德教育过程可以从知、情、意、行任何一个心理环节开始。我们知道，一般而论，智育主要从认知出发，美育主要从情感出发，体育主要从行为出发开始教育过程。但是，道德教育则不然。道德教育可以从知、情、意、行任何一端展开。德育过程之所以有多端性，主要原因有二。第一，"知、情、意、行具有相对独立性和相互渗透作用……这就为每一具体的过程的多种开端提供了可能性"①。第二，"教育实践中的大量事实表明，受教育者每一种思想品德的形成，其知、情、意、行的发展的方向和水平，是经常处于不平衡状态的……这就需要在德育过程中充分利用这种多种开端的规律，开辟多种渠道，有的放矢地使受教育者在知、情、意、行几方面都得到相应的发展"②。

三、引导性与整合性

道德教育是一种非注重发挥德育对象主体性就不能具有实质性效果的教育形态。从我们讨论过的"新性善论"命题出发，德育过程也应当充分注意实现道德学习主体的道德建构与道德教育主体之价值引导的统一。但是，假如将道德教育与个体品德发展过程本身相比较，则我们不能不认为，"（道德）价值引导"存在与否是德育过程与个体品德发展过程的区别所在。这就是所谓的德育过程的"引导性"特征。

由于引导性特征的存在，我们在谈道德教育和道德学习的主体性时，就不能仅仅是德育对象个体的主体性，而是教与学双方的"双主体性"与"交互主体性"。所谓"双主体性"，是说在德育过程中存在教师和学生两个主体，必须发挥两个活动主体的主体性。虽然教师的主体性发挥的出发点和最终目的永远都是学生学习主体性的发挥，但是学生的道德建构所需要的最佳价值环境却需要教师去精心组织和安排。所谓"交互主体性"，是指主体之间的关系。它既包括师生之间，也包括道德学习个体与其他人（例如同学）之间的关系。同时这种关系不是物理性质的关系，而是一种渗透灵魂的深层次的精神交往关系。从这一意义上说，德育过程中的双主体性和交互主体性的关系特性也就是"整合性"的特征。也就是说，道德教育过程实际上应当是师生双方或多方精神交往关系的整合、价值引导与自主建构过程的统一。

---

① 王逢贤：《学校德育过程特点初探》，载《教育研究》，1979（3）。
② 王逢贤：《学校德育过程特点初探》，载《教育研究》，1979（3）。

道德教育过程的引导性与整合性特征都关系到道德教育中的一个非常重要的命题：教育与发展的关系。教育与发展的关系不仅要考虑到教育对象的整体道德发展水平（既不做发展的尾巴，也不提出超越发展实际的德育任务），而且由于每个学生的品德形成和发展过程都是不同的，道德教育过程的引导性与整合性实际上要求的是实现对每一个个体的精神观照，实现教育与再教育、教育与自我教育的统一。

第二节　两类德育过程模式述评

德育过程应当划分为哪几个阶段？这些阶段之间是什么样的关系？这是德育过程的模式问题。

在教学过程的理解上，许多人认为赫尔巴特和杜威代表了传统与现代两种基本的过程模式。[①]

第一，赫尔巴特的"四阶段说"。赫尔巴特是从儿童的"兴趣"入手谈教学的。他认为，兴趣可以分为注意、期待、探究和行动四个阶段，因此教学过程也可以分为相应的四步：明了、联想、系统和方法。后来赫尔巴特的追随者们将这四步教学模式改造为著名的"五步教学法"，亦即预备、提示、联想、概括和应用。

第二，杜威的"五阶段说"。杜威是从对思维过程的分析入手谈教育过程的。杜威认为，思维一般包括五个阶段：疑难的情境；疑难的确定；提出解决疑难的假设；推断每个阶段所涵的结果，看哪个阶段能解决问题；试验、证实或证伪原来的假设。依据思维的历程，教育过程可分为这样五个阶段：情境、疑问、假设、推断、验证。杜威认为，这不仅是教学和学习的方法，也是改造经验和改造社会的基本方法。

借鉴对教学过程的理解，粗线条地看，我们认为可以将形形色色的德育过程模式概括为以下两种。

一、传统的德育过程模式

传统道德教育过程理论的一位代表是康德。康德认为，儿童接受教育的过程是：（1）"管束"——抑制人天生的野性；（2）"教化"——让儿童

---

① 参见王道俊、扈中平：《教育学原理》，310～324 页，福州，福建教育出版社，1998。

学会礼貌和智慧；（3）"陶冶"——使儿童明辨是非，走向道德自律。[①] 这是一种对德育过程的宏观描述，但是其中透出的传统气息是显而易见的。

苏联学者曾经将儿童个性的形成划分为五个基本阶段[②]，也可以视为德育过程的传统模式：（1）刺激（外部作用）；（2）动机（内部动力）；（3）行为纲领和行为形式的选择；（4）动机成为行为和行为变成习惯；（5）习惯的行为形式变为个性。之所以说这一过程模式是"传统"的，主要是因为虽然它是从"儿童个性形成"的角度看教育过程，但是它仍然认为外部作用是形成过程或教育过程的出发点。换言之，德育过程仍然被视为"教师→学生"这样一个影响和被影响的授受关系，德育对象的主体性也只能在有限的框架之内得以反映。

比较一下康德、赫尔巴特和上述苏联教育学家的过程模式，我们不难看出，他们在强调教师的"教化"作用方面有相同的特征。我们认为，传统德育过程模式的问题在于，夸大了这一教化在德育过程中的作用，相对忽视了学习主体的主体性。在中国，德育过程的传统模式在德育实践中至今仍然影响甚大。我们前面说过，中国德育过程观需要一个从转化理论向生成或建构理论的转变。

二、现代的德育过程模式

这一模式可以以拉思斯等人的价值澄清理论模式[③]为例。价值澄清理论认为，价值接受过程实际上就是从选择、评价，再到行动的过程。这一过程分为以下七个分过程[④]：（1）自由地选择；（2）从各种可供选择的项目中进行选择；（3）在仔细考虑后果之后进行选择；（4）赞同与珍视；（5）确认；（6）依据选择行动；（7）重复（该类行动）。"价值澄清模式与其说涉及的是一个人信仰什么，不如说涉及的是他怎样去信仰。"[⑤] 在价值澄清过程中，我们不难发现，其最大的特色在于道德价值的学习者始终是活动的主角。这与前述传统的过程模式是完全相反的。

我们还可以再以科尔伯格的两难故事德育过程为例。科尔伯格将两难故

① 参见袁桂林：《当代西方道德教育理论》，7～8页。
② 参见［苏联］巴拉诺夫等：《教育学》，204～205页。
③ 价值澄清理论是一个20世纪60年代在美国兴起的道德教育流派，代表人物为拉思斯、西蒙和哈明等。
④ 参见［美］哈什等：《德育模式》，83页。
⑤ ［美］哈什等：《德育模式》，82页。

事的教学过程描述为以下几个步骤：（1）面对一个两难问题；（2）陈述对一个假设的见解；（3）检验推理；（4）反思个人的见解。这一过程的特色不在于达到统一的结论，而在于用一种开放的格局使学生得出各自的见解。显然，这也是以发挥学生道德推理能力为核心，而且学生的活动始终是教育过程的中心的案例。比较一下科尔伯格、拉思斯和杜威等人对德育过程的理解，我们不难看出，他们的最大的相同点在于德育过程的出发点是学生而不是教师，教育影响只是隐含的、工具性的条件。

"传统"的和"现代"的德育过程观的上述区别不仅是形式上的，其背后实际上隐含着两种对于道德教育基本理念的理解。一种观念认为，道德价值基本上是靠成人对儿童的传授或教化去完成的，道德教育意味着一定意义上的"灌输"；另一种观念认为，有效的道德教育不可能通过灌输去完成，唯一有效的途径只能是学生的道德自主建构。总的说来，道德教育的现代理论更深入地把握了德育过程的本质，也与时代发展的脉搏相一致。但是，现代德育理论往往过分强调价值及其掌握的个人相对性，对价值引导的重要性估计不足。这不仅无视了教育事实的存在，而且也导致了价值相对主义，从而影响了德育的效果。真正有效的德育过程，应当是道德价值引导和道德自主建构的统一。

20世纪80年代以来，西方兴起的品德教育理论等实际上已经开始了这一统一的尝试。例如，美国德育学家里克纳等人就既强调尊重学生的人格，培养其道德反思能力，又强调教师的作用、直接的道德教育和道德纪律的作用。应该说，这也是一种过程理论的综合。另外一种综合化努力来自苏联教育学家。巴班斯基等人曾经依据最优化理论提出了一种"教导过程"（包括教育过程与教学过程）的设计，我们认为其中也隐含了对于道德教育过程的设想。其教导过程的主要阶段及内容见表7-1。[①]

表 7-1　巴班斯基等人提出的"教导过程"

准备阶段	过程的组织和实施阶段	分析结果阶段
了解共同的目的和任务	教师的活动/学生的活动	分析和自我分析教养、教育和发展的结果
提出教导的目的	布置任务/接受任务	

① 参见［苏联］巴班斯基：《教育学》，101页，北京，人民教育出版社，1986。

准备阶段	过程的组织和实施阶段	分析结果阶段
详细了解过程借以进行的系统	引起学生活动的兴趣/产生活动动机	
考虑到系统的特点来使目的和任务具体化	组织教导影响和受教育者的活动/实现活动，参加反馈的过程	了解结果偏离既定任务的情况
创造必要的校内条件	保证反馈/进行有效的自我检查	分析和自我分析产生这些偏离的原因
选择规定教导过程内容、方法、手段和组织形式的最佳方案	进行有效的检查/对活动进行自我调节	计划由教师和受教育者在以后的过程系列中排除这些原因的措施

第三节　德育过程的矛盾与德育过程的组织

一、德育过程的矛盾及其解决

一般认为，学校道德教育过程中的基本矛盾主要体现在三个方面。从过程之外到过程之内，这三个矛盾依次是：（1）学校道德教育影响与一般社会道德影响之间的矛盾；（2）德育目标要求同学生的道德发展实际的矛盾；（3）学生的道德认知、道德理想与道德实践之间的矛盾。其中第二对矛盾常常被认为是德育过程的主要矛盾。

"学校道德教育影响与一般社会道德影响之间的矛盾"，是道德教育系统之外的社会价值环境与学校德育价值系统的矛盾。这一矛盾的表现主要是"同质矛盾"和"异质矛盾"两个方面。所谓"同质矛盾"，是指社会正面价值观念与学校道德教育之间的矛盾。社会正面的价值观念是学校德育内容的基础，社会价值的变化会影响到学校德育的目标建构和内容安排。但是社会正面的价值观念实际上是多种多样的，有不同的层次和维度，只有那些合乎教育对象发展实际的价值内容才能进入学校德育的范围。如何处理这一矛盾，是学校德育目标制定和内容选择的重要任务。所谓"异质矛盾"，是指社会系统中与学校德育价值相冲突的价值观念与学校德育系统的矛盾。这一矛盾在价值多元的现代社会日益突出。学校德育除了要注意参与社会价值环境的建设与改造之外，还应当在学校德育活动中注意培养学生的独立分析、批判能力，安排抵制和防范不良价值影响的训练。

"德育目标要求同学生的道德发展实际的矛盾"，是学校德育过程中的主要矛盾。这一矛盾最终需通过如何将德育目标转化为德育内容与方法等中介环节，从而实现这一目标的方式予以解决。因而，这一矛盾可以从两个维度予以分析：一个维度是教育者与德育内容、德育方法之间的矛盾，另一个维度是受教育者与德育内容、德育方法之间的矛盾。[①] 我们认为，这两个矛盾实际上是一个问题的两个方面。因为如果第一个维度的矛盾得以解决，其起码的要求必然是德育内容与方法的设计完全符合道德学习主体的精神需要和发展实际。而一旦这一要求得以实现，则第二个维度的矛盾就已经具备了解决的基本条件。问题的关键是，我们如何做到依据学生的需要和实际可能去安排道德教育。正如鲁宾斯坦曾经指出的那样："教育的主要方面恰恰在于，使人同生活发生千丝万缕的联系，从各个方面向他提出对他有重大意义的、富有吸引力的任务，因而被他看作自己的、必须亲自解决的任务。这比什么都重要，因为道德上的一切缺陷，一切越轨行为的主要源泉，都是因人们的精神空虚而造成。当他们对周围生活漠不关心、冷眼旁观的时候，他们对一切都会满不在乎。"[②] 因为，"在个性发展中的任何东西都无法直接从外部引申出来"[③]。

"学生的道德认知、道德理想与道德实践之间的矛盾"是道德教育过程中一个关键性的矛盾。我们知道，当"德育目标要求同学生的道德发展实际的矛盾"在教育中基本解决后，常常会遇到学生能知而不能行、愿意行动而行动效果不佳的情况。出现这一情况的原因主要有两点：第一，学生的道德认知与道德情感缺乏紧密的联系；第二，学生缺乏道德行动的策略训练，因而行为乏力。解决这一矛盾的关键是：第一，加强道德教育中的情感培育，使道德认知成为为情感所真正接纳的道德信念；第二，注意在道德教育中对学生进行意志的培育和实践技能的培养。这就要求道德教育不能仅仅是某种"教学"，还应当是道德交往与实践。学生要在交往、实践中不断体认道德价值的情感方面、意志方面，并且在道德实践中使自己的

---

① 参见胡守棻：《德育原理》，109 页。
② ［苏联］伊·斯·马里延科：《德育过程原理》，65 页。
③ ［苏联］伊·斯·马里延科：《德育过程原理》，68 页。

道德实践策略水平得以提升，实现从道德认知到道德情感、道德信念、道德意志和道德行动的转化。

二、德育过程的组织

德育过程的组织应当建立在对德育过程的基本阶段、基本矛盾及其运动等问题的正确理解的基础之上。德育过程组织的基本环节包括以下三点。

第一，德育活动的准备。

德育过程的准备因为具体活动要求不一而具有不同的特点和内容。但是，所有不同准备的核心都是道德学习动机的发动。许多道德教育过程的组织理论往往从教师如何设计教育活动开始，也有过程组织理论将学生的学习准备作为德育过程的开端。我们认为，这两种似乎对立的观点的共性在于，他们都必须考虑到道德学习主体的学习动机。不管我们如何安排德育过程，出发点都应是道德学习动机的发动。

第二，德育活动的开展。

道德教育的动机发动过程实际上已经属于广义的活动开展的一部分。这里的"德育活动的开展"是指直接进行的活动过程，包括课堂教授与学习、课外活动、道德实践等。从整体上说，这一环节的任务是实现由道德认知到道德行动、由品德心理建构的偶然实现到道德品质的个性化（或物质化）的转化。如前所述，道德教育过程有一个多端性的问题。单个的德育过程可以以知、情、信、意、行任何一个环节的道德素养培养作为活动的主要任务，但是多端性并不意味着一次德育活动只能进行一项道德训练。多端性的每一端之间都是相互关联的，德育过程应当尽量求得学生在知、情、信、意、行方面的综合提升。

第三，德育活动的评价。

德育活动的评价，是指用一定的评价手段与技术对德育活动及其结果的一种检测与判断。与其他教育活动的评价类似，正确进行的德育活动的评价不仅有评价功能，而且有诊断和进一步改进德育的意义。

德育评价涉及德育活动过程及其主体的方方面面，但其中一个最重要的方面应当是对学生进行的品德评定。品德评定是对德育过程最终成果的评定，也是德育过程最后但十分重要的一个环节。评定有阶段性评定和总结性评定、终结性评定和形成性评定等不同的类别。品德评定作为德育过程的一个环节，主要要求是应当使评定具有道德教育意义。要做到这一点，必须注意三个方面。第一，阶段性评定和终结性评定相统一，使道德教育与修养的结果成为德育的手段。第二，品德评定要以形成性评价为主，使评定成为激励、诊断、调整和提高的手段，同时尽量避免下绝对的结论。第三，实现评价主体的多元化，坚持运用教师对学生的评定、学生自评、学生集体评价等多种手段，发掘多层次道德教育资源。

以下案例是对一个完整的德育过程的描述。

杭州市大关小学"小博士考察团活动"①

一、活动的目标

对小学生进行爱国、爱家乡教育。通过指导学生寻找、体会家乡美好的风物人情、历史文化和经济建设成就，激发学生对家乡的情感。

二、活动的过程

本次活动，教师选择了学生比较神往的"小博士考察团"的组织形式和乐于接受的考察访问这种活动形式。活动开始前，教师在课题组内外做了大量的设计、动员工作。

开始阶段，实验组组织年轻、有活力的教师作为学生考察的"博士导师"，准备好在组织学生考察的同时对学生予以指导。实验班——二（2）班和四（2）班——学生则自由组合形成7个考察对象不同的小组（合称"小博士考察团"）。

在考察过程中，小组内部和各小组间的学生们相互商量、合作，充分发挥主动性，运用各种资源，形成了十分丰富的考察活动形式。在教师指导下，学生进行的不仅是单纯的考察，还努力了解为什么要了解这些考察对象，挖掘隐藏在这些美好事物背后的人文精神。比如，在考察名人名家时，学生怀着崇敬的情感执着地学习，开始了初步思考人生的过程。歌曲考察小组员面对困难不气馁，从成功中欣赏到了自己努力的成绩。"杭州新气象"调查小组的成员不但自己调查，还主动与他人分享自己的成果。

最后阶段是考察结果的汇报。汇报由五个部分组成，包括学生自编自演的歌舞说唱小节目，书面形式的精美的考察小册子，调动家长、学生、教师的积极性，反映学生成长变化的文字，以

---

① 案例摘自《美丽的教育》（"欣赏性德育模式的建构"课题研究内部通讯）第6期（2003年）。

及为小博士颁发"合作奖""宽容奖"等的颁奖仪式。活动取得了比较理想的效果。

三、活动的创意

面对容易流于一般化的爱家乡教育，实验试图寻找到一个合适的"审美观照"的角度，让学生通过自己的发现而感受到家乡"可欣赏性"的一面，在欣赏中实现德育的目标。

一般说来，一个完整的德育过程组织应当特别注意的基本原则有以下几点。

第一，保持教育与发展矛盾双方之间的张力。

"保持教育与发展矛盾双方之间的张力"，实际上就是要使教师的有计划、有组织的价值引导，与学生的自主建构之间保持一种张力。所谓"张力"，意思是道德教育的要求要适当超越学生目前的接受能力，有道德水平提升的可能，同时这一超越又不能高到学生经过努力也难以达到的高度。道德教育过程的设计应当努力把握学生道德发展的"最近发展区"，依据这一"最近发展区"安排教育内容，选择教育方法。

第二，注意学校德育的物质和精神文化条件的建设。

我们知道，道德教育过程的有效性在相当程度上取决于我们能否找到和建设好由德育影响源向德育影响转化的中介环节。我们认为，德育过程的中介环节主要在于两个方面：一是德育影响环境的建设，二是活动与交往的安排。德育影响的校内环境建设的一个关键是学校德育的物质和精神文化条件的建设。所谓物质环境，指的是适合道德生活、道德教育要求的校园、教室、活动场所、图书资料和必要的经费支持等。所谓精神环境，主要指校风、班风、人际关系等。学校环境一方面不能与世隔绝，另一方面也必须注意校园环境的相对净化，从而通过隐性或间接的途径加强正面的价值引导。

第三，注意"教育性的活动与交往"的安排。

马克思认为："个人的真正的精神财富完全取决于他的现实关系的财富。"[①] 道德教育实际上就是一种在人际关系中处理道德关系的教育，而关系的教育离开活动、交往等实践环节是很难实现的。如前所述，活动和交往是德育过程的中介环节。道德认知、道德情感、道德行为等都只能在学

----

① 《马克思恩格斯全集》第 3 卷，42 页，北京，人民出版社，1960。

生的道德活动与交往中得到训练。但是教育工作者应当清楚的是，并不是所有的交往与活动都具有价值性和道德教育的意义。德育过程所说的活动与交往是一种能够引发价值思考、体验道德情感、锻炼道德意志、优化道德行为模式的交往与活动。

在交往问题上，我们过去较重视正式交往，对非正式交往则往往持反对态度，认为会导致小团体主义。实际上，社会心理学已经证实，非正规团体往往对成员更具吸引力，价值影响也最大。所以正确的做法是引导非正式的交往，而不是杜绝这一交往形式。

第四，坚持教育与再教育、自我教育的统一。

道德教育的一大特点和难点就是它的复杂性和反复性。教育者应该保持最大的耐心，给学生以期待和等待，为他们的发展留下时间和机遇。道德教育一方面要进行正面的价值引导，另一方面要纠正错误的价值认知和行为习惯。这两方面的任务都是一个需要长期坚持和反复的教育过程，所以要坚持教育与再教育的统一。同时，任何价值观念的教育的根本都在于学习对象自身的价值建构。所以，在德育过程中，我们应当坚持教育与自我教育的统一，培养学生自我分析、自我评价、自我激励、自我禁约、自我训练、自我检查等方面的能力。

关于具体德育过程的设计与安排，还有一个需要说明的问题：需要兼顾任务的面与点。从最理想的目标来说，当然一个德育活动应当兼顾对学生道德认知、情感和行为等方面的发展的全面推动。但是某一个德育活动或课堂教学总有时间和内容等方面的限制，无法平均完成所有的德育目标。这样就存在一个教育过程的重点的问题，即只能在突出重点的前提下兼顾其他目标。德育是一个需要耐心和等待的事业，因此我们要在对德育过程的长期性、复杂性有深入思考的前提下，实事求是、灵活地考虑某一具体德育过程的安排。

第四节　德育方法概述

没有一种教育活动是不需要教育方法的。《孟子集注》言："事必有法，然后可成。师舍是则无以教，弟子舍是则无以学。"在实际的道德教育活动中，一个成功和有经验的教师往往可以在"不假思索"的情况下将德育方法的运用搭配得天衣无缝，从而有效、优美地达成德育目标。但这种看似"不假思索"的行为，离不开一系列由思考、审慎抉择组成的有关道德教育方法实际运用的教育经验的积累。"不假思索"是以无数先在的思考与探索为前提的。相反，一个在教育方法上真正不假思索或因循守旧的教师，除了在教师的职业伦理上逃避了应有的责任之外，其德育工作在成效上肯定会大打折扣或招致完全的失败。所以，明确的德育目标以及根据这一目标去选择的合理的德育内容、课程形式等，都只是构成了道德教育活动的必要条件之一。另一关键的要素是根据这一目标去考虑、选择合适的道德教育方法，从而形成真正的德育过程。所以，德育目标是教育方法选择的最终标准；同时，德育目标也依赖德育方法等作为中介而实现。

一、德育方法及其决定

"方法"一词，英语为"method"，源于希腊文的"metodos"，原意为沿着一定的路径（前进），即以一定方式或程序开展活动，从而达到目的。德育方法因此可以定义为教师和学生在德育过程中，为达成一定的德育目标而采用的、有一定内在联系的活动方式与手段的组合。

> 要正确理解德育方法的概念，我们不妨从厘清德育方法与德育方式、德育方法与德育手段以及德育方法与德育目标之间的关系开始。
>
> 德育方法在生动和具体的道德教育过程中可以分解为一系列具体的活动细节或组成部分，我们称之为德育方式。德育方法可以理解为具体德育方式的合理组合。例如，我们在道德知识的教学中运用"讲授法（或教授法）"时，可以采用介绍信息的方式、活跃注意的方式，加速识记的方式（即采用各种记忆、联想的方法等），比较、对比、划分要点、归纳和演绎等逻辑推理的方式等。道德教育中所讲的讲授法实际上就是这些具体教育方式的组合。德育方式对德育方法来说具有局部、从属的性质。但是德育方法与德育方式之间又是彼此联系的。没有具体的德育方式，也就无法形成由这些方式组成的有联系的组合，即德育方法。同时，德育方式和方法在一定教育情境中又是可以互相转化、互相代替的。在某种情况下，德育方法是达成德育目标的独立途径，而在另一种情境中，它又可能成为带有局部工具效应的教育方式。例如，谈话法是形成一定价值观念的基本教育方法之一，但在另一种情况下，比如实施情境陶冶或讲授法的过程中，它可能只是组

成整个大的德育方法的具体教育方式之一。教育方式具有相对独立的意义，在不同教育方法中的意义与作用并不一样。当然，如果不组合成教育方法，教育方式本身往往就是无意义的。

德育方法与德育手段也是相互区别和联系着的一对概念。德育手段主要是指道德教育活动的工具、载体及其应用，如直观教具、阅读材料、辅助读物、艺术作品、媒介手段及其运用（包括CAI，即计算机辅助教学）等。教育方法、德育方法之所以能够丰富多彩，原因之一就是教育手段的形式多样，机动运用的余地较大。德育方法不仅是教育方式的组合，也是教育手段的有联系的组合。同一教育手段也可以从属于不同的教育方法、德育方法，为不同的德育方法所采用。①

由上可知，德育方法从形式上看，可以理解为一定德育方式和德育手段，按照某种方式进行的有联系的组合。但是，"按照某种方式进行有联系的组合"并不是无缘无故的。一定的德育方式、手段之所以以这样或那样的模式组合起来，主要的依据是德育目的和德育目标。德育方式、手段本身之所以能够被称为德育方式与手段，其先决条件当然也在于其为一定的德育目标服务的性质。但一定的德育目的，或者具体来说，一定的德育目标又总是通过德育内容和德育方法的中介才能够实现。学校德育活动的自觉性不仅表现在它具有明确的德育目标，而且表现在在一定德育目标的指引下，道德教育活动的内容和方法是经过审慎的选择和有意识的安排的。所以就德育方法的实质而言，我们在前面将它定义为："教师和学生在德育过程中，为达成一定的德育目标而采用的、有一定内在联系的活动方式与手段的组合。"

德育方法是德育活动目标达成的中介，所以德育方法的选择往往会受到道德教育过程内外各方面因素的影响。从宏观的角度看，德育方法会受到一定社会的文化、政治、经济发展和体制等因素的影响。所以，中国大陆的许多德育论方面的著作都一致指出：德育方法有一定的历史性和阶级性。不过从教育理论的立场出发，在德育过程中进行德育方法决定因素的分析是德育原理需要着力的重点。一般说来，直接影响德育方法选择的主要因素可以概括为以下几个点。

---

① 檀传宝：《学校道德教育原理》（修订版），146～147 页。

第一，教师和学生因素。

教师方面，首先必须考虑的是教师作为具体德育活动主体的特点，即优势和不足。从事德育活动的教师宜选择那些能够发挥自身特长的德育方法，尽力避免选择那些自身条件不足因而可能为某种方法所累的德育方法。在学生方面，最主要的考虑是特定学生及其群体的道德发展水平、实际的道德经验、身心发展实际、文化背景、兴趣和个性、特长等，以做到因材施教。

第二，对德育过程的理解与设计。

德育过程观不仅影响对德育过程的解释，而且影响对具体德育活动过程的设计，影响到教育方法的选择。当一个教师将道德教育理解为传统的赫尔巴特式的教育过程时，其德育方法可能已经选择以讲授法等重在"灌输"的方法为主。而当教师接受杜威式的德育过程观时，让学生在道德生活中体验与学习，或者提供必要的材料，鼓励学生假设、推理、发现的所谓价值体验、价值澄清的方法等就会成为教师的首选。同理，依据具体的道德教育任务，教师怎样设计某一具体的道德教育的活动过程，也就影响着教师对具体德育方法的选择。

第三，德育过程其他要素的影响。

这里讲的"其他要素"，主要指德育目标、德育内容和德育手段等。如前所述，德育方法当然要以德育目标为最根本的选择依据。同时，德育方法为了完成一定的德育目标，还必须与相应的德育内容相适应。也就是说，要根据具体教学内容选择教育方法。比如，教育内容决定着德育方法不同于体育方法。同时，在以道德知识传授为主要内容的教学过程中，与以道德规范训练为主要任务和内容的德育过程中，教师也应选择不同的教育方法。教育手段是指具体的教育活动的工具形式和媒体手段等。教师应当考虑不同的教育手段的实际来设计教育方法。例如，在使用电化设备时，即使同样使用讲授法，也会与传统的讲演法等有显著的不同。目前，教育手段、教育技术上的迅速变化，如计算机辅助教学以及教育网络化时代的到来，也正在对传统的教育方法提出进一步改进的要求。选择道德教育方法时，应当以德育过程的所有条件和要素为依据。

我们知道，德育过程是一个诸多要素组成的巨大系统，德育方法的决定有时会使人有一种面对抉择条件目不暇接的感觉。这就需要建立一种综合性抉择标准。这一标准可以表达为"最为经济地达成最大、最佳的预期道德教育效果"，包含两个有机联系的方面。其一是最大、最佳的道德教育效果。这主要指在德育目标的完成上取得最大的正面成效，同时避免产生不良作用，使负效应控制在最小的程度。其二是用最为简单、负担最轻的方式去取得上述效果。最佳的德育方法应当是两者的统一。

何谓"最大、最佳"的教育效果？我们已知道德育方法只不过是德育目标达成的中介环节，所以判断教育方法的最根本依据当然只能是它是否最好地完成了作为德育目标"中介"的角色任务。教育者在德育活动开展之前，必须考虑的首要问题就是选择什么样的教育方法才有利于达成德育目标，完成德育内容。但是由于各种不同的德育方法往往各有优势，也各有一定的局限性，所以德育方法的最佳效果还应当包括对教育负效应的防止和最大的降低。例如，在德育方法中，惩罚有时是必要和有效的，在一定程度上也有利于完成德育目标。但是，在怎样的条件下使用这一手段，使用何种程度和形式的惩罚，却是教育工作者必须认真考虑的问题。许多教师倾向于用惩罚去对付顽皮的学生，有时也能取得一些即时性的教育效果，但这一惩罚如果不同其他教育方式相结合，短期内的成效就可能是虚假的，从长期效果上看并不值得肯定。

何谓"最为经济"？我们说教育方法要追求最大和最佳的教育目标的达成，但这一限定只是必要条件而非充分条件。因为如果不惜一切代价去求得某种教育目标的达成，学校教育活动就是一种非科学的、不讲效率因而也是不自觉的活动。所以，德育方法不仅要讲最大、最佳的德育效果，而且也要讲德育投入与德育效果之间的最佳结合，即讲求德育的效率和功效。"最为经济"的德育方法，指在完成特定德育目标时，使用的德育方法所耗费的物力、人力、时间最少，所使用的程序最为简单，等等。对上述条件的追求应该成为德育实践、德育艺术、德育科学的共同追求。

德育目标实现时的"最大、最佳"，以及"最为经济的方式"这两个条件，如果单独地看，都只是必要条件，不能构成良好的德育方法的充分条件。但最佳的教育方法的充分条件却正是这两个方面的统一。因此，选择德育方法的完整依据，应当是用最经济的方式求得最大、最佳的德育目标的达成。

二、德育方法分类与特点

德育活动的形式丰富多彩，因此，历史上积累起来的德育方法极其丰富。对德育方法的分类认识，有助于我们对德育方法的掌握与灵活运用。

从不同的角度出发，我们可以对教育方法做不同的分类。例如，德育方法从其抽象程度上，首先可以划分为方法论意义上的德育方法和具体做法上的德育方法。应该指出的是，方法论意义上的德育方法是德育方法的一个重要的组成部分。同时，它对具体的德育方法的思考与应用具有重要的意义。我们常常较注意后者，而忽视了前者。

对于具体方法意义上的教育方法，我国有学者曾依据教育活动中学生认识活动的形态，将教学方法分为以语言交流为主的教学方法（讲授法、谈话法、讨论法等），以直接知觉为主的教学方法（演示法、参观法等），以实际训练为主的教学方法（练习法、实验和实习作业法等）和以陶冶为主的教学方法（感化、暗示等）等四种。① 巴班斯基主编的《教育学》将"教育方法"（相当于我们的德育方法）分为作用于学生的意识、情感和意志的方法，组织活动和形成社会行为经验的方法和执行调整、纠正、鼓励学生行为与活动的职能的方法三种。② 这种划分的主要依据是一定教育活动的形态。

我们认为，巴班斯基的分类较为切合德育的实际。具体德育活动都是有一定的目标上的侧重点的，所以不妨依据德育活动所要完成的德育目标的重点，将具体的德育方法划分为思维训练法、情感陶冶法、理想激励法、行为训练法、修养指导法等。

德育方法尽管千差万别，但又有其共性。与其他教育领域相比，不同德育方法具有的这一共性就是德育方法的特点。人们已经认识到的德育方法的特点至少有以下几点。

1. 德育方法所要完成的任务较为特殊

德育心理学认为，一个道德概念的内化一般要经过认识发展的三种水平。③ 首先，是具体的道德概念水平。人们对道德概念的认识是与具体的道德行为、道德形象结合在一起的。其次，是知识性道德概念水平。道德概念、理论、规范等作为知识而未内化为学习主体的内心观念的形式被掌握。最后，是内在性道德观念水平。也就是说，个体对道德问题的认识不仅达到了理性的概念水平，而且道德知识已经转化为个体的道德观念（最后成为道德信念），成为自己道德评价的依据和道德行动的准则。一般的认

---

① 参见南京师范大学教育系：《教育学》，444～459 页，北京，人民教育出版社，1984。

② 参见［苏联］巴班斯基：《教育学》，208、375～376 页。

③ 参见陈安福：《德育心理学》，22 页，重庆，重庆出版社，1987。

知性教与学，对知识的学习达到第二种水平就基本完成了任务，而道德教育则必须达到第三种水平。所以，道德信念问题、情感问题才是道德教育的核心和关键。从方法的角度看，不能作用于学生的道德情感，无助于学生道德信念的建立的德育方法都是不合格的。

2. 对应用德育方法的主体要求较高

道德教育由于涉及情感、信念的问题，所以对应用方法的主体也有特别的要求。第一，在道德教育过程中，身教重于言传，教师的道德人格就是道德教育的工具，是道德教育方法的有机组成部分之一。德育方法只有与教师的道德人格结合在一起，才能发挥真正的教育功效。第二，道德教育的价值性使教育意图的处理变得困难起夹。在一般教育活动中，教师公开自己的教育意图是没有问题的，有时甚至还有积极功效；但是在道德教育过程中，过于公开的教育意图往往会导致学生的心理抗拒，削弱教育效能。所以，道德教育在方法上必须处理的问题是：要么公开教育意图，但是必须真诚，不招致学生的反感；要么采取较为间接、巧妙的形式实施道德教育。因此，德育方法是否有效的一个关键是师生间能否建立亲密和信任的人际关系。

3. 德育方法及其运用的复杂程度高

关于德育方法复杂性，除了上述两个方面之外，还有一个时间上的原因，那就是德育效果取得的情境性、长期性与反复性。我们在这里着重解释一下"情境性"：一种方法在此时此刻、此一个体身上有效，但换一个时空环境，对同一个体可能就没有效果。所以，如果说德育方法有其特殊性的话，最大的特殊就是德育方法及其效能发挥的复杂性。德育方法实际上只能是德育艺术。

第五节　德育方法述要

一、方法论意义上的德育方法

我们这里所言之"方法论意义上"的德育方法，实际上就是理念性的德育方法。它仅仅提供一种方法上应当追求的原则，并不意味着一套十分具体的做法。德育理论家欧阳教先生将"方法论意义上"的德育方法称为

"德育方法的隐喻"①。以下，我们尝试讨论几个方法论意义上的德育方法。

（一）启发法

《论语·述而》记载："子曰'不愤不启，不悱不发'。"朱熹注解说："启，谓开其意；发，谓达其辞。"这提醒我们，教育学意义上的启发，实际上是指通过调动对方的积极思维而有所领悟的教育方法。启发的方法在古代当以苏格拉底的助产士式的谈话法最为典型。在现当代教育中，启发式意味着许许多多的教育方法，"启发"二字因此只能被称为一种教育的理念。

作为一种教育理念的"启发"在道德教育上意味着什么呢？我们认为，它至少有两方面的意味。第一，它承认人性的善良或道德教育在人性上是可能的。例如，教师不能给学生以道德良心，而只能唤醒其固有的道德良心。第二，它认为道德教育只有在具备一定的主体接受条件的情况下才能进行。道德教育必须考虑学生的道德发展水平与个性实际，必须有一种"机缘"的意识。这也就是上面提及的"不愤不启，不悱不发"。

启发的方法具有一定的"现代性"。我们常常说要发挥学生的主体性，在教法上实际要做的就是贯彻"启发式"道德教育思想。但是启发法如果运用不当，也有可能出现过于强调内省而随意性过大的危险。

（二）塑造法

何谓塑造法？有学者解释说："在教育过程中，教师就跟塑造家（陶艺家）一样地按照其旨意去塑造一块泥土，使其成为有用的器皿。只是教师是学生心灵的塑造者，而不是陶土的造型者。经验主义者或行为主义者经常持有这种理念。"②

相较于启发法，塑造法更强调教育的作用。换言之，这一教育理念对教育对人的作用有比较乐观的估价。在德育意义上说，它更强调道德教育对个体道德成长的积极作用，因为塑造法对德育功能有乐观的估价，有利于教师建立道德教育的信心。但是过去我们常常忽视教育对象接受道德教育的可能性的一面，其结果是造成了塑造等于强制灌输的局面。所以，作为一种道德教育的理念，塑造法必须将教师或教育的作用与对德育对象的发展与个性实际的观照结合起来。

---

① 欧阳教：《德育原理》，275～280 页，台北，文景出版社，1998。

② 欧阳教：《德育原理》，278 页。

（三）雕琢法

如果说树人法意味着整体培育的话，雕琢法则强调道德教育上的"小步子"。雕琢法的基本理念是：第一，就像雕塑家塑造作品必须依据作品胚胎的纹理和其他特征进行工作一样，道德教育也要注意对象的实际扬长避短地进行教育；第二，就像雕塑家的工作必须一点一滴逐步进行一样，道德教育也要由小处着眼，次第进行。

雕琢法在中国的德育思想传统中有较为充分的表述。比如朱熹，他一方面强调立志、主敬、存养的功夫，另一方面又特别强调对人欲之私意进行反省与检察的"省察"的功夫。朱熹在《性理精义》中说："念虑之萌，固不可不谨；言行之著，亦安得而不察。"王阳明在《传习录》中也说："吾辈用功，只求日减，不求日增。减得一分人欲，便是复得一分天理。何等轻快洒脱！何等简易！"朱熹与王阳明虽然有着理学与心学上的不同，但是他们都强调人性与天理沟通的可能，同时也强调一点一滴的修养与教育的功效，可以说是从不同角度对雕琢法的认可。

雕琢法与树人法的不同在于，它更强调对行为的外在约束，有着和塑造法理念一样的缺陷。所以，雕琢的方法也应当同对主体道德学习动机的发动相结合。

（四）树人法

雕琢法强调道德教育上的"小步子"，树人法则强调对人的整体培育。俗语说，"十年树木，百年树人"。道德教育者像一个园丁照看、培养自己的花木一样进行道德教育的理念，就是所谓的"树人法"。树人法的内涵主要体现为两点：第一，道德教育应当是一种精神人格的整体培育活动；第二，道德教育是一个需要日积月累、精心照看的工作。

所谓"精神人格的整体培育"，就是要对学生的道德发展做一种整体的设计，不断用新的人生境界去鼓动学生迈向更有价值的生命。皮亚杰说，儿童是道德哲学家。也就是说，即使是很小的儿童，他们仍然有自己对人生问题的整体看法。他们与成人的区别也只是在对世界的把握方式上有所不同。因此，道德教育的任务是找到切合儿童心理实际的方式，引导他们逐步建立自己的人生模式，而境界的整体提升则不失为道德教育的方法论之一。此外，道德教育是一个终身教育的命题。除了人生境界需要不断提升的原因之外，某一个道德发展的实现也需要一个不断反复、巩固的过程。所以对个体来说，修养是一个长期的过程；对教育过程来说，"树人"意味着教育过程的长期性与复杂性。

当然树人的方法也有其局限：一是整体境界的提升需要寻找合适的具体方法；二是树人法在方法论上有较浓的成熟论的色彩，需要我们警惕。

（五）系统或综合法

这一理念实际上是强调对各种德育方法理念的综合协同。即使是抽象程度较高的方法论意义上的方法，各方法之间仍然是各有优点与局限的。例如，前述启发法强调内在动机的发动和主体的学习准备，塑造法强调外在约束的教育作用。又比如，树人法强调宏观或整体的教育，而雕琢法则强调点滴功夫的重要。应当说，单个方法都有其优势，也有其缺陷，但综合运用则可能使它们互相支撑，完成道德教育的使命。所以，必须用系统论的思想对所有方法理念做一综合的理解，形成方法论的体系。

苏联教育家马卡连柯认为，具有决定意义的不是孤立的教育手段，而是和谐地组织起来的手段体系。[①] 应当说，在道德教育的方法论上也是如此。正是在系统论思想的指导下，巴班斯基等人提出了教育过程的"最优化"理论。我们认为，这一理论在德育方法上的应用之一，就是要形成系统或综合运用德育方法的基本理念。

方法论意义上的方法远不止上述五种。现代教育或德育理论中常常谈到的"发现法""建构论"等也都是方法的理念而非具体的方法，我们可以称之为方法论意义上的方法。

二、具体的德育方法

（一）思维训练法

思维训练法指的是以道德知识的学习和道德思维能力的提高为主要目标的德育方法。这一类德育方法主要包括一般教学中常见的讲授法，谈话法以及讨论法（含两难讨论、价值澄清法）等。但是应当说明的是，某一种教育方法被称为思维训练的方法，只意味着以道德知识学习和道德思维能力提高为主要目标或侧重点，绝不是说这一方法就只是完成认知的任务，只具有思维训练的功能。实际上，任何一种教育方法都可能具有情感、信念培育等方面的作用。只是说在许多情况下，上述方法更多地用于道德思维的训练而已。

1. 讲授法

讲授是以教师的语言作为主要媒介系统，连贯地向学生传授知识、表

[①]　参见［苏联］巴拉诺夫等：《教育学》，198 页。

达情感和价值观念的教育方法。道德教育中的讲授法主要应用于道德科目的教学形式。讲授法是一种较为古老的教育方法。其起源可能是原始社会中的老年人给儿童和青少年讲述英雄事迹和神话故事、生活经验等。古罗马教育家昆体良，曾以讲演法为中心建立其教育学体系。中国古代的太学和书院也都出现过数百名学子聆听一位学者的"讲学"的盛况。所以，所谓"传道授业解惑"，在古代教育史上的主要形式之一就是讲授法的应用。在近代，由于自然科学知识的引入和人文科学的巨大进步，大量信息的传播使讲授法仍然作为学校教育的基本教育方法之一被普遍采用。在采用直接道德教育模式的国家，讲授法仍然是一种常用的德育方法。

讲授法的主要形式有三种，即讲述、讲解和讲演。"讲述"主要是客观地描述事实，呈现知识、材料和观点，主要解决的是"是什么"的问题。"讲解"是进一步分析、论证和说明问题，主要解决"为什么"的问题。"讲演"则是综合运用讲述、讲解等方法，采取演说或报告的形式，完整、深入地论证或说明某一问题。讲演往往涉及问题较深较广，所需时间也较长。

讲授法广泛运用于道德教育领域。在中国的学校德育过程中，学校日常德育课的教学往往采用讲授的方式，同时也经常采取报告的形式，请一些先进人物就某一德育内容进行讲演。这是因为，道德教育确有基本知识的传授和背景材料的介绍方面的任务。讲授法的最大优势在于它能够在最短的时间内向学生呈现、介绍大量和系统的信息。教师合乎逻辑的分析与论证也有利于学生思维能力的提高和价值观念、信念的养成。但是在双边活动方面，讲授法的最大的缺点是很少有机会让学生以同教师完全对等的身份主动参与教育过程，做出反馈，产生互动，学生的积极性、主动性不易发挥。故运用讲授法，应当扬长避短，努力做到以下三点。

第一，注意内容的组织。由于讲授法是以教师的"讲"为基本方式进行的，所以必须对所讲授的内容做较周密的安排，使之具有科学性、系统性和逻辑性，做到知识性、思想性与趣味性的统一，系统全面和重点突出的统一。

第二，注意学生的发动。由于讲授法以教师的活动为主导，所以要特别注意启发式教学原则的运用。教师应当适时提出问题，引发学生思考，并努力使自己的解释、分析和推论成为学生的接受、分析与推演的同步过程。

第三，注意语言艺术。讲授既以语言为主要媒介，那么教师应特别注意语言美的创造，力求清晰、准确、简练、形象生动、条理清楚。教师在音高、音调与语速上都应注意合理设计，讲究抑扬顿挫，追求一定的节奏和旋律感。讲授还应注意发挥肢体语言的潜能，使之与口头语言相配合，提高讲授的感染力。同时，讲授法也可以灵活运用其他教育手段，如电化教学、计算机辅助教学等。

2. 谈话法

谈话法是以师生交谈的方式进行知识教学和价值辅导的教育方法。谈话法的基本类型有两种，一是提问，二是对话。

提问法的要义在于通过有启发性的问题，引导学生通过自己的思考和逻辑推演得出结论，或者通过提问使学生在逻辑推理中发现自己在概念和结论上的不周延或不合理处，从而修正自己的看法（后者又称为"反诘法"）。谈话法也是一种古老的教育方法。中国古代教育家孔子倡导"扣其两端"的方法，让学生注意事物的正反两面，从事物的矛盾中求得正确的答案。古希腊的苏格拉底提倡一种从学生所熟知的事物或现象出发，通过师生问答从而让学生求得正确答案的助产士法。

提问法的基本要求是：（1）所提问题应当指称明确、难易得当，有针对性和启发性；（2）提问的问题和针对的对象具有普遍性和典型性，因为提问法在课堂教学中的应用往往要求通过个别学生的提问达到教育全体的功效；（3）谈话要有一定的计划和步骤，同时掌握好讨论进行的时间；（4）结束提问时应引导学生做出适当的总结。

在谈话法中，师生双方应当建立一种相互尊重和信任的人际关系，即马丁·布伯（Martin Buber）所言"我与汝"（I and Thou）的关系。谈话法在现代教育中的广泛应用还得益于马斯洛、罗杰斯等人"以个人为中心"（Person-centered）的心理咨询法。这一方法的核心是将真诚、信赖、尊重等观念引入辅导者和被辅导者的关系中，是一种新型师生伦理关系的表现。对话法要求教师作为学生的伙伴、朋友，平等讨论而不是居高临下地进行价值说教。在道德教育、心理教育等领域，谈话法是最为有效的教育方法之一。

除了在课堂教学中使用谈话法之外，它还在对学生的个别教育中被广泛采用。谈话法的优点是能够充分调动学生的思维，激活学习动机和潜能，具有较高的启发性。但是，它也有耗费时间较多，且对教师的谈话技巧要求较高的局限。

3. 讨论法

讨论法是在教师指导下，学生用讨论与辩论等方式就某一道德问题各抒己见、澄清思想、寻求结论的教育方法。

讨论法的有效性建立在以下几个前提之下。第一，讨论的主题要切合学生道德发展和实际生活的实际，具有智力上的挑战性。第二，除了指导学生做好思维和材料上的准备之外，需要启发和鼓励学生解放思想、畅所欲言。教师应当做到循循善诱、"导而弗迁"。第三，讨论法作为一种训练道德思维的方法，目标主要在于通过论辩或思考的过程求得问题的澄清与解决，教师的注意力应当放在过程而不是结论上。

讨论法本身应当成为学生民主的道德与社会生活实践的一部分。科尔伯格和拉思斯等人分别提出的"两难讨论"和"价值澄清"的方法，是值得我们借鉴的两种方法。两难讨论的方法是设计一些道德上的两难故事并提出一个道德问题，让学生进行讨论，思考、检验自己的立场，反思不同意见。在讨论中，由于存在不同道德水平的解释与结论，因此教师可以引导学生朝更高一级的道德水平发展。价值澄清的方法则强调每个人都有权利和机会通过讨论澄清自己的价值观念，珍视和实践自己的道德判断。与中国德育实践中的道德讨论相比，其突出优点是讨论中学习主体的自由以及教师角色的隐蔽。如何减轻讨论法中过多的人工痕迹（计划性、目的性、结论性等），是讨论法能否真正实现培养道德思维能力这一目的的关键。

（二）情感陶冶法

情感陶冶法是指通过设置一定的情境，让学生自然而然地得到道德情感与心灵的熏陶的教育方法。如果说讲授、谈话、讨论等是明示的德育方法的话，陶冶则是一种暗示的德育方法。陶冶法的基本理论基础是环境与人的发展的相互作用。一般说来，陶冶法有"陶情"和"冶性"两方面的作用机制。陶情是一种与认知活动相互联系的情感和情趣的化育过程，冶性则指与情感联系的认知上的进步乃至人格上的提升。陶冶的过程是陶情与冶性两个过程的统一，所以在道德教育过程中，陶冶的方法主要侧重于情感的陶冶，但其作用当然也不止于情感的培育。

陶冶的方法自古有之。孔子、老子等人都曾倡导和践行所谓的"无言之教"。南朝教育家颜之推指出："人在少年，精神未定，所与款押，熏清陶染，言笑举动，无心于学，潜易暗化，自然似之。"（《颜氏家训·慕贤》）《宋史·程颐传》则明确记载："今夫人民善教其子者，亦必延名德之士，使与之处，以熏陶成性。"在现代教学理论中，保加利亚心理学家格·洛札洛夫创立的"暗示教学法"，以及我国学者在语文教学中探讨的"情境教学法"基本上也都属于"陶冶"的教育方法。

情感陶冶法的具体实施途径一般有三个：教师的师爱、环境陶冶、艺术陶冶。陶冶法的关键是要设置具有隐性教育意义的教育情境。其基本要求有三。第一，教师的最主要功能体现在教育情境的设计上。这一情境必须能够引人入胜，具有感染力。教育作用是渗透其中而非显性的存在，并且在教育情境设置之后，教师的作用应当尽量淡化，除非教师在情境中作为情境的构成要素之一存在。第二，教师作为教育情境的构成要素的条件是对学生的挚爱、真诚以及自身道德人格的魅力。同时，教师应当成为学生在道德人格上的榜样——陶冶的一个重要因素。第三，应当促进学习主体与教育情境的互动，强调学生的主动参与以及对环境的净化、美化和改进。主体的主动参与是增强道德陶冶作用的重要条件，因为"参与"可以使环境变成一种具有亲和力或亲切感的道德影响源。

在若干种陶冶法尝试中，英国教育家威尔逊的家庭化模式（family model）是一个可以借鉴的典型。威尔逊是一个强调道德思维的教育家，就像科尔伯格为了弥补纯粹注重道德推理的教育方法的缺陷提出公正团体理论一样，威尔逊提出了道德教育家庭化的设想。其具体做法是：由 30~80 名不同年龄和性别的学生组成一个"家庭"，并且有自己的家长（house parents）、男女舍监（house master/house mistress）和自己的房子，成员共同参与一些仪式和日常生活。其中，家长既是保证规则实施的监督和主持，更是一位与儿童平等的角色。家长的主要任务是使学生意识到自己的情感，并正确处理好自己与他人的情感问题。男女舍监分别代表男女主人，管理家庭生活。由于家庭既可以提供归属、安全、交流与合作的机会，又可以促使儿童独立思考和承担责任、情感生活与道德生活的统一，应该说，家庭化模式是一个较好的德育方式。

另外一个对道德情感予以充分关注的是美国斯坦福大学教育学院教授诺丁斯。20 世纪 80 年代，她提出了道德教育的关怀模式。诺丁斯强调，如果我们"按照数学方式处理道德教育的话，我们就大错特错了"[①]。所以，诺丁斯主张，关心者与被关心者的关系应当成为道德教育的基本人际关系；教师应当淡化职业角色——不仅是帮助者，更要成为关心者；教师和家长

---

① ［美］诺丁斯：《关心：道德教育的母爱途径》，转引自袁桂林：《当代西方道德教育理论》，280 页。

应当与学生进行真诚、平等的对话；教师应当跟着学生的班级直到他们毕业，以利于有充足的时间了解和关心学生；给学生创造"关心"的机会，使他们在关心的行动中学会关心，等等。

情感陶冶法广泛应用于德育过程。陶冶法的长处是教育意向和教育内容寓于生动形象、趣味盎然的环境与活动之中，教育过程具有情感与认知高度统一的特点，易于发动和培养学生的学习动机、想象和理解能力等。陶冶法的短处是它不能在短时间内传授明确和大量的知识信息，所以，陶冶法有时须与其他教育方法结合起来，这样才能发挥最大的教育功效。

（三）理想激励法

理想激励法是指通过适当方式，促进学生形成道德理想、道德信念，从而进行道德教育的方法。就像思维训练和情感陶冶法是由一系列具体的方法组成一样，理想、信念的形成和发挥作用也需要一系列具体的德育方法。换言之，我们只能说某些方法可能更直接地对道德理想的形成有较大的作用，而不能说某一个德育方法与道德理想形成完全无关。因为，事实上，任何一个德育方法都有益于道德理想和信念的形成。

道德理想从内容上可以分为价值理想和人格理想，理想激励的方法也可以分为价值理想激励和人格理想激励。现代社会往往是不太有理想激情的社会，而没有真正的道德理想，就没有真正的道德生活。因此，理想激励法是道德教育的根本方法之一。

在社会主义道德教育实际中，苏联教育家在理想激励方面有许多值得我们思考和吸收的思想。在这里，我们介绍一下苏霍姆林斯基的有关思想。

苏霍姆林斯基指出："如果一个人把做好事与熟读功课、完成作业同样对待，如果他在自己的童年和少年时期从来就没有体会过什么是凭良心去做好事，那么他就会成为一个道德观念不健全的人。"因此，他"要求少年中有更多的受崇高愿望激励的崇高行为，有更多的对道德理想的追求——这是少年教育中一条重要法则"①。苏霍姆林斯基将道德理想的形成和激励过程称为"思想生活"的过程，具体做法包括以下三点。

第一，道德美育的方法。苏霍姆林斯基总是努力挖掘课本和生活中能够反映道德理想的事和人，努力呈现道德美并激励学生对道德美的称颂、对崇高表现的钦佩。他说："我总是努力给少年们描绘出活生生的人的鲜明形象，这样的形象成了人类道德美的永久体现。我要让这个形象照亮少年

---

① ［苏联］苏霍姆林斯基：《让少年一代健康成长》，205～206 页。

的心，深入他的思想深处，使少年的心更快地跳动。"① 苏霍姆林斯基主张呈现道德美，但反对立即将理想行为同学生的表现做对比，原因是"道德行为的光辉形象不应当把少年照得头昏目眩，而应当照亮他前进的道路"②。简言之，道德美育的方法实际上是一种理想化育的方法。

第二，"争论状态"的方法。苏霍姆林斯基认为："信念就其本质来说，不可能是一种不劳而获的精神财富。只有通过积极的活动，信念才能起作用，才能得以巩固，才能变得更加坚定。"③ 所谓争论状态，首先是指德育对象个体内心的斗争状态或"研究问题的局面"。当道德美的"弹药"积累到足够程度时，这一状态就可能出现。"我很高兴听到沃洛佳的母亲对我讲，这个十四岁的少年经常沉思地、聚精会神地埋头读书，好像有什么东西使他激动。我劝他的母亲说：'不要破坏他的这种情绪，不要对你的儿子说："去找同学解解闷吧！"这是他在自我教育，是学校里获得的精神上的弹药在起作用。'"④ 争论状态的第二种表现是同学之间的争论。苏霍姆林斯基实践过的一种教育形式是组织"少年思想家"晚会，主要是学生通过自己的真实体会去回答诸如"如果你遇到了外星生物，你会乐意告诉他地球上的哪些情况，而对哪些情况暂时守口如瓶？"的问题，激发学生们在思维的碰撞中追求人生理想。

第三，"地图上旅行"的方法。苏霍姆林斯基认为，理想教育如果不脱离实际，一个重要的方法是将道德理想的激励机制同爱国主义教育联系起来。为了让学生们认识祖国的美好，苏霍姆林斯基的一个绝妙的方法是所谓的"地图上旅行"。首先，它会展示祖国的美好以及人们对未来的憧憬。其次，使学生认识到，对于创造了祖国的昨天和今天的美好的人来说，自己是一个"负债者"。最后，激励学生在崇高理想的鼓舞下从事劳动。苏霍姆林斯基说："在崇高目标的鼓舞下从事劳动，成了少年们进行精神锻炼的一种特有的形式。他们从中体会到自己是一个公民。"⑤

苏霍姆林斯基关于理想激励方法的上述实践只是一个样板，而不是真理的全部。但是我们仍然可以从中总结出理想激励法应当注意的一些问题。

---

① ［苏联］苏霍姆林斯基：《让少年一代健康成长》，207 页。
② ［苏联］苏霍姆林斯基：《让少年一代健康成长》，209 页。
③ ［苏联］苏霍姆林斯基：《让少年一代健康成长》，212 页。
④ ［苏联］苏霍姆林斯基：《让少年一代健康成长》，211 页。
⑤ ［苏联］苏霍姆林斯基：《让少年一代健康成长》，221 页。

首先，应当充分注意理想激励对道德教育的策略意义。除了直接的价值理想教育之外，我们应当特别注意榜样人物的教育作用。其次，理想激励机制的关键是主体自身对于道德理想的向往与追求。正如杜威所说："所需的信仰不能硬灌进去，所需的态度不能粘贴上去。但是个人生存的特定的生活条件引导他看到和感觉到一件东西，而不是另一件东西；它引导他制定一定的计划以便和别人成功地共同行动；它强化某些信仰而弱化另一些信仰作为赢得他人赞同的一个条件。所以，生活条件在他身上逐渐产生某种行为系统，某种行动方向。"① 最后，应当寻找适合不同德育对象生活实际的理想激励策略。例如，苏霍姆林斯基采用的是爱国主义与理想教育的结合，我国有些学校将职业理想教育作为高中生道德理想教育的切入点，都是正确的。

（四）行为训练法

行为训练法是通过道德实践和对道德行为的价值领悟、策略训练、奖励与惩罚等方式进行道德教育，以巩固道德信念，磨炼道德意志，形成良好的行为习惯的德育方法。行为训练法包括以下几个大的方面。

1. 道德实践

这里的"实践"并不专指人们熟悉的"社会实践"。它实际上是指教育过程中学习主体积极改造主观世界的一切学习性实践活动。所谓"学习性实践活动"，是指学生的道德实践与日常生活中的道德实践有一定的区别。道德实践通过实际锻炼的方式，以巩固道德观念，培养良好行为习惯，发展学生实际道德能力等为最终目的。

道德实践法的基本形式有模拟活动、社会实践和日常规范训练等。

模拟活动是指在学校道德教育情境中，通过模拟的道德生活去体验道德价值和道德实践的教育活动。美国教育家谢夫特认为，对角色的体验和人际关系在学习和生活中起着十分重要的作用。所以，他提出了"角色扮演"的教育阶段理论。② 在他看来，教育过程包括九个阶段：（1）使小组活跃起来；（2）挑选参与者；（3）布置舞台；（4）培训观察者；（5）表演；（6）讨论与评价；（7）再次表演；（8）讨论和评价；（9）共享经验与概括。我国道德教育实践中，近年也出现了模拟法庭、模拟市场等道德训练方式。这些也属于道德实践法。

---

① ［美］杜威：《民主主义与教育》，13页。

② 参见丁证霖等：《当代西方教学模式》，太原，山西教育出版社，1991。

　　社会实践法是以学生为主导的教育方法，主要特点是要求学生完成具体的道德任务，在完成任务中培养学生的道德情感，巩固学生的道德认知，帮助学生练习道德策略。它既包括个体完成集体交给的特定任务，也包括组织学生集体参加特定的集体道德实践活动，如团队活动、社区公益活动等。道德实践活动的安排要求教师有较高的教育艺术，其中对教师角色的具体要求有三重。第一，教师是活动的组织者或领导者。这一角色实际上是要求教师帮助学生明确学习性实践活动的目标，激发动机和端正态度，同时要求教师安排实践活动的时机合适，难度、时间和作业量适度。实践活动具有教育性及接受教育的系统、整体性等特点。第二，教师是活动的指导者和帮助者。一些活动要求教师能够对实践过程进行示范，在学生独立完成实践任务时，也往往需要教师做适时、适度的巡查和策略上的指导。第三，教师是活动的鼓励者和评价者。这一角色应当成为实践活动中教师的主要角色。它对教师的要求主要体现为两点：一是教师应当充分尊重、鼓励学生通过实践主动学习、探索和应用所学的主动性、独立性；二是适当引导学生在实践活动中和实践过程结束时及时总结经验，提高自我检查、评价和纠正错误、增强自身优势的主体能力。

　　为了避免道德规范只是在某些场合偶然存在的局面，除了开展模拟和实际的社会实践活动之外，非常重要的一点是要进行日常道德规范的训练。要避免道德教育上的形式主义，很重要的一点应当是像杜威说的那样，使学校生活成为学生的道德经验形成的手段。日常道德规范训练因此成为一个十分重要的德育方法。这一方法的具体要求是：一方面，规范的制定应当有一个民主的程序，即让学生认识到规范并不是异己的力量，相反，它是学校和社会正常、健康生活的必需；另一方面，规范训练既然是"日常"的，就必须建立公平和有效的监督机制，以便通过长期的制度性生活培养学生良好的行为习惯。

　　道德实践法的最大长处是教育过程寓于学生的主体学习或探索过程。实践法不仅有利于巩固道德知识教学的成果，更有利于道德技能训练和价值观念的培养。但是，实践法也有几大忌讳。一是将教育性或学习性质的学习实践等同于一般的改造世界的实践活动，从而取消了学校教育存在的意义。二是实践法应用的频率和难易程度的失当。前者在我国曾有"开门办学"却将学校办到田间地头的教训，后者则表现为苏联、美国等国曾因过度强调"活动""经验"等，招致学生学业成绩普遍降低的恶果。三是对道德实践主体的自由的否定。在中国大陆的德育实践中，教师常常干预太多，从而使本来以学生为主的道德实践活动变成学生在教师操纵下进行的没有自主判断和行为决策自由的活动。显然，这样的活动等于取消了道德实践法存在的意义。

2. 奖励与惩罚

奖惩法也是广泛存在于道德教育过程中的教育方法。这里的"奖惩"是一种广义的"奖惩"。所谓"奖"，包括一般的赞许、表扬，也包括专门形式（狭义的）的奖励；"惩"也是既包括一般的批评，也包括较严重的处分。奖惩法是通过奖励与惩罚这两种积极和消极的强化方式影响学生道德行为的教育方法，也可分解为奖励的方法和惩罚的方法。评比和操行评定是实施奖惩法的重要形式。

奖励作为一种积极强化的教育方法，在教育活动中被广泛接受和采用。"奖励"意味着对学生正确认识与行为的肯定或较高的评价。适当的奖励可使学生得到精神上的满足和愉悦，增强其学习的动力，改善教育活动的氛围。在学校教育中，我们可以常常看到，一些成绩一般甚或有某些缺点的学生，因为得到表扬等积极强化而增强自信，并因"皮格马利翁效应"成为优等生的成功范例。

但是奖励并不是一个绝对积极的教育方法，也可能导致负面的德育效果。因此，奖励如果要成为一种有效的教育方法而非中性的教育手段，就应成为需要被认真对待的教育艺术。奖励艺术的基本要求可以归纳为这样几点。第一，奖励的指向不仅是成功的结果，而且是获得成就的过程，即在过程中表现出的动机、态度、学习方式、意志力等。第二，奖励的频率和程度恰当。频率恰当，指当奖则奖，不能无原则地滥用奖励，使之成为一种效应逐渐降低的手段。程度恰当，是指奖励的级别应与成就的高低相当，过高和过低的奖励都会降低奖励的功效。第三，注意奖励的灵活运用。在奖励对象上，一些胆小和没有信心的学生特别需要鼓励，而对一些自尊稳定、有骄躁表现的学生来说，过多的奖励反而对他们有害。所以，奖励既要有统一和公平的性质，又要有一定的灵活性。此外，奖励的形式应当是多种多样的。从点头赞许到口头表扬，到用特定形式（奖状、奖品、奖金等）进行的奖励，都应当恰当和灵活运用。第四，无论何种形式的奖励，在本质上都应是精神上的鼓励。作为鼓励的外在象征可以是奖品或奖金，但在学校教育中，除了要慎用物质奖励的方式外，还要努力引导学生将奖励的象征意义而不是象征形式看成第一位。第五，奖励应当尽可能面向全体学生，以形成集体道德舆论，获得学生群体的支持，从而收到教育全体学生的功效。

惩罚作为一种传统的教育方法，已经使人们在教育活动中产生了十分矛盾的心态。一方面，体罚等惩罚方式被广泛否定和禁止，因为它不符合现代教育尊重学生的基本民主精神；另一方面，许多教育理论和实践工作者也都认识到了惩罚具有的教育性。例如，在中国古代教育中，尤其是在禅宗的教育思想中，"当头棒喝"对人的惊醒教育作用得到了特别强调。苏联教育学家马卡连柯也指出："合理的惩罚制度不仅是合法的，而且是必要的。这种合理的惩罚制度有助于形成学生的坚强性格，能培养学生的责任感，锻炼学生的意志和人的尊严感，培养学生抵抗引诱和战胜引诱的能力。"①

所以，正如奖励并不必然构成教育性的方法一样，惩罚也并不必然与教育性无缘。问题的关键在于我们如何使用惩罚手段。正确运用惩罚手段，应当注意的基本问题有五。第一，惩罚的目的是教育，不能为惩罚而惩罚。必须让学生认识到问题所在，认识到惩罚手段实际寄寓的教师的爱心、善意与尊重。在学生已经认识错误所在并决心不再重犯时，应免于或者减轻处罚。第二，惩罚应当合情合理、公平准确，要避免那种主观、武断和随意的惩罚。第三，惩罚应有灵活性。灵活性的含义存在两个方面的理解：一是指惩罚的形式应当多样化，二是指应该因对象而异地使用惩罚。例如，对于感受性较强、自信心不足的学生，应少用或减轻惩罚的强度；相反，则应当加大惩罚的力度。第四，将惩罚与对学生的尊重相结合。一方面，惩罚强度必须足以警醒学生；另一方面，惩罚又必须避免伤害学生的自尊，避免对学生造成精神或身体上真正的伤害。此外，惩罚的实施还应有时机的意识，注意场合与火候。第五，适合公开处罚的惩罚应当充分发扬民主精神，获得学生群体的道德支持，也扩大惩罚的教育面。总而言之，奖励和惩罚如果应用得当，都可以成为很好的教育方法。

以下为奖惩法应用的一个案例。不过这一方法引人争议的地方在于：它是否有功利主义的嫌疑？

"道德币"与"道德银行"②

2003 年 11 月 5 日，位于杭州钱塘江畔的浙江工业大学之江学

①　[苏联]马卡连柯：《苏维埃学校里的教育问题》，转引自[苏联]巴班斯基：《教育学》，393 页。

②　张乐：《关于道德银行的报道》，载《北京青年报》，2003-11-26。

院举行了简短而隆重的启动仪式，宣布道德银行正式成立并运行。全院所有大一、大二的学生都被吸纳为储户，其他年级学生也可以自愿申请开户。

深蓝色封面的"道德银行储蓄卡"，样式与常见的银行储蓄卡相似，有户名、账号及存入、支出、结余等栏目，不过币种一栏却写着"道德币"三个字。按照"道德银行"的评估原则，学生参加青年志愿者活动、社会公益活动和其他各类好人好事都可以获得相应的"道德币"。例如，义务献血一次，登记在"道德银行储蓄卡"上就是2万元"道德币"。除了负责存款的存储部外，银行设立了支取部。支取部部长、人文系大二法律系专业的潘艳乃介绍说，如果出现各种违纪行为，就必须处以2万元至10万元的罚款。此外，当"储户"自身有需求时，也可以凭卡向"银行"支取。例如，"储户"可根据其好人好事所积攒下来的"道德币"，向"银行"申请相应的帮助或享受相应待遇。这些优先帮助和待遇包括：享受申请勤工助学岗位，参加学生会组织的各类学习培训优先考虑待遇；可申请获赠一季度的学科类报纸、杂志等。

学期终，道德银行还将对"存款高额者"进行"十佳道德富翁"排名，并予以表彰和宣传。学生在道德银行中的储蓄等级还将成为团内评优、学校评定奖学金的参考。

目前，学院已有3 300多名大学生成为道德银行的储户，其中179位储户已获得第一笔"道德币"。

（五）修养指导法

修养指导法是教师指导学生进行道德上的自我修养，从而提升道德水平的教育方法。由于这是一种以学生自我修养为核心的教育方法，所以也有人称之为"自我教育法"。不过"修养指导"与"自我教育"还是有一定的区别的，区别在于在自我修养过程中有无教师"指导"的存在。

修养指导法的合理性建立在两大基础之上。第一，任何道德教育过程的实质都是主体道德自我建构的实现。不通过主体自身的价值体悟与接纳，任何道德真理都无法让学生真正接受。按照辩证唯物主义的观点解释，就是内因是变化的根据，外因通过内因起作用。正是因为这一点，一些学者主张将修养指导的方法与道德教育的方法并列，成为德育方法中两个地位相当的组成部分。① 第二，学生，尤其是青少年时期的学生会有一个自我意识凸显的时期。他们会自觉不自觉地对自己的内心与行为做出反思、反省，有成为一个道德高尚的人的愿望，并且会自觉不自觉地约束自己的行为。道德修养的存在是修养指导法存在的最现实的依据。

修养指导法要做的主要工作有三点。第一，培养学生道德修养的自觉性。道德修养的前提是道德主体的道德发展需求。启发和激发学生道德修养的动机是修养指导法的首要环节，具体方式可以是鼓动、读书、报告等。第二，帮助学生制订修养的标准与计划。有了道德修养的动机，就必须有道德修养的行动。为了进行有效的修养，制定恰当的修养目标和计划是有必要的。教师应当鼓励和帮助学生制定程度适当、具体可行的修养目标与计划。第三，指导学生监控和评价自己的道德表现。道德修养过程实际上是一个意志锻炼的过程，应当鼓励学生在道德实践中不断反思自己，自我监控，自我评价，自我激励，形成道德修养的连续动力，形成修养习惯。而自我评价过程的一个重要方面，就是帮助学生在道德实践中实现和欣赏自己在情感体验、意志磨炼及行为策略上的能力提升。

在修养指导法中，读书辅导法是一个十分重要的方法。我国教育家朱熹曾经对读书的修养意义予以充分肯定。他说："学固不在乎读书，然不读书则义理无由明……若不读这一本书，便缺了一件道理。"他还以"观书有感"为题写过这样一首绝句："半亩方塘一鉴开，天光云影共徘徊。问渠那得清如许，为有源头活水来。"朱熹不仅重视读书，而且重视对读书的辅导，为此他提出了著名的"朱子读书法"，指出读书应当注意六条原则：循序渐进、熟读精思、虚心涵泳、切己体察、着紧用力、居敬持志。应当说，朱熹的思想具有十分重要的德育价值。

读书，尤其是读好书，无疑具有道德修养的价值。教师在进行读书指导时，主要应做的工作是鼓励、推荐、辅导和支持。所谓鼓励，就是应当将读书，尤其是课外的读书活动作为积极的修养行为予以提倡和褒扬。所谓推荐，就是应当依据不同学生的实际，适时推荐有利于学生成长的读物。所谓辅导，就是要引导学生学会读书，包括介绍一些读书的方法，帮助学生制订读书计划等。所谓支持，指除了以上诸点之外，教师还应当注意营造读书的氛围，如开展读书比赛、读书心得报告会、开展书评等活动，使读书与修养、读书与教育有机结合起来，并相互支持。

---

① 参见胡厚福：《德育学原理》，288、357 页，北京，北京师范大学出版社，1997。

第六节　德育方法的应用

一、德育方法的组合及模式问题

马卡连柯认为，具有决定意义的不是孤立的教育手段，而是和谐地组织起来的手段体系。① 他说："没有任何十全十美的方法，也没有一定有害的方法。使用这种或那种方法的范围，可以扩大到十分普遍的程度，或者可以缩小到完全否定的状态——这要看环境、时间、个人和集体的特点，要看执行者的才能和修养，要看最近期间要达到的目的，要看全部的情势如何而定。"② 因此，德育方法在实际应用中的一个重要问题是德育方法的组合及其形成的模式问题。

1. 德育方法的优化组合

德育方法是由一系列德育手段、德育方式的组合形成的。同时，德育方法本身也是丰富多彩的。教师在从事具体道德教育活动时，也不可能只采取某一种德育方法。这些都决定着德育方法之间的组合也有一个优化的问题。

诸种德育方法的组合模式很多，因教育过程的实际而不同，但总体上应当依据三项基本原则。

第一，目的性原则。马卡连柯说过："方法和目的的关系应当是检验教育逻辑的正确性的实验场所。从这种逻辑出发，我们就不能允许有不去实现既定目的的任何方法。"③ 所以，与具体德育方法的选择一样，德育方法的组合也是以德育目标的完成为最高标准的。

第二，系统性原则。组合的实质是要处理德育方法涉及的各方面关系。因为德育方法的组合不仅涉及德育目的、德育内容、活动主体（教师与学生）及条件等教育要素，而且也涉及构成组合的各德育方法之间的关系，所以思考如何形成德育方法之间的优势互补、相互协调的关系是十分重要的。

第三，最优化原则。在同一德育活动开始之前，应有若干种德育方法

---

① 参见［苏联］巴拉诺夫等：《教育学》，198 页。

② ［苏联］马卡连柯：《论共产主义教育》，124 页，北京，人民教育出版社，1962。

③ ［苏联］马卡连柯：《论共产主义教育》，125～126 页。

组合的设计，然后结合目的性原则、系统性原则及具体的教育实际进行综合考虑，最终形成最优的德育方法组合。最优化的标准同前述德育方法的选择标准相同。

2. 德育方法模式

德育方法模式是指在德育方法使用过程及其组合运用过程中，德育主体（教师个体或集体，甚或某一民族）有意、无意形成的使用某些德育方法的固定倾向。这一倾向往往是以一定的德育理念为基础的。例如，当代西方德育界形成的主要方法模式就有以下几种。第一，认知发展方法模式。其具体方法包括道德两难问题的课堂讨论、价值分析、公正团体、榜样示范等。第二，社会学习方法模式。其具体方法包括行为矫正法（奖惩），文化传递法（名人传记、英雄事迹），个人榜样法，价值观示范法，角色扮演等。第三，价值澄清方法模式。其具体方法包括价值澄清、价值探究、价值反思、价值筛选等。第四，社会行动方法模式。其具体方法包括社会行动法、角色扮演、社会互动法（合作学习等）、社区体验法等。① 每一位德育工作者都有自己的优势和不足，同时，特定教育对象和教育情境也有相对稳定的特征。所以，德育工作者应当从对德育方法的反思走向主动构建，探索符合自己德育工作实际的方法模式，最终形成自己的德育风格。

二、德育方法的灵活运用

无论是具体德育方法的选择，还是德育方法组合模式的选择，都有一个创造性的发挥的问题。德育活动是一个具有一定艺术性的实践活动。教师在具体的德育活动中总要面对具体的学生、具体的德育内容和教育情境等，因此必须具有一定的判断能力。教师不仅要能够创造性地运用已有的德育方法，而且还应当具有对德育方法的反思、批判和创造能力。既有的德育方法都是前人教育经验的结晶，教育工作者对方法创造的自觉也必然会对德育方法的完善与创新提供新的动力与源泉。所以，对德育方法的灵活运用是德育方法的生命力所在。关于德育方法的灵活运用，我们认为应当特别注意的是以下两个方面。

1. 方法上的"因材施教"

苏联教育学家伊·斯·马里延科在谈到难教的学生时指出："'难教性'的特征的表现性质是随着年龄而变化的，正像有一部分学生不良品质的内

---

① 参见冯增俊：《当代西方学校道德教育》，434 页。

容本身在起变化一样。举例说，如果低年级学生懒于学习，那么，这可能与他缺乏耐心苦干精神有关，与不善于克服先前学习中遇到的困难有关。到了中年级，学生的懒散表现，则可能是由于对文化知识缺乏兴趣。到了高年级，他的懒惰和不愿努力学习则证明他可能有他自己独特的'理想'了。"① 所以，德育方法灵活运用的实质是因材施教，在考虑德育对象的年龄、个性、道德发展、知识准备等条件的基础上选择德育方法。

2. 打破方法认识上的思维定式

在实际德育过程中，人们常常会形成方法认识上的思维定式，其结果是对某一或某些方法的认识和运用方式产生僵化的理解。许多有创造性的教育家都是在德育方法上破除思维定式的榜样。例如，关于如何改变学生的坏习惯，马卡连柯说："按进化论的规律，打算慢慢准备，使人养成某种素质，设计一套改造心理结构的办法，但为了实现改造，反正一样，都必须有某种更锐利的、爆炸式的、震惊的突然手段。"② 所以，灵活运用德育方法的一个重要维度是全面和灵活地认识和使用德育方法。

德育方法需要灵活运用，但是灵活运用又不是无章可寻的。由于教育方法本身会直接成为德育的隐性课程，所以我们必须十分慎重地选择德育方法及其组合。

本章学习小结

一、将你认为本章最重要的观点、事实或实践策略列举如下：

1.

2.

3.

4.

5.

6.

7.

8.

9.

10.

---

① ［苏联］伊·斯·马里延科：《德育过程原理》，54 页。

② 《马卡连柯全集》第 5 卷，507 页，北京，人民教育出版社，1956。

二、将你认为本章最需要质疑或讨论的观点、事实或实践策略列举如下，并努力在进一步的学习中形成自己的答案。

1.

2.

3.

4.

5.

6.

7.

8.

9.

10.

本章习题

1. 德育过程的特点有哪些？

2. 如何理解现代与传统德育过程模式的不同和综合化模式？查资料找出其他代表性过程理论，并进行上述分类。

3. 德育过程的基本矛盾和主要矛盾是什么？如何解决这些矛盾？

4. 德育过程组织的基本环节和基本原则有哪些？

5. 什么是德育方法？德育方法与德育手段、德育方式的区别是什么？如何理解德育方法的选择标准？

6. 方法论意义上的德育方法有哪些？除了本书提及的以外，你认为还有哪些？

7. 试述评家庭化德育方式或母爱方式的积极意义。

8. 以苏霍姆林斯基为例，谈一谈实施理想激励的方法。

9. 试说明惩罚作为教育方法的意义与局限。

10. 如何理解德育方法的组合和灵活运用？

本章参考文献

1. 马里延科. 德育过程原理［M］. 王明辉，译. 北京：人民教育出版社，1985.

2. 巴拉诺夫，等. 教育学［M］. 李子卓，等译. 北京：人民教育出版社，1983.

3. 巴班斯基. 教育学［M］. 李子卓，等译. 北京：人民教育出版社，1986.

4. 胡守棻. 德育原理［M］. 北京：北京师范大学出版社，1989.

5. 鲁洁，王逢贤. 德育新论［M］. 南京：江苏教育出版社，2000.

6. 班华. 现代德育论［M］. 合肥：安徽人民出版社，1996.

7. 胡厚福. 德育学原理［M］. 北京：北京师范大学出版社，1997.

8. 欧阳教. 德育原理［M］. 台北：文景出版社，1998.

9. 魏贤超. 现代德育原理［M］. 杭州：浙江大学出版社，1993.

10. 冯增俊. 当代西方学校道德教育［M］. 广州：广东教育出版社，1993.

11. 黄向阳. 德育原理［M］. 上海：华东师范大学出版社，2000.

12. 谢明昆. 道德教学法［M］. 新北：心理出版社，1994.

本章推荐阅读文献

一、灌输与德育

在当代西方教育哲学界与道德哲学界，尤其是英语系统国家的有关学者，对灌输（indoctrination）是否为教育方法的正当方式，或灌输是否为德育方法之一，或灌输在德育上是否可避免，曾加以热烈的讨论。虽然他们对"灌输"这个概念的含义，看法不尽一致，但大体上同意灌输不是教育或德育上的合理方法，殆无疑义。

以下我们将分三个题目来讨论：一、灌输的含义与规准；二、灌输式的德育；三、灌输在德育上能否避免。兹分别简述如次。

（一）灌输的含义与规准

先谈含义，再论其规准。

1. 灌输的含义：首先我们要晓得灌输与教育学族群的概念，如教育、教学、学习、辅导、训导等相似，都是一个复合的概念（complex concept），亦即其概念是可以再细分的；而且都是一个"工作—成效的概念"（task-achievement concept），亦即有其工作活动历程，也有其成效目的可预期；还有，这些概念，也都涵蕴着多样态的历程（polymorphous process），亦即像教学或灌输等概念，意味着多种样态的工作历程。

灌输这个概念蕴含着的工作历程或概念，与"教学"的概念有交集重叠的地带，如背诵、传授、指导、训练、讲演、示范，甚至于讨论。至于两者不交集的地带，而为灌输之核心概念者，如宣传（指恶意或不实之一类）、撒谎、欺骗、催眠、恐吓、洗脑、威胁……

所以我们要分析灌输与教学之区分，除了从"方法"历程来看，还可从"材料"内容与"动机"意向来看。

例如，背诵或死记，这个方法是教学与灌输可共用的，如令学生背诵注音符号、英文字母、九九乘法……这是教与学上的一种起码的要求。"谋杀好人是正当的。""抢劫没有什么正当与不正当，只要我喜欢的话就可以。""孔子是朝鲜人。""朝鲜半岛是日本的领土。"如果一个教师令学生背诵上列句子，我们可以判定他是在"灌输"，而不是在"教学"。同样是背诵的方法，但是，从教育内容与动机意向两个角度来分析，灌输者有悖理的（反道德价值或反科学事实的）教材内容，也有邪恶的动机，存心不良。

2. 灌输的标准：由上面所述，可知灌输的含义，可从动机、方法、材料与结果等角度来做综合的衡量。

从动机来说：教学的动机是善良的、开放的，至少没有不良的存心；至于灌输的动机，则是邪恶的、闭塞的、不可告人的、悖理的。

从方法来说：教学的方法是自由的、合认知的、合理的；灌输的方法则是反理性、反认知的，或有时也借用与教学共有的较温和与合理的方法，来达到灌输的动机与目的。例如，借讨论式的方法，但其讨论结果不能逾越灌输者事先所颁下的悖理之大前提或结论。像这种讨论，是不是多此一举？

从材料来说：教学的材料内容是合于真理事实与道德价值的，至少是一种合理的人生价值内容；至于灌输的材料，则是悖理的、闭塞的。

从结果来说：教学的预期结果，是合于一切认知或价值意义的；至于灌输的结果，则是反理性的、背离认知事实或价值判断的。

上列四种规准，如果整合起来运用，当然较能厘清教学与灌输的区别。不过，从教育的"工作—成效"观点来说，如果只有教学工作（动机、方法、材料），而没有应有的成效，那就是不成功的教学、不切实的教育。至于灌输者，如果其动机、方法、材料等运用过程都是悖理的，虽然不一定百分之百能达到悖理的灌输目的或结果（或因学生的理智觉醒与抗拒），但是，只要过程是灌输的，我们就可以判定其为灌输。当然，加上效果更有理由。否则，学生白白地受灌输者乱整，因没有达到预期的效果，就可不算灌输吗？

（二）灌输式的德育

从上面的分析来看，借灌输作为道德教育的一个方式，甚至于是一个模式，是不是可以呢？

笔者认为千万不可以！

为什么？

理由：因其反科学、反道德，所以，反教育。

没有一种教育活动，可以是反教育的。

尤其是推行道德教育活动，还要借助于反道德的方法来推动，那不是自毁教育的原理与前程吗？

虽然，古今中外各国的教育现况，并非清一色办的是教育——道道地地的教育。事实上，不免因人、地、时的不同情境、差误或偏见，使教育多少掺杂了灌输的成分。但是，技术上发生的误差，可因学理及科技的改进而加以补救，不能一味迁就现状，不合理也要不合理到底。

观念上的含混是最大的罪过。理论上德育的教学模式与灌输方式，如果可以加以界定分清，最好，还是厘清为上策。免得一些家长教师浑水摸鱼，明明是在进行或重或轻的德育上的悖理灌输，却要强辩说："我们是在教学。"

从动机、方法、材料与结果等规准来分析，德育的教学模式，不管是积极的慎思明辨之道德认知的教学，较侧重简单道德规范的指示指导，还是强调笃行实践的优良习惯的炼成，都可说是光明正大或问心无愧的道德教育。这与存心不良之悖理的教条灌输，当然有霄壤之别。如果硬要混成一锅，那是学术上的大罪过。

（三）灌输在德育上能否避免

这个问题在当代教育哲学界或道德哲学界有个争执：有些人认为无法避免，有些人认为可以避免。兹撮述如次。

1. 无法避免：这是较传统性的学说，可当作两派之正论（thesis）。因为，另一种说法是后起者，可以当作反论（antithesis）。

为什么说不能避免？理由一：道德价值是极主观的现象，没有客观的理性判断可运用，完全诉之于个人情感情绪的好恶。所以，任何道德教育都是或重或轻的灌输。理由二：道德教育从儿童五六岁（甚至于更早）时就开始，处在这一段他律期的幼弱心灵，哪能与大人商榷道德判断上的是非或正当与不正当，还不是大人爱怎么说，他们就怎么听，这就是灌输。

基于上述两个理由，所以古往今来，人们大致认为灌输在德育上是理所当然的，也没有什么值得大惊小怪，真的吗？

2. 可以避免：这是当代因教育哲学、道德哲学与道德心理学较发达后，有些学者整合科际的理论，对上述传统的正论提出的新观点，是为反论，以修正以前不合理的说法。笔者本人一向采取这个看法。

为什么说在德育方法或模式上，可以避免采用灌输式的方法？

理由一：正论所谓道德价值的判断无法绝对客观，这是事实；但是也绝不可以说，道德价值判断是绝对主观的，完全诉诸个人喜怒哀乐的情感情绪。从历史学或社会学的观点来看，人是较有灵性理智的动物，人也是社会的动物。既然要过群居的生活，那就要共同维护社会大众共同认可的行为规范（法律与道德等）。不管这些规范以后要不要修改，至少目前它们是大家共同主观或互为主观所能认可的。所以，在某种合理的限度内，道德有其互为主观性（intersubjectivity）。这是大家理智上暂定的价值标准。当然因时代科技进步，互为主观性可以跟着做更合理的讨论修正。因此，我们不能说，道德判断是个人可任性决定的；相反地，大家还是要讲"理"的。

理由二：正论所谓面对他律阶段，甚至自我中心期的二三岁幼儿，我们无法不灌输，因为对方根本无法与大人平起平坐，向大人询问道德理由——该这或该那？不该这或不该那？其实这是一面之词。

理由：正因受教客体是特别未成熟的幼儿，无法做理智的怀疑，探索行为规范的合理与否，所以，大人更要把他们当"人"对待，绝不可欺其幼稚无知，任性地训练他们做恶行恶德的事，或无理地要他们接受一些反道德或反科学的事实或价值观念，以禁锢其天真无邪的道德心灵的发展。为人父母教师者应该自己替代其幼稚的子弟学生问问：我这样教他们合理吗？合科学事实吗？合道德价值吗？我们自己先在良心上审慎过滤一下，然后才拿好的行为规范或价值观念指导他们，直道而行。大人自己问心无愧，等他们道德理智渐渐发展，有能力与大人同个道德理由时，我们也可以正正当当地告诉他们所以然的理由，使他们也觉得自己一向在父母师长指导下这么行动，是合理的，可问心无愧！

像这种以合理的行为规范的指引辅导，绝不可与灌输同日而语。灌输是不分青红皂白，大人的合理与不合理的观念或行为规范，随便拿来就要盲目地硬套在儿童身上。自己有不良动机，儿童长大以后也会愧对良心。

总之，合理的行为规范的指导与灌输是可做学理上的区分的。前者是合理的……而后者却是悖理的，且永远独断到底，永远以大人权威压下来，不给理由，或给一个似是而非的歪理。

事理既然这样清楚，那我们怎么好意思提倡一种教育原理或德育原理，说灌输是合理的、合道德的、合教育的，而且是教育上或德育上无法避免的？

这种理论是不负责任的歪理，想要减轻或推卸大人悖理灌输的行为责任。有良心的家长及教师同道，你赞成这个说法吗？

——欧阳教：《德育原理》，286～292页，台北，文景出版社，1998。

二、《品德与生活》课程标准中的"评价建议"

（一）本课程的评价目的

1. 激励每个儿童的发展。

2. 促进课程的发展，提高教育质量。

3. 促进教师的自我成长，提高专业能力。

（二）评价的特点

1. 过程化。

强调对儿童学习活动过程的评价，重视儿童在活动过程中的态度、情感、行为表现，重视儿童活动中付出努力的程度，以及过程中的探索、思考、创意等。即使活动的最后结果没有达到预期的目标，也应从儿童体验宝贵生活经验的角度加以珍视。

2. 评价多样化。

（1）主体多样化。

评价是教师和儿童共同合作进行的有意义的建构过程。儿童既是评价的对象，也是评价的主体，强调儿童的自评、互评等方式和家长以及其他有关人员的参与。

（2）角度多样化。

分析儿童的言语或非言语表达，收集儿童的各种作品，汇集来自教师、同学、家庭等各方面的信息。

（3）尺度多样化。

不用一个统一的尺度评价所有儿童，关注每一个儿童在其原有水平上的发展。

3. 重视质性评价。

"品德与生活"课程的评价不宜全部量化，而在重视对儿童在健康、安全地生活，愉快、积极地生活，负责任、有爱心地生活，动脑筋、有创意地生活四个方面的个性化表现。

——中华人民共和国教育部：《品德与生活课程标准》（2002）

三、单元教学设计实例

单元教学设计实例

教学年级	四年级	教学单元	知耻——改过自新
教学来源	小学生活与伦理科 1989 年版四下课本	教学时间	80 分钟，分为 2 节课
设计者	谢明昆		

单元目标	1. 明了知耻的含义 2. 了解知耻改过的方法 3. 养成改过的决心和习惯 4. 表现知耻改过的行为	具体目标	1－1 能说出知耻的意义 1－2 能说出改过迁善的重要 2－1 能说出知耻改过的方法 3－1 能说出自己经验中的羞耻的感受 3－2 能说出自己改过的经验心得 4－1 能表现勇于认错、负责以及改过的行为

教学目标代号	活动过程	教学资源	时间分配	效果评量
	一、引起动机 教师依下列两种方式择一进行： 其一，设计一部小小广播剧，课前录制后，于上课时播放，之后进行经验分享讨论 其二，依下列情境，教师事前准备两个布偶，于上课时演出：下课铃响了，学生为了抢先玩游乐器材，争先恐后地往操场跑。志明比较瘦小，所以更加努力地往前跑。突然不知怎么地，他被后面个子高大的民亮撞倒了。民亮撞得志明好疼。这时，民亮却狠狠地骂他："你跑得慢，却挡在前面，活该！" 讨论题目： 1. 你认为民亮是一个怎样的人？ 2. 那时候志明的心理感受如何？为什么？ 3. 你觉得向别人承认自己错误是很丢脸的事吗？为什么？ 4. 你犯过错吗？请全班练习大声说"对不起！我错了！"	录音机一台、布偶两个	10 分钟	能说出情境、内容 能踊跃发表知错改过的感受及意见
1－1 2－1 3－1 4－1				

	二、概览课文		8分钟	能了解课文大意
	（一）请几位小朋友范读，或采全班默读方式，了解课文内容			
	（二）指定二至三名小朋友叙述课文大意（或较重要的段落大意）			
	（三）教师归纳，解释课文大意以及疑难问题	课本		
	（四）安排下周角色扮演人选（利用课余指导排练）			
	主题：依课文内容进行表演。周处年轻时，不务正业，行为放荡，常在地方上为非作歹，使地方上的人怀恨在心。之后他听老人说自己是三害之一，于是决心除三害，入南山射死猛虎，往长桥斩杀大蛟，自己改过向上，离家赴京求学。			能表演自己担任的角色
	三、价值澄清活动——羞耻的事		22分钟	
3—1	（一）教师说明 1.说明填写看到的、听到的，或自己做过的三件羞耻的事的做法 2.说明填写怎样改过的做法			
3—2	（二）填写价值方格表：发给每位小朋友，告诉小朋友认真填写，时间有五分钟	价值活动方格表		能如实填写

我认为羞耻的事（请写出三件）	看到别人做过（有看到的打√）	我曾经做过（有做到的打√）	改过的方法（请叙述）
1.			
2.			
3.			

2—1	（三）分组讨论：请每位小朋友在小组内说出他所写的认为羞耻的事			
2—2	（四）综合讨论：请各组推举代表一人上台报告各分组讨论结果			

续表

	（五）把小朋友所说的事，扼要地写在黑板上，由全班共同决定一项最想讨论的事件进行全班讨论		能踊跃提出自己的看法
	（六）由小朋友叙说自己对该事的看法，或针对其他小朋友的看法，提出自己同意与否的观念及改过方式		
	（七）教师归纳进行价值澄清回应，澄清小朋友观念、情感、行为，最后结束讨论		
	——第一节结束——		
3—1	四、角色扮演 （一）演出 依课文内容，由学生演出：周处除三害 （二）经验分享 1. 刚才的表演中令你印象最深刻是什么？ 2. 如果你是周处，当别人认为你是群体之害时，你的感受如何？	揭示版	14 分钟	能认真表演自己所担任的角色 能专心看同学表演 能发表自己的看法及感受
3—2	五、两难困境问题讨论 （一）分组讨论 可依座号次序，分六至八人小组进行分组讨论。亦可依赞成要射虎杀蛟与不要射虎杀蛟者，分别成立小组讨论，但仍以六至八人为一组较适宜 题目：周处为了表现改过自新的决心，当面向老人们立下誓言，要去射虎杀蛟。他先去射杀老虎，好不容易把老虎杀死了，但是自己也被老虎咬断了一只手臂。请问，如果你是周处，还要不要去射杀大蛟？为什么？ （二）综合讨论 1. 分组报告：每组一人代表上台报告该组讨论的重点及结论 2. 自由发言、补充各组报告内容		20 分钟	能踊跃发表意见并说出理由

续表

4-1	3. 教师根据各分组报告内容，归纳出数个观点后，分别向学生提出高于所归纳观点一个道德序列的问题，刺激学生思考，以提升学生的道德认知能力 六、反省与实践 请仔细反省下列各项，把实践情形在适当的格子内画"√"，并请家长检查。教师应在小朋友填答之后，指定若干位，请其发表其实践情形，教师则根据其报告，适时进行价值澄清问答	课本	6分钟	能如实填写

项　目		完全 做到	经常 做到	偶尔 做到	尚未 做到	事迹记载
1. 不是属于我的东西，我不会去拿取	学生反省					
	家长考核					
2. 我每天都努力做完家庭作业	学生反省					
	家长考核					
3. 我参加考试时，很诚实，不作弊	学生反省					
	家长考核					
4. 犯错时，我会诚恳承认错误，并努力改过	学生反省					
	家长考核					
5. 我会遵守班级规定，参加活动，争取荣誉	学生反省					
	家长考核					

——谢明昆：《道德教学法》，68～75页，新北，心理出版社，1994。

四、两难讨论教学实例

兹列举实例一则，说明在班级上进行道德两难困境问题讨论教学法的教学过程。

一、确定单元教学目的——勇敢、正义、宽恕

逃犯的故事

有一个犯人，被法院判了五年的有期徒刑。在监狱服刑半年以后，他越狱逃到了另一个地区，改名为张新生，准备洗心革面，重新做人。

张新生努力工作，渐渐有了积蓄，重新开创一番事业。他善待顾客和员工，经常救济贫困的人，也常捐钱铺路修桥，成了当地的大善人。

然而，有一天，过去的邻居林太太，认出了他就是多年前犯罪进牢而又越狱逃亡的通缉犯。

二、情境的搜集或设计

情境选择说明。

首先，以上情境要素包含（1）谁与谁（who 与 whom）；（2）什么地方（where）；（3）什么时候（when）；（4）什么事（what）；（5）隐含冲突情节的过程发展（how）等条件。

其次，以上情境系属下列生活与道德教育的十八德目中的部分德育：勤学、礼节、爱国、宽恕、公德、信实、合作、正义、守法、友爱、勇敢、孝顺、睦邻、节俭、知耻、负责、有恒、和平等。

三、引起动机

针对单元目标，列举学生现实生活中的一些行为案例进行说明，或请学生提个人经验，供全班分享。

四、呈现情境

教师在教学准备时，先把上述情境书写在小黑板上，或揭示在壁报上，在上课时，于引起动机之后，即呈现此情境。

五、了解情境内容

通常的做法是请两位学生各念一次情境内容，随后再请一位学生重点说明情境大意，最后教师就内容重点略做说明。整体目的是让全班学生充分了解情境内容。

六、呈现两难困境问题

"假使你是林太太，你是否会向警察告密，使张先生重回狱中？为什么？"

首先，在一节课的教学中，通常只列一题讨论题目即可。如此，教师才可能从容地进行深入探究。如果一定要进行两题，四十分钟的时间必然不够用，除非讨论得不够深入。

其次，必须说明的是，讨论题目的拟订，应包含两个要素：（1）具备

二择一的道德判断形式，如"是否会……""是不是……""会不会……"
"应不应该……""该不该……""你会站在这边或那一边……"（2）提问对
于所做道德判断的理由，即必须接着问"为什么"。

七、给学生思考个人的道德判断及理由的时间

讨论题目揭示后，在分组讨论之前，给予学生一至二分钟的时间思考
个人的判断及理由。

八、分组讨论

各小组人数以六人为恰当，在每人各发表意见之后，小组内应再交换
意见，亦即听了他人意见之后，再陈述个人的看法。

最后把各小组的意见，写在小黑板上。小组讨论的结果，尽可能获得
一致的决议，包括道德判断，以及理由的陈述。若有人仍坚持另一种判断
与理由，亦可把它写出来，成为第二种判断及理由。

九、各组代表上台报告分组讨论的结果

兹就前述情境，就大学毕业后，参加进修教育高专业学分的小学师资
班学生的讨论结果，列述如下：

第一组：不会

理由：

1. 息事宁人。

2. 既往不咎。

3. 将功赎罪。

4. 浪子回头金不换。

第二组：A. 会

理由：

1. 他必须为他以前做的事负责。

2. 以防他是个伪善人。

第二组：B. 不会

理由：

1. 法律的目的是要人改过迁善，张先生既已改过，就不要再追究。

2. 肯定他为以前的过错所做的弥补。

第三组：A. 不会

理由：

1. 就算犯了错，也应被给予改过的机会。

2. 法律旨在矫正一个人的偏差行为。

3. 可能会受其帮助。

4. 没有利益冲突。

5. 基于同情心。

6. 会受到报复。

第三组：B. 会

理由：

1. 潜在犯罪迹象。

2. 嫉妒良好形象。

3. 社会公理、正义感。

4. 对受害人的补偿。

5. 可能本身是受害者。

6. 先与其沟通，劝他自首。

第四组：A. 会

理由：

1. 需为做错事付出代价，服完刑期后再重新做人。

2. 五年有期徒刑不算长，不告密有鼓励人犯罪的嫌疑。

第四组：B. 不会

理由：

法律是人定的，在于保护好人，惩戒坏人。张新生既已改过自新，就不需要再接受处罚，此即所谓既往不咎。

第五组：不会

理由：

1. 法律制定的目的是为保护好人，执法则是为使犯人改过迁善。张新生既已从善，足见已达执法之实质效果，自当没有必要再去告密。

2. 张新生目前已是位大善人，对社会有所贡献，告密而把他关起来，反而是社会力量的一种损失。

3. 基于理性且顾及大众既有的期许，没有必要毁灭众人原有的内心世界。

第六组：不会

理由：

他已改过迁善，与其让他在狱中服刑，不如让他继续在社会行善，造福更多的人。

以上各小组代表报告后，即把小黑板置放在教室正前方，供全班学生观察。当六组均报告后，各组内容可供教师及全班学生观察、思考、比较，进而有深入了解。

十、教师确定道德认知阶段

教师在各组之代表上台报告各分组讨论结果时，即应仔细分析各组所持对道德判断之理由，确定道德认知阶段。

教师唯有清楚了解学生对某件事的道德认知阶段，才能进一步指导提升学生的道德认知阶段。例如，就前述各组的报告内容，兹分析各组道德认知阶段如下。

第一组：所提四个理由，仅停留在张先生一个人的权益身上，并未深入思考他人、社会影响、法律等问题，似乎是表达个人以宽大为怀的心胸，博得美名，应属于第二及第三阶段。

第二组：在其所做的"会告密"与"不会告密"判断中，所持的四个理由，已考虑到张先生的动机，达到了稳固的第三阶段，且已进展到第四阶段。

第三组：分析所提十二个理由中，已达第三阶段，而第四阶段中的法律阶段则正在萌芽。

第四组：选择"会告密"者，正在朝第四阶段成长，只是尚未稳固。选择"不会告密"者，仍停留在第三阶段。

第五组：分析所提理由，已步入第四阶段，只是待多角度了解法律的本质与形式。

第六组：分析所提理由，同第五组，正步入第四阶段，只是待多角度了解法律的本质与形式。

十一、教师采价值澄清问答、角色扮演、全班讨论等方式，提升学生的道德认知阶段

（一）价值澄清问答

就价值澄清理论观点，道德认知发展理论提供了不同层面角度的思考。例如，教师已知第一组的部分学生属于第二阶段道德认知阶段，就可问第一组的学生在道德认知第三阶段之角度的问题，诸如"那些被他伤害的受害者若知道了，对你会有何想法？感受为何？会采取什么行动？""你的亲戚朋友、师长若知道了你不愿去告密举发，对你会有何想法？"

亦可直接问道："你对第二组学生提出的会去告密所持理由有何看法？"

由于第一组学生中有部分人已达认知第三阶段，因此教师也可以发问在道德认知第四阶段之角度的问题，诸如"在刑事法中，被判处五年徒刑

的犯人，可能犯了何种罪行？""狱政制度对于有心洗心革面者，会有哪些措施？""刑事法各项规定的本意，除了协助犯人改过自新外，尚具备有何种功能？""对于不去检举告密越狱逃犯者，一个人可能要担负哪些风险？"

以上进行的价值澄清问答之问题，仅止于"从多项选项中做选择"的规准一项，尚可在该题问答之后，提出"可能要担负哪些后果"等价值澄清法所提价值形成的各个规准所涵盖的问题。

（二）角色扮演

系采即兴式角色扮演之方式进行。其目的包含了价值的澄清、协助认知层面的增广、情感的深刻体验……其扮演主题仍以道德认知的各个阶段为内容，应选择高于其目前认知阶段一个阶段的领域来设计扮演主题，协助其提升其道德认知层次。

（三）全班讨论

可细分为下列三种。

1. 对特定问题的强调式：引导学生把讨论的焦点集中在特定的论题上。

2. 比较式：要求学生比较两个相互冲突的观点，如道德第三序阶与第二序阶的冲突等。

3. 普遍应用的概推式：要求学生想想，如果把他的推理应用在日常生活中，使每个人都遵守，结果会怎么样。例如，如果社会上的每个人都开始违反法律，那会怎样？此种深究方式，有助于引导学生从自我中心导向的"成规前期"进入"成规期"，能考虑到团体和社会中其他人的权利。

十二、结束讨论

教师就各组或全班讨论结果，采取客观及轶事性的叙述，随后结束讨论。

——谢明昆：《道德教学法》，337～345页，新北，心理出版社，1994。

五、如何正确看待奖励与惩罚

关于奖励与惩罚，我们至少应当从以下三个层面加以认识。

一是奖励与惩罚是中性的教育手段。所谓"中性"，就是其本身无所谓好与坏，不能一概而论。就像"好的"奖励可以极大地鼓励孩子，"坏的"奖励会产生诸如"捧杀"、溺爱之类的效果一样，惩罚也可能具有很好的教育性，或者是像体罚那样产生不良的效果。奖励与惩罚的教育性实现与否，取决于教育工作者对于这一教育手段的具体运用是否符合教育科学和儿童发展的规律性。

二是奖励与惩罚是教师的专业权力。何谓"专业权力"？是专业人士在自己业务范围内不受外行干扰，独立自主地处置问题的权力。就像医生在一定的规范下可以自主决定应当如何处理病人的问题，旁人不宜指手画脚一样，教师也当然应当拥有如何独立、专业地处理学生问题的权力——比如奖励或惩罚。如果社会（包括行政部门、舆论等）非理性地强制或变相强制教师放弃这一权力，最终受害的是学生，或者说社会本身。

三是奖励与惩罚是教师的岗位责任。奖其当奖、罚其当罚是教师的权力，也是他们的专业和道德上的责任，在惩罚问题上尤其如此。因为目前，社会上对惩罚普遍存在错误、简单的认识。在学生需要当头棒喝的时候，教师明哲保身地放弃使用惩罚手段，实际上就是放任学生。这样做当然最简单、保险，但是教师显然也放弃了自己的教育责任。与体罚一样，放任学生也严重违背了教师的职业道德。

——摘自檀传宝：《奖其当奖 罚其当罚》，载《人民教育》，2005（12）。

第八章
学校德育的社会环境

　　环境是指三物体生存空间内各种条件的总和。人类生存的环境包括自然环境、社会环境、精神环境。其中，以社会环境、精神环境对人的道德成长作用最大，而精神环境又往往与社会环境相重叠。影响学校德育的社会环境，既指社会经济、政治、社会文化和心理环境，又含大众传媒、社区、学校、家庭等，以学校自身环境最为专门和规范。由于已经对学校教育内环境，如班级、同辈群体、课堂、师生关系、校园文化等做过一定研究，因此本章所使用的"社会环境"是狭义的概念，专指学校教育外部的社会环境。美国学者曾将青少年成长的社会文化环境分为微观系统、中间系统和宏观系统。[①] 微观系统指成长中的人同他们的直接背景之间的关系，如家庭、学校、邻居；中间系统是具体个人在一生的特殊阶段与其重要背景之间的相互关系，包括家庭、同辈小团体、学校、工厂和教会等；宏观系统指占统治地位的教育、法律、政治体系等。这一划分的优点在于揭示了个体与环境间的相互作用，缺点是"直接背景"和"重要背景"之间外延重叠，界限不清。我们认为，可借鉴上述划分，以作用的空间大小为标

[①]　参见隗仁莲：《社会文化环境与青少年成长》，载《青年研究》，1990（10）。

准，将学校德育的外部环境分为宏观系统（社会经济、政治、文化和社会心理），中观系统（社区），微观系统（家庭）和中介系统（大众传媒）。在这一划分之中，中介系统主要是就其更多起传导宏、中、微观系统的相互作用而言的，所以称"中介系统"而未划归"中观系统"。本章是按这一划分展开研讨的。

第一节　社会环境的德育价值

一、社会环境与个体道德发展

与学校教育提供的个体道德成长情境相比，社会环境（专指学校德育的外环境）有许多显著的特点。

第一，普遍性与开放性。

学校德育是系统和受控的，在一定时间、空间中展开，因而是狭小和有限的。社会环境则是个体道德成长的"空气"和"水"。从时间上看，它覆盖了个体生命的全部历程，因而影响个体一生的道德社会化；从空间上看，社会环境包围着学校，并且渗透于受控制的学校德育，使个体，尤其是儿童的道德发展处在全方位的影响之中。所以，虽然学校德育对个体的影响有专门性、系统性、可控性等优点，但是却不可能具有社会环境影响这种时空上的普遍性和开放性。不管学校德育如何改善，它对个体的道德成长的影响，与社会环境的德育影响相比，都具有狭隘和封闭的特色。

第二，文化性与隐蔽性。

学校德育，尤其是社会主义国家的学校德育，往往强调有目的、有计划地进行的德育，强调"德"的思想、政治内涵，有设定好的德育目标，而且教育行政部门往往对德育的各个环节均有命令式的规定。这种学校德育对个体的道德成长的影响有其立场鲜明和正强化的一面，然而也有产生负面作用的一面。中国教育学界、心理学界所研究的"心理感应抗拒"（或"逆反心理"）等现象，在学校德育中都是显著存在的。而社会环境则不然，社会环境是个体道德成长的"空气"和"水"，在影响方式上则可解释为文化性和隐蔽性。虽然社会环境的某些因素亦对个体施加直接的道德影响，有的甚至比学校德育更具明显性和强制特点，但校园文化之外的社会文化，即一个社会的政治、经济、社会心理、社区、大众传媒和家庭影响，对个体道德成长的影响则是隐性的、渗透的，具有"润物细无声"的教化特点。

第三，互动性和创造性。

社会环境对个体道德成长的意义，不仅在于其时空影响及作用方式，而且塑造了一定阶段和一定国土之中的道德，决定了学校个体的内在道德需求和一定社会个体道德社会化的具体指向。此外，社会文化往往不具有被政府和学校完全控制的特点，不可避免地会塑造出道德上的反叛者，因而也会对学校德育产生巨大的正面或负面影响。纵观中外德育史，道德个体所受到的最激进的影响往往都来自社会。而学校文化则具有保守性，正如约翰·S. 布鲁柏克所言："学校长期以来在实践上甚至在理论上更被认为其作用是与当时的社会需要一致，同时更经常落后于这些需要，几乎从未超越过这些需要。"①

根据以上特点，我们认为，社会环境对于个体道德成长的价值主要体现在三个方面。

第一，提供成长基地。

个体在学校学习的期限虽随社会文明的进步而趋于延长，但是不管怎样，正常的个体终究是要从社会环境走进学校环境，又从学校环境回到社会环境中来的。社会环境对某一具体德育对象的影响可能是正面的、积极的，也可能是反面的、消极的。实际上，现代教育理论对社会环境的关注和研究倒是缘起于社会环境的德育负向功能或社会环境的反德育效能。我国学校实行的五天工作制，也在使社会环境的上述作用日益加强。

第二，创造内在的需求。

对于个体在道德上的内在需求，社会与学校的作用是各具特色的。历史与社会造就了这一内在需求，而学校德育则是力争发动和强化这一内在需求。在社会文明发展还没有提供充分条件时，就个别的道德个体来说，可能会成为超越社会现有文明水平的道德先驱者。但就以往的学校德育而言，学校往往不能施行有效的、超越时代实际的德育。这里存在制度的问题，也存在观念的问题。当然，社会环境是复杂的，社会文化也并非主流文化或创新性文化一支。因此，归根结底，最先进和最落后的道德个体的内在需求也都是由同一时代的不同社会环境和文化塑造的。

第三，左右运作模式。

德育对象的道德成长在"运作模式"上可做两重理解：一是德育者和

① ［美］约翰·S. 布鲁柏克：《教育问题史》，597 页。

德育对象的互动模式，二是道德学习个体在道德发展中的认知操作和其他"建构"活动的模式。对于前者，不同社会文化产生不同的师生关系，因而个体在其道德成长之中作为矛盾的一方，必然具有固定的角色分工，社会对其角色的期待也是先在的。对于后者，虽然认知学派对人类道德认知的操作模式有较多的研究，但是跨文化的人类学、文化学和社会学研究都已证明，不同种族、不同文明体系之下的个体，在思维运作方式及发展速度上是有不同特色的。这种特色的产生，虽有一定的遗传因素的作用，却是微不足道的。决定的因素在于社会文化的积淀。也正是因为这一点，东方文明中的个体与西方文明中的德育对象，原本就是在不同的外在和内在条件下实现社会化的。东西方人的道德观念、体验、实践迥异，这亦是其发端之一。现在的困难是，不同文化对其对象道德生成的影响细节尚乏精细研究，对不同文化下的个体道德学习的运作方式上的特点的研究也显得不够。

社会环境实际上是个体道德社会化的舞台，内涵很广大；同时，个体道德成长的不同阶段亦有不同特点。因而，探讨社会环境在个体道德发展中的影响是一个很大的课题。这里只是从学校德育的外部环境对德育对象个体的一般影响的角度做了初步的分析。

二、社会环境与学校德育特征

社会环境对个体道德成长的影响不仅会通过环境本身的直接辐射来实现。社会发展到文明时代，产生了学校教育，德育即从纯世俗型转向以学校德育为核心的形式。这时，社会环境已不仅是个体成长的环境，同时也成了学校德育的环境。一定时期的经济、政治、文化、社会心理、大众传媒、社区、家庭等对学校德育的影响，从其层次上讲，可分为决定、参与、补充三个层面。

第一，决定作用。

如果将学校德育外部的社会环境分为宏观（经济、政治、文化、社会心理），中观（社区），微观（家庭）和中介系统（传媒）的话，那么"决定作用"，首先，是指一定社会宏观环境系统对学校德育的范式（质）和规模（量）的决定。文艺复兴之后开始的文雅教育及德育由宗教化到世俗化的演变，21世纪以来世界范围内强调儿童道德判断力发展的德育范式的形成，等等，就与这些时代的经济发展、政治要求和文化趋向有直接联系。如果没有资本主义经济的产生与发展，没有资产阶级的政治需求，以复兴古希腊罗马文明为起点的近代德育形态就很难产生。同时，如果不是日益富有、快节奏、多元化的当代社会带来的多元价值体系提出的挑战，学校德育就不可能将注意力集中到发现与发展学生的道德判断力上来，以杜威、皮亚杰、科尔伯格为线索的认知发展学派的主流影响就难以产生。同样，经济发展及政治民主的要求如未发展到近现代水平，世界上不同水平的义务教育制度就不会产生；没有义务教育制度，普及性的学校德育就不可能产生。因此无论是质还是量，学校德育是受所在的社会宏观文化制约的。其次，社会环境的中观和微观方面也对学校德育起一定的作用。例如，社区富裕程度影响了不同地区德育展开的条件，大众传媒和家庭也会给学校的具体德育活动提出新的课题等。

第二，参与作用。

参与作用，是指社会环境在德育目标、内容和手段、形式等方面的影响。社会经济、政治、文化等参与学校德育目标、内容等的确定，在当代集中表现为政府对学校德育的领导。目前，世界各国的德育中体现的政府领导方式主要有三种类型。① 第一种是全面干预型，即有统一的学校德育目标、政策、课程、教科书、参考书，甚至统一的教学目标和教学要求。中国、日本、法国和许多发展中国家的德育均属于这一类型。第二种是部分干预型，即只有统一的学校德育方案、主要的德育目标和核心价值要求，规定一定的课时标准，但对教科书、实施方法等没有具体规定。英国、比利时、澳大利亚等国属此类型。第三种是政策干预型，即只在政策上规定学校德育目标，强调学校德育，但在具体实践上对学校德育的实施无强行规定。美国、加拿大、瑞典等国属于这一类型。这三种类型的出现不仅表明了社会政治，而且也表明了社会经济和社会文化对学校德育的参与功能。例如，发展中国家对学校德育目标等集中、直接、全面干预，即与这些国家经济上求发展、政治上求稳定的社会需求有直接联系；英美等国对学校德育的管理相对宽松，与其经济发达，具有较大的开放性和深厚的民主传统等社会文化特征相联系。至于英、美两国对学校德育的态度差异，则与英、美两国有无浓厚的传统文化影响相关。一般说来，历史悠久的国家，文化积淀深厚，自然有维护民族文化价值、突出文化传统的欲求，而那些历史不长，甚至没有纯粹的国家传统的国家则易于根据需要采取灵活和开放的态度。此外，作为权利和某种制度，在许多国家，社区、家庭对学校

---

　　① 　参见冯增俊：《当代西方学校道德教育》，445 页。

德育的管理、建议、影响权亦有增强的趋势。社会环境不仅对学校德育的显在方面起参与作用，而且也对学校德育的潜在方面起着作用。在课程组织、师生角色、学校及课堂的权力结构等方面，一定社会的宏观、中观、微观文化都有所参与。

第三，补充作用。

首先，在校外，社会环境无论是整个社会文化、社会风气，还是某一社区、家庭、大众传媒，都对学校德育的效果起强化或弱化的作用。这最初是对于学校德育内容和结果的"修正"。其次，在校内，这主要表现为学校同社区、家庭的联系日益密切。不仅学校德育的空间、内容、活动可能向社区、家庭乃至全社会延伸，使家庭、社区等已成为学校开展德育活动的新途径，而且学校可以通过一定形式，将社区、家庭的德育影响引入学校，使其成为学校德育的一部分。这表现为许多国家都存在的家长会、社区青少年德育管理机构的活动在学校日常德育课程中的安排等。学校亦可直接将大众传媒的内容和影响有选择地吸收到德育课程中去，使之成为学校德育课程内容的有机部分和学校德育强化的手段，从而增强学校德育的现实针对性。

社会环境不仅可以对一定时期和一定文化中的学校德育各个方面起决定、参与和补充的作用，而且还对这一特定时期和特定文化的学校德育发挥动力和导向功能，使之发生量的积累和质的飞跃。

首先，社会环境为学校德育的发展提供动力。在一定历史时期之中（有时可能很长，如中世纪），学校德育无论就其质的范式或是量的规定上讲，可能都处于相对稳定时期。但是，学校德育是动在与静在的统一。相对稳定的学校德育只不过相对处于量变状态而已，这时社会环境对学校德育的动力功能主要表现为使之在量上实现扩展，在质上实现成熟。这种量的扩展和质的成熟在从第二次世界大战结束至今的世界范围内的学校德育发展上表现典型。第二次世界大战后，科技、经济发展刺激了全球范围的社会发展，其能量、速度令人震惊。然而，这一时期的学校德育却没有发生范式上的根本变化。但是，科技发展带来的信息爆炸，社会经济、政治发展带来的全球范围内的政治民主化、价值多元化、文化开放化仍然推动了学校德育的发展。这突出表现为学校德育在理论上虽然没有形成一家独尊的格局，但却形成了认知主义、人本主义、社会学习、价值澄清等学派百家争鸣并且各自走向成熟的态势。同时，学校德育在规模及社会化等方面亦在进行不同程度的量的积累。可以预期的是，随着社会环境因素的不断进步和推动，学校德育的范式肯定会进一步发展。

在学校德育发展的相对稳定时期，社会环境或社会文化对学校德育所起到的使之在质上成熟和量上扩充的作用只是针对旧的德育范式来说的，社会环境还同时为这一范式向新范式的转化提供推动力。这种动力机制主要表现在三个方面。第一，社会文化的发展从经济、政治、文化、心理诸方面产生对于学校德育实现范式质变的社会需求，其中包含对新的道德体系、新的德育思想和新的德育体制的需求。第二，新的社会环境和社会文化还为学校德育的新范式创造实现的条件。这既包括硬件（如经济、物质条件、师资等），又包括软件（指支持变革的新的知识积累、社会氛围，新的教育理论诞生及应用等）。第三，新的学校德育范式取代旧范式这一变革所需的道德理论、德育思想的先驱和实践者等，在社会环境的一定发展才能产生。学校德育的质变的关键在于出现了改造旧德育的人，而这些人也是社会文化的产物。

其次，社会环境的导向功能主要有两层含义。一是社会环境为学校德育的发展提供潜在的样式。当代社会的政治民主和价值多元，影响了学校德育理论中重视发展德育对象道德判断力的认知主义、人本主义等学派。虽然无法预定哪一学派的进一步发展或哪几个学派的融合会导致一个新的德育范式的出现，但是，有一点是肯定的：未来的范式的潜在形式必存在于现在的诸种探索之中，为后者所规定或塑造。未来站在现在的肩膀上诞生，因此学校德育的新范式必然产生于现存的社会环境提供的可能之中。二是范式定向。历史是有规律地选择自己的发展方向的。正像卢梭等人尊重儿童的有关观点虽然在当时受到冷遇，但到了杜威时代却发生了实际性影响一样，儿童中心主义虽有过激一面，但在现代，进步和科学的学校德育对儿童的尊重却是其发展的方向。也正因为如此，权威灌输型学校德育必然要向科学民主型学校德育转化，而不是相反。因为唯有如此，才能与社会环境的日益民主化的方向相一致。或者说，社会民主的时代风尚或社会趋势提供给学校德育的方向是德育民主。

以上，我们分析了社会环境对学校德育静在的决定、参与、补充作用，以及对学校德育的动力功能与导向功能。应该着重指出的是，学校德育乃至整个学校教育都是整个社会文化巨系统的一个较为基层的子系统，与社会的经济、政治制度及社会文化的其他方面是相互作用的。学校德育不仅是文化积累和突变的产物，更重要的是它参与了整个巨系统的量变和质变。作为保守者，学校德育实现了道德文化的传递；作为变革者，学校德育为社会道德的革命和社会变革提供了具有品德新质的革命者、实践者。学校德育兼具两方面的功能，当代的学校德育功能尤以后者为重要特征。因此，静态来看，学校德育影响、参与、补充了社会环境其他子系统的建设；动态来看，学校德育成为社会变革的动力源之一，对全社会发展具有一定的导向作用。学校德育的社会稳定性及发展性功能及其相互关系，应是德育社会学的重要课题，其发展性功能更是学校德育社会价值的重要表现。

学校德育以社会环境为基地和补充，以社会环境为动力和导向，但对于学校德育的对象，即道德发展个体来说，学校德育与社会环境同属其成长的背景，校园文化同校园以外的社会环境同属其道德社会化的影响源或影响。因此，无论是从社会环境对德育对象直接影响的角度，还是从社会环境通过学校德育的影响最终作用于德育对象的角度，社会环境的德育价值都是十分明显的。重要的是，要努力弄清这些具有德育价值的社会环境的因素、结构和作用机制，找到我们应付时代挑战的结论。

三、社会环境德育价值的实现

无论在个体道德成长还是在学校德育运行方面，社会环境的价值都有一个可能价值与现实价值的问题。社会环境并不是完全天然地发挥其德育影响的。社会环境系统如就其是否影响现实性的角度划分，可分为作为德育影响源的社会环境和作为德育影响的社会环境。

（一）两种状态的德育环境

作为德育影响源的社会环境，是指具有德育潜在或可能价值的社会环境。而作为德育影响的社会环境，则指能对学校德育起现实的影响或作用的环境。例如，大众传媒的内容构成学校德育的环境，但其中能为学生理解的部分才是现实性的德育影响。而那些大量的不为学生所认知的画面、声音等，只停留在尚未发生现实影响的影响源层次。宏观社会环境、社区、家庭影响都是如此。经济、政治等对学校德育有制约作用，但并非所有政治、经济因素都对学校德育产生直接影响。宏观系统影响与学校德育之间必有一个导体或传达物。家长的教诲也只有部分内容进入学生的接收阈限，因此，社区如果没有适当机制，就只能是与校园不相干的"自然"环境。

作为德育影响源的社会环境和作为德育影响的社会环境具有不同的特征。首先，前者是客观的，后者是主观的。就社会文化主体而言，社会环境一概具有主体性，但就学校德育而言，社会环境影响的许多成分同自然物一样处其接收或认识的阈限之外，这就是影响源社会环境的客观性。

而作为德育影响的社会环境因素，则是学校德育及其对象的现实和直接的环境。无论是社会主体还是道德学习主体，他们面对这一文化环境时都能体认和实现其主体性。其次，前者为静在，后者为动在。对学校德育对象、德育内容来说，作为影响源的社会文化信息是静止和无效的，而作为影响的社会环境则处于动在或信息交流状态。二者对德育其他方面的制约也是如此。例如，社会经济对于学校规模，只是制约它的部分因素，而且须经政治和政府行为的中介。教育滞后的国家，社会经济作为影响源状态的比重较大；而教育超前的国家，其静在的影响源已较多地转化为对学校德育的现实影响。最后，作为影响源状态的社会环境如果要发挥其潜在的德育价值，由客观而主观，由静在而动在，就必须研究、寻找、开发、建设其中介机制。而作为直接影响的德育环境，其德育价值实现的重心则应在影响主体的网络建设，形成合力和与时代变革节拍、趋势一致的应变及超越功能上。

(二) 两种社会环境德育价值的实现

社会环境与学校德育的成熟和自觉程度，可以通过影响源环境转化为德育影响环境的程度加以确定，而这一转化所需的中介机制，大致来自以下方面。

1. 社会制度

文化学把制度文化作为与物质文化、精神文化并列的文化存在。人类文化史从某种意义上讲，就是一部制度史。现代系统理论则认为，整个内部要素如何结构则是其功能实现的关键。社会环境诸因素如何组合形成其功能，关键在于组合各要素的制度。必须有使学校德育与社会联结起来的制度；除了政府的教育机关和行为之外，还须存在使社区及全社会发挥文化教育功能的制度、机构，并有效地抑制不利的社会影响，使先进文化的教化功能现实化；必须有学校德育制度上的相关措施，使德育内容、过程、手段与其所处的文化背景、文化进步的方向及社会对德育在人的社会化过程中所起作用的要求等有合理的衔接。目前，西方和我国都有社区教育成功的实例。其成功的秘诀之一就在于，作为影响源状态的社会环境转化为德育影响的中介制度机制的存在和改进。

2. 学校角色

学校是文化的系统和自觉的传播者。一方面，要提高学校德育实效，当然要有一个相对有利的德育社会环境；另一方面，社会环境又是学校德育能动作用的对象。因此，学校德育不仅要着力于内部（德育过程），成为要求净化德育环境的呼吁者，更重要的是，学校必须成为一个具有新质的角色，那就是主动、自觉地做社会文化影响源转化为德育影响的中间人和建设者。"既然教育本身不能克服社会的邪恶，它就应该力求增进人民控制自己命运的能力。"① 教会学生鉴别、选择，对不合理的社会现象和先进的社会文明做出正确的评判、解释等，是学校德育不可忽视的重要任务。这里不仅指专门的德育课程，而且包括语文、历史及其他文化课和社会科课程。由于中国现在处于一个变化的十字路口，道德价值观念的社会存在日显多元、复杂，学校德育中介角色的自觉就显得十分重要。

3. 活动贯通

制度、角色只是问题的一部分，信息的传递并不是在静止的物质之间实现的。因此，德育影响源在向德育影响转化的过程中，依靠角色和制度的目的也只是为其能量或活动的展开创造条件。社会活动必须考虑其对于教化的影响，教育活动必须考虑其社会化的方向，同时，制度、角色的功能则使两类活动变得有序和贯通。家长会是许多学校常常举行的活动，一些国家和地区还有家长理事会对学校的办学思想，德育内容、方法、过程等予以鉴定、督促、批评、建议等。这些活动都被证明有益于学校德育。现在的问题是，许多学校有忽视这类活动的倾向，同时社会也缺乏反向机制，即社会活动的学校德育参与。在许多国家，学校德育的重要性只是存在于一些专家、官员的呼吁中。既然家长会之类的活动能让社会参与学校内部的德育过程，那么社会为什么不应有更多、更广泛领域的活动让学校德育成为其中的角色？只有建立起学校德育的社会自觉，德育乏力的状况才可望得到根本改善。

4. 传媒建设

如前所述，大众传媒作为中介系统，本身就是一种"中介"。虽然传媒未必都能构成德育影响，但它面对大众和学校德育对象时，又主要是试图从"影响源"（这里指传媒的操纵力量等）那里传达德育影响的。由于直观、形象、娱乐性强等特点，传媒具有德育影响源和直接的德育影响的双重特征。也就是说，传媒可以直接成为德育影响，且比例之高为其他社会环境系统所难匹敌。由于大众传媒已成为现代文明及现代生活的特征与标志，影响日益增强，其作为学校德育的环境因子的力量也日益增强。传媒

_____

① 联合国教科文组织国际教育发展委员会：《学会生存——教育世界的今天和明天》，112 页，上海，上海译文出版社，1979。

建设主要是要把握信息的选择关。社会应从宏观上制约传媒的操纵者，抑制传媒信息中德育负向功能的成分，弘扬德育正向功能的成分。同时，社区、家庭、学校等则应在传媒影响既定存在的条件下，帮助传媒影响的对象——道德学习个体——形成鉴别、批评和吸收的能力。这也是一处传媒影响的再选择。总之，传媒建设的本质是要利用传媒形成正向的德育影响。

作为德育影响源的社会环境价值实现的关键，在于其中介机制的建设。那么，作为直接影响状态的那部分学校德育社会环境，又该如何最大限度地实现其德育价值呢？

应予说明的是，作为直接影响的德育环境，其德育价值本已有现实性，因此不同于影响源状态的德育环境的是，德育影响状态的社会环境因素的价值不是如何实现而是如何最大限度地实现的问题。综合目前国内外研究成果，我们认为，主要的努力应放在两个方面。

第一，学校德育之社会环境影响的有序化。

社会环境影响的有序化，首先要求社会主体有大德育的自觉意识，有整治正负功能俱有的社会环境，有使之在结构上、在影响的方向上朝着有序和控制优化发展的自觉追求。新加坡前任教育部长郭根喜曾指出："新加坡只有具备各大文明国家所尊崇的完整德性，才能保持繁荣兴旺，并把后代培养成健全的人，否则，社会迟早会蜕化变质。"新加坡前总理吴作栋也说："如果我们想继续繁荣昌盛，我们绝不能抛弃勤劳、节俭和献身的本色。"① 正是这些观点所代表的社会德育的自觉意识，使新加坡的德育做到了传统文化、社会现实和远景发展的融合统一，并在一致的社会德育目标下较好完成了学校、家庭、社会三位一体的大德育网络建设。中国德育界对社会环境的有序化也有自己的研究和实践。1989 年出版的《德育原理》（胡守棻主编）、1996 年出版的《现代德育论》（班华主编）都曾专章研讨"德育网络"的功能、组织和作用条件等，对社会影响的主体建设有一定论述。在实践上，从中央到地方，我们都有不少探索。机构上除了教育行政系统、各级人大的教科文卫委外，还有一些积极活动的社团组织，如"关心下一代委员会"等；活动上，中宣部、国家教委、团中央等单位近年推出的一百部优秀影片、"五个一工程"等也都是着眼于社会环境的优化整治的努力。在中国，除了政府的真正有效的努力之外，一个迫切的问题是如何实现大德育观在落实上由单纯的政府行为到全社会行为模式的转变。

---

① 　冯增俊：《当代西方学校道德教育》，331 页。

第二，社会及学校德育对社会环境影响的应变机制建设。

社会环境的变迁是加速度进行的。正如社会环境影响本身有正、负德育功能一样，影响随社会发展而发生变迁，可能有益也可能有害于学校德育。由于学校德育往往以传播主流文化或国家文化为己任，所以具有保守特征。如果学校本身不建立与社会发展节拍一致，亦即超越社会现实发展的应变机制，那么正向功能的学校德育环境变迁也可能会遭到学校德育的拒斥，从而影响学校德育效能本身。例如，现代传媒的作用日益加强，学校德育如不能正确认识它所具有的消融封闭意识、传播先进文化的一面而因势利导，只是一味采取绝对批判和敌视的态度，就只能自己削弱自己的作用力。当然，应变机制的建设仅仅在学校一个方面是不够的。当学校面临某种变革时，这一变革往往已成为不可更改的客观事实，而社会则不然。社会变迁的主体是人类自身，社会的根本调控者是社会主体本身。因此，宏观社会系统、社区、家庭等，社会各个层次也应建立起社会变迁的应变机制。只有这样，才能从动态上使学校德育同其他社会环境保持前述的"有序化"的发展，从而为学校德育的今天和明天创造良好的社会环境。

总的说来，只有使作为影响源的学校德育的社会环境发生作用的中介机制建立起来并发挥作用，只有作为影响状态的学校德育环境进一步得到优化，学校德育的社会环境才不是"纯自然"的，才能够最大限度地实现其德育价值。关于学校德育社会环境的研究的重要目标，应在于进一步揭示实现这一价值的各个层次的途径。

第二节　影响学校德育的诸种环境因素分析

一、宏观社会环境因素与学校德育

学校德育的宏观社会环境因素包括社会经济、社会政治、社会文化和社会心理。由于社会经济与社会政治之间，社会文化与社会心理之间联系相对密切，我们拟将上述因素归纳成两大方面进行分析。

（一）社会经济、政治与学校德育

经济与政治作为不同的社会环境，对学校德育的作用是不同的。从"政治是经济的集中表现"的观点看，也从历史唯物主义关于社会生产力是社会发展的根本动力的观点来看，经济的作用更为根本。但是经济和政治的关系十分密切，会相互渗透和融合；经济的决定作用往往也要通过政治去实现。因此，社会经济与政治对学校德育的作用交织在一起，具有相似的特点。

南京师范大学鲁洁教授在其主编的《教育社会学》中，将商品经济对教育的影响分析为对教育的外层、中层和深层的影响①。我们对社会经济、政治环境对学校德育的影响的分析，依据的也是这一框架。

首先，社会经济、政治环境影响学校教育的外层，从而影响学校德育的外层。这主要表现为对学校德育"输入端"和"输出端"的影响。"输入"指为学校教育与德育提供物贡基础。它"不仅提供可供教育直接消费的货币形态的教育经费，实物形态的教育设施，还提供教育间接消费的经济范畴的劳动年龄人口和可用于智力活动的空闲时间"②。通过提供物质基础，社会经济和政治制约着教育的发展规模和发展速度。毫无疑问，任何时期的学校德育都需要一定的物质基础。在经济上，生产力的发展程度决定着学校德育的产生及发展程度。同样，不同政体对德育重视程度不同，很大程度上亦通过其教育投入及其在德育上的分配的比重，影响学校德育的营养程度和发育程度。"输出端"指"产品"，即人才的规格、构成和规模等。一定社会经济、政治对学校德育的要求，主要体现在德育目标，即对学校培养人才的品德目标的设定上。

其次，社会经济、政治环境影响学校德育的中层。这主要表现为它们对学校德育内容、方法、管理的影响。一定社会经济和政治决定着社会类型、教育体制和一定时期的德育目标，当然也会影响学校德育的内容和方法。因为内容和方法总是按一定教育体制运作，为一定德育目标服务的。在学校教育具体运作及德育的管理方面，经济、政治的影响亦十分明显。在计划经济模式下，我国学校教育在人财物力的筹措使用、教职工的报酬分配、学生收费及奖助学金管理等方面都受政治和经济体制的影响，学校管理形同行政机关，呈现出硬化和单一的特征。随着改革开放及市场经济的发展，我国学校已在人财物力筹措和分配原则等方面进行了多种形式的尝试。这些教育管理上的变革，已经和必将更高程度地影响学校教育及作为其管理的重要组成部分的德育。此外，教育管理范式的变迁还具有德育的潜在课程意义，影响对学生的平等观念、市场意识、效益观念和拼搏精神等的培养。

---

① 参见鲁洁：《教育社会学》，73～75页，北京，人民教育出版社，1990。

② 吴鼎福、诸文蔚：《教育生态学》，25页，南京，江苏教育出版社，1990。

最后，社会经济、政治环境对学校德育深层的影响。其对学校德育深层的影响，实际上是对学校德育内核和灵魂的影响，主要包括对学校德育范式和精神的影响两个方面。以西方学校德育发展的线索为例，其德育从产生至今，大体经历了宗教化范式、权威灌输范式、科学化范式几个阶段。宗教化范式的学校德育与中世纪及前后西方政治体制上的政教合一特点有直接联系，以后宗教范式学校德育向世俗德育的回归，同时又保存权威灌输特点形式的权威灌输范式，与资产阶级民主革命的政治要求、工业革命的进一步展开都有直接联系。同理，赫尔巴特模式从 19 世纪的风靡一时到 20 世纪为杜威主义所取代，与资本主义民主政治的进一步发展、社会经济和科技水平的大幅度提高直接相关。民主的发展、科技的进步使价值体系由一元而多元，从而使德育上的居高临下、强制灌输为社会现实所否定。这就是科学化德育取代权威灌输范式的根本和直接的原因。经济、政治环境不仅影响学校德育的范式，而且影响学校德育的精神。以人文主义德育思潮的历史线索为例，我们可以较为明显地看出：以手工业、商品贸易为特色的经济及以民主政体为特色古希腊城邦社会培育了初具人文精神的最早的学校德育，而资本主义经济发展和新兴资产阶级的政治要求又导致了文艺复兴及其以后整个社会，当然也包括学校德育上的人文精神的希腊复归和新追求。当科技发展、财富增加和"民主政治"带来无法克服物质主义、物欲主义、道德沦丧和人性的被压抑、被扭曲的 20 世纪时，现代学校德育理论中的人本主义道德教育模式逐渐成为新的人文精神追求的中坚。除了人文精神，还有一个最具典型意义的线索是大德育观的提出。在以简单再生产为特色的古代教育中，学校德育只是发生在一个封闭的院落里。当现代经济、政治的发展实质上使学校德育与社会政治、经济及社会的每一个方面都融为一体时，孤立地进行学校德育已成为死胡同，代之而起的是德育社会化的课题。因此，大德育观既是社会经济、政治发展的产物，同时又是学校德育对社会经济和政治体制的反向诉求。

总之，如果我们将社会经济及政治对学校德育影响的三个方面进行比较，就会发现：经济、政治对外层、中层的影响虽比其对深层的影响更直接，但对后者的影响却又远比前者实质和根本。

在研究社会经济、政治环境对学校德育的影响时，有两点是近年理论界的进展和共识。一是"社会生活是错综复杂的，并不是所有的德育内容都是由政治和经济制度决定的"①。所以尽管为分析研究的方便起见，我们单独考察了经济和政治对学校德育的影响，但这种影响绝非唯一和孤立的，而是若干共同制约学校德育的因素之一。二是社会经济、政治环境对学校德育的影响有直接和间接之分。社会经济、政治因素可通过投资、政策法令、行政系统发挥直接作用，也可以通过校外教育机构、舆论、大众传媒、社会文化等间接作用于学校德育。其中，社会文化、大众传媒的中介作用十分明显。故中国学者将社会文化的中介作用称为与经济、政治环境对教育直接控制的"硬约束"相对的"软约束"。②

（二）社会文化、社会心理与学校德育

1. 文化的渗透性与学校德育

社会文化之所以能够发挥制约学校德育环境的"软约束"的作用，与文化的延续性和周遍性特征有关。"延续性"不仅意味着文化在时间上"与经济、政治影响可以是不同步的"，"可以超越或落后于现实的经济和政治的发展"，而且可以理解为社会文化作为环境，参与或影响包括德育活动在内的人类个体和类的行动历程的每一环节。关于"周遍性"，我们不仅可以把它理解为"在空间上文化的影响可以超越一定经济共同体，政治共同体的地域范围而流传"③，而且可以理解或界定为文化对人类活动每一领域和每一方面的全方位的辐射。这种对过程和领域的全面及全过程的影响可以被概括为文化之"渗透性"。文化的渗透性决定着社会文化对学校德育全过程及各个领域均有影响。

首先，社会文化影响学校德育工作者。每一个德育者都是一定文化中人，其价值观、知识体系、教育观等各个方面都要受特定文化积淀的影响。与西方文化中重视个人权利、尊重儿童个性发展的文化传统特征不同，中国文化一直强调"师道"观念，教师往往成为学生的人生导师和道德上的绝对权威。尽管这一观念已与时代相抵触而屡受责难、批判，尽管西方价值澄清、体谅模式等在中国有所传播和影响，但至今在实践中，中国德育工作者的这种观念仍普遍存在，德育灌输范式在中国仍属主流。其原因就在于传统文化这种带有延续性的渗透作用。

其次，社会文化制约德育对象的身心特征。不仅不同国家、民族文化

---

① 胡守棻：《德育原理》，41页。

② 参见鲁洁：《教育社会学》，133页。

③ 鲁洁：《教育社会学》，132页。

中的青少年具有不同的文化特征，就是同一国家同一文化中不同子群
（subgroup）内部的青少年，也存在特征上的不同。由于不同的德育对象生
长在不同的历史和现代文化的土壤中，所以学校德育就必须充分估价、理
解这种文化背景对德育对象的重要制约。比外，德育对象赖以生长的文化
环境往往又是学校德育的文化环境，故学校德育的其他因素亦会受到同样
的制约。

最后，社会文化制约学校德育的内容和方法。例如，由于文化本身的
选择功能，学校德育课程在一定意义上讲是先在的。这种先在性即由社会
文化所赋予。中国封建社会形成了以儒家文化为主，兼收道、释各家的主
流文化，故历代官学、私学的德育内容均奉儒学经典为正宗，同时杂糅道、
释精神。而西方社会以新教伦理的组合价值为传统，其伦理取向被称为工
具性或"以工作为方向"（task oriented），与使人精疲力竭地追求经济成功
的冲动联系在一起。从以上德育过程诸要素的文化制约性中，我们不难看
出社会文化对学校德育的普遍渗透性和重要意义。

2. 文化变迁与学校德育

文化既是静在又是动在，一定时期的文化总要在传递、传播、选择中
实现自身的变迁。文化的流变与动态的学校德育产生互动，并在对学校德
育的制约上具有决定意义。

首先，文化传递和传播影响学校德育。学校德育的首要任务，是要将
作为客体文化的德育内容转化为德育对象所内化的主体文化。从历史的主
导方面来看，道德客体文化先是转向文化主体教师，而后实现向德育对象
的转化。客体文化的传播传递过程，在学校德育中实质上表现为主体文化
之间的迁移。但是德育内容是文化在时间上传递和在空间上传播的历史和
现实作用的综合产物，而德育对象及学校德育工作者本身亦是文化传递和
传播的产物。在一种相对简单和封闭的文化中，文化传递和传播的速度、
规模有限，学校德育负担的任务相对单一，德育范式变动可能性小。在封
建社会，孔孟学说在中国德育课程中的统治地位历经千年以上，就是这种
简单有限的文化传递和传播使然。同样，现代社会"信息爆炸"已使文化
传递的速度、规模发展惊人，使学校德育继续传递千年而不变的美梦破灭，
而不同文化间的交叉传播又使学校德育在面对一个价值体系多元和相对的
时代时，再也不可能以传播绝对真理的身份立足，而必须以培养学生自身
的道德判断、分析评价、选择和创造力为宗旨。因此，实现道德超越成为
现代德育的主旋律之一。

其次，文化选择制约着学校德育。无论是古代还是现代，不同文化传播的结果都绝非毫无规律的混杂。文化是在选择中前进的，人类文化史就是文化选择的历史。当代社会文化经选择已从保持传统基本要素的稳定选择型，转向了择不同文化两端而取其中的改化选择型，和向某些少数但却与社会发展趋势相一致的文化逼近的定向选择型。学校德育要适应这种转型，必须实现由一元而多元、由封闭而开放的文化选择。

最后，文化变迁对学校德育有制约的作用。这种制约表现有二。一是文化范式及性质的变迁制约德育发展的方向。以中国为例，由从"西学东渐"引起的"以夷器制夷"的武器引进，到推翻帝制、建立现代国家的体制变迁，再到最后"实现人的现代化"的深层呼唤，这种由物质层面而制度层面进而上升为精神层面的文化性质的变迁，亦使中国德育思想经历了大体相仿的历程。二是文化变迁的速度制约学校德育。当文化变迁遵循积累的法则处于量变时期，学校德育往往采取守成范式，主要任务是传授规范和稳定的价值体系；而文化变迁如遵循突变法则处于质变时期，则社会要求学校德育具道德观的选择、定向和超越功能。当代世界范围内，学校德育所面临的前所未有的危机和挑战，就与全球范围内日益加速的文化变迁有直接联系。

3. 青少年亚文化与学校德育

作为亚文化的青少年文化，即一个能吸引各阶层各地区青少年"分享着某些共同的符号和态度"① 的文化。由于许多造成青少年问题和青少年文化的动因在世界各国均有不同程度的存在，因此青少年亚文化和其他年龄段的亚文化不同，已经引起了全球的广泛关注。

从对学校德育的影响上讲，青少年文化的出现既造成了新的学校德育的背景，又带来了学校德育的危机与挑战。首先，由于青少年文化实质上是现代文明的产物，所以学校德育已别无选择地进入了以青少年亚文化为社会文化环境之重要组成部分的新时期，而"亚文化既是教育的目标，又是教育手段"②。如果说，文化本身是影响学校德育作用的中介的话，那么学校德育在传播既定价值体系及培养价值判断、选择、创造能力时就无法忽视青年文化这一更为直接的中介。现代社会学习理论已经指出，亚文化中的同辈人作为最重要的示范源，由于年龄、性格、经历相近，因此彼此

---

① 张荆：《青年文化的由来》，载《青年研究》，1988（8）。

② 刁培萼：《教育文化学》，268页，南京，江苏教育出版社，1992。

行为易被接受和模仿。学校德育不仅要将青少年亚文化作为德育活动的普遍背景去研究，而且对属于青年文化圈的青年或青少年身心特征的把握也必须充分考虑青少年文化群体的特征，从而利用、开发青少年群体的潜在德育价值。其次，青少年亚文化的冲击已使传统学校德育范式面临着前所未有的危机与挑战。快节奏、信息爆炸的现代世界已经产生了不同价值体系间的种种碰撞，并产生了全球范围内的"信息麻痹"、价值危机和道德恐惧，而代沟理论、父权衰落论所揭示的权威时代的结束和"信息中心飘移"，又使学校德育不能沿老路子走"以德育为首"强化学校教育功能的道路。研究青少年文化，从中吸取其对传统文化、传统价值、传统学校德育的合理批判，正是克服危机、迎接挑战的重要突破口。

4. 社会心理与学校德育

文化学将社会文化分为物质、制度、精神或心理三个层面，并认为它们分别构成某一文化的表层、中层和深层结构。研究社会文化对学校德育的环境作用，就不能不专门考察社会心理这一层面。

社会心理是一种低水平的社会意识，表现为感情、风俗、习惯、成见、自发的倾向和信念等，交织着感性因素和理性因素。社会心理分个人心理和群体心理两个方面，其中前者是社会心理学的研究对象，后者则是个体成长和学校德育的重要环境因素。群体心理因主体不同而不同，对学校德育影响较大，同时也是最主要的群体心理，包括阶级心理、民族心理以及上述青年亚文化所探讨的青年群体心理等。

在阶级社会，社会各阶级所处的经济、政治地位不同，其社会心理必然也不相同。不同阶段的社会心理在不同时期对学校德育有不同的影响。统治阶级的意识形态除直接作用于德育外，还通过对社会风俗、习惯诸方面的影响形成一定的社会心理，从而影响学校德育的实施。在中国封建社会，尤其是宋明理学统治地位确立之后，"三纲""五常"等封建伦理对全社会习俗的控制加强，中国学校德育对忠孝、节烈观念的强调亦受社会心理的影响而达到极端，教学中的思想压制倾向也大甚于前。被统治阶级的意识形态及社会心理虽在一定历史时期不占主导地位，但也是影响学校德育的直接背景之一。在中国，一方面，农民阶级的朴素、勤劳等品质已构成民族特质而成为学校德育的传统内容之一；但是另一方面，中国农民阶级的小生产意识又积淀成中国人普遍的社会心态，影响了中国现代化的历史进程，也对学校德育的保守、封闭特征的形成有一定作用。"文化大革命"时期，这一作用的极端形式是农民史观对政治、历史及文科教材的全面渗透。虽然不宜夸大阶级心理的作用，但是忽视各阶级社会心理的不同及其学校德育的影响也是不科学的。

民族心理是民族文化的深层。我们探讨民族文化对学校德育的影响，实际上已涉及了民族心理。除了民族文化心理的地域特征之外，某民族在社会中所处地位亦构成对学校德育各因素的影响。这一影响的直接成分之一是对各民族所属的德育对象的心理影响。社会学家约翰·霍夫曼（John Hofman）通过研究发现，居住在以色列的犹太和阿拉伯青年对一切有关青少年的问题，如自尊、同辈关系、职业选择等十分关心，但在测试其对权力的要求（"当我成功地支配别人时我感到惬意"）时，犹太青年比阿拉伯青年的得分要高，而作为以色列的少数民族的阿拉伯青年时常在"要是我出生在别的地方，就会感到好些"或"有时我觉得一钱不值"等测试项中得分较高。实际上，民族心理不仅影响德育对象，而且也影响到德育者及德育其他要素。例如，潜课程的研究业已提示，即使不同民族的学生在同一学校同一班级使用同一种教科书，并由同一教师执教，但德育者对来自不同种族和阶层的德育对象往往怀有不同的期待，德育课程中对不同民族价值观及成就不同比例的选择和安排，也会影响（强化或弱化）德育对象的民族心理，从而影响德育课程的结果。

阶级心理、民族心理、青年心理等对学校影响的侧重点各不相同，但却有一个相同面，即每一德育对象必定从属于某一阶级、民族和年龄段群体。因此，不同群体的社会心理对学校德育影响的一个共同点是透过心理层面对德育对象施加影响。而这一影响的重要机制，则是模仿和从众。对于从众和模仿，学校应做两项工作。一是对健康群体中的正向模仿、从众加以分析、鼓励，实现阿伦森所称的"第二获得"，使某一道德观念为学生所同化、内化。二是对于负面的从众行为，则应着眼于群体心理研究，实现该群体范围内的行为矫正。模仿和从众实质上也是一种社会学习。虽然不能以此来揭示社会群体及个人心理对德育影响的全部，但研究模仿与从众，从而揭示社会心理和学校德育之间的中介机制，无疑是一个正确的选择。

二、社区对学校德育的环境作用

社区环境与作为学校德育宏观环境的社会经济、政治、文化和心理要素不同的是，它既有后者一定时空的沉积，对学校德育传递后者的诸种影响，构成学校德育的中介环境，又因不同于一般社会宏观环境而具有自身的社会文化特征，从而具有一定环境影响下的独立个性，成为学校德育的直接影响源。同时，由于社区与教育的融合趋势日趋明显，社会影响源转化为德育影响的成分亦日益提高，社区环境因素日益成为学校德育研究不可缺少的一大方面。这里，我们主要从宏观的角度分析社区对学校德育环境作用的三个主要方面。

（一）社区的经济及社会特征与学校德育

一定社区的经济及社会特征（这里主要指社区发达程度）至少在三个方面制约学校德育。一是社区发达程度影响社区对学校德育目标的设定和内容的安排、实施。在一些经济简单和不发达地区，社区要求的仅仅是维持、支撑义务教育，对学校德育根本提不出本社区独有的规范，即使有，也只是起始性、启蒙性和保守性的。中国及许多发展中国家的农村地区就对学校德育内容中反迷信、倡民主法制的成分有不同程度的强调，而发达国家的城市社区要求学校德育必须协助解决社区成员对本社区在发展中所呈现的职业、心理、竞争、人际关系上的一系列问题，因而对学校德育针对本社会面临的道德问题的解决有较"现代"的要求。二是社区发达程度制约着社区对学校德育的支持。除了对学校教育、德育直接予以经费和物质上的支持之外，社区提供的文明程度、环境质量是学校德育的直接背景。而能否净化社区的精神和物质环境，既取决于社区教育意识，也取决于社区的经济实力。三是社区发达程度决定着社区与教育的结合程度，从而影响学校德育。与发达国家和地区的社区与学校的紧密结合相反，在欠发达国家和地区，它们往往难以形成教育与社区的紧密结合。这是因为，社区在发展上没有得到学校教育和德育对社会发展的支持，失去了支持本社区学校教育的内驱力。在我国，许多社区与教育至今联系松散或无自觉联系。除了体制上的原因，社区缺乏发展本社区学校教育和关注本社区学校德育的现实的内驱力是最重要的原因。因此，当前中国发展社区教育的关键不在于一味单向强调社区对教育的支持或纵向强化行政系统对社区教育的制约，而在于形成学校教育与社区发展的互动机制。在社区学校德育上，我们要使德育目标、内容、要求在统一课程要求的前提下兼顾所有社区的具体实际，对社区精神文明和物质文明建设做更大的贡献。

（二）社区文化特征与学校德育

社区文化有不同的类型。不同类型的社区由于其文化特征不同，因而产生了对学校德育不同类型的环境作用。这种环境作用主要表现在两大方面。

1. 不同社区文化特征产生不同特征的学校德育对象

从我国社区的实际情况看，不同社区具有不同的文化特质。城市文化具有开放、进取、自由、崇尚创新等特点，而农村社区受小生产影响，相对地具有相对保守、封闭、安居而不重迁、行为受伦理支配性强等特征。因此，城市青少年一般视野开阔、思想解放、动手能力强、价值系统相对开放，而农村青少年则相对具有稳重、守纪、尊重权威、价值系统相对保守和封闭的特点。同是青少年犯罪，城市主要表现为经济犯罪，而农村以性犯罪居多。1993年，《青年研究》第2期刊发了两篇文章。一篇是《1992年北京青年调查报告》，称北京青年参与政治和国家事务的意识非常强烈，97％以上的人关心改革与自己的关系。另一篇是《当前农村青年的社会角色困境》，论证了农村青年政治上缺乏角色表现的困境，及他们对国家政治事务的淡漠特征。当然，社区类型并不只是城市和农村之分，但是每一个德育对象都为一定类型的社区文化所直接培育或塑造，具有社区文化的印记，却为中外社会学等方面的实证研究所公认。学校德育无论就其完成统一的德育课程要求，还是完成某类社区特定的德育目标而言，都必须首先研究不同社会青少年的文化特征，从而真正实现"因材施教"。

2. 不同的社区提供不同的学校德育的文化环境

所谓社区对学校德育的环境作用，很大程度上就是社区的环境作用。不管学校德育如何系统、专门、规范，学生总是要走出校门回到包围学校院落的社区中，接受社区自觉或不自觉的德育影响。罗杰斯在《青春期与青年》一书中研究了美国不同社区对学校德育的环境作用，尤其对城市和郊区的不同环境作用有着较集中的关注。与发展中国家不同，由于美国已进入后工业化社会，城市郊区化现象出现了，富有阶层已普遍从城市迁居郊外。这使美国的城郊社区的特征，在许多方面恰与中国和其他发展中国家相反。例如，美国的市中心反而是反社会团伙的经常出没之地，是"防范不严"的地方。所以，一项对全美各大学高年级学生的抽样调查表明，大多数（54％）人不愿让自己的孩子在城市中长大，只有25％的人希望自己的孩子生活在中心城市。相反，富裕的郊区则物质主义盛行。"青少年互相攀比穿戴，攀比财富。""他们最喜欢的娱乐方式就是集体开车兜风，到十几英里以外或更远的地方参加各种聚餐或舞会。"这一环境的重要影响是，郊区青少年从小就具有随时准备出人头地的心态，并具有娴于社交、足智多谋等特征。罗杰斯还指出，影响青少年成长过程的，除三种环境——家庭，游乐场，特别为儿童和青少年创办的各种设施（学校、夏令营）——之外，还有"第四种环境"。这种环境包括商店、树林、公共汽车、饭店及其他以形形色色的方式影响青少年儿童成长的公共场所。这些地方为他们提供临时的就业机会、社会及娱乐场所，尤其是可以使他们与自己心目中的角色榜样加强联系，不断增长进入成人世界所需的本领。中国亦有学者发现，社区高收入者的文化程度与学生学习的上进心、入学及升学率直接相关。此外，不同社区存在的不同民俗亦对青少年和学校德育构成环境作用。我国农村的一些带有宗法和迷信色彩的民俗活动，既有强化中国传统道德的教化意义，因而有益于学校德育，又因其封建迷信特征等抵消了学校德育中民主和科学精神的影响，因而具在德育上的负效应。所以，具体情况具体分析地对待民俗活动，应是学校德育教会学生的本领之一。

（三）社区教育与学校德育

"社区教育首先应该被理解为与该社区发展相结合的教育。"[1] 因此，社区教育实质上是社区与教育的双向互动和结合。这种互动的结果是社区教育创造了有利于学校德育的社区氛围，同时又补充了学校德育的不足。

社区教育之所以能够创造有利的学校德育的社会氛围或环境，首先在于社区教育可以养成社区居民积极的价值观、态度和道德，提高全社区居民的素质和文化水平，形成良好的社区文化。这样一来，学校德育外部氛围的质量提高了，也易于强化学校德育的实效。其次，社区教育还有培养社区角色的功能。培养社区角色即培养社区成员的社区意识和社区归属感，尤其是培养其对于社区发展的主动参与意识与能力，当然也包括对社区学校教育发展的参与意识，增强社区成员配合、提高学校德育水平的内驱力和自觉性。这些都有利于形成尊师重教的文化品质，从而在本社区产生有利于学校德育气氛的创造机制。

社区教育对学校教育系统的补充，是指社区在时间和空间上与学校德育的衔接。我国许多地区都开展了这方面的探索。安徽省芜湖市曾经探索建立一个多层次、立体化的暑假青少年活动网络。该市将青少年分为9年级以上、4～8年级和3年级以下三个年龄阶段。第一层次主要参加学校安排的社会实践教育活动；第二层次主要参加居委会、街道组织的暑期活动；第三层次则以家庭教育为主，辅以其他社会实践活动。1989年的统计显示，仅参加街道活动的学生就有12 498人，占应参加学生的53.98%。

---

① 厉以贤：《社区教育、社区发展、教育体制改革》，载《教育研究》，1994（1）。

这种分层次的社区实践活动的特点，主要在于切合不同年龄段德育对象的心理特点，且做到了在时间、空间上与学校德育的初步衔接。社区在时间上弥补学校德育的假期空档、空间上充实校园以外的德育环境，既体现了社区教育的学校德育参与精神，也是优化学校德育社区环境的正确选择，有利于产生学校德育与社区建设在更深层次上的互动。

在我们研究社区环境与学校德育的关系时，社区仅作为一个客观环境而存在；而在研究社区教育与学校德育关系时，一种体现了社区主体精神和教育、德育能动作用的主观和主动环境就出现了。因此，在研究社区环境与学校德育关系时，我们应从以研究社区的经济、社会特点、社区文化对学校德育的环境作用为主的传统视角，转变为以研究社区教育与社区经济、社会文化特点的环境作用并重的新视角。

以上，我们侧重研讨了社区对学校德育的环境作用。但是，社区环境从一定意义上讲又是学校德育的产物。此外，社区环境始终是在它与教育、德育的互动中动态发展的，而社区环境与学校德育系统间的互动又将整个社会宏观系统的时代变迁反馈到社区环境及学校德育自身。这些课题都有待于我们进一步的研究。

三、家庭对学校德育的环境作用

家庭环境对学校德育的影响，可以从家庭环境的特殊性和家庭环境的类型及其作用两个方面予以说明。

(一) 家庭环境的特殊性

家庭作为学校德育的环境，对其其特殊性的研究已有不少。但许多研究往往只把家庭同学校环境相比较，且罗列有余，未触及根本。家庭环境不仅不同于学校，而且不同于其他学校德育的外部环境（即不同于宏观环境社会经济政治及社会心理、社会文化，不同于中观环境社区和中间环境社会传媒）。作为学校德育的微观外环境，家庭环境主要有以下三方面特殊性。

1. 家庭环境对学校德育具有基础性

这主要源于学校德育对象对家庭在经济上和感情上的依赖。前者构成学校德育对象个体成长的物质基础，后者构成其成长的精神基础。而无论是经济上的还是情感上的纽带关系，它们都为儿童及青少年品德的形成提供心理上必不可少的安全感、依恋感和"我们感"（We feeling）等。许多离异家庭、单亲家庭中的青少年，在道德成长上有所欠缺的原因也在于此。反之，威尔逊等人提出的道德教育的家庭化模式的优点也正在这里。在时间上，家庭自觉和不自觉的德育是学校德育的基础。儿童在入学以前，就在家庭环境中获得了许多道德观念及掌握模式，这将成为儿童在学校系统接受德育的基础和最初的认知结构。虽然现代学校教育在幼教年龄上不断前趋，但是终究无法在时间上取代家庭环境的坐标。而且由于儿童在道德认知等方面的发展限制，学校教育的阶段性实施决定了学校不能不顾年龄特征进行全方位的道德教育。而家庭在无意识层面上对儿童的德育影响在年龄上是从出生开始，在内容上是无所不包的。在儿童各种道德学习的关键期尚未完全提示之前，家庭道德遭遇的这种全面性往往不自觉地正好满足了儿童道德社会化的需求。这种先入为主事实上也发生在儿童入学后的每一学习阶段。

2. 家庭环境的作用具有深刻性

深刻性取决于家庭作为首属群体（primary group）的许多特征。首先，在人际关系上，家长与子女的接触频度高，具有聚合性。社区、社会、学校中的人群对于儿童和青少年来说，往往是非直接关系的次属群体（secondary group），甚至被视为异己的外群（out-group）。即使是学校中关系较为直接、密切的师生关系，也因师生关系的发散性特征，而不可能在频度和聚合度上与家长相比。这样，由于这种直接、经常和亲密的接触，家长和子女对彼此的了解都是较为细致和深刻的。这种深刻的理解特征既有利于家庭教育德育影响的"因材施教"原则的实现，又有益于子女对家庭德育影响的正确理解和深层吸收。其次，家庭环境影响中的非正式成分较高。家庭影响中的德育自觉成分随社会发展和教育意识的提高而增加，但与专门的学校德育相比较，家庭影响仍具有较显著的隐蔽特征、间接特征。在家庭中，由于教育与生活在时间、空间、活动上往往是统一的，因而家庭环境影响的重要方面是家长的榜样作用。再加上子女与家长的接触频度高，具情感上的亲密性质，因而这种榜样作用的能量、深度远胜于一般社区及宏观社会环境作用。首属群体的特征决定了家庭环境的高频、隐蔽、亲切诸特征，对儿童和青少年的道德教育具有深刻的影响。

3. 家庭环境对学校德育具有互补性

互补性主要是就德育内容而言的。同社区一样，家庭亦是一定文化的积淀之地，因而也是一定文化的传承者。由于家庭人际关系最具人伦的基础特征，所以家庭环境同时又是人伦文化的传递和创造基地。学校德育比较系统、规范，多从大处着眼，理论性强；而在家庭环境中，孩子处在处理人际关系的细部的境地，其德育具有具体、生动、现实性强的特征。因此，存在学校德育重一般理论，而家庭环境重具体应用的分工。两者相得益彰，则可能形成良性循环。此外，学校德育内容有限，课程之外的许多伦理问题，也主要是在家庭环境中得以自觉补充的。中国古代所谓"子不教，父之过"，其"教"的内容主要带有德育性质。除内容外，家庭环境亦是学校环境之外的一个互补时空。同社区一样，学校德育影响在校园之外能否继续辐射和强化，亦有待于家庭环境的配合、补充。与社区宏观环境不同的是，家庭环境对学校德育的补充往往更具主动性和自觉性。

（二）家庭环境类型及其作用

家庭环境的特殊性只是说明了家庭环境对于学校德育的独立价值，而家庭环境对学校德育的具体作用尚需进一步分类说明。家庭环境依据主观可控性成分的多少，可分为客观环境和主观环境。

客观环境指难以人为调节的环境因素，如家庭的经济、结构和家长职业、文化程度等。有国外学者做了总结，认为社会处境不利儿童的特点首先是经济上的贫穷。经济处境不利会导致居住拥挤、住房紧张、无适当的医疗照顾、发病率高、营养不良、家庭生活不稳定、环境不卫生、较多接触有毒物质、麻醉品的使用率高、少年过失及城市犯罪等。[①] 家庭经济上的不利处境可能导致的后果有：（1）影响儿童及青少年身心健康必需的家庭生态质量；（2）影响学生在校学习年限及成就；（3）在心理层面上影响儿童的自信心、自主意识及抱负水平等。罗杰斯分析过美国青少年在抱负水平上的阶级差别："下层阶级的青少年只有在可以见到直接好处的情况下才肯努力学习，中等阶级的青年为以后才能实现的目标而奋斗，认为报酬在将来才能得到。对于下层阶级的青年来说，遥远的将来的报偿显得太渺茫，不能给他们提供动力。"[②] 在中国，有学者认为："绝大多数家庭的经济状况都可以满足其子女正常地接受教育从事学习的一般需求。同时，由于我国家庭在经济收入上的相对平均，家庭经济状况这一因素对教育所发生的实际差异影响并不显著。"[③] 这一结论总体上反映了我国家庭经济环境的特征。但是随着我国市场经济的发展，收入差距的增大，家庭经济对家

---

① 参见姜学清：《国外对社会处境不利儿童的研究》，载《心理发展与教育》，1991（3）。

② ［美］罗杰斯：《文化与青少年》，载《青年研究》，1991（3）。

③ 鲁洁：《教育社会学》，501页。

长、儿童和青少年的生态、学业及心理的影响会有增强的趋势。因此借鉴国外的相关研究，同时根据我国实际进行家庭经济环境及其对德育影响的进一步研究是有必要的。值得注意的是，家庭经济只是家庭环境的成分之一，家庭环境又只是制约学校德育及青少年道德社会化巨系统中的若干因子之一。学校德育对象的许多方面并非全受家庭及其经济条件的制约，故家庭经济与青少年品德发展之间并无一对一的线型关系。同时，贫困家庭出身的儿童，即使在研究中普遍认为影响较大的抱负水平一项上，也不乏"少年孤贫而志存高远"的例子。所以，即使有统计学上的大体结论，我们也不可将家庭经济对学校德育的某些影响做绝对化的理解。

关于家庭结构的研究，目前主要集中在独生子女和离异、单亲家庭对儿童社会化的影响上。对于独生子女的研究目前尚无一致性结论。有人认为，由于独生子女社会网络缺少天然关系，因此会有自我认定等方面的困难。由于得到过多的呵护，独生子女更容易任性，依赖性强，合群性差。这些人格特征势必影响学校德育，产生一定的德育上的困难。也有学者认为，虽然独生子女的社会网络天然关系缺损，但其"社会"性人际关系往往比非独生子女多，因而网络规模大小及其他特征并不比非独生子女差。独生子女作为个人早年社会化的经历的特殊性亦会随年龄增长而递减，故"出生顺序以及独生与非独生经历在个人社会化过程中是无足轻重的因素，没有什么理论研究的价值，也没有个人行为的影响"[1]。但是，在我国现行政策之下，独生子女作为普遍现象和特定个体，实际上具有独立和重要的研究价值。独特的家庭结构必将从两个途径影响学校德育：一是不管积极还是消极评价，独生子女作为学校德育对象肯定具有自身独特的身心特点，学校德育须研究和注意相关研究成果，因材施教；二是独生子女家庭结构的"倒金字塔"形，已使独生子女的家长队伍增长，使家长对学校德育的关注增强。学校德育应把握住变革和进步的重要契机，获得家庭对学校德育的理解、配合和支持。

关于离异家庭对独生子女道德社会化的负面影响，中外研究者都得出了相对一致的结论。[2] 美国的休格和麦克德莫特等人的调查发现，离异家庭儿童在个性上往往表现为抑郁、敌对、富于破坏性、易激怒、孤独、悲

---

[1] 鲁洁：《教育社会学》，501页。

[2] 参见［美］黄刚：《独生子女的人际关系及其社会意义》，载《心理发展与教育》，1990（2）。

伤、易闯祸甚至自杀等。调查发现，美国违法犯罪青少年的30％～60％来自离异家庭。陈会昌等人在1990年调查了教师对儿童同伴关系的评定及原因，结果显示：根据教师的评定，离异家庭儿童的同伴关系远比完全家庭儿童差。被同学接纳程度高的完全家庭儿童占64.6％，离异家庭儿童只有26.4％；而在被接纳程度较低和低的人群中，前者只占3.3％，后者高达22.6％。在对儿童同伴关系好的原因分析中，完全家庭儿童更多的是学习好、善交际、待人热情，离异家庭儿童则只有"被同学们同情"一项的比例明显高于前者。在对同伴关系差的原因分析中，后者在"孤僻、冷漠"和"有怪毛病和不良行为（如偷东西、骂人打人等）"这两项中的比例明显高于前者。单亲家庭，有的是离异造成的，有的是自然原因（死亡等）造成的。对于非离异的单亲家庭儿童，相关研究证明了两种情况：一是由于家庭缺损缺乏关怀而导致心理损伤，出现与前述离异家庭儿童相似的特征；二是因家庭不幸而强化了儿童的自尊心和自我意识，一些单亲家庭的儿童品德发展反而比一般完全家庭儿童更为成熟和优秀。总的说来，对于离异家庭儿童，学校德育除了正常程序之外，必须增加有针对性的救助程序。近年，我国城乡尤其是大城市的离婚率呈上升趋势，学校德育对离异家庭儿童的对策研究有待深入。

家长的职业类别和文化程度有一定相关性。文化程度较高的家长往往从事劳动复杂程度较高的职业，而文化程度较低者则多为"蓝领"。研究证明，前者在提供学习的物质条件、学业及品德指导上优于后者，对于子女的期望值、文化素质及行为规范的影响上也高于后者。前者在道德教育方式上较多地倾向于民主型的教养态度，而后者采取放任型、溺爱型或专制型的教养态度的比例较高。家长文化及职业上的优势同子女的良好品德个性之间只存在可能性联系，但这种可能性又是客观的，因此家庭对学校德育的作用显然包括上述"可能性"的家长因素。

主观环境指可人为调控的家庭环境因素，即家庭气氛和家长的期望水平等。家庭环境的特点之一，就是父母与子女间人际接触的高频率和强聚合性。但接触频率高、聚合性强，并不等于"凝聚力"强。如果家庭环境中人际关系不融洽，这种高频率、强聚合性的人际交往反而会获得负面的德育效果。例如，"过度关心"可能导致青少年的逆反心理，甚至离家出走等。因此，家庭气氛实际上是家庭人际关系的独特德育价值发挥的关键之一。家庭气氛主要从两个方面影响德育对象：一是心理层面，二是家长的影响力。不良的家庭气氛易产生心理损伤，使子女出现不良人格特征（如暴躁、抑郁、反社会倾向等），也易导致离心力增强，从而使家长正面的德育信息不能为子女有效吸收。此外，不良的家庭气氛还会伤及家长对子女及学校德育关注的积极性，家庭因此会成为对学校德育产生负效应的环境因素。家庭气氛的不同取决于家庭人际关系运作的方式，即家长的教育态度或方式。研究证明，民主型教育方式较易形成良好的家庭气氛，产生良好的德育影响。我国学者丁瑜等人[1]证实了在"和睦""平等""紧张"三种不同的家庭气氛条件下，学生品德有明显的差异（见表 8-1）。

表 8-1　和睦、平等、紧张的家庭气氛对学生品德的影响

品德人次及百分比\家庭气氛	品德等第			合计人数
	优　良	一　般	较　差	
和　睦	134/39.3%	182/53.4%	25/7.3%	341
平　等	20/19.4%	73/70.9%	10/9.7%	103
紧　张	2/33.3%	2/33.3%	2/33.3%	6
统计结果	$df=4$，$x^2=19.1$，差异极其显著			450

万云英等人的研究则证明了民主型教育的家长较注意：（1）寓教于日常言谈；（2）赏罚分明，公正合理；（3）择机而教，遇物而诲；（4）平等待人，尊重孩子的意见。[2] 这一方式使学生在乐群性、聪慧性、稳定性、轻松性、自律性、恒有性等品质上获得显著优势（$P<0.01$）。

家长的期望也是家庭气氛的构成要素之一。家长期望值的高低及期望构成均对学校德育产生影响。家长对子女的期望值与子女的学业成就，包括德育课程的学习成就呈正相关，这已为实验反复证明。但是期望值的高低是因人而异的，必须保持在一定的区间内。在我国，独生子女比较普遍，家长对子女的期望值已有过高倾向，且这一倾向还在强化。过高的期望值不仅从心理上给学生以重压，而且也因其不能实现而带来父母、子女双方积极性的损伤，极易产生德育的负效应。此外，由于物质主义、拜金主义、实用主义等影响，目前国内外，尤其我国现阶段家长的期望构成存在一个危险的倾向，那就是重子女的智育、体育、美育成就，而对子女的品德发

---

① 参见鲁洁：《教育社会学》，507 页。
② 参见万云英、李涛：《优、差生学习行为模式与家庭教育的关系的比较研究》，载《心理发展与教育》，1993（3）。

展漠不关心，出现了"许多人花钱买智育、体育、美育，就是没有人花钱买德育"的现象。由于学生社会化的构成不能仅限于智、体、美几方面或一方面，而且这几方面的灵魂与动力建设都仰赖于德育，所以如果家长的期望结构未实现合理配置，不仅学校德育，而且整个教育大厦都有倾覆的危险。故而，家长必须在期望值及构成上都加以调控，营造有利于学生品德成长的家庭气氛。

活动环境指家庭父代与子代间的道德活动方式所构成的对于儿童及青少年及其学校德育的影响。我国有学者研究过家庭德育代间情境，认为家庭代间情境主要有三种：传承性情境、建构性情境、调控性情境。[①] 这种观点颇有见地，但直接将调控性情境与传承性、建构性情境并列是不合适的。因为无论传承性情境还是建构性情境，都不可能只是单纯的认知而无行为的调控。

借鉴代间情境的上述研究，根据人类文化史及儿童道德发展的阶段性，我们可将家庭的道德活动环境分为三类：传承性环境、建构性环境和超越性环境。所谓传承性环境，指父、子代间在家庭德育活动模式上遵循父子授受模式。父代将合乎其道德准则的观念体系加以选择，然后通过自觉的教导或榜样、暗示作用等灌输或传递给子代，并在子代行为上加以权威型调控。这种道德认知和行为上的父、子间活动模式的特征是父代对子代的绝对权威性和方向上的"父代—子代"单向流通（见图 8-1）。这一活动模式以社会道德规范的相对稳定为前提，故在简单文化的社会（如中国古代）中较为常见。在今天的家庭德育方式中，东方国家仍有相当比例的家庭德育属于这一类型。此外，有研究论证，在儿童早期社会化过程中，这一模式仍有一定合理性。建构性的活动环境，是指父代、子代间以互动方式共同建构子代的道德体系的活动模式（见图 8-2）。父代可以通过榜样示范或自觉教育的形式引导、促成子代不断从"小我"而"大我"、从"大我"而"小我"地形成归纳、演绎的道德心理结构，也可设置一定实践情境，让活动本身或通过"移情"使子代获得规范化、社会化的道德行为与心理结构。这一模式即家庭德育上的"民主协商型"。其认知和行为调控的模式为"父代⇌子代"，所表现出的代间平等和双向沟通已属家庭德育的"现代"模式。所谓超越性模式，是指子代通过家庭道德遭遇，了解家庭及社会在道德体系上的矛盾性，进而在父代影响下主动超越现有道德规范的模式。其

---

① 参见史敏斋：《论家庭德育的代间情境》，载《江苏社会科学》，1993（2）。

活动类型有二：一是从发现矛盾到自主解决矛盾，二是解决矛盾之后的道德结论与现存观念（父代为代表）的进一步冲突。现代社会所谓"代沟"现象以及在此前提下发生的以子代为中心的家庭代间运转模式，即属于超越性活动环境。超越模式在认知和行为上是双向的，但它是以子代为主体的活动控制方式（见图8-3）。与建构性环境不同的是，超越环境包含更多的面向未来的创造与超越成分，是 M. 米德所谓的前示型文化特征的产物。

图 8-1　传承式家庭活动模式　　　图 8-2　建构性家庭活动模式

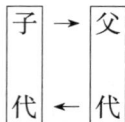

图 8-3　超越性家庭活动模式

不同类别的活动环境对道德学生个体，即学校德育对象的影响，在于提供了最初的道德体系和道德文化的授受模式，同时在其对学校德育影响年限内不断提供环境上的对于学校德育内容（同质）的强化或（异质）弱化。最重要的是，儿童在家庭中最初铸成的道德认识、判断的操作模式、行为方式将直接影响学校德育的内容、方式及效果。要适应现代社会发展，在我国，需建立家庭德育活动的建构性和超越性环境。

四、大众传媒对学校德育影响的分析

（一）大众传媒及其影响的特点

大众传媒是指面向大众传播一定社会信息的媒体。依据接收者的感觉方式，它可分为视角系统接收的书籍、报刊，听觉吸收的广播、录音，视听综合的电视、电影、录像、游戏机、互联网、卡拉 OK 等，也有人干脆把它分为印刷媒介和电子类媒介两大系统。虽然书籍、报刊等作为大众传媒的历史较长，但总的说来，与现代化的社会生产力、科技发展带来的信息爆炸、信息需求及信息传播系统的制造能力直接相关，发达的传媒主要是当代社会的一个突出特征。大众传媒既是现代社会发展的产物，又大力推进了现代社会的发展，其影响广泛而深刻，以至于任何一个社会研究的领域都不能不考虑到大众传媒的巨大影响力。

大众传媒之社会影响的一般特征可以概括为三个方面。第一，中介性。媒体本身只是一个信息的媒介物或载体，不能直接构成影响源或影响。大众传媒的内容是一定社会主体所赋予的，这一点是大众传媒不同于其他社会环境的突出特征。例如，社区、家庭也具有一定的中介性，社会文化积淀于斯，赖其实现再传播从而影响学校德育及其对象等，但社区、家庭本身又是一级社会实体，也是独立的文化，具有影响源及社会影响的特征和能力。宏观社会环境更是如此。大众传媒则不然，它的内容来自制造或控制其生产的一系列的社会实体：政府、社区、家庭、制造商、创作人员等。正因如此，大众传媒是不同于社会、社区、家庭环境中的"中间环境系统"。第二，大众性。由于大众传媒的对象是普通消费者，故总体说来，经过大众传媒包装的信息都是感性、直观的。也正是因为感性、直观和吸引大众，大众传媒具有较高的商业价值；而商业性又强化了大众传媒影响形式上的非逻辑性和直观性倾向以及内容上的娱乐性、低俗性等特征。第三，程序性。程序性实际上应为程序固化性。不同媒体消费者的参与程序、主动性等表现不一，但无论书刊等印刷媒体还是影视录像等，其内容安排、结构等都已有设定的程序，消费者必须按照这一固化和物化了的程序前进。这一点也显著不同于社会、社区、家庭等环境作用。后者往往没有设定程序，影响的随意性大，可控制程度亦低于大众传媒。故大众传媒的程序性又是可控性，而可控性证明了社会对大众传媒控制的可能性和必要性。当然，随着科技的进步，网络及其相关的传媒的程序正朝着越来越开放、多元的方向发展，其"程序固化性"可能有较大的变化。

（二）大众传媒的影响分析

1. 影响的程度、构成和途径

奥斯卡获奖影片《电视台风云》（Network）中的男主角曾向狂烈热衷于电视制作的女主角吼道："我们新生的一代，都将从电视中学习，模仿你们所塑造的一切！他们的愤怒是电视式的！他们的喜乐也是电视式的！他们的一举一动，甚至起居饮食，都是从电视中学来的。"这段话生动地表现了电视在儿童社会化中影响之广之深。一位美国心理学教授曾感叹道："正如以前的几百年内，儿童应该在教学和家庭完成的社会化过程由学校完成一样，20世纪下半叶，儿童应该在教学、家庭和学校完成的社会化过程则由媒介，尤其是电视完成了。"① 据统计，在美国，儿童完成高中学业时用在"电视课程"上的时间是 18 000 小时，而花在学校课程上的时间却不过 12 000 小时。伯扬特（Bryant）等人依据看电视时的不同表现，将美国儿童分为三种类型。第一种是"僵尸观众"（Zombie viewer）。这些儿童持续看电视数小时而很少从电视屏幕前移开。第二种是"双注意观众"（dual attention viewer）。这些儿童看电视时不停注意房内其他事物。第三种是"示范观众"（modeling viewer）。这些儿童在观看电视时从身体、语言上模仿电视中人或动物的动作、谈话。② 我国也有调查显示，当代儿童在观看电视上花费了很多时间。

综上所述，从影响的程度来看，以电视为代表的大众传媒构成了儿童社会化的巨大影响。从传媒影响的构成看，各种媒体对儿童、青少年均有不同程度的影响，而且这种影响具多元、辐射等特征。此外，20 世纪 90 年代以来，互联网在中国的影响日益增强。网络作为媒体的一种，大有成为绝对霸主的趋势。大众传媒无论具有积极性还是消极性，都从三个方面影响着学校德育。

第一，构成学校德育的环境。如果说社会政治、经济、文化、心理，社区和家庭等是作为环境实体发挥环境作用的话，那么大众传媒的影响主要是作为直接的信息状态发挥环境作用的。由于面向大众时的直观、感性等特征，大众传媒往往有比其他环境因素更易于产生吸引、影响青少年的功效。故学校德育的社会环境建设的重要一环，是争取有利的大众传媒的参与。

第二，参与塑造学校德育对象。如前所述，现代儿童是在大众传媒的影响下成长起来的。从积极方面看，电视等传媒已经生动地传达给儿童的某些道德观念，将成为学校德育提升儿童和青少年道德品质的基础。从消极方面看，传媒带来的心理损伤、负面文化和道德作用（如形成所谓"僵尸观众""示范观众"等），需要学校德育进行有针对性的救助，并在此基础上向学生传授先进的道德文化。

第三，直接影响学校德育诸环节。由于传媒系统的客观存在，并且影响日益增大，学校德育课程中的许多课题内容已取自大众传媒，课堂教学

---

① 张令振：《美国儿童电视收视行为研究》，载《心理发展与教育》，1992（2）。

② 参见张令振：《美国儿童电视收视行为研究》，载《心理发展与教育》，1992（2）。

中"理论联系实际"的对象越来越多地成为学生感兴趣的内容。学校德育课外活动也开始与大众传媒相联系，不少学校已出现的"影评小组"等即为证明。从教学手段的角度看，多媒体教学的出现实际上是大众传媒在学校德育中的直接运用。随着电化教学、计算机辅助教学的发展，学校德育将越来越多地运用电视、录像、计算机等媒体，以增强学校德育信息传播的力度。

2. 影响的正负效应

大众传媒的影响的正负效应方面的研究资料十分丰富，学界的意见亦不一致。综合国内外研究成果，我们大致可得出如下结论。

从媒体角度看，印刷媒体、广播媒体的正效应大于电视、录像、游戏机等。原因之一在于，单一的视觉器官在接收传媒信息时须将文字或语音符号在大脑中转换生成形象的画面或抽象的哲理。这一转换过程往往就是道德判断和推理的过程，而电视等直接和转瞬即逝的画面则剥夺了儿童思考的机会。除此以外，印刷媒介之于电子媒介的优势还包括以下几点。第一，印刷媒介更易于家庭、学校控制。例如，家长买哪些书、学校推荐哪些书，在一定程度上决定儿童和青少年的阅读范围。阅读纸质书时，儿童拥有控制阅读内容、速度、时间、地点等主动性。这一点，不同于儿童在电子媒介面前的被动地位。第二，使用印刷媒介有年龄和文化程度上的限制，又反过来刺激青少年阅读能力及道德思维能力的提高。印刷媒介可按不同年龄和文化层次的儿童、青少年心理发展实际进行设计，成为适合并推动德育对象心理发展和成就的刺激物；而电子媒介，尤其电视则往往在同一时间播放同一层次的节目内容，不利于儿童的心理发展。第三，印刷媒介信息量大，易于阅读及检察，利于儿童和青少年对一些严肃命题和感兴趣的问题做进一步思考和研究。同时，电视、录像、游戏机较多地成为人们的攻击对象。田本相在其所著的《电视文化学》一书中，把电视弊端归纳为以下九种：一曰"电视节目成了一种麻醉剂"，二曰"电视将导致人类走向社会隔离"，三曰"散布愚昧"，四曰"大众性的仪式"，五曰"旁观者文化"，六曰"广告弊害"，七曰"文化渗透和文化侵略"，八曰"暴力和色情泛滥"，九曰"电视病"。[①] 如果概括地说明电视对儿童的不利影响，则大致有三个方面。一是损害身心健康。研究表明，电视可导致人背痛、头痛、眼睛疲劳、情绪波动等。长时间静坐在电视机前，易致肥胖病（美

---

① 参见田本相：《电视的弊端》，载《书摘》，1994（4）。

国人称这些儿童为"沙发上的土豆")。此外,作为"电视人"的儿童失去了与人接触的社会化机会,而社会隔离会导致儿童的孤独感和自我中心主义等。二是在智能上不利于儿童推理及判断能力的提高,也不利于其阅读水平的发展。田本相谓的"散布愚昧"是也。三是直接导致道德水平的下降。除了暴力、色情等内容的直接副作用外,电视还易于使儿童形成道德上的冷漠、被动特征,即所谓道德生活上的"旁观者文化"。而录像、游戏机等除了内容上的相同问题之外,更重要的一点就是它们大大影响了孩子们的学习和休息的时间与质量。

从媒体传播的信息内容角度,有研究指出,媒介的知识性内容、儿童文学性内容与儿童的道德得分正显著相关。这是因为,"无论是社会科学知识还是自然科学知识,都不仅给人以智慧,而且还能给人以道德与力量、感染与教育。在喜爱知识、追求知识的过程中会培养起良好的个性心理素质"①。中国社科院新闻所卜卫的研究发现:"表面上看,现代童话与古典童话有很大的不同,它的快节奏和现代科学知识的巧妙事例以及大胆的想象给人一种眼花缭乱的现代社会的感觉。但实质上,现代童话和古典童话没有很大的区别。现代童话仍然执着地表现着古老童话的不朽的主题:正义必然战胜邪恶;勤劳必然会有幸福的果实;善良、勇敢、智慧永远是令人崇拜的英雄品质。"② 这一结论部分揭示了现代媒体所载附的儿童文学内容正面影响的原因。与知识性、文学性的内容不同,电视、录像或印刷媒体中的色情、凶杀等刺激性内容对儿童、青少年的负面影响已为国内外的不同研究者所共同揭示。据美国的一项研究所统计,一年内,一个普通的美国电视观众在最佳播放时间看了 900 多档使人联想到性行为的节目;而据 1980 年的一项调查,美国少女有性行为的比例已分别达到:15 岁,1/5;16 岁,1/3;17 岁,43%。据北京市公安局对其收缴的 1 004 本黄色手抄本的记载分析,传阅、传抄人员中有 775 人为青少年,占总人数的 77%,其中中学生,占 64.5%,并且广泛分布在全市 199 所中学。另据湖北省襄樊市统计,1985 年上半年,在该市查获流氓强奸犯 244 名中,受淫秽录像毒

---

① 中国青少年研究中心:《我国城市儿童媒介接触与道德发展——研究结论与问题设计》,载《少年儿童研究》,1993 (6)。

② 卜卫:《电视对儿童现代观念影响甚微》,载《少年儿童研究》,1993 (4)。

害而犯罪者就有 127 名，占总人数的 52.1%。① 实际上，不仅上述明显不利于儿童身心发展的内容对儿童的道德发展有副作用，许多成人化的文化消费，如通俗音乐，也有不利于儿童、青少年道德发展的成分。

应予以说明的是，不论从媒介形式还是其内容的角度，大众传媒的影响对青少年的道德成长及学校德育的正负效应都要具体分析，不可概而论之。网络、电视、书刊、连环画、游戏机等从一定意义讲都是双刃剑，虽然有益于青少年道德成熟的一面，但如不加强调控，则会毒害青少年，对学校德育产生负效应。例如，有人指责西方尤其美国影视进行了全球范围内的文化渗透和"侵略"，是一种消灭他国民族文化传统的反文化现象。但也有人认为，西方影响有利于形成儿童的全球意识、热爱人类和保护生存空间观念等。再如，与指责网络游戏、游戏机等侵犯儿童的学习、休息时间，浪费其钱财的结论相反，也有研究表明，电子游戏不仅能娱乐，而且能益智，对心理疾病患儿还有治疗作用，等等。所以总体说来，大众传媒对学校德育的影响是客观和多方面的，问题是社会、家长和学校如何面对这一影响。美国耶鲁大学教授杰罗姆·辛格说得好："车有危险，不过负责任的家长会教导孩子怎样过马路和系上安全带。在看电视方面，父母同样有责任教导孩子。"② 实际上，成人社会应对包括电视在内的所有大众传媒对儿童的影响的调控负起完全的责任。

（三）大众传媒及其影响的调控

对大众传媒的影响除了正负效应评价之外，还有一个重要的尺度，即历史的尺度。从历史的发展及其趋势来看，影视等大众传媒既是时代的产物，又是时代前进的推动力量。现代文明的基础和特征之一是发达的大众传媒的存在，大众传媒存在的现实性或合理性是毋庸置疑的。所以，人类社会所能做的只能是对其进行调控，而非逆历史潮流而行地企图走向弃绝大众传媒的远古时代。着眼于创造有利于学校德育的传媒环境，我们对大众传媒的影响的调控，应从宏观、微观两大方面进行。

"宏观"指社会调控，侧重于对大众传媒的操纵者、制作者、经营者的控制。由于传媒体本身并无信息意义，其直接呈送给消费者的信息内容是由人赋予的，故传媒的这种中介性质决定宏观社会调控的重点应在本而不

① 参见黄瑞旭：《色情冲击波——淫秽物品与青少年性罪错》，载《青年研究》，1989（4）。

② ［马来西亚］爱薇：《儿童与电视文化》，载《少年儿童研究》，1993（3）。

在标，在"源"而不在"流"。借鉴中外有关经验，我们的社会及政府应做好以下几个方面的工作。第一，立法和执法。我国已有《未成年人保护法》等，但法规建设仍属于"粗放型"，规定不够具体，且执法不严，故目前尚收效甚微。今后仍需在具体立法、执法上继续努力，对在大众传媒方面毒害青少年的违法犯罪活动予以坚决的打击。第二，建立青少年文化消费、交流和文化市场活动准则，引导青少年进行健康的文化消费。我国近几年倡导高雅文化的一系列举措，已经一定程度上抑制了对青少年负面影响甚大的低俗文化的影响。第三，其他具体措施。美国等国建立了电视、电影的分级制度，一些节目不允许向未成年人开放，还有一些需要儿童的父母陪同观看。法国教育部要求电视台在原有节目基础上增加儿童节目时间，午后播放儿童电视以满足下午小观众的需要，并且规定国营电视台有义务在播放暴力场面之前做详细说明。这些措施都有可供我们借鉴之处。不过，与上述具体措施相比，更为根本的则是社会要在形成积极向上的伦理实体上花大力气。只有社会风气正，成人社会普遍关心传媒对儿童的影响，具体措施才能行之有效。我们不能想象一个没有独立和健康的精神文明的国家或社会，能够在大众传媒的调控上有好的作为。

"微观"指家庭和学校对大众传媒影响的对策。对于家庭和学校而言，大众传媒的影响是现实的客观存在。与宏观调控代表社会主体对传媒本身进行的调控的角度不同，家庭和学校、家长和教师只能对传媒影响的选择和接收环节进行调控，以形成德育对象本身的鉴赏、批判能力，从而趋利避害。在这方面，家庭和学校也应有所分工。家庭重在具体指导和监护管理，重诱导忌压服，对不同媒体也不能以偏概全，下武断的结论。美国学者爱克斯（Ekkis）就针对有人提出的恶性循环假设（"玩游戏机时间增加—学习时间减少—学习成绩下降"）做过研究，证明玩电子游戏与学习成绩是正相关（$r=0.32$，$P<0.05$）。详细分析则显示，对于女孩子来说，上述正相关成立；而对于男生来说，则相关为负但不显著（$r=0.06$）。女孩子的学习成绩普遍比男孩子好，她们更喜欢学校，极少在晚上10点后去游戏厅。故爱克斯认为，电子游戏对孩子的影响取决于游戏的种类、时间、地点和家长的管束。他还特别指出，家长对儿童游戏行为的适当控制，特别是阻止孩子晚上10点后去游戏厅等，是避免电子游戏发生消极影响的关

键。① 学校德育自身则应采取显、隐性课程并重的方法引导学生正确地对待大众传媒，比如设立专门课程（如影视鉴赏课），鼓励课外活动（兴趣小组、学生小报、学生电台电视台、学生网络平台）等。面对媒体对儿童的巨大影响，学校应当特别注意开展媒介素养教育，努力培养学生对媒介信息的鉴别、批判能力，使学生成为媒介的主人而非俘虏。

总之，如果社会宏观上能形成对大众传媒信息源的控制，微观上又形成儿童、青少年对传播影响趋利避害的自选择能力、自调控机制，则社会大众传媒对学校德育对象的正面德育效应肯定会大大增加，大众传媒将成为现代学校德育良性环境的重要组成部分。

以上分别研讨了作为学校外环境的宏观系统的社会政治、经济、文化、心理，中观系统的社区，微观系统的家庭和中间系统的大众传媒。应予以说明的是，系统的划分是分析思维的产物。各系统之间存在相互作用、渗透、传递的关系，相互作用的各系统又共同构成影响学校德育的外环境。系统间的相互作用的一体性，具体表现主要有二。第一，某一系统对其他系统的渗透和连接。例如，社会经济作为社会基础和发展的根本动力，影响到社会宏观环境内各因子，也制约社区、家庭和大众传媒的特点。又如，社区往往扮演学校与社会、学校与家庭的桥梁的角色等。第二，学校德育的某一特征或变化可做多种环境作用的归因。例如，青少年中经常存在的影视明星崇拜现象，就不仅与大众传媒，而且与社会、社区、家庭环境等因素的共同作用有关。学校德育必须认真研究具体变因及其作用，这样才能解决这一课题。所以，我们在研究各环境因子对学校德育的作用时，不可陷入原子论、分析主义。学校德育面对环境挑战时的具体对策，也应考虑到社会环境大系统的整体性，统观全局，在结构改造上切中要害。

第三节　学校德育社会环境的时代构建

讨论学校德育社会环境的时代构建的前提是研究当代学校德育社会环境的时代特征。

---

① 参见朱梅、裴春睿：《西方关于电子游戏对儿童影响的研究》，载《心理发展与教育》，1992（4）。

一、当代学校德育社会环境的结构性变化

（一）当代社会环境子系统的变迁

研讨学校德育社会环境的变化，应从环境因素（子系统）及其物质和精神结构两个角度展开。所谓社会环境的子系统，如前所述，包括宏观系统的社会政治、经济、文化和心理，中观系统的社区，微观系统的家庭和作为中间系统的大众传媒。

当代社会就其宏观角度来看，正处在后现代化和现代化的巨变过程中。一部分已经完成了工业化的国家，在经济、文化诸领域均已达到了目前人类社会达到的最高成就。但是，以工具理性和个人主义为特征的现代文明又带来了技术专制、钱权社会、紧张的人际关系及天人关系等，从而也带来了人的物化、主体的失落、与他人的对峙及其伴生物道德沦丧与精神麻木等。西方发达国家正在寻找现代化的出路——后现代化。因此，当代西方学校道德教育既面临着前所未有的危机，也面临着前所未有的契机。20世纪60年代以后，北美、西欧诸国兴起的道德教育研究热潮，及其在现实中对学校德育的强化趋势，正是对这一宏观系统的变化的应对。中国等发展中国家则正在现代化的入口处努力。在努力推进经济、政治体制的现代化转轨的同时，人的现代化已成为中国社会发展的主题之一。一方面，"培植独立的个人主体是我们的当务之急"，"人的解放不只是政治解放，而且是经济解放、社会解放。当前实现的市场经济有多方面的作用，而最根本的就是解放人的作用"。但另一方面，从族群主体转向个人主体，是价值观念体系的重大变革。伴随着个人从多年的人性压抑中解放出来，人的欲望会喷薄而出，形成一时的泛滥，这是难以避免的。① 由宏观社会结构转型导致的宏观社会系统在组织、制度、意识形成、社会心理等方面的巨大变化，导致许多社会问题严重凸显。国内已有学者将其归纳为：（1）社会失调，如人口问题、就业问题、农民工问题、环境污染问题、家庭问题、贫富分化、干部腐败；（2）社会颓败，如关系网、公费吃喝、毁坏公物、利己行为、假冒伪劣；（3）社会病态，如卖淫嫖娼、淫秽物品、拐卖妇女儿童、吸毒贩毒；（4）社会犯罪，如青少年犯罪、公职人员犯罪、车匪路霸；

---

① 参见高清海：《主体呼唤的历史根据和时代内涵》，载《中国社会科学》，1994（4）。

（5）心理失调，如自杀率上升、精神病患者增多。① 中国社会既要面对西方社会的示范效应，扬长避短，又要克服传统与现代的矛盾，努力走出转型阵痛期。社会问题给学校德育环境带来了一定的负面影响，同时也给学校德育提出了必须面对宏观社会变革的挑战，学校德育显然不能回避历史的趋势。

作为中观系统的社区也正处在变革的涡流之中。就中国的社区的状况而言，最突出的特征有两点。一是大都市的现代病症日益凸显，人口问题、就业问题、污染问题、犯罪问题、低俗文化泛滥问题等都已同西方先进的文明成分一起进入国门（或在国内滋生）。二是城市化速度的加快使中国社区环境出现了前所未有的特征。农村地区（尤其沿海地区）迅速崛起一批中小城镇，就地消化了一部分农村剩余劳动力。同时，全国各大城市都涌动着农民工潮。城市化带来了人口流动，人口流动冲击了原有的社会分层体系。从地域上讲，许多地区城乡边缘模糊，交错一体，成员的社会身份变化迅速。从文化上讲，全国各地的人们都面临不同价值观的冲突与适应问题。转型期社区环境的变化必然给学校德育带来全新的影响，使学校德育同社区进入转型期的调试。

家庭作为学校德育的重要外部环境也正处于巨变中。首先，从全球范围来看，影响学校德育及其德育对象的重要因素——家庭结构——及其稳定性都正发生着令人不安的变化。核心、单亲家庭数量正不断增加，离婚率上升导致的破损家庭的数量在西方发达国家及中国的一些大都市都已相当大。一些悲观的社会学家甚至认为，家庭的消亡之期已经不远了。家庭的小型化、家庭意识的淡化等可能有利于儿童的主体性发展，但社会关系和家庭关系的缺损又带来了不利影响。目前，这两种影响都正处在趋于强化的过程中。其次，我国开始步入老龄社会，老人赡养及相关伦理问题日渐凸显。在家庭本身的伦理建设都处在亟待加强的情境当中，学校所负担的德育任务显然是十分沉重的。最后，中国和发达国家一样，也面临前信息社会所带来的文化反哺现象和代沟现象等。家庭作为学校德育的外环境，亟待在现代文明不断进步的基础上得到整治和优化。

大众传媒作为学校德育外环境的中介系统，正在品种、数量、规模和影响力上加速发展。这已使现代文化越来越具有商业化、大众化的特征。

---

① 参见朱力：《社会结构转轨与社会问题突现》，载《南京大学学报（哲学社会科学版）》，1994（1）。

大众传媒迅速而有效地渗透影响了社会生活的每一个角落，可能带来的严重后果是个体独立判断力的衰减。大众文化的反复强化使人还来不及思考，就接受了传媒所灌输的有关政治、伦理、职业、消费、娱乐等的观念。与此相联系，人们往往趋同、肯定既成秩序与价值观，文化批判能力弱化，从而形成马尔库塞所谓的"单向度的人"。大众传媒的影响隐蔽而强制，其结果是："一方面，现代化过程要求最大限度地发挥个体创造性，并且也确实为个体创造力的发展提供了可能；另一方面，现代工业社会在通过企业管理制度、国家机构及法律体系等实现对个体外在控制的同时，又借助大众文化操纵个人内在的精神世界，从而使人的主体性有形无形地受到窒息。"① 由于现代化的"后发性"，中国目前的现代化进程之中的传媒建设的速度相对高于发达国家传媒发展所经历的自然发展的速度，因此在较短的时间里，在没有充分心理准备的条件下，如何理性地生存于现代传媒的剧烈辐射之中，这是处在现代化进程中的中国人民面临的最大挑战之一。学校德育如何正确利用传媒影响，削弱其负效应，也是这一挑战的重要组成部分。

在分析学校德育环境各子系统的时代变化时，我们更多谈到了挑战性的一面。需要说明的是，无论现代化还是后现代化，不断进步的现代文明带给学校德育的积极果实都还是丰硕的。即使有巨大的负效应，但也往往伴随着巨大的正效应。就中国而言，市场经济体制尚在建立之中，破与立之间尚有许多空隙地带，一些混乱和失范是在所难免的。但是，这丝毫不能否定现代化过程中的发达国家和现代化过程中的中国社会给学校德育带来的环境上的复杂性和危险性。

（二）当代社会环境巨系统的结构变化

整个社会巨系统的结构，主要包括物质层面的群体结构、组织结构等，以及精神层面的意识形态或价值观的连接。现代化进程打破了自然经济时期社会人群的静止分层体系，使个体从组织中凸显出来并发挥了巨大的作用，同时也使社会各子系统的精神连接发生了巨变（如理性取代了迷信，自主取代了盲从等）。但现代化进程在最先进的国家既带来了组织和分工的严密，也带来了人群内部的感情荒漠。信息化社会和自由经济、民主体制的进一步发展，及人类理性的进一步提升所带来的是发达国家社会群体结构、组织结构的新变化，同时也将使这一物质结构的内核——精神结

---

① 杨国荣：《西方现代化的负面历史意蕴》，载《月术月刊》，1993（11）。

构——发生突变。辩证理性取代工具理性、后主体性取代主体性将是后现代化精神变革的主题。学校德育必须密切关注这一变革的方向。

中国所进行的是现代化而非后现代化。目前，中国所发生的转轨与工业化社会所发生的结构性变化并不处于同一水平。就物质结构来看，中国社会正在发生的全面变革主要表现在两个方面。首先，社会的群体结构变化剧烈。由于所有制结构的变化，中国社会静态的分层体系已被打破，原来几乎静止的人群（如工人阶级、农民阶级等）已被细分为全民、集体、私营企业的工人、三资企业和混合企业的雇员、失业和待业工人、农村劳动者、乡镇企业工人、流动打工者、农村雇工、小业主、个体户、乡镇企业领导人、农民、知识分子等，工人与农民、城里人和乡下人等级森严的壁垒在许多领域都已开始动摇。社会利益群体重新组合，传统的两大阶级界线日益模糊，原来稳定的社会关系开始走向复杂。伴随着这一进程的是企业家、个体户、私营业者等阶层的暴富。而人们收入差距的拉大，使阶层间的对立情绪开始滋长和蔓延。其次，社会组织结构也在发生巨大变化。改革之前的中国人分属不同的劳动集体和工作单位，权利和义务十分明确：组织活动在原则上强调集体利益，单位制约着个人的行为模式和流动。现在，传统的组织结构的资源独占性、功能全面性及控制的严密性都正在为新机制特征所取代。与全民、集体所有制相对，许多不同性质的跨地区、跨行业、跨所有制的组织或单位出现了。同时，基层组织的自主性、活力及无序性增长迅速，传统组织中成员对组织的高度依赖及组织的强整合性也因人事制度改革、第二职业、劳务市场的发展等趋于瓦解，组织的开放程度大大增加。这样的组织结构的变迁和群体结构的变迁，都大大有利于市场经济所需要的个体主体从族群主体中解放出来，发挥其主动性和创造性。但是，转轨时期的制度衔接导致新旧体制间的冲突、脱节、真空、无序和失范现象十分严重。这已构成了目前中国社会多种病态的直接原因。社会病态既构成学校德育的环境因素，对社会病态的认识、解释和防范又是学校德育不能回避的内容。

群体结构及社会组织结构的上述变迁的一个最直接的后果，是个体的解放及利益的多元化的体现。这一变化的具体表现见诸外在的社会、社区、家庭、媒介等子系统的一系列变化，也势必影响到社会的内层结构。中国社会的精神结构变化的特征主要表现在三个方面。第一，利益主体的多元导致价值体系的多元。第二，价值体系的多元带来了令人晕眩的价值冲突和道德相对主义。第三，冲突的多元价值观带给社会主体价值选择上的困难。而这一选择的困难既使个人产生无所适从的"边际人"的感觉，也使学校德育陷入了显性课程与隐性课程、学校课程与社会影响的巨大差距、矛盾和冲突之中。由于中国社会长期存在的高整合性惯性，在价值观冲突中，传统文化与现代文化、本土文化与外来文化的矛盾均已胶着在一起，中国人既要从物质和精神的层面进入现代，同时又必须尽可能超越工具理性、个人主义、价值相对主义等西方文明的局限。这已构成了中国现代化历史进程的一大二律背反。在目标、功能、方法和手段的选择上全面陷入窘态的学校德育，要适应并超越以上社会结构，尤其是社会精神结构的变迁，不仅应从体系内部进行探索，而且必须以社会主体力量之一的身份出现，参与社会环境的变革与整合，从而创造适于自己生存、发展和提升的优化环境。

二、构建优化的学校德育社会环境

建立优化的学校德育之社会环境，需要发挥学校、政府以及社会三方面的主体性。

(一) 学校角色的正确定位

当代中国学校德育社会环境的时代特征在于社会的动态、失范和价值观的现实多元性，而学校德育只有在同社会环境结成统一整体时才能对德育对象发挥有效的作用。因此，构建优化的社会环境是学校德育必须选择的出路，也是学校德育主体性的表现之一。

面对日趋变动的社会环境，国内有学者认为，学校教育应该"主动适应"："一是教育要面向未来走向社会发展的前头，不再简单地为已存和现存社会培养人才，而要真正为一个尚不存在而行将出现的社会培养人才；二是教育不再仅仅为社会生活做准备，被动地接受社会的指令，而是积极地干预和参与社会生活及其发展。"[1] 针对德育的环境适应，有学者进一步提出了学校道德教育的"超越论"，主张："在当前德育改革中，培养市场需要的具有道德意义的种种品质固然重要，但德育的着眼点还应该在培养当代社会所需要的全面完善的道德品质和人格上。""道德教育还应包括超越现实的理想人格的引导和培养。这种超越本身也是一种适应。"[2] 以上论

---

① 王策三：《教育主体哲学刍议》，载《北京师范大学学报（社会科学版）》，1994（4）。

② 鲁洁：《论市场经济条件下的德育价值取向》，载《求是》，1994（4）。

点就教育、德育系统如何回应社会环境的时代变革，而在系统内的动作上做出了较为科学的回答。我们认为，为了达成主动适应超越的目标，学校德育的主体性还应延伸到学校德育之外，使学校德育不仅定位于校园之内，而且定位于社会环境之中，成为主动营造优化环境的主体力量。

作为营造社会环境的主体力量，学校德育的内涵主要表现为三点。一是学校德育主动直接地参与社会环境的建设。学校本身固然不是一般的社会机关，但学校可以是文化，尤其是先进道德文化的讲坛和舆论阵地，可以辐射影响于社会。学校德育活动，如学生的社会实践活动（不流于形式的），也可以在社区乃至全社会形成正面的价值导向。二是学校德育应作为个体道德成长社会环境网络中最能动的力量，主动连接其他社会环境系统，组合各种正面影响而形成合力。上海市真如中学通过"真如中学社会教育委员会"，将当地镇（乡）政府、教育行政部、社区企业事业单位、学校家庭所属村民、居委会和学校联系起来，不仅动员了社会各界力量的教育参与，创造了较好的社会条件，而且通过学校、家庭与社会之间的沟通，在形成学校内部与外部目标、方向一致的三位一体的大德育体系，营造学校德育良好环境上做出了可贵的探索。[①] 三是学校德育和教育应在体系内进行改造，努力形成适应和超越学校环境的中介机制，使学校德育社会环境中的正面德育影响源最大限度地转化为现实的德育影响，同时促进社会环境中德育影响的有序化发展，开发学校德育社会环境的现实空间。

（二）政府功能的正确发挥

政府是社会改造的组织主体，也应是学校德育之社会环境的改造主体之一。虽然现代政治经济体制的运转模式与现实趋势决定了在社会生活中不能过分强化行政手段和政府行为的作用，但是一定程度的政府对社会生活，尤其是德育社会环境的改造还是十分重要和必需的。政府功能的正确发挥至少可以在三个方面对学校德育环境的优化起到重要作用。

1. 作为经济、政治、文化等宏观环境系统发展的自觉力量

政府作为上层建筑的一部分，其性质及动作固然受制于一定的社会经济基础，但政府又是一定社会经济、政治、文化发展的主体力量，其主体性表现为对社会运转目标的设计和全面调控等。对于学校德育的环境优化来说，政府首先可以在社会发展目标的选择上起宏观调控作用。而社会发

---

① 参见叶立安：《社会参与教育 教育面向社会——"真如中学社会教育委员会"刍议》，载《华东师范大学学报（教育科学版）》，1990（3）。

展目标的选择实际上是价值取向上的社会选择，也就是学校德育宏观社会环境方向和质量上的选择。一个理智的政府即使不能直接对学校德育起更多的直接领导作用，倘能建设一个健康的社会，在学校德育的大气候上自觉不自觉地有所作为，实质上就已经参与了学校德育。严格地说，在社会大众的德育自觉发展到一定的程度之前，大德育观的实现可以仰赖的最主要的社会主体力量只能是政府行为。例如，新加坡政府之强有力的政府行为，使本国在第二次世界大战后的物质文明、精神文明建设中取得了杰出成就。这不仅为学校德育营造了良好外部氛围，而且也增强了新加坡人的民族自信，是新加坡学校德育较为成功的原因之一。

2. 引导社会环境子系统的建设

学校德育社会环境子系统，尤其是社区、家庭、传媒等究竟在何种程度上具有德育自觉，一方面取决于宏观上政府在精神文明建设上的成就，另一方面也取决于政府对各子系统的直接领导。这表现在政府从舆论导向、立法及制度上对于子系统在学校德育支持上的明确规范，以及对社区、家庭、传媒作为社会文化环境的品质的监控，也表现为一些看似联系不大但实质上亦间接影响学校德育的措施。例如，不少国家和地区的政府已把学校德育的发展作为社会、社区发展的整体目标之一列入发展计划，不少国家和地区对大众传媒的文化品位做出了立法或管理上的规定，这都对学校德育环境的优化起到了正向作用。再如，中国苏南地区的一些中小城市，在市政建设上对新建的建筑物提出要求，规定不能在同一城市建设同一图纸的建筑物，建筑必须与城市绿化和园林建设同步进行。这些措施不仅净化了学校德育的外部物质环境，而且对一定社区德育对象的自豪感及文明行为规范建设等学校德育内容起到了间接促进作用。

3. 聚合社会环境子系统形成德育影响的合力

学校德育本身可以成为与社会连接的力量，这是学校德育主体性的表现之一。但是学校能量有限，因而需要一个强有力的外部黏合力。这一黏合力就其有形的方面来说，应来自政府。

在社会环境子系统与学校德育的亲和力的培养上，我国已有经验证明，一味的政府行为是低效或无效的。过去政府对社区教育的过度干预并未造就真正的社区教育，反而使之变成了政府和社区的负担，削弱了社区教育发展的动力。故近年理论界不断有人呼吁，要使社区与教育的结合由政府行为转化为社会行为。但是社区、传媒、家庭、学校本是各自独立的运行系统，要使其德育影响在方向上趋同、在力量上整合，就必须存在黏合机制。而黏合机制无非是以舆论上的导向发展其德育自觉整合的内驱力，以制度上的连接形成其运作形式。要完全脱离政府的作用来实现这两点，在目前的中国社会是难以想象的。这不仅是因为政府的权威和力量，而且是因为在全社会的宏观层次上看，只有政府才可能实现全国范围及全方位的环境子系统的连接。因此，无论是造成各子系统在学校德育影响上携手的自觉，还是促成诸系统在运行上的有序结合，适当的政府行为都是不可或缺的。此外，即便是各系统的连接由政府行为向社会行为的过渡，其中介因素——社会因素——自觉程度的提高也难以离开政府主体的能动作用而实现。目前，我国一些地区的"学校、家庭、社会德育一体化"实验的成功，实际上同政府的整合作用是分不开的。

除政府以外，中国社会已经产生了许多民间组织（NGO）。这些组织在改造社会环境，促进青少年道德成长方面也发挥着重要的作用。希望随着中国"市民社会"的发展，民间组织能在学校德育环境建设上发挥越来越大的作用。

（三）社会精神实体的重构

哲学家黑格尔认为，一个具有现实性的民族，其必要条件是有自己的"伦理精神实体"。康德亦在区别文明与文化概念时，将文化（绝对道德观念）视为文明外壳的深层本质加以强调。在当代文明的外部形态发生剧烈演变的情况下，社会精神实体也在发生潜移默化的变化。同时，因应外部形态的变化，人类也必须实现价值的重新选择，即实现社会精神实体的重构。在转型期的中国，情况更是如此。

社会精神实体重构对于学校德育外部环境建设的意义在于：如果没有健康进步的社会精神实体，仅靠政府、学校去做社会环境诸系统的连接，则这一连接就会仅仅是外层或物质层面的连接，没有精神或内在的黏合力；而且如果没有精神实体，政府行为、学校德育本身就是没有灵魂和方向的。因此，要适应时代变迁，建设优化的学校德育的外环境，就必须由外而内、由显性而隐性地进入社会精神实体的重构。

要实现社会精神实体的重构，首先要处理好系统和过程的关系。由于人类实践和文明的共性，任何民族的精神实体都有与其他民族同构的部分，同时任一精神实体的系统要实现质变也都必须吸收外系统的精华。中国文化传统中对整体思维的强调、对群体价值的尊重等是我们民族稳定性和源远流长的精神内核。但是，过分强调群性，在过去的历史中已经导致了对个性的否定与扼杀。因此，应市场经济发展和现代化进程的需要，中华民族必须吸收以分析思维见长，尊重个人权利和创造性的西方价值体系中的合理成分。有识之士已得出了"培植个人主体是我国当前社会发展的迫切需要"的结论。任一民族的精神实体都有其传统或根由，精神实体是系统亦是过程。在西方文明对个人主义、主体性、价值多元和道德相对主义追求过度，以至于非批判无以实现后现代化的今天，只谈横的移植就谈不上中华民族精神实体的重构。由于西方文明的成就显著，所以其"示范性"几乎是不可抗拒的。发展中国家是牺牲传统，复印西方伦理价值的优、缺点，同处绝境，还是立足于自己的传统，进入现代化又超越西式现代化的精神病症，是一个世界性课题。在中国，目前的情况是，西方极端个人主义、物质主义、价值相对主义呈泛滥之势。它既造成了社会病态，也给学校德育带来了负面作用。学校德育的根本出路在于同整个社会一起，实现传统文化与外来价值观的合理嫁接，以形成适应现代文明新质的新的道德文化。

作为文明内核的精神实体的重构，还是一个面向未来，对历史和现实进行超越的过程。因此，社会精神实体的重构还必须处理好适应和超越关系。社会精神实体朝向未来的超越性源于人类主体的能动性。"对人来说，现实世界是可以改变的，人的活动就是要以他所拟设的可能世界去取代现实世界。正是在这种现实和可能矛盾运动中，人类才得以驰骋于历史创造的无限空间，人类社会才得以不断前进和发展。"[1] 学校德育所需要的优化的社会环境，条件之一当是社会伦理精神的积极向上。所谓"积极向上"，主要指社会未来发展方向及价值体系的未来取向十分明确。不难发现，任何一个民族或阶级，其上升时期都是具有发展和价值的明确方向的时期。中国正在实现现代化，正在建设和完善社会主义市场经济，但未来的现代化应是什么样的现代化，有中国特色的社会主义市场经济应蕴含什么样的价值内核，这些都是必须明确的问题。从一定意义上讲，精神文明建设是不允许"摸着石头过河"的。目前，中国社会随着市场经济建设而出现的道德、价值失范现象已相当严重，重构社会精神实体的当务之急是，应给国人以指向未来的社会理想和适合历史趋势的价值导向。因此，一些学者呼吁学校德育注意对现实的超越性，是完全正确的。但对现实的超越之前提，是整个社会精神实体的未来超越。唯有后者才能给学校超越以方向、内容、力量，也唯有后者才能给社会注入新的灵魂，从而给学校德育提供

---

① 鲁洁：《道德教育：一种超越》，载《中国教育学刊》，1994（6）。

超越现实的优化的社会环境。

以上从学校、政府、社会三大主体的角度，讨论了社会环境的时代优化构建问题。从三者统一的角度看，目前亟待建立的是一种真实的、网络全社会的大德育意识。只有全社会建立起较为充分的对于学校德育的义务感和德育自觉，我们所追求的学交德育的社会环境优化才可能走向现实。学校道德教育所要实现的目标既是学校、教师的任务，也应是全社会的使命。

本章学习小结

一、将你认为本章最重要的观点、事实或实践策略列举如下：

1.

2.

3.

4.

5.

6.

7.

8.

9.

10.

二、将你认为本章最需要质疑或讨论的观点、事实或实践策略列举如下，并努力在进一步的学习中形成自己的答案。

1.

2.

3.

4.

5.

6.

7.

8.

9.

10.

本章习题

1. 德育环境有哪两种状态？怎样实现其德育价值？

2. 社会心理是如何影响学校德育的？

3. 影响学校德育的社区环境因素主要有哪些？

4. 家庭环境及其对德育影响的特殊性何在？

5. 如何正确评价大众传媒对德育的影响？

6. 学校作为德育环境的主体力量，其主要内涵是什么？

本章参考文献

1. 鲁洁. 教育社会学［M］. 北京：人民教育出版社，1990.

2. 鲁洁. 德育社会学［M］. 福州：福建教育出版社，1998.

3. 班华. 现代德育论［M］. 合肥：安徽人民出版社，1996.

4. 胡守棻. 德育原理［M］. 北京：北京师范大学出版社，1989.

5. 胡厚福. 德育学原理［M］. 北京：北京师范大学出版社，1997.

本章推荐阅读文献

一、应对大众传媒对青少年价值影响的若干观念问题

（一）问题的提出

毫无疑问，我们身处于一个"大众传媒时代"。处在这样一个时代，无论是家长、教师，还是作为广义的教育者（所有人）的我们，都必须严肃考虑如何面对传媒发达与不断发展所带来的诸多教育问题与挑战。由于青少年处于"发展中"的过渡状态，极易受到传媒的价值辐射，又由于大众传媒对于青少年影响的最令人担忧的问题注往集中在价值生活的层面，所以当代社会一般大众和教育界人士最大的焦虑也在于，我们如何在传媒影响日趋强大的时代背景下进行有效的德育。

一个十分有趣的现象是，自从现代传媒产生以来，我们总是焦虑大于欣喜，抽象的茫然多于具体的应对。我们害怕，我们无助，总体上我们对传媒对于青少年的价值影响和教育的应对持一种相对悲观的立场。而我个人认为，这样一种局面是错误和必须改变的。

（二）几大观念问题

我们认为，以下几个基本的观念的确立十分重要。

1. 辩证认知的必要——只唱挽歌是错误的

主要的理由无非存在与时间、空间两个维度。

从时间的维度分析，我们要说的是，面对传媒时代的教育影响，我们应当"与时俱进"，而不能自绝于时代。回顾历史，我们会发现这样一个有意思的历程：我们最初对报纸的影响保持过警惕，认为报纸会在价值上误导我们，使我们及青少年的认识平面化，成为"单向度的人"。后来，我们发现了价值和生理上的"电视病"。现在，我们则担心青少年因沉溺网络，而在生理、心理和价值上成为"垮掉的一代"。的确，从报纸到电视、网络，直到今天都有许多价值上负面影响的可能性和现实性的证据（事实上，由于媒体的不当渲染和社会大众的恐慌心理，大众传媒的负面影响似乎已经成为其最主要的性质）。但是总体上看，我们的时代是一直在进步的。在青少年的品德发展方面，年轻一代也是越来越积极、开放、包容、民主、理性，而不是相反。虽然问题层出不穷，但是品德发展与教育上的雪崩或海啸始终没有发生。通过调查研究，我们验证到的最重要的假设之一就是：网龄越长，青少年对网络的评价就越积极、理性和全面。与此相反，对于网络接触越少的青少年及其家长、教师，他们对网络生活及其价值影响的评价就越消极、片面。因此，面对大众传媒，采取积极的"朝前看"的立场是更为科学和务实的。

从空间的维度分析，我们最需要的是具体和理性的态度。或者说，对于大众传媒的价值影响，我们必须保有认识的全面性。无论是报纸杂志还是电视或网络，我们的研究和其他相关研究都支持这样一个结论：大众传媒的广泛存在与发展在增进青少年价值观及道德教育的开放性、理性化方面都有十分必要和积极的作用。这一点对于在价值上持绝对主义立场、在德育上具有强制灌输观念的中国社会和教育传统的现代改造、转换和创新来说尤为重要。所以，既然我们无论在生活和教育的领域完全拒绝大众传媒，既然大众传媒的价值影响始终是两面而非消极的一面，那么我们就没有必要一味唱挽歌，相反，换一种积极的心态扬长避短是必要的。在大众传媒时代，教育家们应当唱着进行曲愉快地前行。

2.影响的分类处理——不宜一刀切

总体上说，大众传媒对于青少年的价值影响是复杂多样的。除了可以对大众传媒的影响从正、反两个方面予以分析之外，这一影响还因青少年的年龄、性别及所在地区、和家庭背景的不同而不同。例如，美国学者的研究发现，同样是电视暴力，19岁青年不会受太大的影响，而9岁儿童就易受影响。这显然与青少年理性认识能力的发展密切相关。又比如，我们的调查发现，在青少年喜爱的电视节目中，八年级学生选择青少年节目和综艺类节目的比例要高于高二学生；在纪实类节目和成人影视剧类节目上，高二学生选择的比例则要高于八年级学生。在最喜爱的报纸内容上，八年级学生选择青少年生活和学习性内容的比例较高二学生高；而在新闻时政和问题以及资讯等内容上，高二学生的选择比例则高于八年级学生。实际上，发达地区和家庭条件比较优越的儿童与相对落后和贫困的儿童相比，在接触媒体的类型和内容上也有明显的不同，不同性别的青少年在接受媒体影响的偏好上也有明显的差异。这些不同表明：并没有简单划一的大众传媒的价值影响，因此不能对这一影响做"一刀切"的理解。

影响不同，我们对它的处理当然也应该是不同的。除了考虑正反两个方面的影响，进行扬长避短的处理之外，教育者还应当考虑青少年的年龄、性别、所在地区和家庭背景的不同，按照因材施教的原则应对大众传媒的价值影响。例如，学生报刊、学校电视、校园网络、"红色网站"的建设等都应当考虑学生在以上诸方面的差异。学校德育主题教育活动也应当关注青少年感兴趣的信息内容（尤其是青少年关心的焦点、热点问题）。

3. 积极应对的观念——提供专业帮助

在应对大众传媒的价值影响的策略上，我们至少应当从以下两个方面考虑问题。

首先，是正面或积极建设的策略。积极建设的策略非常重要，因为传媒世界说到底是人为的世界，传媒只是一种表达的中介。以电视对暴力事件的报道为例，我们通过问卷调查发现：电视传媒的立场决定着其对青少年影响的性质及程度，电视中暴力镜头对青少年的不良影响可以通过电视传媒的积极引导得以逐步化解。因此，媒体如果不是以价值中立的或大肆渲染的消极方式，而是采取积极建设的、价值批判的立场进行报道，暴力镜头等对青少年的负面影响就可以大大降低，甚或转化为正面的价值教育。

积极建设的策略要求我们积极地规范大众传媒。但是对于教育者而言，显然不能止步于对某种意义上教育系统自身难以控制的外在环境的规范。实际上，尽管各国政府和民间人士已经做出了不懈努力，但是由于经济利益驱动等原因，大众传媒的低俗化显然是全球通病。因此，学校德育和其他教育力量应当更为主动，也更为专业地参与大众传媒及其正面影响的建设。所谓"更专业"，一是指媒体技术上的专业性，二是指教育艺术上的专业性。例如，面对报纸、电视和网络，我们采取的措施已经包括学生报刊、学校电视、校园网络、红色网站的建设等。虽然目前这些做法的效果并不理想（例如，调查证实，目前"红色网站"普遍不受青少年欢迎），但是针对青少年的特点，建设属于青少年的媒体空间的方向是完全正确的。此外，国外一些学校已经在不同年龄段的青少年中开展有针对性的"媒体教育"活动，这也应当在中国的学校教育中逐步开展起来。只有我们采取积极的态度，建设有吸引力的、良好的媒体生活空间，教育学生以正确的态度面对大众传媒，学校德育的实效问题才可能在一个"大众传媒时代"得到真正的解决。

其次，是反面或脱敏防范的策略。所谓"脱敏"，实际上就是让青少年远离已经沉溺其中的介质和环境，将注意力转移到更丰富多彩的世界中。现代传媒的魅力已经很大，而且随着技术进步，这一魅力显然还会变得令人越来越难以抗拒。但是世界并不完全属于媒体，世界的精彩也不完全属于大众传媒。因此，不管大众传媒到底有没有严重地影响孩子们的学习与发展，教育者将人生和世界之美的丰富性展示给学生，以吸引学生从对某一单一的生活与学习方式的沉溺状态中解放出来，都是十分重要的。就这一角度而言，教育者需要足够的耐心。第一，用足够的耐心和青少年一起寻找、设计、开展丰富多彩的教育活动，以创造有真实吸引力的、优质的青少年生活和学习环境。第二，用足够的耐心，并采取专业的措施说服、帮助学生从电视、网络沉溺等泥沼中走出来。尤其对那些处于叛逆期的孩子来说，教师耐心和帮助的心态尤为重要。

应对大众传媒的教育观念问题当然远不止以上几个。大众传媒价值影响与青少年德育研究也是一个需要持续很长时间的时代工程。我们的研究及心得都是有限的，但是我们希望越来越多的教育者能关注、投入这一领域的研究。让我们和我们的孩子们一起努力，智慧和幸福地生活在"大众传媒时代"！

——檀传宝：《大众传媒的价值影响与青少年德育》，1～6页，福州，福建教育出版社，2005。

二、变化了的童年与积极变革的德育——德育如何面对网络时代

（一）"童年"消失了吗

"童年"消失了吗？这是一个非常有趣的问题。

较早提出这一命题的是美国纽约大学的媒体学家尼尔·波兹曼（Neil Postman）。在他的名著《童年的消失》（*The Disappearance of Childhood*）一书中，波兹曼认为，"童年"的概念是文艺复兴和印刷机的产物，而电视时代的到来则意味着童年正在"消失"。因为电视使用的是诉诸感性的符号系统，模糊了成人与儿童的信息空间，所以电视使得儿童的个性消失，导

致了"成人化"的儿童（大人则成为"儿童化"的成人）。电视使儿童变成了"大众社会人"。加拿大教育学家范梅南也在其《教学机智——教育智慧的义蕴》中指出："过去，孩子们在达到更复杂的阅读水平之前，在有机会阅读更成熟的文学作品之前，成人生活的方方面面对他们而言都是秘密，现在这些却成了儿童生活的主导话题。这使得一些教育家暗示儿童和成人之间的边界已逐渐模糊，而童年时代，作为人生发展的阶段，也在逐渐消失。"所以，近年许多教育学家和媒体研究者都从这一角度，提出了"儿童权利"的概念和"保卫童年"的口号。

但是问题是：童年真的消失了吗？我们要保卫谁的、什么样的童年？

波兹曼认为，在中世纪，一方面因为印刷的困难，另外一方面更主要的是因为儿童在观念上被视为"小大人"，实际上没有真正意义上的童年。故总体上"童年"存在的时间不过五百年左右（从印刷机器的发明、应用到电视的普及），其黄金时代是1850—1950年。如果是这样，我们认为，这基本上不是童年的消失，而是特定童年概念形态的消失。所以，童年的概念类似于与儿童生活密切相关的另外一个概念的发展——游戏的发展与特定游戏形式的消失。我们知道，随着大众传媒的发展，尤其是网络时代的到来，儿童的游戏形式也从踢毽子、扔沙包（以中国为例）逐步过渡到了看卡通片和玩网络游戏等。因此，一部人类发展史从这个角度来说就是儿童游戏的发展史。当我们说"童年的消失"和"保卫童年"的时候，我们实际上是说特定的"童年"概念在消失，我们要"保卫"的童年也是我们无批判地加以肯定的童年形态——我们成人社会记忆中的某一历史阶段的童年。而从整体上说，这一想法是错误的。因为时光不会倒流，而且我们无法肯定新的童年形态一定是危险或者消极的，就像我们不能绝对肯定过去的某个童年形态完全是积极的一样。

1982年出版的波兹曼的《童年的消失》是以电视时代的到来预言童年的消失的，如果考虑到网络社会的一些具体情况，那么我们今天似乎更有理由去担忧。因为网络似乎比电视对于传统意义上的童年的破坏力更大。在键盘面前，"你是人或者是狗，无人在乎"。在网络世界里，儿童和大人拥有同样的界面；在虚拟空间中，人们连年龄因素也是"虚拟"的。在网络时代，传统的童年概念已经面目全非，危机四伏。而且，从许多媒体的报道和相关研究所揭示的事实来看，网络也的确带来了很多负面的影响。但是其积极的方面也是毋庸置疑的。网络时代使儿童和成人一样面对不同的价值观念，并做出相对开放、自由和理性的选择。在一个价值多元化的时代，带有强烈古代社会特征的强制灌输范式的德育已经无以为继。此外，在网络时代，儿童也还存在地区、家庭、性别、年龄和个体的差异，存在上网与不上网的差异，因此当然也就存在已经改变和没有改变的童年，存在不同类型的童年。

（二）德育如何面对网络时代

与网络时代童年的消失或者变迁的实际相适应，在品德发展与德育方面也必然和应该存在积极与消极的改变。因此，对网络对童年生活的改变，我们需要做具体和理性的分析。对网络环境对于青少年品德发展和道德教育的影响，我们则需要做更仔细和具体的研究，需要采取积极和建设性的立场。目前，许多人对于网络与青少年关系的处理重点都是"破""防"和"堵"，而我们希望通过努力，使今后这一重点逐步过渡到"立""疏"和"导"的方向上去。

基于以上判断，我们认为，正确处理与网络相关的青少年德育问题需要我们做出积极的策略选择。所谓"积极的策略"，主要包括以下几个方面。

1. 建设环境

许多社会人士和教育学者往往有意或无意地对网络及其对青少年的价值影响采取一个旁观的、逆来顺受的消极批评者的立场。我们认为，这是不可取的。网络本身是人为的环境，积极的立场应当是做网络环境的主人而不是奴隶。目前，人们已经采取的策略，概括起来主要包括两大类型：一是建设，二是规范。前者如专门教育性网站的建设，教育性游戏的开发等；后者如对于网络建设、管理方面的制度、法律、规范建设等。研究证明，到目前为止，以上努力的成效是非常有限的。今后，网络建设的重点应当是网络环境的实际教育质量的提高（尤其是吸引力的提高，如"红色网站"的吸引力的提高等）。而网络规范（包括网络游戏产品的开发）的重点则应是如何在加强规范建设的同时，保持和加强网络世界的生动性、开放性、自主性等。

2. 专题应对

专题应对是指对于青少年儿童在网络世界中面对的具体问题，采取有针对性的教育与帮助。通过对网络环境对于青少年品德发展和德育产生的诸多挑战进行的一些调查和分析，我们认为，目前学校应当设置关于网络（知识、特点、优势、可能的陷阱等）的课程，开展与网络有关的德育问题研讨，以及研发积极利用网络进行品德教育的形式。此外，由于存在不同地区、家庭、性别、年龄和儿童个体的网络环境的差异，不同儿童在网络世界里遭遇的困境是不同的：一些属于技术障碍（主要是早期网民），一些是价值困扰，还有一些是心理问题。学校教育应当从关怀的立场出发，采取专门的应对措施，积极帮助儿童做网络的主人而不是奴隶（如提供技术帮助、价值引导、心理救援等）。

3. 因材施教

由于年龄、性别、地区、家庭背景等方面的差异，儿童或青少年个体的网络生活实际是各不相同的。学校德育应当因材施教地予以引导。例如，研究表明：网龄越长，青少年对网络的评价就越积极、全面和理性；而与此相反，接触网络越少的青少年，他们对网络生活及其价值影响的评价就越消极、片面和情绪化。当然，另外一方面，网龄越长，青少年对网络生活中道德问题的感觉也越来越麻木。因此，对于网龄长短不一的青少年应当采取不同的策略。对于前者，我们需要采取措施激活他们的道德敏感性，让他们在网络生活的道德层面上有更积极的主人翁态度；而对于后者，重点则应当是在技术帮助的基础上进行适当的价值引导。

总而言之，变化了的童年呼唤的是积极变革的德育。不断的变化需要我们不断付出更大的教育智慧和努力，但我们相信，前途是光明的。

——檀传宝：《网络环境与青少年德育》，1～5页，福州，福建教育出版社，2005。

附 录

从孳变、学步到自主：20 世纪中国德育理论发展历程的文献描述[①]

20 世纪中国德育理论的发展与整个中国现代教育学的发展一样，受到现代政治与文化格局演变等因素的影响，经历了一个从古代中国德育思想的基础上实现孳变、引进各种近代教育思想为主的学步阶段，到逐步依据中国国情进行独立探索的曲折历程。以下分五个阶段对这一发展历程做一个粗线条的描述。

一、1900—1919 年："西学中用"的孳变期

（一）思想的孳变

自鸦片战争开始沦为半殖民地半封建社会之后，近代中国饱受列强的欺凌。甲午战争，清政府惨败于日本，标志着此前各式救国梦的失败。1898 年，以康有为、梁启超为代表的改良派登上中国的政治舞台，发动了一场变法

① 本文是在本书作者指导下由博士生曹辉完成的，博士生郭永华同学帮助完成了论文后期的部分修改工作。

维新的政治运动，同时也开始了一次具有深远影响的思想解放运动。在倡导变法维新的过程中，他们介绍了西方资产阶级的进化论、天赋人权论，以及民主、平等、自由、博爱的思想，对左右中国数千年，以儒家伦理纲常名教为核心的封建主流道德发起了猛烈的冲击。

维新派非常重视道德教育在社会改良中的作用，提出用资产阶级"新学"改良封建主义的旧学，把道德教育作为救亡的重要工具。康有为在《大同书》中，主张将德育贯穿于教育的全过程。他的学生在回忆其教学时，评价说："德育居十之七，智育居十之三。"[1] 康有为特别强调的，是对儿童的早期道德教育。"人道蒙养之始，以育德为先，令其童幼熏德善良，习于正则正，习于邪则邪。"[2] "人生终身之德性，皆童幼数年预为印模，童幼习于善良则终身善良，童幼习于邪恶则终身邪恶。有童幼善良而长大变易者矣，未有童习于恶而长大能改者矣。"[3] 在道德教育的方法上，康有为强调陶冶，重视师德和环境在儿童品德形成中的作用。他认为，教师自身应具有良好的道德修养，"行谊方正，德性仁明，文学广博，思悟通妙，而又诲人不倦，慈幼有恒"[4]。"教仁慈爱物之旨以为歌，使之浸泽心耳中。"[5] "用仁爱慈祥之事以养婴儿之仁心。"[6]《大同书》还将儿童的道德教育划分为人本院、育婴院、小学院、中学院和大学院五个阶段，并对每一阶段的德育内容与德育方法做了详尽的说明。在近代教育科学尚未在中国真正建立的情况之下，这种依据儿童身心发展的特点实施道德教育的主张实为难能可贵。

维新变法运动的另一个主要发起人是梁启超。梁启超一生著述十分丰富，大多被收在1932年中华书局出版的《饮冰室合集》中。梁启超关于德育的主要作品有：《十种德性相反相成义》（1901）、《论中国国民之品格》（1903）、《新民说·论公德》（1902）、《新民说·论私德》（1903）、《德育鉴》（1905）、《中国道德之大原》（1912）、《国性篇》（1912）、《教育应用的道德公准》（1922）。梁启超对德育的论述，主要是从"新民说"中引发出来的。梁启超认为，中国要走向富强，就要告别"愚陋、怯弱、涣散、混

---

[1] 于钦波：《中国德育思想史》，379页，长春，吉林教育出版社，1993。
[2] 康有为：《大同书》，255页，郑州，中州古籍出版社，1998。
[3] 康有为：《大同书》，255页。
[4] 康有为：《大同书》，259页。
[5] 康有为：《大同书》，253页。
[6] 康有为：《大同书》，253页。

浊"的旧民，培养富于"民力、民智、民德"的"新民"。这是"今日中国第一急务"。德育的目的就在于培养"新民德"。梁启超把道德分为"公德"与"私德"，"人人独善其身者谓之私德，人人相善其群者谓之公德"。"无私德则不能立，无公德则不能团"①，两种道德协调发展，才能形成个体完整的道德人格。

《德育鉴》写于 1905 年，集中体现了梁启超关于道德教育的理论。全文约十二万字，由六个部分组成，依次为《辨术第一》《立志第二》《知本第三》《存养第四》《省克第五》《应用第六》。在《德育鉴》中，梁启超吸收了王守仁"致良知""知行合一"的思想，在道德教育和修养的方法上，提出要重视"自治""自尊""自信"。"知善当为而不为是欺良知，知恶当去而不去是欺良知。"② 所谓"辨术"，是"义利公私之辨"的心理能力，与西方的价值澄清理论相似。梁启超多次引用陆象山的话，说："学者须是打叠田。地洁净，然后令他奋发植立；地不洁净，则奋发植立不得。"③ "凡欲为学当先识义利公私之辨。"④ 第二步是立志。"术既辨，吾之所以学者，为诚为伪，差足以自信矣。然而学或进或不进，或成或不成，则视其志之所以帅之者何如。"⑤ 所谓"知本"，即"致良知"。关于"存养"和"省克"，梁启超说："良知之教，简易直捷，一提便醒，是不二法门。然曰吾有是良知而已具足矣，无待休证。是又兴于自欺之甚者也。阳明以良知喻舟之有柁，最为确切。柁虽具而不持，则舟亦漂泊不知所届耳。修证之功有三，曰存养，曰省察，曰克治。三者一贯，而存养谓之原。"⑥ "存养者，积极的学问也；克治者，消极的学问也。克治与省察相缘，非省察无所施其克治，不克治又何取于省察。既能存养以立其大，其枝节则随时点检而改善之，则缉熙光明矣。"⑦ 《德育鉴》的六个部分实际上已经说明，道德认识、道德情感、道德意志和道德行为是个人品德发展的统一的过程，

---

① 梁启超：《饮冰室专集之四》，见《饮冰室合集》第六册，12 页，北京，中华书局，1989。

② 梁启超：《饮冰室专集之二十六》，见《饮冰室合集》第七册，37 页，北京，中华书局，1989。

③ 梁启超：《饮冰室专集之二十六》，见《饮冰室合集》第七册，2 页。

④ 梁启超：《饮冰室专集之二十六》，见《饮冰室合集》第七册，1 页。

⑤ 梁启超：《饮冰室专集之二十六》，见《饮冰室合集》第七册，14 页。

⑥ 梁启超：《饮冰室专集之二十六》，见《饮冰室合集》第七册，46 页。

⑦ 梁启超：《饮冰室专集之二十六》，见《饮冰室合集》第七册，74 页。

道德教育要以"明理"为基础，引导人们加强道德修养，并激励人们将完美的德性付诸行动。只有这样，梁启超所说的"改良社会"的目的才能实现。

1912年辛亥革命胜利、中华民国临时政府在南京成立后，蔡元培作为第一任教育总长，发表《对于教育方针之意见》，指出："教育而至于公民道德宜若可为最终之鹄的矣。"① 蔡元培认为，人的全部教育必以道德为根本。"德育实为完全人格之本，若无德，则虽体魄智力发达，适是助其为恶，无益也。"②（《在爱国女学校之演说》）蔡元培从"养成共和国民健全之人格"的教育目的出发，批判了清朝末年颁布的《钦定教育宗旨》中提出的"忠君、尊孔、尚公、尚武、尚实"的封建主义教育宗旨，指出："忠君与共和政体不合，尊孔与信教自由相违。"③ 在此基础上，他提出了军国民教育、实利主义教育、公民道德教育、世界观教育、美感教育"五育"并举，以德育为中心协调各育和谐发展的教育方针。"军国民教育及实利教育必以道德为根本。"④（《全国临时教育开会词》）蔡元培对于体育的育德作用、智育的育德作用、美育的育德作用做了充分的论述，尤其是他的"美育代宗教"的主张，是对德育思想发展的一大贡献。蔡元培指责封建道德教育是一种"令人不寒而栗"的、摧残儿童个性的教育，极力提倡"展个性、尚自然"的教育原则，主张德育应从受教育者身心发展的实际出发。他在德育方法上重视实践，强调内省，特别重视"以美储德"的陶冶教育。

从以上三位重要思想家的论述中，我们不难看出，当时中国德育理论尚处于在西方思想影响下，从传统的中国德育理论中孽变的过程之中。一方面，他们的思想渊源和方法都与传统的儒学有直接的关联；另一方面，他们又是站在传统的基础上，主动接受和吸收"西学"影响的叛逆者和创新者。这一特征也体现在其他一些教育学科专家的著作中。

（二）教育学的探索

1898年，清政府实行戊戌变法，并作为新政措施之一，批准创立了京师大学堂。在京师大学堂所开设的课程中，伦理学与教育学都是重要的科目。这一时期唯一保存至今，学科体系相对完整，立足中国、放眼世界的

---

① 蔡元培：《蔡元培教育论集》，43页，长沙，湖南教育出版社，1987。
② 蔡元培：《蔡元培教育论集》，156页。
③ 蔡元培：《蔡元培教育论集》，48页。
④ 蔡元培：《蔡元培教育论集》，54页。

德育专著，是由蒋拙诚编著、1919 年由上海商务印书馆出版的《道德教育论》。全书共分为十六章：第一章，绪论；第二章，道德教育的范围；第三章，道德教育的真意；第四章，道德教育的根本（上）；第五章，道德教育的根本（下）；第六章，忠孝；第七章，诚信；第八章，礼让；第九章，清洁；第十章，公德心；第十一章，协同心；第十二章，爱国心；第十三章，道德教育之难关；第十四章，欧美各国道德教育的沿革；第十五章，欧美各国道德教育之趋势；第十六章，结论。

蒋拙诚在绪论中说："昔当观览西周史籍，深信欧美各国之所以弱所以亡所以兴所以强，皆由于教育之盛衰为之转移。"① 而各种教育尤以道德教育为重。蒋拙诚从国民"有德"与"无德"两种不同结果的推论，论证了精神、道德于国于民之意义，批驳了"体育为最，智育次之，德育为殿"的错误观念，认为"国家之强弱盛衰，须道德教育与否"②，"中国之所以兴教育数十年而未得教育之效果者实原于未讲求道德教育之故"③。书中用大量笔墨介绍了欧美的道德教育状况，最后得出结论："立足于二十世纪之世界，道德教育盛者其国家亦必盛，道德教育之衰者其国家亦必衰。"④

当时，比较重要的德育研究成果，还有贾季英的《道德教育的明星》（《教育杂志》第 8 卷第 6 期），认为人心之道德的没落，是没有道德的教育之故，故列举古代道德之成效，以证明道德教育是教育中最基本的教育。任白涛翻译的《欧美的道德教育》（《教育杂志》第 16 卷第 8 期），全文由五部分构成：（1）德国的道德教育；（2）法国的道德教育；（3）英国的道德教育；（4）美国的道德教育；（5）结论：提出大家要以相互尊重人格的态度，保持互助的精神。其他亦有：蒋梦麟《学生自治》（《新教育》第 2 卷第 2 期）；王统照《哲学上的品性观》（《曙光》第 1 卷第 1 号）；陈真伯《伦理改造论》（《解放与改造》第 2 卷第 3 号）；杨怀中《斯宾塞尔感性论》（《湖南教育月刊》第 1 卷第 5 号）、《伦理学及课室》（《新教育》第 2 卷第 5 期）；舒新城《感性教育》；姜琦《新文化运动和教育》；宋焕达《法令与教育》；文亚《管理与感化》（《湖南教育月刊》第 1 卷第 4 号）；薛锦琴《论道德的必要》（《留美学生年报》1911 年第 1 期）；汪懋祖《道德教育原

---

① 蒋拙诚：《道德教育论》，1 页，上海，商务印书馆，1919。
② 蒋拙诚：《道德教育论》，2 页。
③ 蒋拙诚：《道德教育论》，4 页。
④ 蒋拙诚：《道德教育论》，88 页。

理》（《留美学生季报》1918 年第 2 期）、《改良社会的唯一方法就是教育》（《北京高等师范学校实际教育月刊》第 1 卷第 1 期）；常道直翻译的《公民教育》（《教育丛刊》第 1 卷第 4 集）；张叔丹《本性与陶冶本性的方法》（《平民教育杂志》第 30 号）；林砺儒《今后道德宜速道德化》（《教育丛刊》第 3 卷第 3 集）；张子和《大教育学》（商务印书馆，1914）第六编"训育论"；邱祖铭《关于教育目的上的思潮》（《教育丛刊》第 3 卷第 4 集）一书中的"人格教育"一节；樊炳清《现代教育思潮》（商务印书馆，1915）第九节"道德的教育学说"，等等。

（三）赫尔巴特道德教育学说的传入

在近代中国教育界睁眼看世界时，德国教育家赫尔巴特的学说正风靡全球。因此，这一时期对中国德育理论发展产生影响的主要是赫尔巴特的思想。

赫尔巴特的学说早期是通过当时留学日本的学者，从日文著作翻译或根据理解编写有关介绍文献传入中国的。与之相关的大致有：吉日熊次著，蒋维乔编译的《新教育学》（商务印书馆，1913）第四编"训育论"；大濑甚太郎著，宗嘉钊翻译的《中华教育学教科书》（上海中华书局，1913）第三章"教育与道德"；泽柳政太郎著，彭清鹏翻译的《实际教育学》（教育杂志社，1914）第三编"德性之教育"，包括训练总论、训练的方法、训练与教育者等五章。1914 年 8 月，商务印书馆出版了张毓聪参考日本森冈常藏的《教育学精义》及其他日本学者的著作编纂而成的《教育学》，其中列"训育的原理及实施方法"一编。此外，小泉又一著，顾倬翻译的《教育学》（文明书局，1914）也论及"训育"。直到 1936 年 3 月，我国学者尚仲衣才根据英国学者费尔金夫妇（Henry M. & Emmie Felkin）的译本重译了赫尔巴特的《普通教育学》，并由商务印书馆印行，比较直接地介绍了赫尔巴特的学说。

赫尔巴特的《普通教育学》第三卷为《性格的道德力量，训育》。赫尔巴特认为，教育的目的就是培养性格的道德力量。"教育的唯一工作与全部工作可以总结在这一概念之中——道德。道德普遍地被认为是人类的最高目的，因此也是教育的最高目的。"[①] 赫尔巴特把道德观念分为五种，其一为"内心自由"（Inner Freedom）的观念。这一观念要求个人的意志和行为摆脱一切外在影响的羁绊，而只受制于内在的判断，即意志，行动与理

---

① 张焕庭：《西方资产阶级教育论著选》，260 页。

性完全协调。其二为"完善"（Ferfection）的观念。这一观念要求意志在"深度""阔度""专心作用"上有最大限度的发展。其三为"仁慈"（Goodwill）的观念。这一观念要求一个人无私地为他人谋福利，使自己的意志与他人的意志互相协调。其四为"正义"（Justice）的观念。这一观念应用于两种或数种意志发生冲突时的道德判断。其五为"公平或报偿"（Equity）的观念。这一观念用于处理赏罚的指导原则。五种观念中，"意志"是核心概念。道德教育的主要目标是在儿童心中培养明辨是非的观念以及相应的意志力，以养成完善的道德观念。

二、1919—1949 年：文化多元的学步期

（一）西方德育论著的译介

发生在 1919 年前后的五四新文化运动，以提倡民主、反对封建专制，提倡科学、反对迷信为主题，揭露和批判了封建伦理思想和封建旧道德，对封建文化思想进行了尖锐的抨击。这次运动在启发人们追求真理、解放思想方面具有重大的历史意义。中国文化也从此步入了一个整体上比较开放和多元化发展的时期。五四新文化运动后，除赫尔巴特的学说继续得到传播之外，其他西方的道德教育理论也通过各种途径纷纷传入我国。其中，以杜威和涂尔干的学说最为著名。

约翰·杜威是美国著名的哲学家、教育家，实用主义教育思想的创始人。杜威关于德育的论述，主要反映在他的《民主主义与教育》与《德育原理》（又译作《教育上的道德原理》）两部著作中。《德育原理》发表于 1909 年，主要提出了"学校的社会性质作为道德教育的基本要素"的原理，认为"公共学校制度的道德工作和价值，在总体上，要根据它的社会价值来衡量"[①]，"离开了参与社会生活，学校就没有道德目标，也没有什么目的"[②]。在《民主主义与教育》中，杜威强调，道德教育最重要的问题，是协调"个人"与"社会"的关系以及"知识"与"行为"的关系。而协调这两方面的根本途径，就是让儿童共同参与各种社会活动。儿童是通过活动和交往来形成自己的道德品质的。"所谓德行，就是说一个人能够通过在人生一切职务中和别人的交往，使他充分地、适当地成为他所能形

---

① ［美］杜威：《杜威教育论著选》，99 页。
② ［美］杜威：《杜威教育论著选》，101 页。

成的人。"①

杜威本人曾于 1919 年 4 月底受中国学术文化团体之聘来华讲学，赴 13 个省市发表 16 次演讲，最后在 1921 年 7 月离开中国。1919 年 7 月 6 日，蒋梦麟在《民国日报·觉悟》发表《杜威的道德教育》，概括性地介绍了杜威的德育思想。杜威在北京所作的演讲，主要涉及"社会哲学与政治哲学""教育哲学""思想的派别""现代的三个哲学家""道德问题"五个问题。当时，北京晨报社曾把这五个问题的演说词汇集成册，以《杜威五大讲演》为名出版。

1912 年 8 月，上海中华书局出版了由元尚仁翻译的系统反映杜威德育理论的专著《德育原理》。本书分学校的道德的意义、学校中所定的道德的训练、从教授法上论道德的训练、课程的社会的性质、德育的心理学上的状况五个部分。后来，张铭鼎对杜威此书进行重译，1930 年 2 月由商务印书馆出版发行。张铭鼎的译法与元尚仁存在很大差异，其五部分分别为：（1）学校的道德宗旨；（2）学校内所定的道德的训练；（3）教授法上的道德的训练；（4）课程的社会性；（5）德育心理学说。

杜威的道德教育理论对中国教育界的影响广泛而持久。著名教育家胡适的实用主义教育哲学、陶行知的生活教育理论、陈鹤琴的"活教育"理论、蒋梦麟的人生道德哲学，都明显带有杜威理论的印迹。尽管杜威的德育思想在后来的"教育大革命"和"文化大革命"中遭到了严厉的批判，但改革开放后又立即被"批判地吸收"。直到今天，我们大部分的德育学科书仍然以杜威提出的"活动和交往是德育过程的基础"作为主要的道德教育信条。

涂尔干，法国著名教育社会学家。其德育理论的代表作《道德教育论》（系作者在巴黎大学的讲演稿）于 1925 年出版，1929 年即由崔载阳译成中文，交上海民智书局在中国印行。作者在序言中，从探讨教育学与教育科学、教育学与教育技能之区别入手，称"道德教育问题，在今日特别重要"。"道德教育所以有此急切的情形，实因二十年来，我国人努力为教育革命。我们曾决心给我们学校儿童以一非学校的道德教育。所谓非学校的道德教育，就是一种不基于默启的宗教原理上，而基于理性所承认的观念，感性和动作上的教育，换言之，即唯理的教育。"② 作者还探讨了唯理的道

---

① ［美］杜威：《杜威教育论著选》，237 页。
② ［法］涂尔干：《道德教育论》，序，上海，上海民智书局，1929。

德教育的可能性，认为"唯理的道德教育为历史所要求"，"唯理的道德革命自非易事，至少以不损道德生命为限"。① "道德教育还须更进一步，使道德内容比前更加丰富。"②

《道德教育论》导言第一课，即非宗教的道德。上编列举德性的元素，共七课。第一课，德性的第一种元素：纪律精神（一）；第二课，德性的第一种元素：纪律精神（二）；第三课，德性的第二种元素：牺牲精神（一）；第四课，德性的第二种元素：牺牲精神（二）；第五课，第一、二种元素的即义务与至善的关系和统一；第六课，德性的第三种元素：意志自由（一）；第七课，德性的第三种元素：意志自由（二）。下编讲述怎样传授德性元素于儿童，分纪律精神和牺牲精神两部分，共十课。第八课，纪律与儿童心理；第九课，学校纪律；第十课，学校惩罚问题（一）；第十一课，学校惩罚问题（二）；第十二课，学校奖赏问题；第十三课，儿童的利他性；第十四课，学校环境的影响；第十五课，科学教育（一）；第十六课，科学教育（二）；第十七课，审美教育与历史教育。与此前的德育论著相比，涂尔干的《道德教育论》体系完整，论证严密，内容清晰，所以也有学者把它看作德育学从教育学中分化出来的标志。

其他译介自西方的德育著作和论文还有不少。例如，〔美〕濮墨（PALMER）《德育问题》，王克仁、邵爽秋合译，中华书局1922年印行。全书分导言和上、下篇，上篇为"学校中伦理的教育"，下篇为"学校中道德的教育"。〔德〕康德著，瞿菊农编译的《康德教育论》（商务印书馆，1926），分导训、心理的训育、道德的陶冶等六章。〔英〕罗素著，赵演翻译的《教育与群治》（商务印书馆，1934）列"教育上的爱国主义"一章。〔美〕芬尼（R. L. Finney）著，余家菊译述的《教育社会哲学》（中华书局，1933）列"道德教育之社会心理学"一章。〔法〕阿勒拜密罗著，金琼英翻译的《现代教育之主要趋势》（独立出版社，1943）列"知识教育与道德教育的关系"一章。〔美〕桑代克著《教育学——根据于最新心理学》（上海广学会，1918）列"德育"一章。任白涛编译的《改造中的欧美教育》（商务印书馆，1930）列"道德教育与劳作教育"一篇。

我国学者借鉴西方德育理论而构建的专著，影响较大的有四种。一是姜琦的《德育原理》（三民主义哲学丛书，柏盦书屋，1944）。全书共分为

---

① 〔法〕涂尔干：《道德教育论》，序。
② 〔法〕涂尔干：《道德教育论》，序。

十二章：第一章，道德的概念；第二章，道德的本质；第三章，道德的法则；第四章，道德的内容；第五章，道德的变态；第六章，道德教育；第七章，传统道德；第八章，道德运动；第九章，道德测验；第十章，道德与真、美、神；第十一章，道德之目的；第十二章，结论。二是吴俊升编的《德育原理》（小学教育丛书，商务印书馆，1935）。第一篇为绪论，包括：名词释义；德育与智育及体育之分野；德育之重要；德育之忽视；忽视德育之原因；德育之三方面。第二篇为品格论，包括：第一章，品格的意义及其构成；第二章，品格之分类；第三章，品格之价值及其改变；第四章，儿童品格之缺陷。第三篇为道德论，包括：第五章，道德的哲学基础；第六章，道德的社会基础。第四篇为德育实施论，包括：第七章，道德教学的方法；第八章，各种教学的德育效力；第九章，惩罚与奖赏；第十章，学生自治的理论与实施；第十一章，性教育问题；第十二章，学校训育的组织。此书于1948年由商务印书馆以《国民教育文库》丛书形式再版发行。三是杨钟玉编的《环球名人德育嘉话》，1922年中华书局承印。本书列举了世界知名人士，如华盛顿等人的德育轶事，分为伦理嘉话、促政嘉话、绅商嘉话、巾帼嘉话、克复嘉话、利济嘉话等八卷。四是丘景尼编著的《教育伦理学》（世界新教育丛书，世界书局，1932）。前编理论问题共七章：第一章，教育伦理学的意义及范围；第二章，教育伦理学的新体系问题；第三章，教育伦理学的根本原理；第四章，教育伦理学的效能及其限界；第五章，教育伦理学上的训练问题（一）；第六章，教育伦理学上的训练问题（二）；第七章，教育伦理学上的训练问题（三）。后编实际问题也分七章讲述：第一章，近代伦理运动问题；第二章，道德教育与感化教育；第三章，道德教育与犯罪问题；第四章，道德教育与性教育问题；第五章，道德教育与禁酒问题；第六章，道德教育与体育问题；第七章，道德教育与文艺美术问题。

其他包含德育研究的教育论著，还有：吴康著《新人文教育论》（中华正气出版社，1943）和《道德与教育》；常道直等著《社会教育与个性教育》（商务印书馆，1925），收《柯尔氏的教育观》一文；蒋梦麟著《过渡时代之思想与教育》（商务印书馆，1933），收《人生哲学与道德教育》等八篇演说词；傅庆隆撰《教育论文集》（上册）（丁丑杂志社，1937），收《道德教育商榷》《孔子道德教育研究》《我的训育经验》等十篇论文；萧恩承著《教育哲学》（商务印书馆，1925），上编第十一章为"道德教育"；吴俊升著《教育哲学大纲》（商务印书馆，1935），列"道德哲学与教育"一章；高卓著《现代教育思潮》（商务印书馆，1930），列"新理想主义与人格教育"一章；孙贵定编《教育学原理》（商务印书馆，1923），列"德育的方法"专章讲述；王云五主编《教育原理》（商务印书馆，1928），第三部第五章为"教育与道德生活"；邓胥功著《教育学大纲》（华通书局，1931），上卷第四章第三节"社会教育"中有《德育的事业与机关》一文，下卷第三章"训练论"的第一节为"德育论"，内容包括德育的价值及目的、德育的二大主义、本能与德育、习惯与德育、气质与德育、年龄与德育、家庭学校社会与德育、学校德育的方法。

（二）训育的研究

训育是这一时期道德教育的一个重要方面。训育一词源于赫尔巴特的《普通教育学》，德文为"Zucht"。赫尔巴特把教育工作分为管理、教学和训育三部分，训育是对学生行为品德的训练和管理教育的活动或体制。其后，莱因又把管理并入训育，指对学生品行、习惯的训练和控制。中国清末兴办学堂初期，清政府把这方面的工作统称为管理，并颁布《各学堂管理通则》，五四运动后改称为训育。

当时以学堂师范科或师范学校的教本形式出现，至今保存完好的我国学者的训育专著，具有代表性的有七种。一是余家菊等著《训育的理论与实际》（上海商务印书馆，1925）。全书共六个主题：理想与训育、小学校的德育训练、训练的社会化、间接训育法的实际、小学校训育及应采用训导制的建议、小学训话问题。二是陈英㻅著《学校训育论》（湖北省立第二乡村师范学校丛书之一），周登云作序，1933年印行。全书共八章：第一章，训育之意义及其重要；第二章，训育的类别；第三章，训育的主义；第四章，训育的目的；第五章，训育的原则；第六章，训育标准；第七章，训育的方法；第八章，训育实施的方案。三是李相勖著《训育论》（大学丛书，商务印书馆，1935），共十五章：第一章，绪论；第二章，训育的背景；第三章，训育的背景（续）；第四章，训育的原则；第五章，校风与训育；第六章，课程与训育；第七章，教学与训育；第八章，赏罚问题；第九章，课外活动与训育；第十章，课外活动与训育（续）；第十一章，学生自治与训育；第十二章，学生自治与训育（续）；第十三章，训育的制度；第十四章，训育的目标和成绩考查；第十五章，结论。四是徐庭达著《训育研究》（北平中华印书局，1936），李石曾作序，共六章十五节：第一章，绪论；第二章，学校问题与训育；第三章，训育之企图；第四章，训育的准则；第五章，训育之实际；第六章，实施训育的方法。五是汪少伦著

《训育原理与实施》（大学丛书，商务印书馆，1946），上编为训育原理，共三章：第一章，绪论；第二章，训育基础；第三章，训育理想。下编为训育实施，共四章：第四章，训育组织与训育人员应有的修养；第五章，直接训育方法或道德训练；第六章，间接训育方法或训育讲授；第七章，训育综合与训育考核。六是姜琦编著《训育与心理》（教育部训育委员会主编，训导丛书之九，正中书局，1946），陈礼汇作序，共四讲：第一讲，教育心理学的意义；第二讲，教育心理学的任务；第三讲，教育心理学与教授；第四讲，教育心理与训育。七是高觉敷编著《青年心理与训育》（教育部训育委员会主编、训导丛书之十，正中书局，1948），共十章：第一章，绪论；第二章，青年共同的意义与重要性；第三章，身体的发展；第四章，社会的发展；第五章，道德的发展；第六章，适应与不良适应；第七章，正常青年与训育；第八章，心理失常的青年；第九章，犯罪的青年；第十章，导师的人格与训练。

翻译的训育研究专著有以下几种。［英］威尔顿著，余家菊译述的《训育论》（教育丛书，上海中华书局，1931），共十章：第一章，训育之性质；第二章，习惯；第三章，义务；第四章·德行；第五章，良心；第六章，学校社会；第七章，训练之实施；第八章，训练的组织；第九章，学校与家庭；第十章，赏罚。瓦尔特·史密斯著，范寓梅翻译的《建议的学校训育》（商务印书馆，1936）。译者在序中说："此书著者树起训育即社会制裁的旗帜，根据平民主义的精神，打破旧式的专制训育，认为训育与教学不能分家……并对于建议的训育如何达到道德教育的途径，著者也提出许多实施的具体方案。"全书共十二章：第一章，导言，社会制裁与学校训育目标；第二章，学校训育的性质和目的；第三章，有效训育的原则；第四章，培植学校精神；第五章，课外活动训育功能；第六章，教室训育；第七章，教室训育（续）；第八章，惩罚；第九章，奖励；第十章，学生和学校管理；第十一章，学生和学校管理（续）；第十二章，结论。［美］查忒斯著，吴培芥翻译的《理想的培训法》（师范丛书，商务印书馆，1933），吴研因作序。全书由导言部分和十八个章节组成。在导言部分，作者先列举了四个与品格发展的教学有关的案例，叙述所引起的问题的情形，提出发展人格的基本线索是：诊断情景→激起欲望→订立行动的计划→需要实习→人格整统。十八章内容分别是：第一章，问题；第二章，定义；第三章，理想的选择；第四章，情景的选择；第五章，生活上各种情景的教学作用；第六章，特性举动；第七章，个别教导；第八章，间接的道德教学；第九章，直接的道德教学；第十章，赏罚；第十一章，暗示和先例；第十二章，推理；第十三章，譬喻；第十四章，表演；第十五章，行为；第十六章，特性的测量；第十七章，人格的整统；第十八章，教师的资格和计划。〔日〕野田义夫著，苏芗雨翻译的《训育论》（北平人人书店，1934）。

训育研究还融合在相关的其他教育论著中，列举如下。〔日〕吉田熊次著，蒋维乔编译的《新教育学》（中学校师范学校用，商务印书馆，1918）列第四编"训育论"，有训育之意义及目的、训育之心理的基础、学校中的训育、训育之手段、训育与个性五章。王炽昌编著的《教育学》（新师范教科书，中华书局，1926），第六章为"训育"。胡忠智编著的《教育概论》（文化学社，1936），第三章为"训育论"。舒新城的《教育通论》（中华书局，1927），第八章为"教育与训育"，内容包括：训育的意义、训育原则、训育方法、训育现况等。孙振编著的《教育学讲义》（师范丛书，商务印书馆，1932），第三编教育方法论中（乙）部"训育论"有七章：第一章，训育的目的；第二章，性格的基础与训育；第三章，年龄与训育；第四章，训育的主义；第五章，训育实施的地点；第六章，学校训育的方法；第七章，训育的彻底。

此外，一些教育类刊物也相继发表了一些训育论文，亦列举如下。明若《训育》（《光华周刊》1928 年第 4 卷第 6 期）；朱犀平《人格教育论》（《清华周刊》1927 年第 27 卷第 9 期）；黄恩沣《儿童对于道德判断的研究》（《教育研究》1930 年第 3 卷第 12 期）；崔载阳《涂尔干的教育学说》（《教育研究》1930 年第 3 卷第 13 期）；林艺珊《教育与道德的训练》（《民钟季刊》1935 年第 1 卷第 2 期）；常道直译《公民教育》（《教育丛刊》1920 年第 4 期）；庄泽宣、崔载阳《国际协助的训育问题研究》（《教育研究》1930 年第 3 卷第 21 期）；余景淘《亚里斯多德之道德教育论》（《国学丛刊》1931 年第 2 卷第 1 期）；茬克让《造成人格之三要素》（《东吴学报》1921 年第 2 卷第 4 期）等。

（三）共产党人的道德教育理论

从新文化运动开始，特别是 1921 年中国共产党成立以后，马克思主义德育理论开始在中国的土地上传播和生长，成为多元化格局中最重要的一"元"。

"新沐者必弹冠，新浴者必振衣。"早期马克思主义者十分重视对旧道德的批判。李大钊在《自然的伦理观与孔子》中说："孔子于其生存时代之社会，确足为其时代之中枢，确为其时代之圣哲，其说亦足以代表其社会、其时代之道德。"① "古今社会不同，古今之道德自异。"② "孔子之道，施于今日之社会为不适于生存。"③ "吾人为谋新生活之便利，新道德之进展，企于自然进化之程，少加以人为之力，冀其迅速蜕演，虽冒毁圣非之名，亦所不恤矣。"④ 针对封建卫道士们宣扬的"道德不变""道德复古"等谬论，李大钊于 1919 年 12 月 1 日发表《物质变动与道德变动》，指出道德不是超自然、超社会的，而是"适应社会生活的要求之社会的本能"，"适用从前的生活和社会而发生的道德，到了那种生活和社会有了变动的时候，自然失去了他的命运和价值，那就成了旧道德了。这种发生的新生活新社会必然要求一种适应他的新道德出来"⑤。陈独秀在《宪法与孔教》中进一步说："'孔教'本失灵之偶像，过去之化石，应于民主国之宪法，不生问题。""孔教之精华曰礼教，为吾国伦理政治之根本，其存废为吾国早当解决之问题。"

对封建旧道德的批判为马克思主义思想的传播铺平了道路。李浩吾的《新教育大纲》是中国第一部马列主义教育著作，1930 年由上海南强书局出版。全书共分三章十六节，试图运用马克思主义观点阐明一些教育的基本理论问题。在中国共产党领导下的革命根据地，这本书被用作师范学校的教科书。

中国共产党成立后，非常重视教育在新民主主义革命、社会主义革命和社会主义现代化建设中的作用，尤其把德育看作一切教育工作的灵魂与统帅。以毛泽东为首的中国共产党人一贯主张：德育不仅是革命和建设事业的重要组成部分，更是国家教育事业和全面发展教育政策的核心。早在第二次国内革命战争时期，为了巩固和发展苏维埃政权，为了动员一切民众加入伟大的革命战争，中华苏维埃就把文化教育纳入了革命的轨道，强调"文化教育为革命战争和阶级斗争服务"，强调德育的根本任务就是针对解放区文化现状的落后方面，诸如文盲、迷信等问题，用各种办法来提高劳动人民的阶级觉悟和文化水平，动员广大人民群众自觉地参加和支援革命战争。为此，德育工作要千方百计地为造就新国民和革命者而努力。为

---

① 李大钊：《李大钊文集》上卷，263 页，北京，人民出版社，1984。

② 李大钊：《李大钊文集》上卷，264 页。

③ 李大钊：《李大钊文集》上卷，264 页。

④ 李大钊：《李大钊文集》上卷，264 页。

⑤ 李大钊：《李大钊文集》下卷，151 页，北京，人民出版社，1984。

了达到这一目的，中国共产党人强调：苏维埃的德育工作必须"解除反动阶级加在工农群众精神上的桎梏"①，用教育和学习的方法，启发群众的阶级觉悟，提高群众的文化水平和教育水平，打破旧社会思想习惯的传统，以深入思想斗争，使之更有力地动员起来，加入战争，参加苏维埃政权各个方面的建设。抗日战争时期，中国共产党主张，抗战教育政策应当以提高和普及人民大众的知识技能和民族自尊心为中心，重视对少年儿童、人民群众和部队官兵进行民族意识和革命信心的教育。解放战争时期，中国共产党以深入发动群众，积极组织力量，彻底粉碎国民党反动派的军事进攻，争取全国解放为中心，认为德育工作的主要任务就是加强对广大干部和群众的战时教育、阶级教育以及形势和任务教育，努力使德育工作为解放战争、土地改革和生产建设服务。

共产党人的道德教育集中体现在四个方面。第一，爱国主义的教育。争取民族独立，捍卫国家主权，加强民族团结，维护祖国统一，是爱国主义的根本特征和基本要求。第二，为人民服务的思想教育。为人民服务是中国共产党的宗旨。它要求以人民的利益为最高标准，热爱人民，关心人民，树立群众观点，坚持群众路线。第三，集体主义的教育。集体主义是调整个人、集体、国家三者利益关系的基本原则。集体主义要求人们顾全大局，统筹兼顾，团结合作，相互尊重，遵守纪律，服从组织，坚持民主集中制，反对无政府主义、自由主义。第四，传统美德教育。艰苦奋斗、勤俭创业是中华民族的传统美德。在革命战争年代，共产党人依靠艰苦奋斗精神，克服了重重艰难险阻，取得了最后的胜利。井冈山精神、长征精神、延安精神、南泥湾精神都是德育的宝贵素材，这些都对新中国成立后的中国德育和德育理论的发展产生了重要的影响。例如，相当于新中国第一部宪法的《中国人民政治协商会议共同纲领》（1949 年 9 月中国人民政治协商会议第一次全体会议通过）就将学校德育的目标和任务表达为教育要"培养国家建设人才，肃清封建的、买办的、法西斯主义的思想，发展为人民服务的思想"，提倡将"爱祖国、爱人民、爱劳动、爱科学、爱护公共财物"当作中华人民共和国全体国民的公德。

三、1949—1956 年："一边倒"的德育理论

1949 年 10 月 1 日，中华人民共和国成立，历史掀开了崭新的一页。由

---

① 《毛泽东同志论教育工作》，4 页．北京，人民教育出版社，1992。

于众所周知的原因，新中国在政治上宣布了"一边倒"的政策，教育和教育学的发展当然也受到了这一政治决策的决定性影响。1949年12月，第一次全国教育工作会议确定了中华人民共和国新教育的总方针："以老解放区新教育经验为基础，吸收旧教育有用经验，借助苏联经验，建设新民主主义教育。"各大报刊和出版社开始引介苏联的教育理论，翻译和出版了大量的德育论著。

在苏联学者的德育思想中，最具代表性的有四种。一是叶西波夫、龚察罗夫合著，柏园翻译的《苏联的新道德教育》（三联书店，1949）。本书内容包括：第一章，道德教育的任务；第二章，道德教育的原则；第三章，苏维埃爱国主义的教育；第四章，社会主义人道主义的教育；第五章，集体主义的教育；第六章，纪律教育；第七章，意志力的教育；第八章，列宁和斯大林论道德教育。二是凯洛夫著，沈颖等人翻译的《教育学》（人民教育出版社，1950）中的德育理论，相关内容为：第八章，共产主义道德教育原理；第九章，共产主义道德教育的方法；第十章，辩证唯物主义世界观形成的基础；第十一章，苏维埃爱国主义教育与苏维埃民族自豪感的培养；第十三章，自觉纪律的教育。凯洛夫的教育学，认为教育之目的是对年轻一代道德品质的培养，而培育人的道德品质，在于使人具有五种理念（Idee）：内心自由的理念（Idee der Innern Freiheit）、完善的理念（Idee der Vollkommenheit）、善待别人的理念（Idee der Wohlwollens）、正义的理念（Idee der Recht）、公平的理念（Idee der Billigkeit oder der Vergaltung）。三是乌申斯基的德育理论。乌申斯基把对青年一代的道德教育放在全部教育的首位。在《谈俄国教育中的道德因素》一书中，他说："我们大胆地提出一个信念：道德的影响是教育的主要任务，这种任务比一般地发展儿童的智力和用知识去充实他们的头脑重要得多。"[1] 四是苏霍姆林斯基的德育理论。苏霍姆林斯基在《和青年校长的谈话》一书中，认为道德是照亮全面发展一切方面的光源。学校要培养道德高尚的人，要使每个人都在心中确立起神圣的和不可动摇的原则。这种神圣的不可动摇的原则就是共产主义道德原则，就是实现共产主义理想的行为准则。他指出："道德内容的核心乃是义务：一个人对别人，对社会，对祖国所负的义务，父母对子女，子女对父母所负的义务，个人对集体所负的义务，对最高道德原则

---

① ［俄］乌申斯基：《谈俄国教育中的道德因素》，转引自陈元晖：《中国教育学七十年》，载《北京师范大学学报（社会科学版）》，1991（5）。

所负的义务。"① 他又说："整个教育过程都贯穿着一条道德义务感的红线。义务感并不是束缚人的枷锁，它能使人获得真正的自由。恪守义务可以使人变得更高尚。教育者的义务，就在于使义务感成为自觉纪律这个极其重要品质的核心。缺少了这种品质，学校就是不可想象的。"

此外，还有一些其他的译著。例如，冈察洛夫著，郭促周等人翻译的《教育学原理初译稿》（人民出版社，1951），第八章为"道德教育的原理"。奥戈罗德尼科夫、史姆比达夫著，高晶齐翻译的《教育学》（正风出版社，1952），关于德育有三章内容：第十章，德育的原理；第十一章，德育的方法；第十二章，苏维埃爱国主义教育。波·恩·申比摩夫等著，陈侠等人翻译的《教育学》（人民教育出版社，1955），第三编包含五章内容：第十章，德育原理；第十一章，共产主义道德教育的方法；第十二章，苏维埃爱国主义和无产阶级国际主义教育；第十三章，培养对劳动和公共财物的共产主义态度；第十四章，自觉纪律教育。

学习苏联的另一种方式是请苏联专家来华讲学。1953 年，苏联专家崔可夫来华讲学，所讲的德育和德育的任务，刊登在 1953 年 12 月 24 日到 28 日的《光明日报》上。苏联专家安娜·斯塔希耶娃在武汉地区，也作了《进行共产主义道德教育的原则和方法》的报告。

我国教育学者的德育成果，三要有：徐特立《论国民公德》（《人民教育》1950 年第 7 期）；胡易《关于爱国主义教育》（《新教育》1951 年第 3 卷第 3 期）；陈友松《学习苏维埃爱国主义的教育》（《光明日报》1951 年 7 月 24 日）；中国教育工会上海市委员会、新民主主义论研究会编《学校中的政治思想教育》（棠棣出版社，1951）；王焕勋《论新中国的道德教育》（《教师月报》1951 年第 7 期、第 8 期）；方克《论爱国主义教育》（《湖南教师》，1951）；教育资料丛刊社编《学校中的爱国主义教育》（人民教育出版社，1951）；徐特立等著《论爱国主义教育》（群众书店，1953）；曾广惕编《教育学》（上海大路出版社，1953），第九章为"德育"；赵敏政《共产主义道德教育的基本原则》（《教育半月刊》1954 年第 21、22、23、24 期）；章炼峰《关于共产主义教育中的几个问题》（《人民教育》1955 年第 4 期）。

这一时期，我国的德育学研究呈现两个明显的特点。一是框架照搬。例如，北京师范大学教育系教育学教研组编《教育学讲义》（北京出版社，

---

① ［苏联］苏霍姆林斯基：《和青年校长的谈话》，转引自陈元晖：《中国教育学七十年》，载《北京师范大学学报（社会科学版）》，1991（5）。

1957)，包括：第十二章，共产主义道德教育的基础；第十三章，共产主义道德教育的原则和方法；第十四章，爱国主义和国际主义的教育；第十五章，劳动教育；第十六章，自觉纪律教育；第十七章，集体主义教育。这与凯洛夫的《教育学》、申比摩夫的《教育学》中的德育理论在体系上大体相同。二是在政治意识形态的选择上，明显带有苏联理论的烙印。例如，我国学者的德育论文，主要体现了两大内容。其一是介绍苏联的理论；其二是谈自己的经验或学习体会，并集中在思想政治教育、爱国主义教育、自觉纪律教育、集体主义教育、共产主义道德教育等方面。笔者根据北京师范大学教育系图书馆 1980 年所编《教育论文索引》（1949—1956），粗略统计出，7 年间全国各大报刊共发表思想政治教育论文 1 140 余篇，爱国主义教育论文 290 余篇，自觉纪律教育论文 700 余篇，集体主义教育论文 540 余篇，共产主义道德教育论文 170 余篇，青年人生观、世界观教育论文 220 余篇。

在学习苏联的同时批判杜威，这也是意识形态斗争在当时的教育领域的延伸。1954 年《人民教育》7 月号发表短评《注意批判教学工作中的资产阶级思想》，杜威和胡适成了批判的焦点。相关著述有：刘付忱《批判杜威教育思想中的"民主主义"概念》（《新华月报》1955 年第 4 号）；王越《批判杜威的人性论》[《中山大学学报（社会科学版）》1956 年第 1 期]；王焕勋《胡适教育思想批判引论》[《北京师范大学学报（社会科学版）》1956 年第 1 期]；陈景磐《杜威的道德教育思想批判》（湖北人民出版社，1957）；滕大春《批判杜威关于道德教育的理论》（《河北天津师范学院学报》1957 年第 1 期）。

四、1956—1966 年：独立探索时期的开始

1957 年 10 月，瞿葆奎先生在《华东师范大学学报（人文科学版）》第 4 期发表的《关于教育学"中国化"问题》，是独立探索具有中国特色的教育学理论的重要文献。瞿先生在文章的前言中指出："八年以来，由于我们学习了苏联先进的教育理论和经验，使我们在教育理论和实践工作中，避免或少走了许多弯路，并取得了巨大的成就。这是谁都看到的事实，这也是谁都必须承认的事实。"① "过去，我们在教育理论和实践工作中，对学

---

① 瞿葆奎：《关于教育学"中国化"问题》，载《华东师范大学学报（人文社会科学版）》，1957（4）。

习苏联先进教育理论和经验，与我们本国的情况结合不够，用脑筋不够。也就是说，我们存在着教条主义的学习态度。这种教条主义的学习态度，我们必须努力批判和克服。但是批判和克服教条主义的学习态度，并不意味着我们容忍那些右派分子把苏联先进的教育理论和经验都当作教条而加以否定的修正主义观点。"① 这篇文章以冷静理智的态度看待中国教育学的学科发展，在当时是为数不多的。用今天的眼光来审视，它实际上已指出了教育学的要害所在，并已指出了中国教育学发展的必由之路。但是在教育学泛政治化的社会背景下，这个思路没能变为现实。这是非常让人感到痛惜的。

但是，教育学走中国化的道路毕竟是学科发展自身的逻辑，道德教育的独立探索还是在这一时期露出了曙光。例如，杭苇《对立统一规律和共产主义道德教育》（《人民教育》1957 年第 7 期）；郭笙《关于集体主义与集体教育》[《北京师范大学学报（社会科学版）》1958 年第 1 期]；史国雅《建立在马列主义认识论基础上的德育过程》（《山西师范学院学报》1957 年第 4 期）等。

受政治因素的影响，此时苏联德育理论译作在数量上已明显减少。十年间，此类译著有一定影响的只有三种。一是米·伊·加里宁著，陈昌浩、沈颖翻译的《论共产主义教育和教学》（人民教育出版社，1957），收入《论共产主义教育》《论我国人民的道德面貌》。二是李子卓等人翻译的《共产主义教育原理》（人民教育出版社，1962），包括：第七章，共产主义世界观的培养；第八章，青年的无神论教育；第九章，新一代的德育；第十章，学校中的无产阶级国际主义教育和社会主义爱国主义教育。三是凯洛夫主编，陈侠等人翻译的《教育学》（人民教育出版社，1957），其中第十一章为"德育"（第一节，苏维埃学校德育的任务和内容；第二节，苏维埃学校德育的原则和方法；第三节，苏维埃爱国主义和无产阶级国际主义教育；第四节，科学无神论教育；第五节，学生共产主义劳动态度的培养；第六节，学生的自觉纪律教育）。

20 世纪 60 年代初，中国学术界掀起了一场关于道德能否批判继承问题的讨论，可以看作中国开始独立探索德育理论的重要征兆。这一讨论首先由吴晗在《前线》1962 年第 10 期上发表《说道德》一文引起。在《说道

① 瞿葆奎：《关于教育学"中国化"问题》，载《华东师范大学学报（人文社会科学版）》，1957（4）。

德》一文中，吴晗认为："道德是阶级的道德，道德是随着统治阶级的改变而改变的。但是，也还有另一面，那就是无论是封建道德，还是资产阶级道德，无产阶级都可以吸取其中某些部分，使之起本质的变化，从而为无产阶级的政治、生产服务。"这个论点引起某些"批评家"的注意，指责吴晗不讲阶级立场，认为无产阶级不应继承封建地主阶级、资产阶级的东西。此后，吴晗在《前线》1962 年第 16 期上发表《再说道德》，以孟子和文天祥为例，再次论证封建道德是可以批判继承的。1963 年 8 月 19 日，他又在《光明日报》上发表《三说道德》，反复陈述自己的观点。但是在当时的社会背景下，让人们接受这样的观点几乎是不可能的。"在辩论的开始阶段，多数同志还是就道德问题本身提出批评，但随着时间的推移，由于众所周知的种种原因，批判的调子越来越高，并把学术问题当作政治问题看待，认为吴晗同志引起的封建道德可否批判继承的大辩论，是资产阶级和无产阶级在意识形态领域内的一场尖锐的、严重的阶级斗争。"① 在极"左"的声浪中，吴晗被扣上了"拥护封建统治，美化封建统治阶级"的帽子。

其他参与讨论的文章，还有：许启贤《关于道德的阶级性与继承性的一些问题》（《光明日报》1963 年 8 月 15 日）；李之畦《〈三说道德〉一文提出了什么问题》（《光明日报》1963 年 9 月 21 日）；石梁人《试论道德的阶级性和继承性》（《哲学研究》1963 年第 5 期）；江峰《也谈道德的继承问题》（《光明日报》1963 年 10 月 6、7 日）；冯其庸《封建道德不能批判继承》（《哲学研究》1964 年第 1 期）；王煦华《统治阶级道德的批判继承问题》（《光明日报》1964 年 4 月 6 日）；以东《讨论道德继承问题的立场、观点和方法》（《光明日报》1964 年 4 月 9 日）；李之畦《从道德这一社会意识形态的基本特点谈道德的继承问题》（《光明日报》1964 年 5 月 27、28 日）；王煦华《关于道德批判继承讨论中的立场、观点和方法问题》（《哲学研究》1965 年第 1 期）；以东《再评王煦华同志的无产阶级应当继承历史上统治阶级道德的观点》（《哲学研究》1965 年第 4 期）等。

五、1966—1976 年："文化大革命"的灾难，一种另类的独立探索

十年浩劫是国家的灾难、人民的灾难，也是学术的灾难。在这一时期，中国的德育理论研究几乎是一片空白。但是由于"文化大革命"本身又是

---

① 翁金墩：《略评吴晗同志及其批评者的道德论》，载《学术月刊》，1980（7）。

毛泽东等中国共产党人与苏联决裂、独立探索中国社会主义道路的某种尝试，所以这一时期如果说还存在德育理论的话，也可以理解为中国大陆教育理论发展的一种另类的独立探索。

1966 年，中共中央的《中国共产党中央委员会通知》（即后来的《五一六通知》）提出："高举无产阶级文化革命的大旗，彻底揭露那批反党反社会主义的所谓'学术权威'的资产阶级反动立场，彻底批判学术界、教育界、新闻界、文艺界、出版界的资产阶级反动思想，夺取在这些文化领域中的领导权。"6 月 1 日，《人民日报》发表社论《横扫一切牛鬼蛇神》，"文化大革命"迅即席卷全国。"上揪下扫""黑帮分子""反动学术权威""红旗战斗小组""三反分子""红五类""黑七类""四旧""串连""讨孔""夺权""早请示、晚汇报""语录""天天读、讲会用""停课闹革命""走资派""再教育""斗批改、划清站""抓典型""考教授""回潮""大辩论"等成了使用频率极高的语汇。这些"关键词"正是这段"非常岁月"的写照。

1970 年 1 月 1 日，《红旗》第 1 期发表上海市革命大批判小组写的思想评论《文科大学一定要搞革命大批判》，认为革命大批判"不仅应该批判社会上的资产阶级，还应该把革命大批判引入到文科各个学科，批判哲学、历史学、文学、政治经济学、新闻学、教育学等领域内的反动的资产阶级思想体系"。

1970 年 1 月 13 日，《解放日报》发表华东师范大学革命大批判写作组的文章《彻底肃清周扬在文科教材编写中的流毒》。文章把当时由华东师范大学刘佛年等人编的《教育学》诬为"教育界反毛泽东思想的一部代表作，是向 1958 年教育革命反攻倒算的宣言书，是封资修教育黑货的大杂烩，是苏修凯洛夫《教育学》的翻版"。1970 年 1 月 30 日，上海市革命大批判写作小组在《红旗》第 2 期发表文章《谁改造谁？——评凯洛夫的〈教育学〉》。文章说，凯洛夫的《教育学》是"刘少奇反革命修正主义教育路线"的理论根据，说"当年杜威在中国的一小撮徒子徒孙，在刘少奇反革命修正主义教育路线包庇下，纷纷摇身一变，成了所谓凯洛夫《教育学》的专家，有的霸占了教育部门的领导岗位，有的散在全国各地招摇撞骗"。文章从三个方面批判凯洛夫的《教育学》：第一，它完全抹杀"教育是阶级斗争的现象"，"是建立在反动的教育观的基础之上的"；第二，它提出的"五个教学原则"和"六个环节"是"一套反马克思主义的认识论"；第三，它的"核心是一个资产阶级的私字"，就是引诱学生按照资产阶级和地主阶级代表人物的"规格"而拼命奋斗。

在这样的政治形势之下，学校德育完全被政治宣传和政治运动取代，德育科学研究当然也没有了存在、发展的可能。

六、1976 年以后：复苏与发展的曙光

"文化大革命"结束后，特别是十一届三中全会以后，中国教育学、德育研究重新焕发生机，呈现一片复苏和发展的朝气蓬勃的景象。仅就笔者统计，1979—1999 年，短短的二十年，全国各大教育类刊物（不含报纸）共发表德育论文 720 余篇，出版译著、编著、专著（含台、港、澳地区）130 余种。

拨乱反正时期，中国社会科学界和文艺界普遍存有一种"寻根"情结。经过十余年的动荡与漂泊，人们不再迷信、盲从与狂热，取而代之的是理性的反思。中国德育界的"溯本清源"从对古代德育的批判继承开始，重启对中国特色德育理论的探索，相继发表的文章有：毛礼锐《论儒家的道德教育思想》（《北京师范大学学报》1980 年第 3 期）；翁金墩《略论道德的阶级性和继承性》［《复旦学报（社会科学版）》1980 年第 1 期］；宋惠昌《关于道德的继承性的几个问题》［《北京师范学院学报（社会科学版）》1980 年第 3 期］；斐文敏《道德是有继承性的》［《杭州大学学报（哲学社会科学版）》1980 年第 3 期］；唐道能《论道德的继承性》（《湖南师范学院学报（哲学社会科学版）》1980 年第 4 期）；石毓彬《目前学术界对道德继承性问题的一些看法》（《国内哲学动态》1980 年第 6 期）；张惠芬《教育史中的批判与继承》（《教育研究》1980 年第 1 期）；臧乐源《略论道德的阶级性和共同性》（《文史哲》1980 年第 6 期）；张季平《剥削阶级的道德为什么可以批判继承?》（《文史哲》1980 年第 6 期）；肖过《试论道德继承》（《辽宁师院学报》1981 年第 4 期）；连云卿《谈德育过程中的几个问题》［《锦州师范学院学报（哲学社会科学版）》1981 年第 4 期］；石毓彬《道德为什么有继承性》（《齐鲁学刊》1981 年第 1 期）；朱辕《学校思想教育的现实与道德的批判继承问题》（《教学研究》1981 年第 1 期）；黄济《关于道德继承性问题》（《北京师范大学学报》1982 年第 2 期）；王炳照《批判地继承古代道德教育思想遗产》（《北京师范大学学报》1984 年第 3 期）等。1983 年 7 月，中国古代德育思想讨论会在长春举行，会议解决了 20 世纪 60 年代那场悬而未决的争论，认为我国古代德育思想在整个教育思想中占有特别重要的地位，是一份的极为珍贵的遗产。在建设社会主义的过程中，我们首先应

该看到道德是有阶级性的，这是大前提，但同时也要看到道德的继承性。批判继承我国古代德育思想，对于丰富无产阶级的德育理论·搞好社会主义精神文明建设等，有十分重要的现实意义。

经过这样一次思想解放，德育界的学术气氛空前活跃起来。以《教育研究》及各大学报为主要园地，德育理论迅速发展，德育研究成果已涉及德育领域的方方面面，对德育的社会基础、心理学基础、德育地位、本质与功能、德育目标、内容与德育课程、德育过程、原则与方法、德育评价、德育改革、发展与现代化、中外德育思想等问题的研究都有所进展。

这一时期的研究成果有两大主题。一是对革命家、教育家德育思想的研究。例如，陈景磐《论孔子的道德教育思想》（《北京师范大学学报》1980 年第 4 期）；周德昌《中国古代教育家论德育的过程和方法》（《教育研究》1981 年第 4 期）；李伯黍《柯尔堡的道德教育观点述评》（《教育研究》1981 年第 4 期）；宋惠昌《学习列宁关于共产主义道德教育的思想》（《教育研究》1981 年第 11 期）；赵家骥《孔子德育思想初探》（《东北师大学报》1981 年第 2 期）；周德昌《孔子德育思想简论》（《华南师院学报》1981 年第 1 期）；燕国材《孔子的德育心理思想》[《上海师范学院学报（哲学社会科学版）》1981 年第 1 期]；杜殿坤《苏霍姆林斯基谈道德教育》（《教育研究》1981 年第 12 期）；储培君《学习毛泽东同志的德育思想》（《教育研究》1982 年第 4 期）；宋惠昌《学习刘少奇同志的道德教育思想》（《教育研究》1982 年第 4 期）；何国华《李大钊论道德和共产主义道德教育》[《上海师范学院学报（哲学社会科学版）》1982 年第 3 期）；方苹《克鲁普斯卡雅论新一代的道德教育问题》（《外国教育》1982 年第 6 期）；周惠英《从马卡连柯和苏霍姆林斯基教育思想的比较看苏联德育理论发展中的几个问题》（《教育丛刊》1983 年第 3 期）；甘京林《论孔子的道德教育思想》[《上海师范学院学报（哲学社会科学版）》1983 年第 3 期]；李道仁《学习马克思的德育思想》[《华中师院学报（哲学社会科学版）》1983 年第 5 期]；宋惠昌《马克思恩格斯的伦理思想和当代道德教育》（《教育研究》1983 年第 3 期）；武方、程川翻译的《苏霍姆林斯基的道德教育思想》（《外国教育动态》1984 年第 1 期）；左其沛、张方旭《试论集体教育在共产主义道德教育中的地位——兼评马卡连柯对集体教育的贡献》[《吉林师范学院学报（哲学社会科学版）》1984 年第 1 期]。

二是对德育过程的研究。例如，王逢贤《学校德育过程特点初探》（《教育研究》1979 年第 3 期）；班华《思想品德教育过程》（《教育研究》

1980 年第 3 期）；钟伦士《共产主义道德教育的过程和规律》（《教育研究》1981 年第 4 期）；宋书文《谈青少年道德品质形成的过程及其规律性》［《广西大学学报（哲学社会科学版）》1981 年第 1 期］；鲁洁《德育过程初探》《教育研究》1981 年第 2 期）；胡守棻《道德教育过程及其特征》（《教育科学文摘》1981 年第 4 期）；靳希斌《小学思想品德教育过程及其特点》（《江苏教育》1982 年第 9 期）；冷冉《德育过程的阶段说》（《教育研究》1982 年第 10 期）；北京师范大学教育系资料室 1983 年编写的《德育过程论文选编》；涂光辉《试论德育过程的基本规律》［《湖南师范学院学报（哲学社会科学版）》1984 年第 3 期］；刘同音《德育过程规律初探》（《伦理学与精神文明》1983 年第 5 期）等。

其他的研究成果，还有：甘葆露、李春秋《道德教育与四化建设》（《北京师范大学学报》1980 年第 4 期）；魏道履、王玉山《关于共产主义道德教育的几个问题》（《上海师范学院学报》1980 年第 1 期）；储培君《关于德育的基础》（《江苏师院学报》1980 年第 3 期）；张士充《智育发展的全面性与德育的关系》（《教育研究》1981 年第 10 期）；陈会昌《德育心理研究的系统方法初探》（《教育研究》1981 年第 5 期）；何辛《论学校德育的主导作用》（《学术研究》1981 年第 5 期）；陈金泉、吴世杰《谈学生道德品质的形成和培养》（《江西教育》1981 年第 11 期）；赵承福《自我认识的发展与儿童的道德教育》（《教育研究》1981 年第 10 期）；李意如等《大中学校德育的衔接问题探讨》（《教育研究》1982 年第 5 期）；孙运《思想品德教育的一个基本原则》（《教育研究》1982 年第 4 期）；王炳仁、曹国旗《中小学生道德认识的发展趋势初探》（《教育研究》1982 年第 4 期）；黄阆《德育与实践》（《教育研究》1982 年第 10 期）；方苹《法制教育在学生思想品德教育中的地位与作用》（《辽宁师院学报》1982 年第 4 期）；张菊生《道德判断力与道德观念》（《教育研究》1982 年第 9 期）；张玉良《德育规律初探》（《江西师院学报》1982 年第 2 期）；李道仁《德育本质问题的探讨》（《华中师院学报》1982 年第 6 期）；罗明基《德育科学化浅探》（《辽宁师院学报》1982 年第 6 期）；彭景训等《儿童道德判断发展调查》（《天津师院学报》1982 年第 2 期）；魏岚《坚持用共产主义思想教育学生》（《教育研究》1982 年第 7 期）；黄佳芬、李伯黍《皮亚杰儿童道德发展理论评述》（《上海师范学院学报》1982 年第 4 期）；彭景训《皮亚杰的儿童道德观念发展阶段简介》（《天津教育》1982 年第 11 期）；陈飘《学校德育应以智育为基础》（《学术研究》1982 年第 6 期）；马川南《美育的功能及美育与大学德育的关系初探》（《教

育研究》1983 年第 6 期）；李锡槐《学生的理想结构与共产主义理想教育》
（《华南师范大学学报》1983 年第 4 期）；朱志经《试论德育在全面发展教育
中的地位》［《黄石师院学报（哲学社会科学版）》1983 年第 1 期］；邓品珊
《切实重视德育研究和教学》（《甘肃教育》1983 年第 8 期）；唐宏中《试论
美育活动在德育中的作用》［《福建师大学报（哲学社会科学版）》1983 年
第 1 期］；赵瑞祥《论实践与知识在德育过程中的作用》［《广西师范大学学
报（哲学社会科学版）》1984 年第 1 期］；余育德《德育是统帅，智育是基
础》（《学习与实践》1984 年第 2 期）；石秀印《品德心理学应该重视情绪和
情感的研究》（《教育研究》1984 年第 5 期）；燕国材《道德教育的心理学基
础》（《外国中小学教育》1984 年第 2 期）；陈和华《试论学生思想品德教育
中的外部要求与内部动机》（《浙江师范学院学报》1984 年第 3 期）；魏贤超
《价值澄清学派的道德教育学说》（《外国教育动态》1984 年第 4 期）；文戈
《德育结构初探》［《成都大学学报（社会科学版）》1984 年第 2 期］等。

此外，1983 年四川人民出版社推出德育丛书，共五册：《马克思恩格
斯列宁斯大林论德育》《伦理学、法学与德育》《教育科学中的德育》《科学
家与科学道德》《艺术家与德育》。译著则有：丘德诺夫斯基等著，陈会昌
翻译的《苏联德育心理研究》（山西省教育科学研究所，1982）；涅切耶娃、
马尔柯娃主编，黄希庭、时勘编译的《幼儿园的道德教育》（甘肃人民出版
社，1984）；让·皮亚杰著，傅统先、陆有铨翻译的《儿童的道德判断》
（山东教育出版社，1984）等。

在此基础上，德育理论的系统化已成为学科发展所需，编写一本德育
专论的时机也已成熟。1984 年 5 月，华东师范大学、西南师范学院、南京
师范大学、安徽师范大学、湖南师范学院、天津师范大学、北京师范大学、
山东师范大学八院校举行《德育原理》初稿讨论会，后由北京师范大学出
版社于 1985 年正式出版该书。这是新中国第一部德育学著作，内容包括：
第一章，德育原理的研究对象、任务和方法；第二章，德育的地位和作用；
第三章，德育的任务和内容；第四章，德育过程；第五章，德育原则；第
六章，德育方法；第七章，德育的组织形式；第八章，班级德育工作；第
九章，我国德育的发展；第十章，当代外国德育思想简介。该书于 1987 年
4 月修订为四篇十九章。其中，理论篇包括德育原理的研究对象和任务、
德育的本质、德育与社会发展、德育与个性发展、德育目标、德育过程六
章；实施篇包括德育原则、德育内容及其序列、德育方法、德育组织形式、
班级德育、德育网络、德育管理七章；借鉴篇包括中国历史上的德育思想、

苏联现代的德育思想、现代西方的德育思想三章；方法论篇包括德育原理研究的方法论基础、常用的德育研究方法、思想品德测量三章。修订本由华东师范大学胡守棻教授任主编，北京师范大学出版社 1988 年出版。此外，由华中师范大学等六院校共同编写、陕西人民出版社出版的《德育学》于 1986 年问世。

20 世纪 80 年代中期以后，中国德育理论研究进入了一个更加迅猛发展的阶段，视野更为宽阔，研究的问题更为深入全面。其研究主题多样化的势态明显凸现出来，这些研究主题可概括如下。

一是对德育的社会基础的研究。例如，鲁洁《新的科技革命和思想品德教育》（《教育研究》1984 年第 12 期）；刘兴家《信息与思想品德教育》（《现代中小学教育》1985 年第 4 期）；严先元《民俗与思想品德教育》（《教育研究》1985 年第 2 期）；袁振国《价值观的变化与思想品德教育》（《教育研究》1985 年第 7 期）；张耀灿《改革与道德教育》[《华中师范大学学报（人文社会科学版）》1986 年第 2 期]；王小讯《学校德育与社会影响》（《教育研究》1986 年第 7 期）；班华《思想品德的结构与新时期德育任务》[《华东师范大学学报（教育科学版）》1986 年第 2 期]；鲁洁《试论社会主义初级阶段的德育建设》（《教育研究》1988 年第 4 期）；刘海生《论历史转折中的学校德育》（《社会科学》1988 年第 7 期）；刘兴家《商品经济与道德教育》（《光明日报》1988 年 5 月 11 日）；申振信《竞争与道德教育》（《教育研究》1988 年第 9 期）；崔相录《社会转型时期的道德教育》（《教育研究与实验》1988 年第 4 期）；胡晓莺《学校德育与社会主义商品经济》（《中国教育学刊》1989 年第 1 期）；袁真泉《简论社会主义市场经济与学校德育》（《中国教育学刊》1994 年第 5 期）；杨贤君、李明汉《市场经济与学校德育》（《教育研究》1994 年第 5 期）；张人杰、邓方洲《对市场经济伦理的道德审视》（《教育研究》1997 年第 5 期）；龚国勤《社会主义市场经济伦理观念与学校德育》（《教育研究》1998 年第 2 期）等。

二是对德育心理基础的研究。例如，薛殿会《思想品德的结构及其形式》（《教育研究》1983 年第 1 期）；韩进之、王宪清《德育心理学概论》（上海人民出版社，1986）；陈安福《德育心理学》（重庆出版社，1987）；林崇德《论品德的结构》[《北京师范大学学报（社会科学版）》1988 年第 1 期]；郑准《个性发展与德育问题初探》（《教育研究》1988 年第 8 期）；刘茂哉《现代德育的几个特征及其心理学基础》（《教育研究》1989 年第 12 期）；李伯黍主编《品德心理研究》（华东化工学院出版社，1992）；林崇德著《品德发展心理学》（上海教育出版社，1989）；林斯坦《试论中小学生道德思维发展的阶段性与道德教育》（《教育研究》1995 年第 4 期）；梅仲荪等主编《爱国情感教育心理学初探》（人民教育出版社，1996）；郭本禹《道德认知发展与道德教育》（福建教育出版社，1999）等。此外，德育心理研究也已成为教育心理学体系中不可缺少的组成部分。例如，潘菽主编《教育心理学》（人民教育出版社，1983）第六章为"品德及其形成"；韩进之主编《教育心理学纲要》（人民教育出版社，1989）第三编为"德育心理"，分"品德的形成与教育""思想转化与品德矫正"两章。

　　三是对德育地位、本质与功能的研究。例如，马兆掌《"德育第一"的理论试析》（《社会科学战线》1980 年第 2 期）；王振中《学校应把德育放在首位》（《新乡师范学院学报》1982 年第 4 期）；赖立赓《谈谈德育在社会主义学校教育中的地位》[《上海师范学院学报（哲学社会科学版）》1984 年第 2 期]；鲁洁《关于思想教育作用断想》（《教育研究》1985 年第 9 期）；王逢贤《学校德育的主导作用与社会环境的优化问题》（《教育研究》1989 年第 8 期）；胡晓莺《德育社会作用的再认识——从经济角度的思考》（《教育研究》1989 年第 8 期）；王逢贤《德育的独立实体性不容否定》（《中国教育学刊》1990 年第 1 期）；张惟勇《德育的价值导向功能》（《教育研究》1991 年第 3 期）；鲁洁《德育之文化功能探索》（《教育研究》1992 年第 1 期）；鲁洁《试论德育的经济功能》（《教育研究》1992 年第 8 期）；鲁洁《试论德育之个体享用性功能》（《教育研究》1994 年第 6 期）；檀传宝《对两种德育功能及相关问题的理解》（《教育研究与实验》1995 年第 1 期）等。在对德育功能的研究问题上，鲁洁教授的系列文章论述全面、完整、深刻。有人说："鲁洁教授的德育功能观的形成，宣告了一种立足于学科整合的体系化德育理论的来临。"[①]

　　四是对德育目标、内容与德育课程的研究。例如，王炳仁《爱国主义教育在学校教育中的地位与任务》（《教育研究》1984 年第 5 期）；胡卫《道德教育内容层次分解》（《上海教育》1986 年第 3 期）；经柏龙《德育目标的过去和现在》（《光明日报》1988 年 7 月 20 日）；张宪尧、藏翠莲《浅谈社会主义初级阶段的集体主义教育》（《教育研究》1988 年第 4 期）；沈杰《青少年德育的核心是解决信仰问题》（《教育研究》1989 年第 10 期）；魏贤超《整体大德育课程体系初探》（《教育研究》1995 年第 10 期）；詹万生《爱国

---

　　① 　吴亚林：《漫议与鲁洁教授对话》，载《教育研究与实验》，1995（4）。

主义教育应注意层次性》(《中国高等教育》1995 年第 2 期);蓝维《政治教育与道德教育》(《教育研究》1998 年第 6 期)等。

五是对德育过程、原则与方法的研究。例如,陈仙梅《生产劳动是德育的必要途径》(《教育研究》1984 年第 6 期);王少湘《浅议德育过程的"多种开端"》(《教育研究》1985 年第 10 期);伊·斯·马里延科著,牟正秋、王明辉译《德育过程原理》(人民教育出版社,1985);刘兴家《浅谈德育的针对性》(《光明日报》1985 年 10 月 18 日);岑国桢《论道德习惯及其培养》[《上海师范大学学报(哲学社会科学版)》1986 年第 3 期];席家焕《谈学校德育方法科学化》(《教育科学研究》1987 年第 1 期);赵贞祥《德育过程"多种开端"异议》(《教育研究》1987 年第 11 期);严先元《探索新的思想品德教育的模式》(《教育研究》1988 年第 11 期);刘锡钧《试论品德形成中内因与外因的关系》(《教育研究》1988 年第 2 期);班华《略论暗示在德育中的应用》(《教育研究》1988 年第 4 期);哈什等著《德育模式》(学术期刊出版社,1989);戚万学《活动道德教育模式的理论构想》(《教育研究》1999 年第 6 期)等。

六是关于德育评价的研究。例如,袁真泉《关于德育评价的几个问题》(《江西教育科研》1988 年第 1 期);安其鸿《略论思想品德的定量考核》(《教育研究》1992 年第 4 期);萧鸣政《德育测评》(吉林教育出版社,1993);肖鸣政《品德测评量化中的几个理论问题》(《教育评论》1993 年第 4 期);谢新观、肖鸣政《德育测评的理论与技术》(光明日报出版社,1994)等。

七是关于德育改革、发展与现代化的研究。例如,吴奇程《谈谈有中国特色的品德教育》(《湖北教育》1985 年第 3 期);王逢贤《试论德育观念的更新》(《教育研究》1986 年第 1 期);张仲民《用教育科学理论指导德育改革的尝试》(《教育研究通讯》1986 年第 2 期);唐元等《德育改革刍议》(《社会科学》1986 年第 8 期);冯恩洪《德育改革的探索》(《上海教育科学》1986 年第 1、2、3 期);李意如《德育教研的新趋势》(《北京教育》1986 年第 3 期);胡筠若《德育大纲与德育改革》(《光明日报》1988 年 10 月 12 日);詹振权《论德育的民主化》(《教育研究》1989 年第 4 期);李意如主编《德育改革的思路与探索》(北京师范大学出版社,1993);邵龙宝《德育现代化刍议》(《教育研究》1994 年第 8 期);戚万学《关于建构中国现代化道德教育的几点设想》(《教育研究》1997 年第 12 期);班华《近十年来德育思想现代化的进展》(《教育研究》1999 年第 2 期);刘惊铎《21

世纪中国学校德育改革探索》（《教育研究》1999 年第 12 期）等。

八是对中外德育思想的研究。例如，陆有铨《皮亚杰关于儿童道德判断的研究》（《教育研究》1984 年第 10 期）；岑国桢《西方儿童道德发展的"模式论"与"情境论"述评》（《教育研究》1985 年第 2 期）；肖凌《当代外国德育侧重点的变化》（《汕头日报》1985 年 7 月 21 日）；杜殿坤《苏联教育界探讨以"综合观点"解决德育问题》（《中学教育》1985 年第 6 期）；赵刚《孟子的德育理论及其方法》（《现代中小学教育》1985 年第 4 期）；沈善洪、王凤贤《评蔡元培德育论的特色》（《浙江学刊》1985 年第 4 期）；周祺家《孟子德育思想刍议》[《信阳师范学院学报（哲学社会科学版）》1985 年第 3 期]；冯增俊《当代西方学校德育对我们的启示》（《中国教育学刊》1992 年第 5 期）；张启华《徐特立德育思想初探》（《教育研究》1995 年第 1 期）；张学强《宋明理学德育思想的评价与反思》（《教育理论与实践》1997 年第 3 期）等。翻译著作则有伊·斯·马里延科著，牟正秋、王明辉翻译的《德育过程原理》；哈什等著《德育模式》等。

1994 年，由鲁洁教授、王逢贤教授共同主编的《德育新论》由江苏教育出版社出版，这是对前期德育研究成果进行整合、提升的重要著作。该书针对社会转型期出现的新特点、新问题，力图构建适应社会变革与发展的新的德育基本理论，为德育学科的发展提供了新的思路。

社会主义市场经济体制的确立、社会转型期的到来给中国德育和德育理论的发展带来了严峻的挑战，传统的、本土的道德价值和教育观念受到了严重的冲击，道德教育显得力不从心，学校德育的地位与实效有每况愈下的趋势。对德育自身的改革虽是步履艰难，但的确已是刻不容缓。中国德育理论界的学者面对困境，勇敢地担当起实现自身变革的历史重任，使中国社会转型期的德育研究出现了许多新的趋势。其中，最重要特点是学科发展呈现分化与整合同步加速的态势。

首先，是学科分化。这既表现为德育学与相关学科的交叉研究、德育学的分支学科的研究，也表现为一些研究的专题化、专门化。例如，罗国安、赵金昭《德育环境学》（陕西人民出版社，1992）；朱小蔓《情感教育论纲》（南京出版社，1993）；戚万学《活动道德教育论》（南京师范大学出版社，1994）；檀传宝《德育美学观》（山西教育出版社，1996）；梅仲荪等主编《爱国情感教育心理学初探》；鲁洁主编《德育社会学》（福建教育出版社，1998）；檀传宝《信仰教育与道德教育》（教育科学出版社，1998）；蓝维《德育学科教学心理研究》（首都师范大学出版社，1998）；冯金华、张力编《道德智商自测与咨询》（浙江人民出版社，1999）；李伯黍、岑国桢主编《道德发展与德育模式》（华东师范大学出版社，1999）。研究的专题化、专门化与德育研究者的专家化联系在一起，表明中国大陆的德育理论发展已经回归到了学术发展的正常轨道之上，德育学术研究开始得到了真正的恢复和发展。

其次，是学科整合。学科整合的一个重要表现为综合性课题的研究，如学校、家庭、社会德育一体化研究，幼、小、中、大德育的衔接研究等。这方面的主要研究成果有：胡守棻主编《学校、家庭、社会德育一体化》（福建教育出版社，1992）；卢乐珍任主编《幼儿道德启蒙的理论与实践》（福建教育出版社，1999）；詹万生《整体构建学校德育体系引论》（教育科学出版社，2001）等。学科整合的第二个标志是一些综合教育学、心理学、社会学等相关学科的研究成果而形成的重要德育学教科书和其他综合性研究成果的诞生。例如，崔相录《德育新探》（光明日报出版社，1987）；赵翰章主编《德育论》（吉林教育出版社，1987）；李鸣琦《道德教育的原理和方法》（江西教育出版社，1987）；刘克等主编《德育知识词典》（上海交通大学出版社，1987）；李燕杰等主编《德育辞典》（湖北辞书出版社，1987）；李意如、胡筠若《学校德育》（人民教育出版社，1988）；瞿葆奎主编《教育学文集：德育》（人民教育出版社，1989）；萧文娥《德育的艺术》（农业出版社，1989）；冯忠汉《德育实论——学校德育工作的科学化途径》（教育科学出版社，1990）；姚新中《道德活动论》（中国人民大学出版社，1990）；屠关雄主编《德育理论与实践》（杭州大学出版社，1992）；李长喜、卓晴君主编《德育理论与实践》（教育科学出版社，1992）；刘继生主编《德育与德育教学》（武汉工业大学出版社，1992）；肖林图主编《小学德育要览》（人民教育出版社，1992）；缪克成《德育新论》（百家出版社，1992）；古人伏编著《德育学教程》（华东化工学院出版社，1993）；李善奎主编《德育良鉴》（青岛海洋大学出版社，1992）；刘济良编著《德育论教程》（河南大学出版社，1993）；彭关政主编《德育论要》（当代中国出版社，1993）；仇春霖主编《德育原理》（中国青年出版社，1993）；魏贤超《现代德育原理》（浙江大学出版社，1993）；周之良《德育新论》（北京师范大学出版社，1994）；刘惊铎、权利霞编著《德育学教程》（陕西师范大学出版社，1992）；施修华《德育学理论与实践》（上海交通大学出版社，1994）；宋春宏、马映光主编《德育系统比较研究》（西南师范大学出版社，1995）；班华主编《现代德育论》（安徽人民出版社，1996）；储培君等《德育论》（福建教育出版社，1997）；戚万学、杜时忠等编著《现代德育论》（山东教育出版社，1997）；胡厚福《德育学原理》（北京师范大学出版社，1997）；檀传宝《学校道德教育原理》（教育科学出版社，1998）；黄向阳《德育原理》（华东师范大学出版社，2000）等。其中，檀传宝所著《学校道德教育原理》，是新中国成立后第一本直接以"道德教育"为主线而撰写的教育学专业"德育原理"教材。《学校道德教育原理》尝试以"道德教育"为主线，以"守一而望多"的原则重新建构德育原理教材体系，努力建立教材编撰的个人风格，获得了比较广泛的认可。

　　研究、介绍国外德育理论的研究成果，也可以说是这一时期德育理论发展的另一个重要特征。例如，冯增俊《当代西方学校道德教育》（广东教育出版社，1993）；戚万学《冲突与整合——20世纪西方道德教育理论》（山东教育出版社，1995）；魏贤超《道德心理学与道德教育学》（浙江大学出版社，1995）；袁桂林《当代西方道德教育理论》（福建教育出版社，1995）；钟启泉、黄志成编著《西方德育原理》（陕西人民教育出版社，1998）；朱永新等《当代日本道德教育》（山西教育出版社，1999）等。

　　以上是1900—2000年，中国德育理论发展的大致脉络。需要说明的是，1949年以后，中国的台湾、香港、澳门地区的德育理论发展与大陆地区的发展既有文化上的千丝万缕的联系，也有各自的发展特点。在借鉴国外先进德育理论，解决各自面临的德育问题方面，台湾、香港、澳门地区都有长足的进步，但由于篇幅限制及研究不够，本文未及论述。